*叢書《制度を考える》

見えざる手をこえて

新しい経済学のために

カウシック・バスー
栗林寛幸 訳

BEYOND THE INVISIBLE HAND

GROUNDWORK FOR A NEW ECONOMICS

KAUSHIK BASU

NTT出版

BEYOND THE INVISIBLE HAND: Groundwork for a New Economics
by Kaushik Basu

序文
カウシック・バスーとの遭遇と交流

鈴村興太郎

カウシック・バスーの開発経済学・社会的選択の理論・ゲーム理論への貢献は、日本でも広く知られていると思われる。コーネル大学経済学部教授を務めつつ、インド政府の主任経済アドバイザーや世界銀行の上級副総裁・主任経済学者を歴任して、２０１７年からは国際経済学協会（International Economic Association）会長職に就任するという華々しい経歴を支える彼の学術的な貢献は広範囲に渡っているが、オックスフォード大学出版局から二冊の論文集（Kaushik Basu, *Collected Papers in Theoretical Economics*, Vol. 1: *Development, Markets, and Institutions*, 2005 and Vol. 2: *Rationality, Games and Strategic Behaviour*, 2005）が出版されて、彼の深い学識、広い洞察力と鋭い分析力を味読する条件が整えられている。

カウシックと私の最初の出会いは、私がＬＳＥ（ロンドン・スクール・オブ・エコノミクス）の講師を務めていた１９７４年のことだった。ケンブリッジ大学にブリティッシュ・カウンシル・スカラーとして留学して、フランク・ハーンをアドバイザーに得て研究を開始して間もない頃、ハーンの勧めに押し出された私はＬＳＥの講師職に応募して、新任講師という新鮮で冒険に満ちた任命を獲得したばかりだった。経済学部で Introductory Mathematical Economics を講義して、大学院で Advanced Mathematical Economics: Planning and Decentralization を講義した私だが、英米の大学で講義を受けた経験は皆無であって、英語で講義することもＬＳＥが初めてだという新米教師だった。デリー・スクール・オブ・エコノミクスからＬＳＥに新たに赴任したアマルティア・センがデリーで指導した学生だといって紹介されたカウシックは、講義で鋭い理解力を示すとともに、興味深い論点を提起して将来の大成を予感させる抜群の学生だった。当時のＬＳＥは森嶋通夫、テレンス・ゴーマン、アマルティア・センなど、卓越した大教授を擁するとともに、パーサ・ダスグプタ、エリック・マスキン、トニー・ショロックス、ピーター・ハモンドなど、才能豊かな若い研究者が蝟集する、アトラクターのような組織だった。この坩堝から成長する機会を同時期に享受したカウシックと私の間には、強い絆が生まれる理由があったのである。その後、センの指導を得てカウシックが完成した博士論文は *Revealed Preference of Government*, Cambridge University Press, 1980 として出版されて、彼の華麗な研究者人生の出発点となった。また、アマルティアが母国で指導したもうひとりの卓越した経済学者、プラサンタ・パタナイックと協力して、カウシックと私はセンの還暦記念論文集 K. Basu, P. K. Pattanaik, and K. Suzumura, eds., *Choice, Welfare and Development: A Festschrift in Honour of Amartya K. Sen*, Oxford University Press, 1995 を共同で編集した。われわれが行なった協働作業は、その他にも数多いが、その都度私はＬＳＥで最初に遭遇した若きカウシックの鋭敏さと問題解決の智慧の深さを思い出して、改めて感服する経験を重ねてきた。

本訳書『見えざる手をこえて——新しい経済学のために』の登場は、日本の読者がカウシック・バスーの深い思索の結晶に触れる機会を提供してくれる点で、大いに歓迎するに値する。正確な表現と魅力的な口調で、新鮮な思考の成果を展開する本書を多くの日本の読者が楽しくお読みになって、カウシック・バスーの経済学の魅力を満喫されることを、私は大いに期待している。

すずむら・こうたろう▼一橋大学名誉教授

日本語版への序文

私の本が日本語で出版されることはとても嬉しい。ロンドン・スクール・オブ・エコノミクス（LSE）の学生時代に私は初めて経済学、特に一般均衡理論と厚生経済学の基本定理の核心に触れた。それは当時LSEを訪れていた鈴村興太郎による素晴らしい講義であった。その後、私は鈴村教授と交流を深め、本を共同編集する光栄に浴した。他にも日本の経済学者で私が何年にもわたって交流し、仕事をともにした人が幾人かいる。また、私は何度か日本を訪れて講義を行なった。そうした友人や学生たちが母国語で私の政治経済学研究を読めるようになったことは望外の喜びである。

この20年の間、日本経済は以前の活力を取り戻せずに苦しんでいる。ごく最近、金融緩和、財政拡大、構造改革を含む政策の三点セットが実施された。日本の経済はこうした対策になかなか反応していない。どんな社会も、変わりゆく課題に適応しつつ対処しなくてはならず、日本の場合、たとえば人口が急速に高齢化し、女性の社会参加が不十分である。日本がこれから歩む道は他国が足を踏み入れたことのないものであろう。最適な政策を見つけるためには、主流派の経済学を超えて、本書が取り扱う社会的・制度的システムを見据える必要があるかもしれない。

市場と非市場組織は合わせて理解すべきだというのが本書の前提である。推論の中心は、注意深い制度分析がもたらす洞察のおかげで、経済的・政治的介入が人々の条件を劇的に改善するだろうという点である。

本書はまず、アダム・スミスの見えざる手の理論を批判的に検討し、自由市場と競争の限界および社会を改善するための経済政策の役割を正確に描写する。次に、政府が経済政策を左右する主な手段は法律であるため、法に対する正統派のアプローチと新しいゲーム理論的な解釈の両方を概観している。その目的は、最善の法とは何かということのみならず、効果的に実施される法と無視される法がある理由をも理解することである。

さらに本書は多くの社会に共通する差別の問題を取り上げる。私は、偏見の削減と補償のためには政策決定者が市場に介入する覚悟を持つべきだと主張する。競争的な市場は差別する側の人を罰するという「シカゴ学派の議論」は、まじめなものではあるが、慎重な介入の擁護論を却下するには及ばない。本書はこの点を主張する研究を調査し、新たな理論モデルの方向性を指し示す。

本書の目的の一つは、集団に働く化学的作用、アイデンティティの経済学、さらに集団内利他主義と集団間差別の双方が存在するため経済分析に生じる複雑さを検討することであった。こうした分析から得られる洞察を用いると、一般には経済が進歩する最中にあっても文化的な理由で大勢の人々が貧困に囚われることを理解できる。インドのような国々では、アイデンティティの政治学・経済学を理解しなければ経済発展を把握できないと思われる。

契約、行為、ルールは重要な制度であり、本書はそれらにも注目する。市場原理主義者の主張によると、個人は自らの利益を自由に追求できなければならない。なぜなら市場の見えざる手が社会を集団として最適な状態に導くからである。このルールに対する例外を正当化するのは外部性のみである。私の見方では、集団的行為のための根拠は他にも存在する。市場の限界を理解することは、適切な経済理論を手にするために重要である。

本書は二つの章でグローバル化、貧困、不平等と民主主義の関係を扱う。グローバルな政府は存在しないため、市場と政策決定の双方があらゆるレベルで複雑になる。同時に、地球を全体として見ると、個人の世界観を変えうる視界が開けてくる。

カール・マルクスによると、哲学者たちは世界を解釈してきただけであるが、大事なのは世界を変えることである。残念ながら、本書が主に目指すのは、私たちの社会・経済の解釈であり、その変革ではない。しかし、私たちが世界を分析する仕方を変えるための議論を提供する。

序文を終える前にもう一人の日本人経済学者の名前を挙げなくてはならない。親友で私の思考に大きな影響を与えた青木昌彦教授である。２００１年に著書 *Toward a Comparative Institutional Analysis* がＭＩＴ出版から出版された際に、私は意見を求められた〔邦訳は『比較制度分析に向けて』ＮＴＴ出版〕。素晴らしいと考え、私は以下のように書いた。「本書の知的な射程は傑出しており、ゲーム理論と抽象的な経済学をカバーする一方で、広範かつ多様な現実世界の人類学的実例を取り扱っている」。

あなたが手にしている本について青木教授が何と書いただろうかは分からない。彼にたずねる機会はなかった。それでも、彼は認めてくれたと思いたい。マサの研究のように、本書は市場の機能を検討するが、文脈はより広い政治的・人類学的・社会的制度である。マサのアプローチと同様に、本書は抽象的な分析を利用して現実世界の問題を理解する。２０１５年7月15日の青木昌彦氏の逝去は、彼の友人や家族のみならず経済学界にとっても大きな喪失であった。拙著の日本語版を彼の思い出に捧げる。

見えざる手をこえて　目次

見えざる手をこえて——新しい経済学のために

父ケシャブ・チャンドラ・バスー（1905―86）の思い出に

はじめに

経済学には自由市場の魅力的な性質を示す文献がかなりある。仮定と結論の命題としてならば、これはたしかに妥当である。自由市場は、社会の目的が個人によって熟慮されたわけではない場合にも、社会に役立つように機能できるのである。経済学者に言わせれば、自由市場における均衡は、個人が狭い自己利益を追求した結果であっても、社会的な効率を実現できる。このことを現代経済理論のツールを総動員して厳密に立証する定理が存在するのである。

昔ながらの経済学に依拠する巨大なプロ集団（ロビイスト、法律家、政治家、影響力のある経済ジャーナリスト）は以下の点を認識せずに誤りを犯す。すなわち、教科書的に概念化された自由市場は上記の性質を持つかもしれないが、そのような自由市場は現実には存在しないし、おそらく存在しえないのである。さらに、完全な自由市場という極端なケースを目指すことで私たちは何らかの社会的理想に近づける、という「限定的な主張」さえ不可能である。自由市場の命題は強力な知的業績であり、偉大な審美的魅力を放つが、その誤用がはびこったことは世界に大きな影響を与えた。とりわけ、私たちが政策を立案し、グローバル化について考え、異議を切り捨てるやり方に対して。

本書は異議申し立ての声に形を与える試みである。その基礎には以下のような信念がある。街頭で暴れる抗議者たちから聞こえてくる、グローバル化や企業化への異議申し立ては、意味不明瞭で支離滅裂でさえあるかもしれないものの、今日の経済学やそれが政策立案の分野に及ぼす過度の影響に対する、誠実で適切な批判になっているのである。

本書の執筆に際して、私は現代経済学の通常の道具立てを用いなかった。代数学、微積分法、幾何学、そしてとりわけ罪深い位相幾何学などである。というのも、経済学を知らない人に働きかけたかったからである。同時に、本書はプロの経済学者向けの研究論文でもあり、彼らに一泡吹かせる目的もある。ただし、ほとんどの専門家は、自ら信じて疑わない意見の外側に堅い殻を作りがちであり、人々の賛同を得るという私の主な希望は、ほぼ初学者の陣営にとどまらざるをえないだろう。だからといって、今日の経済学者、特に第一線で活躍中の人たちのなかに、これから提唱する立場や方法に似たものを採用している者がいないというわけではないが、彼らは少数派である。

本書は第一に主流派経済学の批判であり、社会と経済学の記述的分析（事実解明）のための独自の視点を掲げる。規範的経済学についても意見を述べるが、深入りはしない。

現代経済理論の大部分は数理経済学者の研究によって推し進められている。すなわち、アイデアは、重要であったとしても数学的に十分難しくなければ相手にされなかったのである。これは理解できる（が、称賛と混同してはならない）。科学雑誌は高度な分析をしない論文を出版したがらず、複雑さの魅惑に囚われ続けている。こうした複雑化への希求は経済学という分野を傷つけてきた。複雑な真実を発見しよう、あるいは下手をすると、真実を複雑化しよう、と皆が殺到するなかで、単純な真実が見逃されてきたのである。

作者不明の逸話ではあるが、シャーロック・ホームズとワトソン博士が調査旅行でイングランドの田舎を訪れ、疲れて空き地にテントを張ることにした。真夜中にホームズはワトソンをつついて言った。「空を見てみろ。何を推定できるかい」。ワトソンは目をこすり、素晴らしき天空を見つめながら言った。「ロンドンに住んでいると、夜空にこれほど多くの星があることに気づかない。そうだな、これほど多くの星があるのだから、多くの惑星系があるに違いない。多くの惑星系があるならば、地球のような惑星がいくつかあると結論づけてさしつかえないだろう。そしてそのような惑星がいくつかあるならば、知的生命を伴うものが二、三はあるに違いない。そんなわけで、宇宙のどこかに知的生命が存在すると推定できるね」。ホームズは憤慨して彼を見つめ、返答した。「誰かが私たちのテントを盗んだのだ」。

ワトソンの誤りが経済学には蔓延している。私が形式主義（数学表現）を控えることにしたのは、より広い読者層に声を届けるためのみならず、不必要な複雑化という落とし穴を避けるためでもある。それは自制のための工夫であり、社会科学でもっとも重要なアイデアのいくつかは同時に単純であるという信念に由来する。経済学者はワトソンの誤りを犯す傾向があり、そうしたアイデアは遠ざけられてきたのである。

『見えざる手をこえて――新しい経済学のために』は、ある意味で私の前著『政治経済学序説――経済学の政治的・社会的基礎の研究』の続編である。ただし、本書だけで独立して読めるように書いてある。実際、経済学の初歩的知識と演繹的推論の資質が少しあるだけで本書を読むことができる。経済学の基本概念のいくつかはゼロから詳しく説明してある。第2章をそれに充てているので、経済学の訓練を受けた人はこの章をさっと読むだけでよいだろう。さらに、前著のアイデアのいくつかを要約し、本書を独立して読めるようにしてある。本書が前著と共有する中心的な教訓は、経済が社会と政治に埋め込まれているという考え方である。本書で私はさらに進んで、それをうまく行なうためには、場合によっては「方法論的個人主義」の束縛をふりほどく覚悟が必要であることを主張する。そうしなければ深刻なハンディとなるかもしれず、それこそが経済学の大半を特徴づける保守主義の源泉である。最低でも、社会規範とアイデンティティを取り入れ、それらがいかにして経済に影響を及ぼすのか、経済がいかにしてそれらを形作るのか、の双方を考慮しなければならない。適切に行なわれれば、これは経済学と政策立案のあり方を根本的に変える可能性がある。

規範の重要性は生活のささいなありふれた文脈から明らかである。私が育ったカルカッタ（今日の呼称はコルカタ）の伝統的なベンガルの家庭では、年寄りが子供のいる前で親戚の不倫のことを話す場合には声をひそめた。しかし、親戚がどのようにして株式市場で投機を始めたかを議論する場合にはさらに声をひそめたのである。私はこうした行動がほのめかす規範を当然のものとして育ち、これら二つの話題に伴う声の大きさが逆となるような社会が存在することに気づいていなかった。

そうした規範や共有信念、およびそれらが個人に加える社会的圧力は経済の機能にとってささいで取るに足りないと考えるのは重大な誤りであろう。他方、これらを適切に考慮することはきわめて困難な仕事である。それは込み入った分析上の問題を投げかけ、私たちは未知の考え方に従わざるをえなくなる。というのも、経済学は非常に長い間、個人主義に深く根差してきたからである。よって、本書は一般向けではあるものの、枕元での読書には向いていない。読者には腰を据えて取り組んでほしい。

いったん主流派経済学の基礎をなす仮定を精査すれば、垣間見える断層線は深く、この分野の実証的な部分と規範的な部分の双方にまたがっていることが分かる。これらの構造的欠陥を避けるために経済学の一部を再建しようとすると、欠陥ありとして主流派経済学がただちに切り捨てるようなラディカルな政治課題のいくつかが、一貫性のある経済理論と両立することが明白になる。ここで私が行なう分析は規範的思考と政治的活動にとって重要な意味を持つのである。本書が直面する課題の大きさは明らかで、私の経験と何よりも能力の限界を考えれば、この大きな舞台でいくつかの小さな部分に光を当てることさえできれば幸いである。デイヴィッド・ホックニーの絵（ある男が全裸でプールから出ようとしているところを描いたもの）を議論する際に、カトリックの修道女で美術評論家のシスター・ウェンディは顔をしかめて述べている。「芸術家に描けるのは自らにとって中心的なものだけです。……ホックニーがこのうえなく高邁な政治的理由から、ブラッドフォード（19世紀に繊維産業で栄えた英国北部の街）で雨のなか失業給付の列に並ぶ人々などを描こうと決めても無駄なことでしょう。意図だけでは作品を勝利に導くことはできませんから」(1)。

すでに明らかなように、本書は野心的である。経済、政治、社会の日常的な問題に関心を持つ一般の人たちの興味に応えたい。同時に、プロの経済学者や社会科学者に、学問分野の基礎をなす仮定のいくつかを再考してもらいたいのである。ただし、これ以上は言わないことにしよう。読者の期待を事前に高めると、後で落胆させてしまうことになる。これは経験から学んだことである。ちょうど博士課程を終えてインドに帰ったとき、私の母は、カルカッタ郊外の貧しい子供向けの学校の校長を説得し、私を招待して話をさせた。彼女は、恵まれない子供たちを助けたいという揺るぎない気持ちに駆られており、その役目を果たす私の能力に対して同じように絶対の確信を抱いていたのである。講義の前にお茶を飲みながら、母は校長に対して私がいかに優秀かつ有名であるかを語った。それから私たちは、50人ほどの騒々しい10代前半の子供たちが待つ、洞窟のような教室へ向かった。校長はまず、生徒たちに、私の話を聞くことができていかに幸運であるかを述べ、私がインドにおける教育の普及に献身しており、変革に熱心な経済学者であると言った。彼の話は延々と続き、一度ならず私のことを「この有名な経済学者」と呼んだ。私は紹介の長さと内容に当惑したが、この哀れな男が時間を稼ぎながらひらめきの瞬間を待っていたのだということには気づかなかった。その瞬間は結局やってこなかったのである。ついに彼はしかたなく私の方を向いてたずねた。「失礼ですが、お名前は何ですか」。子供たちは貧しかったが愚かではなかった。教室は大爆笑に包まれた。講義は私の生涯でも最悪のものとなった。

私の望みを述べさせてもらうと、本書が成し遂げ照らし出す範囲は、著者自身の能力の限界にさえぎられるかもしれず、それが厳しいものであることは重々承知しているが、そうして開拓される重要な課題は、より才能と技術に長けた人たちを惹きつけることだろう。これは長期的には経済学の活性化につながり、ひいては政策と積極的行動がより善い世界をもたらす可能性がある。

このプロジェクトに乗り出すにあたって私が負う知的恩義は大きなものである。長年にわたり、私は以下の人々が書いたものや彼らとの対話から強く影響を受けてきた。ジョージ・アカロフ、ケネス・アロー、プラサンタ・パタナイク、アリエル・ルービンシュタイン、アマルティア・セン、ジョセフ・スティグリッツ、ヨルゲン・ウェイブル。彼らの影響の痕跡が私の書いたものに現れることは疑う余地がない。こうした対話のいくつかが交わされた場所は、それ自体、記憶に残るものであった。とりわけ、長々と話し込んだヤッファのアラブ・カフェを選んでくれたルービンシュタインに感謝する。私の好きな場所は、一般市民が訪れ、生活をありのままに垣間見ることができるような所である。このカフェはそんな場であった。

もう一ヵ所、記憶に残る対話の場となったのは、2007年1月10日にスティグリッツ、アニヤ・シフリンと話をしたカルカッタ・コーヒー・ハウスである。そこはインドの自由のための闘いの間、革命の温床として有名で、1960年代後半には左翼の学生活動家のお気に入りのたまり場であった。このときはしかし、コーヒーと会話の流れは途中でカメラのフラッシュにより中断されてしまった。地元メディアがスティグリッツの所在をかぎつけたのである。

ウェイブルとは多くの場で語り合い共同研究を行なったが、私のお気に入りは南スウェーデンのスコーネ地方にある小さな村マグレヘムである。この村は、老朽化したブルー・ヘロン・ミルを中心に作られた。さまざまな機会に、私は見事に再建されたヨルゲンの古い田舎の家や数マイル離れた田舎宿に滞在した。あの北の環境では、小川がゴボゴボと流れ、日差しは斜めから差し込み、馬は草を食み、古い藁葺き屋根の小屋が残り、人は少なく(これは必ずしも正確な観察ではなく、私が地上でもっとも人口密度の高い地域である北部カルカッタで生まれて幼年期を過ごしたという事実と関係があるかもしれない)、私は意外にもくつろぐことができた。交渉、議論、そして研究を行なうのに完璧な環境であった。

センは私がロンドン・スクール・オブ・エコノミクスで博士号を取得したときの指導教官であった。それにとどまらず、私は長年にわたって彼にその役目を続けてもらうことができ、さまざまな研究上の問題について助言を求めてきた。切れ味の鋭い彼の知性と、日常的な事柄に対する（私の知る他の誰よりも優れた）演繹的推論の能力は常に私を魅了してきた。２００５年の秋学期には、ハーヴァード大学の大学院生向けに社会的選択と厚生について彼と講義をするという珍しい機会があった。これは心を奪われる知的経験であり、私が講義で取りあげた問題のいくつかは、敷衍して本書に書き上げた。

ここで止めてしまっては他の多くの場と個人に対して不公平になる。チェンナイのセント・トーマスズ・マウントの奥深くにあるＳ・スブラマニアン（スッブ）の自宅での彼との会話、そしてニューヨーク州イサカのカレッジ・タウン・ベーグルズでのカーラ・ホフとの会話など、リストにはきりがない。

多くの経済学者と他の分野の社会科学者の助けがなければ、本書がこうして仕上がることはなかったであろう。関連する題目について議論してもらい、場合によっては草稿全体や特定の章に目を通してコメントを加えてもらったことを、私は以下の人々に感謝する。青木昌彦、アビジット・バナジー、プラナブ・バーダン、アラカ・バスー、カルナ・バスー、アヴナー・ベン・ナー、ラリー・ブルーム、シェリー・コルブ、マイケル・ドーフ、パトリック・エマーソン、アマンダ・フェルキー、ジャヤント・ヴィヴェク・ガングリ、ガランス・ジュニコ、ヒラク・ゴーシュ、ハーバート・ギンタス、ジョン・グレイ、リチャード・ホール、速水佑次郎、ロバート・ホケット、カールステン・ヘルマン・ピラート、カーラ・ホフ、ヘジン・ク、ルイス・フェリペ・ロペス・カルバ、アネミ・マルテンス、ムクル・マジュムダール、リチャード・ミラー、タパン・ミトラ、カール・オヴェ・モーネ、プラン・モンジア、ヴィクター・ニー、マチコ・ニッサンケ、パトリック・ノレン、カリーヌ・ナイボルグ、テッド・オダナヒュー、ステファン・パンサー、ウィルソン・ペレス、ジャン・フィリップ・プラトー、ピーター・レイルトン、ジョン・ローマー、エドゥアルド・サアベドラ、ニーラム・セティ、ラジブ・セティ、トニー・ショロックス、アリス・サンザングル、ニヴィカー・シン、ロヒーニ・ソマナサン、Ｓ・スブラマニアン、リチャード・スウェドベリ、エリック・トルベッケ、エドゥアルド・ザンブラノ、ホマ・ザルガミー。

執筆作業の大半はコーネル大学で行なった。１９９０年代半ばにコーネル大にやってきた私は、大学の格別の評判から、卓越した知的環境と活力のある組織の存在は予期していた。予想していなかったのは、同じくらい人々が温かかったことである。学部をまたがる同僚たちが、キャンパスへの到着直後から支援と友情を差し伸べてくれた。カッツェンスタイン家（メアリーとピーター）、シェリー・フェルドマン、アイザック・クラムニックとミリアム・ブロディ、そしてエリックおよびカーラ・トルベッケは最初の友人であり、彼らのおかげで親交を深めて知的な仲間意識を育むことができた。まだインドにいた頃、私はタイムズ・オブ・インディア紙にハロルド・ラスキの伝記の書評を書いたが、著者の名前クラムニックとバリー・シアマンには注意を払っていなかった。それは是々非々の書評であり、著者に出会うことは予想だにしていなかった。私がコーネルに到着してまもなく、行政学部の教授であるクラムニックは私に電話をかけてきて、自著の評者がコーネルにやってきたことを知って驚いたという。私も著者が新しい同僚であることを知って同じく驚いた。私たちは昼食をともにし、ラスキ、（世界と大学の）政治、その他はるかに多くの話題をめぐってひたすら会話を続けた。後にはハンターおよびエリザベス・ローリングスもまた、妻と私がキャンパスでこよなく愛した、この学際的な友人の輪に加わった。

一ヵ月に及ぶ集中的な推敲は２００８年の夏に行なった。場所はシエナの美しいサンタキアラ大学院大学（シエナ大学の一部）で、私は新設された経済学・倫理学の客員教授としてウゴ・パガノとロレンツォ・サッコーニに招かれていたのである。そこで私は自らを外界から遮断できるようになり、幸運にも美しいトスカーナ地方で中世の学術と科学を偲ばせる多くのものに囲まれていた。私のシエナ滞在中に惜しみなく援助してくれたフランチェスカ・マティオリにも感謝する。

本書の執筆中、秘書として見事に支援してくれた助手のエイミー・メッシュに感謝する。最終段階で草稿に目を通してコメントをくれた研究助手のシュアン・チャンにも感謝している。プリンストン大学出版会の編集者セス・ディチックは、本書の内容に願ってもないほどの関心を寄せ、終始、コメントと提案をしてくれた。さらに、三人の匿名査読者のコメントにも感謝している。三人とも匿名という事実をうまく利用してくれた。そのうちの一人、スティーヴン・メデマは、後になって私に名前が明かされたが、彼の詳細なコメントは見直しの最終段階で非常に貴重なものとなった。

アルカと子供たち（カルナとディクシャ）がよき話し相手となってくれ、時にはしつこい説得に応じて草稿の一部を読んでくれたことは幸いであった。

父ケシャブ・チャンドラ・バスーは驚異的な人物であった。貧しい大家族に生まれ、若い頃は苦闘の連続であった。家庭教師を数年続けてわずかばかりの臨時収入を得た後に、法律家となって北カルカッタの小さな部屋で実務を始めたときには、法律の世界にも実業の世界にもまったくコネがなく、絶望的な上り坂に見えたに違いない。父はその後、市でも最高の法律家となり、市長にもなった。

子供の頃の私にとって、こうした生い立ちよりも魅惑的だったのは、父の一見非の打ち所のない演繹的推論の力であり、読み物をしながら人の話を聴く不思議な能力であった。父の新しい顧客がこの能力を知らず、私が部屋に入って父に学校の報告カードを読んでもらおうと手渡すと、この顧客は話すのを中断したが、父はこれにイライラしたものである。

私が父の知性をじかに垣間見たのは、父の晩年、私が学校で幾何学を始め、最初の試験で成績が振るわなかったときであった。父は幾何学など常識にすぎないと考えていたため落胆した。私の学習に父が直接、関心を示したのはこのときだけである。一ヵ月にわたって父は私にユークリッド幾何学を教えてくれ、教科書の数ページを一瞥してから、まったくよどむことなく定理と応用例題を見直した。まるで生涯にわたって幾何学を教えることに専念してきたかのように。

私が生まれたのは父の人生の晩年であった。父は47歳で、仕事に忙しかった。そうでなかったら、私はもっと父に接する機会があったのかもしれない。それでも、私の数多くの幸せな思い出と幼い頃の知的な関心への目覚めは父のおかげである。私は本書を父の思い出に捧げる。

第1章
異議を讃えて

現状への不満と言説

ほとんどの推計によると、今日の世の中は古代よりもよくなっている。何よりもまず、私たちは集団としてより大きな富がもたらす快適さを享受している。しかしそれは別としても、他国の軍隊に襲撃され土地と財産を奪い去られる不安を抱えながら暮らしているわけではない。外食後に帰宅して、よそ者が侵入して家を占拠しているとは夢にも思わない。体の弱い人が経済的な極貧状態に甘んじなければならないわけではない。個人と国家の数多くの権利が現在では基本的で不可侵とされている。こうした権利を武力や策略で守るため常に警戒していなければならないわけではない。他者は権利を認め、たいてい尊重するものであり、そうでない場合には通常、共同体や国家がそれらを擁護するのである。

私たちは平均して祖先よりも幸運でない、というのはかなりひねくれた主張であろう。しかしながら本書では、私たちは見かけほど幸運ではない、と主張する。21世紀における搾取は21世紀の法と規範の枠内で起こるからといって、見過ごすことは許されない。古代においてさえ、今日の私たちにとっては残忍かつ挑戦的な行動や道徳的に擁護できない征服に見えるものが、当時の道徳、規範、慣習として正当化されることはよくあった。プラトンや、もっと現代に近いトマス・モアは、すべての人が尊厳をもって大切に扱われるユートピア社会について書いたが、この計画から女性と奴隷を排除することがどこかおかしいとは思いもしなかった。17世紀から19世紀にかけて、アメリカ先住民たちは組織的に土地から切り離された。時には力ずくであったが、表面上は自発的に見える取引も多く、巧妙な契約は彼らがおよそ理解しないものであった。というのも、ヨーロッパ人たちが到来するまで、土地取引や書面契約の経験がなかったからである。[1] この時期に彼らが容赦のない搾取の対象となっていたことは、彼らのその後の貧困が示唆するとおりである。しかし、そこで起こっていたことは合法であり道徳的に正当化できると広く信じられていた（Banner 2005 特に 52-53; Robertson 2005 も参照せよ）。

これらの「自発的」条約や契約のなかには悲劇的な話がある。たとえば、1755年にサウスカロライナでは500人以上のチェロキー族が同じくらいの数の入植者に出会った。サウスカロライナの州知事ジェームズ・グレンが会議を招集した。贈り物が交換され、銀のボウルとカップで食事が提供された。チェロキー族は喜び、「大英帝国国王をすべての土地と河川の所有者と認め、土地のすべてを」捧げたいと宣言した（Banner 2005, 59）。入植者たちは、それが比喩表現であり、部外者に対する礼節の一手段にすぎないことを感じとっていた。[2] このことは、チェロキーが自らの申し出に対する支払いの受け取りをいっさい拒絶したときにとりわけ明らかであった。しかし、この申し出はあまりにも好都合で、入植者たちは比喩表現をめぐる良心の呵責に妨げられることはなかった。これを契約にするため、入植者たちは少額の支払いを受けとるように説得し、彼らは礼儀としてこれを受け入れた。チェロキー族は、土地のすべてを失おうとしていたことにほとんど気づいていなかった。

あるレベルにおいて、上記のような取引は自発的なものであったが、問われるべきは、当事者の一方が歴史上まったく経験を欠くために土地の販売が何を意味するかを理解しない場合の自発的契約の意味と重要性である。入植者の多くはこうした取引を公正なものと考え、先住民の多くも同じであった。ただもちろん、先住民の単純さを容赦なく利用しようと躍起になっていた入植者たちもいた。クリストファー・コロンブスの一団が今日の米国（バハマ）に上陸したとき、アラワック族は駆け寄って食べ物と贈り物で迎え入れた。コロンブスがこの状況をまるごと好機と見なしていたことなどつゆ知らずにである。コロンブスによれば、「彼らはオウムや綿の玉、その他にもたくさんの品々を持ってきた。武器は持っておらず、知りもしない。私が剣を見せると、刃をつかんで切り傷を負ってしまった」。彼らの単純さに気づいて、コロンブスはこう続けた。「彼らは素晴らしい奴隷となるはずだ。50人の男がいれば、彼ら全員を服従させ、私たちの望むがままに何でもやらせることができよう」(Zinn 2003, 1)。

同じように今日、法の支配が行き渡り、法廷で定められる所有権が尊重され、あからさまな軍事的征服が減少しているのを目にすると、会議室や市場で行なわれる条約や合意への署名は公正な取引の結果であると感じる。市場でだまされる人や搾取される人がいることは分かっているが、全体として、市場のルールに従い、ひったくりや盗みを働かないかぎり、私たちは道を踏み外していないと信じるのである。貧しくなる人もいれば、金持ちになる人もいる。まあ、市場とはそういうものだ、と自分に言い聞かせるのである。これを食い止めようとすれば、進歩と経済成長を妨げるのではないだろうか。私たちは、たとえばソヴィエト連邦において、他の体制を試みたときに何が起こるかを目にした。しかし、歴史が警告するのは、いま議論した事例のように、今日においてもおそらく別種の不公正な契約や条約が結ばれているだろうということである。何といっても、現実に交わされる取引は、教科書が示唆するような、リンゴ、散髪、銃、バターと貨幣の交換だけではなく、長期間に及ぶ錯綜した権利関係を伴う複雑な取引を含むのである。おそらくは集団が新奇な方法で出し抜かれているけれども、それは後になって初めて明らかになる。

社会でもっとも豊かな階層ともっとも貧しい階層の所得格差によって単純に不平等を測るなら、現在の世界における不平等の水準は、人類史上かつてなかったほどであると言える。(3)というのも、もっとも貧しい人々の状況が昔からほとんど変わっていないからである。彼らの生は、トマス・ホッブズによる有名な自然状態の生の記述を短縮して借用すれば、陰湿、残酷で、短い。もっとも貧しい人々は、かろうじて生き延びるのに十分なものを手にするだけである。彼らの福利は通常、人間の生物学的な生存のニーズによって決定される。さらに貧しい人々は生き延びないであろうから、数に入らない。反対に、富の大きさには際限がない。今日もっとも豊かな人々には、チンギス・ハーンやネロ帝ですら夢にも思い描かなかったことが可能なのである。

封筒の裏の簡単な計算で示せるように、現代世界でもっとも裕福な10人が稼ぐ所得を合計すると、タンザニアの（４千万近い）全人口の所得になる（Basu 2006b）。タンザニアにもそれなりに億万長者や大富豪がいることを考えると、当然ではあるが、そうした人々を除外して世界でもっとも豊かな10人ともっとも貧しい人々を比べたときに見出される格差は唖然とするようなものである。衝撃的なのは、私たちがこれに唖然とするわけではないことである。通常、私たちはこうしたことについて考えず、考えたとしても、不平等と貧困が市場システムに不可避的に付随するものと見なす。市場システムは、この巨大なグローバル・システムにおいて何百万もの参加者の行動を調整し、効率性を生み出し、世界が豊かになるのを助ける、目に見えない大きな機械なのである。

企業内の不平等が急激に高まっている。米国では、大企業の執行役員の平均給与は１９８０年には平均的な生産労働者の40倍であった。10年後にこの比率は85倍に上昇し、21世紀初頭には４００倍にはね上がった[(4)]。年収１０００万ドル（自社株購入権を基本給に加えれば信じがたい数字ではない）の執行役員には高度な技能を要する仕事の「インセンティヴ」としてそれが必要なのだと私たちは信じ込まされてきたのである。ここには、すべての執行役員に対する単位時間当たりの支払いを半分にして、上記の執行役員の年収が５００万ドルとなった場合、「こんなに低い報酬では一生懸命に働くまい」と言うはずだということが仮定されている。こんな議論を信じるのは、あまりにだまされやすく、現状に満足している証しである[(5)]。私は数式モデルを作り、給与と手当をうまく工夫すれば、支払いが生産性を大幅に上回る状況を生み出せるしくみを示そうと試みた（Basu 2010a）。これが不公平であることはさておき、このモデルが作り出す世界は、私たちが２００７―０９年に目の当たりにしたように、金融恐慌に陥りやすい。

ただし、これほどの不公平にもかかわらず社会にはびこる現状への満足は、まったく自然発生的なものというわけではない。それは現体制から利益を得ている多数の人々が支えている。こうした人々は世界の人口の少数派ではあるが、影響力のある少数派である。彼らは発言力を持ち、自分の意見に耳を傾けさせることができる。金を払って自分の見解を法律や規制システムに反映させたり、人脈を駆使して権力の要塞に食い込んだりするのである。

このことを知らないのは、もっともだまされやすい人々だけである。それでも、彼らの自己満足を支えるものが別にある。多くの経済学者が日々の仕事に精を出し、毎月コラムを書き、毎年論文を出版し、10年ごとに本を出すおかげである。これこそが「中心的見解」を形作ってきた。それは現代経済のしくみを記述する一連の知的素材であり、また、個人の利己心と自由市場の「見えざる手」を基礎とする現在の世界経済秩序が、システムとしては正しく、実現可能なもののうちではともかく最善であることを保証する。常に申し分なく機能するわけではないかもしれないが、理想としては、それこそが追求し、維持すべき正しい選択なのである。

私が主流派経済学から距離を置くとき、関心を共有し、私の批判に異存のない現代の経済学者がいることを私は承知している。彼らにとって本書がさほど目新しくないことはむしろ喜ばしい。それでも、現役の経済学者および経済評論家たちの大半が助長する、この職業集団の一般的な傾向は、以下の見解に固執し続けている。すなわち、先進工業国の市場経済に支えられる現在の世界経済秩序こそ、今日のみならず考えられるかぎりの将来にわたって唯一存続可能なものである。私たちの使命は、改革を実施して現存のシステムを円滑、好調に保つことのみであるという。

時々この自己満足はかき乱される。かつて見られなかったような貧困と富の格差に戸惑い、なかには特権的な立場にありながら疑問を投げかける勇気を持つ人を含め、心を痛める人々がいる。彼らは問う。私たちは理想的なシステムにたどり着き、残された使命はシステムの円滑な機能の維持のみであると思い込まされているのだろうか。こうした人々の間には怒りが鬱積し、サイゴン、サンティアゴ、シアトルやワシントンDCの街路で暴力や無法な抗議行動となって時に爆発する。

踏みにじられてきた人々と彼らに共感を寄せる人々が意をけっして抗議に立ち上がると、それは「略奪を狙う群集」の「暴動」と見なされがちである。しかし、彼らが現存の世界経済秩序に対してうすうす感じてきた疑念は、けっして正当化できないわけではない。彼らは自分たちの視点をうまく表現してこなかったかもしれないし、疑念の表明の仕方は部外者には病的に見えるかもしれないが、それでも彼らの気持ちの奥底には、知的に基礎づけられる重要な真実が潜んでいる。

これこそが本書を執筆する理由である。搾取、征服、財産強奪はいまだ健在である。ただ、これらが実行に移される方法は変化してきた。現代世界があからさまな搾取のための抜け穴を塞ごうとし、略奪と基本的人権の重大な侵害を止めようと努力してきたのと同じように、人類と政府は、単純な人、素朴な人、物欲の乏しい人を搾取するための新しく目立たない方法を発見するのである。国全体、集団、そして多数の人々が絶えず出し抜かれて貧困に陥る原因は戦争や直接的な対立にはなく、あったとしてもまれである。原因は複雑な金融操作、法の抜け道の発見、そして経済のグローバル化が切り開き、そこから遅れて起こる社会と政治のグローバル化がつけ込む隙を与える新たな機会にある。サハラ以南のアフリカ、中南米とアジアの一部、そして欧州の一部地域にさえ見られる壊滅状態の経済がこれを立証している。

必ずしも遠くの貧しい国に行かずとも、搾取され出し抜かれた人々を発見することはできる。豊かな国にさえ、多数の貧しい人々、極貧の人々がおり、路頭で寝起きするのである（Jencks 1994; O'Flaherty 1996）。私がこれを書く間にも、米国では4千万人以上の人が医療保険なしで生きており、国の労働力の一割近くが失業している。

これら貧しい人々の一部はもちろん豊かな人々よりも生産性が低い。しかし、生産性が低いからといって極貧に追いやられる理由にはならない。障がいがあるからといって、映画館、レストラン、ショッピング施設の利用を拒否される理由にはならず、よって、公共の場所に障がい者用の特別な設備の設置を義務づける法律があることに私たちの大半が同意するように、生産性が低いからといって食料不足に苦しみ、医療援助を拒否される理由にはならないと強く主張してかまわないのである。

たとえこの路線の議論を却下して、新古典派の主張に従い、人々が生産性に応じた所得を手にすることに問題はない（し、それこそが経済を効率的に機能させる）と述べたとしても、実は、豊かな国の貧しい人々は必ずしも、いや典型的にさえ、生産性が相対的に低いわけではない。たとえば、裕福に生まれつくことは、後に豊かになるのに有利であるという明白な証拠がある。エリート向けの学校へ行くことで獲得される人的資本や、遺産の法的保護により世代を超えて受け継がれる実物資本は、有利あるいは不利な境遇に「生まれついた」人々をそのままにとどめるのであり、これはカースト制社会で起こることに似ている。さらに、人々がしばしば生産性どおりの稼ぎを手にしない原因は、かつてないほど洗練された金融契約・取引の利用により彼らの富がだまし取られるからである。(6) これは豊かな国々で「救済に値しない下層階級」を生み出す可能性がある。

こうしたことが危険な事態を招かずに抑えられているのは、活字などのメディアで二つの神話が絶えずイデオロギーの集中砲火のように私たちに浴びせられるからである。それは、工業国の市場は自由であり、自由な市場は公正であるという神話である。シアトル、カンクン、ワシントンDCの街で抗議する人々をまともに相手にしない大勢の経済学者は、かつて占領軍に付き添った宣教師のようなもので、慰めの言葉で反乱を抑制し、異議申し立ては見当違いで混乱していると無視するのである。アルバート・アインシュタインが『マンスリー・レヴュー』誌の創刊号に書いたように、「牧師たちは教育を支配しており、階級社会を永続的な制度にし、それ以来、人々の社会的行動をかなりの程度、無意識に導くような価値観の体系を生み出した」（Einstein 1949）。

こうした現状は権力者や富裕層による何らかの陰謀であると示唆しているわけではない。この世界には大半の人が信じているほど陰謀は多くない。陰謀が存在するのはたしかであるが、意図せざる孤立した行為の力というものは、私たちが実感しているよりもはるかに強く、最終的には圧倒的な力となる。そして、この力を理解することは難しく、熟知するためには真剣な知的探求を必要とする。この点でアダム・スミスは正しかったのであり、私たちは本書でスミスの神話と呼ぶものを拒否する場合でさえ、この知恵を手放してはならない。留意すべきは、陰謀がなければ必ず社会的な均衡が好ましいものになるわけではないということである。

見えざる手にはもう一つの見方がある。スミスと同様に、システムは究極の権威による管理下でなくとも自力で機能すると考えるものの、その結果はより邪悪で、時には恐ろしいものとなるという。これはフランツ・カフカの見方であり、彼の未完の小説『審判』に不朽の位置を占めている。ジョセフ・Kは超現実の世界に囚われ、犯していない罪で告発されて、その理由が彼には十分に理解できない。彼は下級役人やその手下のところをあちこち駆け回って告発の理由と担当者を探し出し、自らの無実を訴えようとする。しかし、Kの住む世界では、訴えかける中央の権威や人物が存在しないのである。この迷宮のような世界では、すべての個人が限られた日々の仕事を普段どおりにこなし、そのことが各個人を凌駕する力を生み出す。ある意味で、私たちの社会に対するカフカの見方はスミスのものよりも的を射ている。もちろん、スミスの書いたものには科学的な厳密さがある一方、カフカには作家の曖昧さがあふれている。それでも社会の分析には後者が必要なこともあり、時にはあえて曖昧さを利用して意味とメッセージを伝えなければならないのである。

世界経済秩序をめぐる私たちの思考の現状は自己満足を促している。その知的ルーツは根深いもので、注意深く摘出する必要がある。それが本書の目的である。そうした異議を讃えるために本書は書かれている。

しかしながら、読者の多くは本書に落胆するだろうと最初に注意しておかなければならない。というのも、本書は万能薬を提供するわけではなく、革命の宣伝冊子に見られる強烈な楽観を示さないからである。目的は、ただ社会に光を当てて、社会的・経済的プロセスは私たちの思い込みとは違うと示すことにある。そのプロセスは経済学の教科書が示唆するよりも腐敗している。世界は危険な淵の上で平衡を保っている。卑しい物質主義的な未来へと一直線に突き進む危険がある。一部の読者を落胆させるかもしれないのは、それこそが私たちの未来なのかもしれないと私自身が考えているからである。大半のラディカルな小冊子とは異なり、本書はこの陰鬱な窮状を免れる可能性を信じるための説得力ある理由を提示するわけではない。ただ同時に、世界をありのままに見る明晰さによって、そのような未来を避けるための方法を思いつくかもしれないと期待している。私は実際いくつかの提言を行ない、新たな政策を提案するが、それらが課題の解決には不十分であることを自覚している。ここでの私の主な目的は、明晰さを惜しみなく提供することであり、より能力の高い人が解決策を示すことを期待するのである。

一部の読者を落胆させる別の要因は、ここで用いる折衷的な方法論であろう。私自身、主流派経済学を批判するが、その分析方法の多くを用いている。一部の人は、主流派を根本的に批判するための然るべき道具はマルクス経済学であると考えるかもしれない。しかし、新古典派の退陣を目指すマルクス主義的方法の実績の乏しさは訓戒とすべきである。カール・マルクスの空想的構築物や規範的切望には惹かれるところがあるものの、科学的方法としてのマルクス経済学にはほとんど魅力がない。人間の歴史の広範な部分にわたる経験的規則性の探求、および、さらに憂慮すべきであるが、そうした規則性の発見は、欠陥を免れないものである。私は決定論を信じており、私たちの前途に広がる将来は予告されていて、過ぎ去った歴史と同じく変更不可能で、偶然の余地を持たないと考えるが、長期的に展開される潮流をいつか発見することができるとはとても思えない[7]。経済が長期的に従う法則は存在するかもしれないものの、そうした法則を発見したと称するのはおよそ幻想にしか見えない。何かが存在するということは、それが発見されることとは違い、発見可能であることとさえ違うのである。

さらに、今日のマルクス主義思想家の多くは（より公平で貧困のない社会という）立派な規範的目的を持っており、当然、現在の富と所得の分配が公平であるとは認めないが、彼らの記述的分析は、社会のしくみに関するある種の固定観念に最初から執着したため損なわれてきた。真にラディカルな思想には、新たな事実と新たに発見された推論法に対する開かれた態度が必要である。本書での私の戦略は、由来は気にせずに、利用可能な最善の推論方法を採用することである。偶然とはいえ、ここで使われる方法のほとんどはスミスの仕事に根差している。主流派経済学の非常に多くの部分が、それ自体の分析道具を用いて用済みにできるという事実は、批判をそれだけ説得力のあるものにする。

まとめると、個人の自己利益と無制限の自由市場を追求する現在の経済秩序こそが唯一存続可能であるという多くの意見が存在する。本書では、あらゆる経済システムが社会規範と信念に依存することを主張する。経済学者の大半は資本主義の規範をあまりにも当然視してきたため、それらは時とともに見えなくなり、規範など存在しないかのような幻想を作り出してきた。実際のところ、資本主義は付随する規範がなければ崩壊する。

これは、私たちが現在住んでいる社会よりも公正な社会が実現可能であることを示唆する。個人の行動をそのような社会にふさわしいものにする規範と制度の構造が存在できるのである。そのようなシステムを構想し、付随する規範と制度を理解することは容易ではないだろう。なぜなら、それはまったく新しい研究領域に乗り出すことを意味し、また現在のシステムに既得権益を持つ人々、すなわち、世界の富のほとんどを支配する人々は、変化に抵抗し、より公正な社会を作る試みを妨害するだろうからである。本書の目的は、この困難なプロジェクトのための知的な指針を提示し、異議申し立てのための文法を開発することである。

この研究と行動計画は重要な難問を提起する。変革のための断片的な努力や、まるですでにユートピア世界に住んでいるかのような理想主義的な政策の採用は事態を悪化させるだろうということは了解している。この点の認識の欠如は、急進派の一部が犯した共通の誤りである。現在のシステムが続くかぎり、私たちは従来の政策とともに生きなければならないかもしれない。そのため、ここでのメッセージは、一部の人が時おり提案してきた大きな政府の擁護論と混同されてはならない。大きな政府は現在の経済秩序のもとではいいカモである。大企業や既得権益は、これを捕まえれば簡単に利潤にありつけることを知っている。多くの民間企業が国を最善の取引相手と見なす理由はそこにある。企業は現在のシステムのもとでは政府から金を巻き上げることができるのである。「大きな政府」対「小さな政府」という議論は誤解を招きやすく、より公正な世界という大きな目的を損なう。後者は現在の体制に既得権益を持つ人々からの抵抗に遭うであろうし、より善き世界を作り出すという名目で、新たな利益集団の寡頭制を伴う別の体制を作り出してしまわないことを保証するには、途方もない知的努力を要するだろう。

私たちが認識しなければならないのは、現在の体制のために標準的な（ただし知的な）経済政策を処方するという目的と、体制の変革に向けて動くという目的は矛盾しないということである。事実、これらの双方が本書というプロジェクトの根底にある。

アダム・スミスの神話

経済学の中心をなす見解はスミスの驚くべき発見に由来しており、私たちの世界に見られる秩序は中心的な調整役を何ら必要としないという。食卓に届くパン、農家から小麦を供給されるパン屋、そして商人から種と肥料を手に入れる農家のことはすべて、中心となる調整役や善意の協力を用いずに説明できるのである。あるいは、もっともよく引用されるスミスの言葉を借りるならば、「私たちが食事にありつけることを疑わないのは、肉屋や酒屋やパン屋が博愛の精神を持っているからではなく、自分自身の利益を考えているからである」（Smith [1776]1937）[8]。各個人が自らの利益のために行動することで、経済の活力と成長を維持できるのである。財がその持ち主を変え、労働者が自らは関心のない財の生産に精を出して働く現代経済の姿は、はたから見れば、この巨大な機械を組織する外部の力や神の意思の存在を思わせるかもしれない。しかし、スミスはそうではないと主張した。市場は見えない手のようなもので、生産者を誘導し、もっとも必要とされているところに財を届けることができるのである。(9)

主流派経済学の中心をなす見解と同じ見方を英国のマルクス主義経済学者ジョーン・ロビンソンがより雄弁に描いている。彼女は1977年5月にメイン大学の学位授与式のスピーチで述べている。「正統派経済学の哲学は、自己利益の追求が社会の便益につながるというものである。これは道徳の問題が捨象されることを意味する。道徳の問題は個人の利益と社会の利益の衝突にかかわっている。この教義によれば、衝突は存在せず、私たちは皆、良心の呵責を感じることなく自己利益を追求できる。……この教義はアダム・スミスに由来する」。

かりにもスミスの発見が今日の私たちには自明に見えるとしたら、酔いを覚まして思い出そう。見えざる手の理論は、スミス自身や彼を引き継いだ経済学者たちの精力的な執筆活動にもかかわらず、彼の古典『国富論』の出版後2世紀ほどは予想にとどまったのである。数理経済学の多大な力とケネス・アロー、ジェラール・ドブリュー、ライオネル・マッケンジーらの研究のおかげでようやくそれは数式となって証明を与えられた。20世紀に入ってしばらくして初めて競争均衡の存在と最適性のための条件が数式で示されたのである。すなわち、ある条件のもとで、すべての個人が自らの自己利益を追求すると、社会は最適な状態に達するということが証明された。これは「厚生経済学の第一基本定理」と呼ばれるようになり、見えざる手の予想を形にしたものである。本書で私はこの基本定理を話し言葉に近い「見えざる手の定理」と呼ぶことにする。定理のなかで使われる競争や最適性といった言葉は現代経済学の専門用語に属し、したがって専門的な意味を持っている。それらは定理を詳しく述べる第2章で明確にする。

スミスの定理が意味するような、国家も神も存在しないこの世界観は、18世紀および19世紀の社会思想を根底から揺るがした[10]。それは真に偉大な考え方であった[11]。しかし、多くの偉大な考え方の例にもれず、ある者はこれを覆そうとし、他の者は自らの利益にかなうように一般的な理解を修正しようとした。とはいえ、それはまもなく支配的な考え方となり、以来、スミスの『国富論』は新たな正統派となった。

宗教書にありがちなように、大勢の人が正統派にしがみつき、深く考えることなく、疑いを差し挟もうともせず、さらにはスミスをもっと読もうという願望すら持たなかった。スミスの議論の前提条件、留保、ただし書き（スミスの著作にはこれらが山ほどある）が、彼らの確信を弱めかねないと恐れたのである[12]。スミスの偉大な洞察はしだいに厳格で頑固な教義に凝り固まっていった。ここではそれをスミスの神話と呼ぶ。「神話」というのはスミスが書いたものではなく、彼の著述が一般的に解釈されるようになったありさまを指している。残念ながら、スミスが挙げていた限定条件や警告はすべて抜け落ちてしまった。『国富論』を読んだことのない現代の経済学者のほとんどは、見えざる手の理論がスミスにとってそれほど中心的なものではなかったと知ると驚くであろう[13]。スミスは労働市場における規模の経済や、収穫逓増が経済成長と社会全体の発展に及ぼす帰結に対してより批判的な関心を抱いていた。実際のところ、彼の著書の当初の索引には見えざる手の項目はなく、それはスミスの死後、別の版が出たときに編集者が加えたものである。

スミスだけではなかった。何人かの古典派経済学者、特にジョン・スチュアート・ミルとジョン・マカロックは、市場の役割について正統派が示唆するよりも洗練された見方をしていた。スミスを含むこれらの経済学者が国家を批判したとき、その批判の一部は重商主義に対する攻撃であり、とりわけ、国家は商人階級のものとなり、その利害だけに従うようになるだろうという理解に端を発していた（O'Brien 1975を参照）。

こうした例外があったにもかかわらず、正統派は成功した。労働時間の法定制限をめぐる19世紀の論争で、人々はスミスを振りかざしたのであろう。もし労働者が毎日14時間の労働を自発的に提供し、起業家がそのための賃金を支払う気があるならば、なぜ国家がこれに介入すべきであろうか。市場の見えざる手がこの「自然状態」の最適性を保証するはずである。女性が男性よりも低い賃金で働くことに同意し、企業がそうした条件で女性と男性を雇用する気があるならば、なぜ国家がこれに介入すべきであろうか。もし貧しい人々が地主に対して自ら奴隷として働くことを申し出て、地主がその申し出を受け入れることができるならば、市場はそのような契約を自由に認めるべきではないか。こうした問題は机上の空論ではなく、現実の政策や論争の対象であった。たとえば1859年にルイジアナ州は自発的奴隷、しばしば「被保証人主義」と呼ばれた制度を合法化した。[14] すなわち、奴隷となる権利が個人に認められたのである。この法律は、ある人々によれば、差別的であった。なぜなら、この気前のよい権利は有色人だけに認められたからである。

こうした事柄に対する国家の関与はスミスの教義に反し、社会的に最適ではないと論じられた。この主張の誤謬は第7章で議論される。

このような確信は非常に根深いものであったため、見えざる手の定理が20世紀半ばに数式的に確立されたとき、経済学者の大半は信念が数学的に正当化されたと考えた。今日でさえ、多くの経済学者が、見えざる手の定理と、個人は自由かつ無制限に自らの利己的な目的を追求できなければならないという規範命題を同一視する。純粋に事実に関する公理から規範命題に達しようとする誤謬に対するデイヴィド・ヒュームの警鐘は、気ままに見過ごされてきたのである。よくある条件、たとえばある人が目的を追求するにあたって負の外部性があってはならない、というものはもちろん経済学者たちに理解されている。しかし、こうしたちょっとした警告を超えるものはおよそ認められていない。

経済学の現状

経済学の中心をなす見解の大半は基本定理（より正確には基本定理の誤解）に依存しているため、読者にはこの定理を理解するために少し努力してもらいたい。よって、次の章はこれに始まり、経済政策をめぐる現代の一般的な考え方がどれほどこの定理（再び注意深く述べるなら、この定理の誤解）に根差しているかを示す。本章が取り扱うのは専門のエコノミストにとってはごく当たり前のことなので、飛ばしてしまうか流し読みしたくなるかもしれない（しかし注意が必要なのは、専門のエコノミストを自任する人が本当の専門家よりも数多く存在することである）。

この定理を現実の世界に性急に応用すべきでない理由については周知の批判が多数存在する。そうした標準的な批判は本書の関心の対象とはならず、まれに言及するだけである。ただし、万全を期して、また以降の章で既知の事柄を説明するための中断を避けるため、これらの批判も第２章で議論する。

本書の核心部分は、その後に始まる。究極の目標は野心的である。アダム・スミスがもたらした英知が硬直化してイデオロギーになってしまったことを示そうと思う。このイデオロギーは、経済がどのようなしくみで動き、なぜ失敗が起こるのか、そして市場と政策介入の役割は何かということの理解を妨げてきた。こうして見直しを行なうことにより、私たちは現在の世界経済秩序に安住する気持ちを捨て去るよう迫られる。保守派が他のすべての体制を「誘因両立的でない（インセンティヴに欠ける）」ため存続不可能だとして却下するのは、現存秩序の既得権益を維持するために無意識に実行されがちな策略である。後に本書のなかで誘因両立性の真の意味と含意を検討する機会があるだろう。本書の最後の数章では、グローバルな民主主義が後退しつつあり、常に強者によって蝕まれていることを論じる。グローバル化と同時進行で世界の大部分が疎外されつつあるため、世界は政治的に未知の領域に突入し、混乱が目につくようになっている。直観のレベルでは、このことは専門外の人々にも知られている。ただし、この認識は政策にまで具体化されていない。なぜなら、経済学者の「モデル」世界では市場は常に期待に添うからである。政府による介入が最低限に抑えられて、外部性が税と補助金によって是正されるかぎり、システムは公平で、すべての労働者が自らの限界生産性に等しい賃金を手にするのである。最先端の雑誌論文がそのような世界からは遠ざかっているという事実は、エコノミストや経済関係のジャーナリスト、テクノクラート、国際機関職員の「一般的傾向」にはほとんど影響を及ぼさない。さらに、雑誌論文は技術的・数学的批判に執着することで自ら墓穴を掘る傾向がある。

より根本的な批判を行なうことも可能であり、そうすると、本書の陰鬱な結論は経済理論と両立可能であって、さらには経済理論の帰結であると見ることもできるようになるため、現実を否認する必要もなくなる。よって、途中の第3章から第8章にかけては経済学の中心的なモデルの批判と再構成を試みる。第3章では見えざる手の定理に対する私たちの理解と解釈の深刻な欠陥を論じる。これらの批判は数学的には容易だが概念的には難しい。そこでは経済を理論化するための新たな公理を提示する。第4章から第7章では、このように公理を見直すと、経済のしくみと政策介入の役割に対する異なる見方とより深い理解がもたらされることを示す。加えて、これらの章では、経済理論が方法論的個人主義への絶対的信奉から脱却すべき必要性を主張する。第8章ではこれらの議論を引き継いでグローバル化と国際政策の領域に移り、第9章でグローバル民主主義とその後退を分析するための準備をする。最終章は、どうすれば現在の経済秩序の変更が可能であるかについて思いをめぐらせるもので、比較的容易な政策介入から、よりラディカルで斬新な提案までを取り扱う。

しかし、先を急ぐ前に、理解ということについて警鐘を鳴らしておきたい。経済のしくみを「理解する」とは何を意味するのであろうか。この疑問に答えることは重要である。というのも、本書の大部分は、経済がいかに機能し、社会や政治とどう作用し合うかの「理解」に貢献する意図の下に書かれているからである。さらに、こうした学習は、事実を知り、定理を習得するよりも深いレベルで行なわれることが望ましい。

理解するとはどういうことか

本書の目的は経済のしくみのより深い理解をもたらすことであるというとき、私はやや特殊な意味を念頭に置いている。少なくとも二つの異なった意味で、私たちは理解という言葉を広く用いている。人々が「一般均衡理論やブラウワーの不動点定理を理解している」とか「音楽や人間の心理を理解している」という場合、いずれも脳内の認知過程に言及しており、情報の獲得に通じるが、その様態は異なっている。前者は「技術的理解」、つまり自ら理解したことを再現する能力、さらにはそれを拡張し、修正する能力さえ含むこともある。他方、人々が音楽を理解するというとき、それは「直観的理解」を意味する。(15) この（直観的）理解は部外者に対して実際に示すことが難しい（そのせいもあって、音楽や芸術を理解しない場合でさえ、これらを理解すると主張しても問題は少ない）。しかし、ある意味ではこちらの方が深い理解である。知的障がいを抱える子供を考えよう。心理学の専門家はこの子供のことを理解するであろうが、子供の親兄弟（姉妹）は心理学の訓練を受けていなくても同じように主張するかもしれない。しかしながら、前者の理解は上記のいわゆる技術的理解に近く、後者の理解はより直観的であろう。多くの場合、後者の方が、子供は何を欲しがるか、また子供はある刺激にどう反応するかをよく感じとるであろう。親兄弟はこうした理解に達する経緯を説明できないかもしれず、この理解を別の人に伝えることはできない可能性がある。しかし、このような状況に対処したことのある人ならば容易に同意すると考えられるのは、親兄弟による理解がプロの心理学者の場合とは異なり、ある意味でより深いということである。ただ、訓練を通じた直観的理解の向上が不可能なわけではないことを強調しておく。それは可能であるし、さらにある種の技術的理解と組み合わされば、より強力になる。人々は直観を磨いていくことが可能なのである。

数理的な学問分野の大半において、私たちは技術的知識を主に専門家に頼る。この知識の優劣は分野に依存する。自動車の機械工にとっては、優れた技術的理解があれば十分であると言っていいだろう。私の見解では、経済学における直観的理解の必要性は、大半の経済学者が人々に信じさせようとするよりもはるかに高い。優れた経済政策は、定理や回帰係数の知識に加えて、物事に対する「感触」を要求するのである。これはちょうど、経営やイノベーションの技術を学び、運転手の手足の動きが自動車の操縦にどう伝わるかを学ぶだけでは、優れた起業家や腕のいい運転手にはなれないのと同じである。逆説的に聞こえるかもしれないが、直観的理解の必要性には数学的な根拠が存在する。なぜそうなる可能性があるのかを説明することは、このプロジェクトの重要な一部である。

本書を完全に理解するためには、ここで提示される素材を「直観的に」理解することがきわめて重要である。よって、本書の著述のスタイルは、経済学の標準とは大いに異なる。『見えざる手をこえて』は、結果を列挙するだけでなく、一つの視点を構成するために推論を用い、現実世界の例を挙げ、そしてもっとも重要なこととして、内省を促す。そのうえ、ここで提示されることを理解する際には、すでにある知識をいくらか捨て去る必要がある。理論をたくさん習得した人は、世界をありのままに見ることができなくなってしまうのである。これは必然ではなく、もっとも賢明な現代作家のなかには同時に素晴らしい理論家もいるが、往々にしてそうなってしまう(16)。教科書の仮定と公理は、他の学習形態、特に私たちが日々の経験から学ぶことを締め出す傾向がある。場合によっては、理論をたくさん習得した人が現実の生活からも学ぼうとするが、過剰な学習によってレンズが歪んでいるため、彼らが目にするものは、すでに自らが築き上げた推定を確認するだけである。

これは「確証バイアス」について行なわれてきた研究に照らせば驚くにはあたらない(Rabin and Shrag 1999参照)。すなわち、初めに何らかの意見を持っている人が、新たな情報を提示されたとき、最初の見解を確認する傾向があるというものである。一方が右派的見解、他方が左派的見解を持つ二人の人間は、同じような新しい世界の出来事に接しても、自らの右派的および左派的傾向をさらに確信するような理由を見出すのが常である。この点に関する興味深い実験では(Bruner and Potter 1964)、ある集団がスクリーン上で一枚の絵を見せられる。それは極度にぼやけていて、しだいに焦点が合ってくるが、完全に合うにはいたらない。実験の終わりに、人々は何の絵であったか当てるよう求められた。参加者の一部はスクリーンを最初（極度にぼやけている段階）から見ることができ、他の人々は少し後（絵がよりはっきりした時点）から見ることを許された。興味深いことに、前者の集団（より長い時間をかけて、後者が見たもの「以上」を目にした人々）が正解を得た頻度は、後者よりも低かったのである。前者の1／4が正しかった一方で、よりはっきりした段階からスクリーンを見始めた人々のうち半分が正解を得た。もっとも説得力のある説明は確証バイアスと関係があるに違いない。より早い段階から見始めた人たちはわずかな情報に基づいて意見を形成し、その後に目にしたものは最初の意見を追認しただけであった。

現代の理論経済学が何か間違ったことを教えているわけではない。というのも、ほとんどの著書は「もし〜なら、〜である」という命題を教えるからである。もしすべての人間が合理的なら、もし彼らが限界効用逓減の法則に従うなら、等の仮定があって、その場合には、*X*、*Y*、*Z*が従うのである。ここで*X*は、たとえば「自由貿易は国民所得を高める」である。そうした「もし」の世界に住むと、きわめて明晰な頭脳の持ち主以外は、その世界と自分の住む現実世界を混同しがちである。[17] そして、「もし〜なら、〜である」という命題の「一部」にすぎない「〜である」が彼らの現実の一部になる。ある意味で、それは手品ショーのようなものである。優れた手品師は原則としてすべてを見せるが、客に見ていてもらいたい少数の物に注意を惹きつけておく。しばらくすると、手品師が客に見ていてもらいたいものが客の世界になり、客は錯覚に陥る準備ができるのである。

本書の大部分は、私たちの錯覚を晴らす試みである。私たちは、教条主義的な主張を繰り返し参照し、経済の「事実」を広い視野で観察することをせず、教科書のモデルを現実と混同して信じてしまったために錯覚に陥ってきたのである。

第2章 見えざる手とは何か

競争と社会厚生は両立するか

スミスの斬新な理論によると、自由市場システムは見えない手のようなものであり、それは自らの利己的な効用の最大化にのみ関心を持つ多数の個人の行動をすんなりと調整することができ、効率性と社会的に最適な結果をもたらす。スミスはこうした言葉で表現したわけではないが、『国富論』の数ヵ所でこの基本的な「着想」を論じている。たとえば、経済的意思決定を行なうにあたり、いかに各個人が「自分だけの利益を考え、そうすることで、他の多くの場合と同様に、見えざる手に導かれて、まったく意図せざる目的を推進する」と指摘している（Smith [1776] 1937, 423）。スミスはこれを立証するための議論を提供したが、厳密には証明できなかった。その結果、彼の見解および上記の表現は多くの曖昧さを残すものとなった。「効率性」とは何を意味したのか。「社会的に最適な」結果をどう定義するのか。１５０年以上が経ち、（レオン・ワルラス、ヴィルフレート・パレート、ケネス・アロー、ジェラール・ドブリューらの仕事のおかげで）経済分析と数式化の技術がしだいに改善されるようになって初めてスミスの予想は厚生経済学の第一基本定理として数式的に確立されたのであった。繰り返しになるが、この名前に何度も言及するのは冗長なので、見えざる手の定理と呼ぼう。

これから取りあげる用語は経済学者にはお馴染みのものであるが、これらの説明なしには見えざる手の定理の意味を正確に述べることはできない。「個人」にとって何が理想的あるいは最適であるかを理解するのはあまり難しくないかもしれない。特に、広く用いられている「消費者主権」の仮定、すなわち、各人が自らにとって何が最善であるかを知っているという仮定に従うならば、そうである。しかし、「社会的」最適性については話が別で、明らかに私たちはこの点をめぐって衝突する立場をとる可能性がある。ここに、イタリア人の技師で後に社会学者兼経済学者に転身したヴィルフレート・パレートが初めて打ち出した提案がある。人口 n 人の国を考えていると仮定しよう。これがインドであれば、n は11億となろう。ここで、インドを完全に記述する二つの状態 x と y を考える。x はインドの現在の状況を指し、y はあらゆる関税と割当を撤廃して完全な自由貿易システムを採用した場合のインドとすることができる。これらの完全な記述はもちろん個人の豊かさの詳細を含んでいる。典型的には、人口が大きい場合、状態 x においてより豊かな人もいれば、y においてより豊かな人もいる（し、どちらでも変わらない人もいる）だろう。こうなると、いかにしていずれの社会が社会的に優れていると言えるのだろうか。これは論争の種となる可能性があり、ある個人の損失を他の個人の利益と比べてどう評価するかに依存する。しかしながら、偶然にも y よりも x において少なくとも一人がより豊かで、同時に x よりも y においてより豊かな人が一人もいない場合、パレートが主張し、私たちのほとんどが同意すると思われるのは、社会としては x の方が y よりもよいということである。経済理論の専門用語では、x は y よりも「パレート優位」であるという。

まとめると、二つの異なる社会状態 x と y について、少なくとも一人が y よりも x において豊かであり、全員が x では y におけるのと少なくとも同程度に豊かであるなら、x は y よりも「パレート優位」であるといおう。二つの社会状態 x と y があり、全員が x と y の間で無差別ならば、x と y は「パレート無差別」であるという。

二つの状態 x と y が、いずれも他方に対してパレート優位ではなく、またそれらがパレート無差別でもないならば、「パレート比較不可能」であるという。

これまでに明らかなように、パレート比較を行なうにあたっては、まず対象となる社会状態を完全に記述する必要があると述べたものの、実際に必要となるのはこれらの状態における個人の豊かさに関する情報である。上記の定義をはっきりさせるため、例を考えてみよう。二人の個人がいる国を想定する。各個人の幸福の水準は実数で表現される。つまり各人の「効用」の量である。個人の豊かさがその人の所得に依存すると考えるのであれば、効用の代わりに個人のドル換算の所得を書くだけでよい。現在の文脈では、効用の解釈は重要でない。ここで述べているのは、二人の個人だけが生きている場合、可能な社会は二つの数で表現されるということのみである。第一は個人１が享受する効用で、第二は個人２が享受する効用である。ここで、現在 x という社会状態にある国を考えよう。それは次のように記述される。

$$x=(90,\ 99)$$

この社会では、個人１は90の「効用」単位を手にし、個人２は99の効用単位を手にする。所得だけで幸福を完全に表現できると信じる人は、私の言う効用を単純に所得と読み替えてかまわない。この国を組織する方法が他に二つあり、次のように、それぞれ社会あるいは社会状態 y および z とする。

$$y=(99,\ 99)$$
$$z=(0,\ 100)$$

読者は、yがxよりもパレート優位であり、zとはパレート比較不可能であり、xとzは互いにパレート比較不可能であることを納得できるはずである。

ここで「パレート最適性」を定義しよう。可能な社会状態の集合のなかで、ある特定の社会状態よりもパレート優位な状態が存在しない場合、その社会状態はパレート最適であると呼ぶ(1)。x、y、zからなる社会状態の集合を考えているとしよう。これらのうち、二つのパレート最適な状態yとzの存在を確認できる。現代経済理論では、パレート最適性という用語は「効率性」と置き換え可能である。よって、ある社会が効率的であると言われるとき、それはパレートの意味で最適だという意味である。効率性（efficiency）という日常的な英語の言葉を経済学者がこのように盗用していることは留意しておいた方がよい。とりわけ私はパレート最適という用語と効率的という言葉（より注意深くはパレート効率的という言葉）を、同じ意味で用いることにする。

次に、「競争経済」とその「均衡」の意味を理解する必要がある。基本的に「競争経済」とは、個人の行動を通じて市場の一般的な価格を変えることが誰にもできないような経済のことである。各々の個人や主体は小さすぎると考えられるのである。よって、パンをもっと多く売買するという個人の決定がパンの市場価格を変えることはない。ただしこれは、大勢の人がパンをより多く買うとパンの価格は上がり、売り手の集団がもっと売れば価格は下がる、ということを否定するものではない。たんに各「個別の主体」は市場価格を変更不可能なものと見なすというだけである。これを簡単に表現すると、競争経済における各個人は「価格受容者」であるという。「合理的」で利己的な個人や主体とは、基本的に市場価格を見てからどれほど売買するかを決め、自らの効用、福利、幸福、選好を最大化しようとする人のことである。経済学の特殊な分野では、これらの用語は微妙に異なる意味を持つとされるが、今のところそうした区別に気を遣う必要はない。第6章でいくらか細かく区別をするつもりである。

消費者が直面する問題を考えよう。消費者にはいくらかの所得があり、それは典型的には労働の市場価格（給与）によって決まるとともに、他の不労所得や所有する富を含み、この消費者は市場価格に直面する。これらの価格を所与として、消費者は所得の範囲内に収まる財の組み合わせをすべて考慮する。それはこの消費者にとって購買可能な組み合わせである。たとえば、消費者は〈自動車と食料〉または〈テレビと冷蔵庫と食料〉のいずれかの組み合わせを買えるかもしれないが、両方は無理である。予算以内で購入可能な組み合わせをすべて集めたものは、その消費者の「予算集合」と呼ばれる。合理的な消費者とは、予算集合のなかから最大の効用をもたらす組み合わせを選ぶ人のことである。

競争的な交換経済をより詳しく記述する場合、消費者と供給者を区別することはない。仮定として、各個人は最初に財の組み合わせをいくらか所有し、それらの価格を見てから、どの財をどれくらい売買するかを決める。

ここで、市場に出ているすべての財の価格の任意のリストを考えてみよう。個人はこれらの価格に基づいてそれぞれの財をどのくらい売買したいかを決められるとする。各財について、総需要（すべての個人の需要の合計）がその財の総供給に等しいかを確かめる。等しくなければ、均衡ではない。このとき、超過需要があるか超過供給があるかによって、価格は上昇するか下落すると考えられる。各財について総需要と総供給が等しくなる価格ベクトルが見つかり、価格変化の圧力が存在しないとき、私たちは「競争均衡」あるいはたんに「均衡」を見つけたことになる。より厳密に言うと、各財の総需要と総供給を一致させる価格のリスト（各財に一つの価格）が均衡と呼ばれる。いったんそのような価格が実現すると、価格を変化させる圧力は存在しない。よって均衡という言葉が使われるのである。

これを念頭に置くと、見えざる手の定理を次のように述べることができる。

> 競争経済が存在し、すべての個人が自らの合理的な自己利益にしたがって自由な選択を行なうとき、（少数の技術的条件のもとで）結果として生じる均衡はパレート最適である。

代数学にほんの少し投資すれば、この結果は数学や公理的な幾何学のいかなる定理にも劣らぬほど厳密に証明できる。

この主張は簡潔なため、その重要性は見過ごされがちである。この定理は私たちに多くのことを考えさせる。[2] スミスの着想のこのような定式化は経済学を飛躍的に進歩させた。[3] もっとも重要なことは、定理が成立しない状況を明らかにしたことである。それはスミスのおおむね記述的で砕けた表現からは理解できないことであった。一部の個人が市場価格を変更できるほどの力を持っているような状況では、いまや周知のように、見えざる手が有効に機能すると仮定できない。かりに個人が無限の未来に向かって他の人々と異時点間の取引を行なうことができ、後続の各世代に対して、たとえば高齢者のためのいくらかの犠牲を引き受けてもらえるならば、この定理は再び崩壊するのである（Shell 1971）。

政策の世界にとって主に重要なことは、この定理がどのように誤解・誤用されてきたかである。何よりもまず、時々誤認される点は、数学におけるすべての定理と同様に、この定理は現実世界について検証可能なことや予測の基礎になることを述べるわけでない、ということである。代わりに、それは二つの定義、つまり均衡と最適性が同値であることを立証する。その意味で、これは直角三角形の二つの辺と第三辺に関する同値性を示すピタゴラスの定理とまったく変わるところがない。定理自体は、将来に対する洞察や政策についての実用的指針を何も提供しないのである。ピタゴラスは、数学をしているとき以外、浮世離れして悪名高かった。彼が宣伝したカルト宗教は、創設原理として、豆の摂食を止め、教祖（それは偶然にもピタゴラス自身であった）への全面的従属を求めた（この点で彼にはいくらか分別があったことが分かる）。バートランド・ラッセルによると、信徒のなかに我慢できず豆をごまかした者がいたため、このカルトは解散した。[4] にもかかわらず、ピタゴラスの定理は便利であり、同じことが見えざる手の定理にも言える。

見えざる手の定理に対する批判で私が無効であると考えるのは、この定理が数学的に自明であって予測にまったく役立たないという理由で切り捨てるものである。これと関連して、一部の評者は、まず経験的に確証されないものは何の役にも立たないと言う。このような命題の経験的妥当性を確かめるということが何を意味するのか、私には分からない。これでは、ピタゴラスの定理の妥当性を経験的に確かめないかぎりその有効性を受け入れないと言うに等しい。おそらくは、巻尺を持ち歩いてピタゴラスの主張が実際に正しいかを確かめることになるのであろう。しかし、かりにそれが必ずしも正しくないということになったとき、それは何を示すのであろうか。巻尺の異常を示すだけであろう。もし定理が経験的に正しいことが分かったとしても、検証をしていない三角形について定理の関係が成り立つかを知る方法は依然として存在しないのである。経験的な検証を経た知識だけに依存するのであれば、検証していない三角形についてはピタゴラスの定理に信を置くべきでないことは明らかである。

実証経済学はきわめて重要であるが、それを求める声が極端に大きくなることがある。理論研究を「理論でしかない」といって切り捨てようとする試みがあるのは有害な傾向である。もしこの批判がピタゴラスやユークリッドの時代に蔓延し、影響力を持っていたなら、現代幾何学は存在していなかったであろう。見えざる手の主張に対する批判を定理そのものに向けることはできない。定理自体は社会科学における傑出した数学的業績であり、そのおかげで経済に関する私たちの思考はきわめて豊かになってきたのである。批判は実生活における定理の使用に向けなければならない。

見えざる手の定理に対する標準的批判

見えざる手の定理を現実世界に持ち出してその理解を深めることは、必然的に想像力の飛躍を伴う。そしてこここにこそ問題の大半が潜んでいる。経済学という分野では、現実経済に言及するときは常に「現実世界の経済」と述べることになっているが、これには理由がないわけではない。デフォルト、つまり限定する形容詞なしの「経済」への言及は、理論的な教科書モデルの経済を指すと考えられるのである。

この定理を現実世界に持ち出すことの問題と限界の多くは既存の文献でよく知られている（Arrow and Hahn 1971; Hahn 1985）。第一に、定理のなかの「少数の技術的条件のもとで」という限定句は、市場原理主義者には往々にして見過ごされる。彼らは無制約の市場と国家の役割の縮小を熱望し、いかなる邪魔も許容したくないのである。しかし、優れた理論家はこれらの条件を意識してきた。実際、スミスの知恵を定理として定式化した成果の一つは、どんな場合には結果が当てはまらないのか、そして厳密にはどのような技術的条件が満たされなければ競争均衡のパレート最適性を証明できないのかをはっきりと述べたことである。ただし、これらの技術的条件には立ち入らず、代わりに、定理をあまりにも安易に現実世界に持ち出すことに対する一般的な警告を二つ述べておこう。

まず、見えざる手の定理は競争経済に当てはまる結果であり、各個人はごく小さく取るに足りない存在で、しばしば経済の「原子」と呼ばれる。反対に、各主体がより大きく、単独で他者の福利に影響を及ぼせる（そのような個人は戦略的主体と呼ばれる）ならば、この結果は成立しなくなるかもしれない。

この点は、20世紀後半のゲーム理論の興隆によってたしかに理解されるようになった。経済学のゲーム理論的モデルにおいて、個人は通常、戦略的主体であり、個人的合理性の帰結はしばしば、社会的には最適でない。囚人のジレンマはおそらくこれを表現するもっとも有名な例であろう。しかし、ゲーム理論にはそうした例が豊富にある。旅人のジレンマは似たような結果を提供する（Basu 1994b）。ラインハルト・ゼルテンのチェーンストア・ゲーム（Selten 1978）、ロバート・ローゼンタールのムカデ・ゲーム（Rosenthal 1981）、その他多くのゲームが同じ点を強調する。もちろん、経済学者はこれを承知しており、多くの市場原理主義的な評論家や保守派の政策通も同様である。しかしどうしたわけか、彼らはゲーム理論の膨大な文献を病理とし、競争市場モデルを基準とする。この仮定には偏見以外に何の根拠もないと気づいている人たちの間でも、支配的な見解は、競争経済こそが理想であり、今のところ実現されていないかもしれないが、それを目指すべきであるという。そのような人々にとって、必要なのは自由な市場のみであり、競争を促進するためにうまく設計された独占禁止政策を組み合わせればよいだけである。

各個人の行為は他の人々の厚生をまったく左右しないが、多数の人々の行動は他者の福利に影響を与える可能性がある、という競争分析の仮定は技術的な困難を伴う。一見、もし仮定の後半が正しいとすれば、一連の個人が次々と何らかの行為をなすとき、あと一人の行為が他者の福利に影響を及ぼす、という時点がなければならない。これは、紀元前4世紀のギリシアの哲学者エウブリデスの「砂山のパラドックス」を想起させる。彼の主張では、現にある多少の砂粒に一つの砂粒を加えても、砂山でなかったものを砂山に変えることはけっしてできないため、無から砂の山を作り上げることは絶対にできない。標準的な競争均衡は、この問題を回避するため、個人の数が無限であることを仮定する。(5) ここではこれ以上、立ち入らないが、第7章で似たような論点に戻り、これがデレク・パーフィットの「道徳数学」(Parfit 1984) とどう関係するかを示す。

見えざる手の定理の政策上の有用性に冷や水を浴びせるもう一つの批判は、パレート最適性の概念と関係がある。学界で最高の知性を持つ人たちが指摘した点であるが、パレート最適性の考え方は、社会が達成すべき目標の十分条件としての倫理的魅力に欠けるという (Bergson 1938; Samuelson 1947; Arrow 1951; Varian 1975; Sen 1997)。

もう少し詳しく述べるため、上記の例に戻り、人口二人の国が三つの可能な状態 x、y、z のいずれにもなる選択肢を持つとしよう。すでに見たように、これらのうち y と z はパレート最適である。よって、パレート最適な結果に到達すれば十分であるという合意があるならば、この国が状態 y か z のいずれかに達すれば、私たちは満足すべきである。しかし、y と z はともにパレート最適である (定義により実際にそうである) が、y にはどこか明らかにzよりもよいところがあると多くの人は主張するであろう。というのも、zでは一人の効用がゼロで、他の人たちは100の効用を享受するが、yでは全員が99の効用を得るからである。ここで（99，99）という結果は（0，100）よりも優れていると考えるとしよう。実際、私は読者の大半がそう考えると予想する（そうでないとしたら、私は自分の読者層に懸念を抱くだろう）。このとき、見えざる手の定理はほとんど慰めにならない。なぜなら、それが保証するのは、競争がパレート最適な結果のいずれかをもたらすということのみだからである。言い換えれば、競争はこの国を道徳的な魅力に劣る結果、すなわち（0，100）に導くかもしれないのである。いったんこのことが確認されると、定理はその輝きをいくぶん失う。明らかに、パレート最適あるいは効率的な結果というものは、かなり不快になる可能性がある。

強調すべきは、これが定理の批判ではなく、むしろ保守派の評論家や（ロバート・ソローの言う）「神学的自由市場主義者」による解釈の批判だということである。いま述べた点は一般均衡理論の文脈にも当てはまる。競争的一般均衡分析において、経済が具体的にどのパレート最適・効率的な結果に落ち着くかは、個人が最初にどれだけ資源を持っていたかや、富がどれだけ分配されていたかに依存する。最近ソローが述べたように、「自由市場による結果が富の当初の分配よりも『よい』などということはまったくない。それが社会的に望ましいと言えるのは、資源の配分があらかじめ社会的に望ましかった場合だけである。神学的自由市場主義者はこのただし書きを省略したがる。優れた学生はそうしてはならない」（Solow 2006）。

これへの対応として、多くの経済学者はパレート最適性を十分条件としては拒絶するが、必要条件として維持することを提案してきた。言い換えると、私たちがある結果を魅力的で受け入れられるものと考えるためには、それは（実現可能な選択肢の集合のなかで）パレート最適でなければならないが、ある結果がパレート最適であるという事実だけでは、受け入れる十分な理由にはけっしてならない。これはしばしば「パレート包摂的」厚生判断と呼ばれる。私はこれには魅力があると考えており、本書ではおおむねこの規範的公理を支持する。ただし第

7章で見るように、これにしがみつこうとすると、倫理および演繹的論理の微妙な問題に行き着く可能性がある。(6)

先に進む前にもう少し意味を明確にするため、x、y、zのなかから選ばなければならないとしよう。パレート包摂的厚生判断を用いるとしたら、xを選んではならない。これは、yを選びつつzを不快に感じることと完全に両立し、zを選ぶくらいならxを選ぶという見方さえ可能である。つまり、選択がxとzに限られた場合には、xを選ぶのがもっともで（しかもパレート包摂的厚生判断と両立するで）あろうということである。他方、パレート最適性だけにコミットするならば、つまり、ある状態を選ぶときにパレート最適性だけで十分であると考えるならば、三つの状態のすべてが選択可能なときにyとzのいずれを選んでもかまわないであろう。

上記の議論を考慮するだけで、見えざる手の定理に魅了されてはいけないことが分かる。この所見を述べるにあたってただちに付け加えるべきは、それが市場に対する無制限の政府介入を求めるものと解されてはならないという点である。政府による介入があまりにも頻繁に事態を悪化させ、また力のある者たちに市場からの追加的な利得の独占を許すということは、古典派経済学者が重商主義を攻撃したときに理解していた。介入と不介入の双方が信者たちのイデオロギー的な思いつきにあまりにも頻繁に委ねられてきたのである。本来は信仰ではなく分析と理性に基づかなくてはならない。

本節で論じたものの他にもこの定理への批判は存在し、それらはより根源的で、あまり知られていないが、新たな問題を切り開き、私たちにもっと洗練された経済理論の見方をするよう迫り、そうすることで、スミス神話の信者や、信者ではなくとも世界がこの神話を放棄することで個人的に失うものが大きすぎると恐れている人たちが信奉する世界観よりも洗練された世界観を持つように促すのである。これが第3章の主題であり、本書の残りは次に概要を示す批判を出発点として展開される。

第3章
正統派の限界

二面性解釈

見えざる手の定理に対するお馴染みの批判から距離を置くため、パレート最適性の考え方にはさまざまな反論があろうがひとまず棚上げをして、ある結果を「良い」と考えるには、それがパレート最適であるだけで十分だとしておこう。さらに、個人は戦略的ではなく互いに孤立した存在で、したがって競争モデルが現実の適切な描写になっていると仮定する。こうして邪魔物がなくなれば、見えざる手の定理はあたかも市場原理主義者の福音書となって、国家を追放し、個人に自らの利益をひたすら追求させることに熱心な市場原理主義者の声を伝えるように見える。

しかし、こうした制限を認めるとしても、見えざる手の定理は本当にこのような結論を許可するのであろうか。答えは否である。この定理は実際のところ数学的には自明であり、前章で見たように、規範的な内容を持たない。文字どおりの意味内容を超える解釈によって現実世界における政策的な知恵を引き出そうとするならば、反対の結論を引き出すことも同様に簡単であって、私はこれを「二面性解釈」(dual interpretation) と呼ぶ。

なぜこの定理が利己主義の称賛とされるのかを少し考えてみよう。最適性という結果は、個人が自らの利己的な利益を最大化する自由を持つことに基礎を置いている。これを確認するため、このモデルでは各個人が自らの「予算集合」からいかなる財の組み合わせをも自由に選べるようになっていることを思い出そう。予算集合とは、個人の所得や予算の限度内で入手可能な財・サービスのあらゆる組み合わせの集合である。見えざる手の定理が示したのは、社会がそれ自体として最適性を実現するという主張が成り立つのはいかなる場合かであり、それは、この社会のすべての個人が自らの所得以外に何の制限もなく自由に何を消費するかを選ぶ選択肢を与えられている場合である。反対に、もし政府が制約を課し、たとえば消費者にある製品の購入を禁じたり、ある商品に課税したりするならば、消費者の選択肢を減らすことになり、社会が均衡において最適な結果にたどり着くことは保証されない。よって、個人に束縛のない選択の自由を認めることこそが最適性という結果をもたらすように見えるのである。

このモデルでは、完全な選択の自由とは、個人の予算集合から財のいかなる組み合わせを選んでもよい自由を意味することに留意しよう。しかし、モデルの外で考えれば明らかに、人間には消費の組み合わせを選ぶ以外に多くのことが可能である。虐待を行ない、盗みを働くことができる。脅したり、中傷したり、うわさを流すこともできる。ひどく憤慨し、不運を嘆くこともある。誰かを仲間外れにしたり、逆に受け入れることもある。機嫌が良いこともあれば、悪いこともある。隣人を愛し、機会あるごとに親切にすることもあれば、憎むこともある。つまり、現実の人間は、予算集合のみならず、他にありうる多数の物事から選択を行なう。人間が実際にこうした行為のいくつかを選択すると、社会は依然として効率性を実現するだろうか。答えはもはや自明ではない。標準的な経済学は、いったんこうして行動の範囲を拡張すると、指針となる理論をまったく持たないのである。明らかに最適性を阻害するように見える行為が存在する。ある個人が別の人に物理的暴力を振るってその人の物をもぎとろうとするならば、その結果は社会的に最適ではない(1)。

よって、ある個人に可能な行為の真の集合（予算集合内のすべての要素に加えて、その個人が自由にとれる予算集合外のさまざまな行動）を出発点として見えざる手の定理を考えるならば、異なる視界が開ける。

見えざる手の定理は以下のように述べなおせる。

「競争経済において、個人の自由が制限され、利用可能なすべての行為からの選択が許されず、自らの予算集合内の点だけを選択できるとき、（以前と同じように、少数の技術的条件のもとで）結果として生じる均衡はパレート最適である。」

冒頭で述べたように、これが私の言う二面性解釈である。前章で見た定理とまったく同じであるが、このように述べると、個人的自由の称賛ではなく、むしろその逆に見える。個人の選択に制約を課す必要性を強調しているように見えるのである。したがって、経済学やそれに追従する周辺領域の中心をなす見解、すなわち、完全自由市場こそ追求すべき理想であるという見方は、一般に想定されるような理論的基礎を持ち合わせていないのである。スミスがこれを証明したわけではないし、後の数理経済学の興隆によってこれが確証されたわけでもなかった。その基礎は神話であり、にもかかわらず経済政策の見方やより優れた公平な経済秩序への希望に対して、というか希望の欠如に対して、繰り返し影響を及ぼしてきたのである。

だからといって、自由市場を普及させる他の理由がないわけではないが、それらは勘、直観、不完全な推論、憶測に基づくものである。第1章で議論したように、それらはただちに切り捨てるべきものではない。市場を過剰に管理しようとして個々の企業や計画を妨げて、経済に害を与えた政府は数多く存在する。私がここで言いたいのは、市場を自由化する理由をありのままに見るべきだということである。そのように見れば、自由市場を推し進める場合でさえ、国家が手を下して調整する必要性が意識される。見えざる手の定理は、多くの経済学者がもっともらしく言うような万能の定理ではないからである。

見えざる手の定理の第一の魅力、特に保守思想の砦としての魅力は、最大限の個人的自由を伴う競争経済が社会的な最適性を保証するという一般的信念にあることをはっきりさせておきたい。しかしながら、より詳細に吟味すると、そこで確保されている自由というのは、自らの予算集合のなかから選択する自由でしかない。予算集合を超えて「機会集合」を「拡張し」、私たちが実際に実現できる多くの物事を行なう自由を含めるならば、もたらされる結果はもはや必ずしも最適ではない[2]。少なくとも、最適であるとは知られていないのである。よって、現実的でより大きな個人の実現可能集合から出発して見えざる手の定理にたどり着きたいのであれば、私たちは以下のように述べなければならないだろう。何らかの理由で各個人の自由が制限され、個人は自らの予算集合からしか選べないとしたら、私たちは社会的最適性の実現を確信できるだろう。このように完全に筋の通った見方のもとで、定理はもはや政府介入への反対論を提供するものではなくなる。これは、私たちが紋切り型に政府介入を正当化するための標準的条件（たとえば、外部性の存在、規模に関する収穫逓増、複数均衡の存在）を除外したとしても真である。

そのうえ、こうしたモデル外の行動・行為は、しばしば取引・交換の問題である。価格、賃金、市場を通じた取引の世界は経済理論の基本であるが、それを超えたところに、より広い物々交換の世界が存在する。たしかに私たちはもはや肉と穀物を交換したり、トウモロコシと羊皮を交換したりすることはないが、物々交換の世界が市場にとって代わられたというのは神話である。物々交換は常にあらゆる場で生じており、公に行なわれることもあるが、しばしば会釈や目配せを通じて行なわれる[3]。XはYが排他的なクラブへの加入を認められるよう助けることを申し出て、これを覚えておき、後にX自らが商取引を確保する際にYの援助を期待する。ある会社のトップたちは友人が公職を確保するのを手助けし、万が一彼が国を危機に陥らせたとしても、再建のための契約が彼らの会社に行くよう期待する。御用ジャーナリストはしばしば内々に最新のニュースを入手する。既得権益の温存を助けるエコノミストは、見返りに同じ既得権益集団からうまみの多い「研究助成」を得る。実際、この点を客観的に考えると、物々交換は例外というよりはむしろ標準的であることが明らかになる。縁故資本主義とは、すなわち物々交換に他ならない。富裕層が知っており、非富裕層が概して知らないのは、単純に市場価格で商品やサービスを売買して金持ちになることはめったにないということである。すべてではないが大半の富裕層は、（中世に消滅したとされる活動である）好意の交換を幅広く活用するとともに、会釈や目配せを通じた物々交換という技術を習得することで豊かになったのである。標準的な市場交換や取引と並んで物々交換が起きていることをいったん認めると、見えざる手の定理がどうなるかは分からない。経済モデルの純粋な世界、ロナルド・コースの言う「黒板経済学」においてさえ、すべてを利己的最大化と自由市場に任せることで社会を最適な結果に導けるかはもはや自明ではないのである（Coase 1991）。

先に進む前に、用語を明確にしておこう。私は「利己的な」（selfish）行動と「自己利益に基づく」（self-interested）行動を同じ意味で用いており、主流派経済学、とりわけ一般均衡理論とゲーム理論における通常の用法に従っている（たとえばThaler 1992; Bowles 2004を参照）。それでも、後に明らかになるように、この分野では言葉というものが大きな制約になる。自らの生活だけに関心を持ち、完全に自己利益に基づく行動から、自分の物質的利益以外を含むさまざまな度合いの啓蒙された自己利益に基づく行動を経て、実質的に無私無欲の行動にいたるまで、人間の行為のきっかけとなる広範な動機の記述をするにあたって、言葉は不十分でもある。利己心（selfishness）や自己利益の追求（self-interestedness）といった用語を区別することでこの問題を切り抜けようとした論者もおり（Medema 2009）、「利益」（interest）という概念そのものに関する素晴らしい分析もある（Swedberg 2005）。これ以降、特に第5章と第6章において、人間の行動と選択のさまざまな動機に出くわすことになる。それらについてはその時点で詳しく述べることにする。

古典派の論者たちは（古典派でない論者たちでさえ、と私は信じたいが）、人間の動機の多様性と、人々が自己利益だけに駆り立てられるわけではないという事実を認識していた。しかし、これを以下の事実と混同してはならない。スミスの発見が胸を躍らせるのは、（かなりまれな環境においてではあれ）人間が完全に利己的であったとしても社会が最適性を実現することを示すからに他ならない。ダンカン・フォリーのより個性的な表現を借りると、「資本主義的な財産関係のルールの範囲内で利己的であるならば、実際には仲間に対してよくふるまっていることになるとスミスは約束するのである」(Foley 2006, 2)。

実現可能集合の進化

経済学の射程を広げるための大事な一歩は、個人にとって実行可能な行為の集合が私たちのモデルの想定よりもはるかに大きいと認めることにある。消費者にできることは財の組み合わせの選択よりもはるかに多いということはすでに見た。同様に、寡占理論において、企業や起業家はどれだけの量を売るか(オーギュスタン・クールノーのモデル)、またはどれだけの価格をつけるか(ジョセフ・ベルトランのモデル)を選ぶことになっている。企業にもっと多くのことが可能で、たとえば量を選んでから価格を選ぶような、より洗練されたモデルも存在する(Kreps and Scheinkman 1983; Benoit and Krishna 1987)。しかし、これらは企業が実際にできることからは程遠い。現実には、(暗闇で)他社の起業家の頭を殴り、競合相手の製品に関するうわさを広め、他社の違法行為に関する話をばらまき、自社製品に関する価格情報の一部を消費者から隠し(Ellison 2005; Gabaix and Laibson 2006)、そのリスクに関して消費者に誤った情報を伝え、この誤情報を暴露すると脅すジャーナリストに賄賂を提供し、賄賂を受け取らないジャーナリストを排除する。

企業や消費者がもっと大きな行為の集合から選べるようなモデルは存在する。それでも、経済主体が選べる行為の集合は、教科書のモデルが示唆するよりもはるかに大きく、暴力や罵詈雑言といった多くの「非経済的行為」を含むということはめったに認識されない。このことを認識するならば、教科書を超えるモデルから出てくるように見える規範的処方箋の取り扱いには多大な注意が必要であり、実際にそれらに従う際には十分な実践的直観が必要になる。標準的な文献の大半に見られる二つの欠点は、まず、たいていの場合、主体にとって実行可能な行為の集合が進化している事実を見逃していることである。人々は以前には意識していなかった新たな行為を「発見する」のである。さらに、より根本的なことであるが、個人に実行可能な行為は非常に大きく複雑なため、集合を形成することさえないかもしれない。周知のように、あらゆるものの集合というものは存在しない。これは哲学の問題で、集合の意味をめぐる論理学上の有名な議論と関係するが、ここでは無視しよう。

ある狭い意味において、時間を通じた実現可能集合の進化と拡張は既存の文献でも認められている。技術革新とは新たな行為の発見に他ならない。以前は化学物質 x と y を別々に使っていたとしよう。その二つを混ぜるとエネルギーが生まれることを突然、発見したとすると、x と y を混ぜるという行為はそれまでまったく考慮されていなかったとしても、選択可能な行為の集合の一部となる。しかし技術革新の場合以外では、実現可能集合が個人に完全には知られていない可能性や、時の経過とともに新たに可能な行為が次々に発見され、実現可能集合が拡張される事実はめったに考慮しない。こうしたことがあらゆる形で起こるのが現実である。利潤最大化を目指す起業家は、教科書とは違い、利用可能な戦略の集合からもっとも利益を生み出す戦略を探すことに時間のすべてを費やすわけではない。時間の一部は、自分と他者がそれまで意識していなかった新たな戦略の発見に費やされるのである。

10年か20年前、クリケットの選手は概して経済的に裕福ではなかった。彼らはクリケットをし、何百万人もの観客を喜ばせても、わずかな収入しか手にしなかった。インドでは、最高のクリケット選手（代表チームでプレーする11人の一部を含む）が収入を補うために銀行や役所で事務員として働くことはごく普通であった。それに引きかえ、今日の一流のクリケット選手は億万長者である。こうなったのは、クリケット選手自身が何か違うことをし始めたからではなく、むしろ一部の起業家が何百万人もの観客の喜びを利用して金を儲ける方法を発見し、後に選手がその集まった金の分け前を手にするようになったからである。他の起業家は、クリケット選手に特定のブランドの帽子やシャツを着せたり製品を宣伝させたりすると、そのブランドへの需要が高まることを発見した。そうして新たな市場が発達し、企業はクリケット選手に製品を着用してもらうために報酬の支払いを提示するのである。まもなく、クリケット選手の「宣伝所得」は、商品を宣伝する会社の利潤と同じく高騰し始めた。(4)

新たな行為と戦略の発見が私たちの生活に重要な帰結をもたらした、経済学以外の別の領域に民主主義がある。しばしば指摘されることであるが、民主主義国がうまく機能するためには、市民が民主主義に参加する方法を学ぶ必要がある。というのも、民主主義はたんに投票にかかわるだけではなく、他の多様な形の市民参加を含むからである。新しい民主主義国が四苦八苦するのは、おそらくこれが理由である。システムに慣れていない市民はまじめに投票所に足を運ぶかもしれないが、討論や議論といった他の方法で意思決定に参加することはない。ここで見過ごされている事実は、市民が民主主義国での役割を学ぶのと同様に、政府も学ぶのであり、後者は破壊的な効果を持つかもしれないということである。基本的に、政府は市民に意見表明させる方法を学んでおきながら、大衆を無視して好き勝手に行動する。

したがって、民主主義国の政府は見た目ほど民主的ではないのかもしれない。専制的な政府や軍政の指導者は、彼らが望むことに対して人々が行なう批判的な意見表明を阻止する。民主的な政府は反対意見の表明を許容するものであり、それはもちろん素晴らしいことである。しかし、念頭に置くべきは、時を経るにつれて民主的政府がこうした意見の「操作」を学び、それが行動には移されないようにすることである。私はこれを別の場所で「エレ・ベレ」(elé belé) 現象と呼んだ。(5) だからといって、専制、王制、あるいは独裁制が民主制よりも優れているわけではないが、民主主義国はそれほど民主的ではない。

ジョージ・W・ブッシュのイラク戦争の例を考えよう。戦争が起こる「前」に米国であれほど激しい反対が起きたことはかつてなかった。多数の大学の構内で学生が抗議した。AFL‐CIO（米国労働総同盟産業別組合会議）は戦争反対の立場を明確にした。一般市民は、何千人もの民間人の殺傷をもたらす先制攻撃の道義性を問題視し、繰り返し戦争反対を口にした。米国のこの側面は、インド、英国や他のいくつかの国と似ており、称賛に値する。自由な政府批判を口封じするような動きはほとんどなく、世界中の多くの独裁国家とは対照的であろう。しかしながら、あまり好ましくないのは、自由に表明された見解によって政府の行動が統御・抑制されないよう、こうした民主主義国がますます巧みに操作するようになっていることである。成熟した民主主義国が世論を管理し、多くの場合、それを誘導しさえするやり方には目を奪われる。ハンス・ブリックスが国連のイラク査察団についてコメントを述べるたびに、ブッシュ政権のメンバーが彼の言葉を言い換えるのは興味深かった。それはコメントを微妙に変えて米国政府の戦争支持の主張に合わせるものであった。そのねらいは、変更されたコメントを何度も繰り返すことで、大衆の意見を戦争支持に傾けることであった(6)。

インドでは、２００２年にグジャラートで起きた住民間の暴力への対応をめぐって、州首相監督下の州政府のやり方が一般のムスリム市民の虐殺につながった。これに対して市民社会は例外なく批判的であったが、それでも州政府のその後の行動には何の影響も及ぼさなかった。この事実に政治評論家たちは困惑してきた。メディア、特に英語メディアは、州政府が殺戮の犯人たちを罰しないという恥ずべき失態について声を上げた。しかし、当然ながら、そうした自由な意見表明だけでは成熟した民主主義国の政府を抑制するのに十分ではない。私たちは明らかに、民主主義に安住してはならないのである。

歴史的に見て、進化した実現可能集合のより劇的な例は、植民地主義の勃興である。古代では、ある国による別の国の支配は、しばしば王や皇帝に率いられる巨大な占領軍の派遣により、不運な地域や国を圧倒することで確立された。植民地主義とは、自国のほんの少数の人々を使うだけで別の国を占領できるという発見であった。その方法は、支配をもくろむ土地の人々の間に適切な誘因《インセンティヴ》を生み出して、彼らが実質的に自己統治を行なうようにするだけであった。

ポルトガル人の征服者アルフォンソ・デ・アルブケルケがこのやり方に向けて大きな一歩を踏み出したのは、1512-15年にゴアで総督をしていたときであった。賢明かつ百戦錬磨の彼が気づいたのは、敵対したり直接的な占領を行なったりするよりも、注意深く戦略を練ることによって、数ではるかに勝る先住民の集団を少人数で統治できる可能性であった。この技術は英国人によって改良・習得され、その後は彼らが極端に小さな英国軍でインドを統治し続けたのであった。

この過程はけっして終わったわけではない。国々は他国を支配するためにその国の市民を利用する方法を絶えず発見している。よって、支配する側の国は、かつてないほど少ない人員とエネルギーで、経済的支配や強奪さえ可能にするのである。真の実現可能集合はほとんど不可知で進化を続けるということの理解は、私たちの世界観に大きな影響を与える。それは慣れ親しんできた非常に静的な政治経済の見方から私たちを引き離す。このテーマは本書でこれからさまざまな形で取りあげる。

選好の進化

この他に問題にすべきものは、人間の選好の不変性である。この点は幸いにも経済学の文献で認められており、最近のものがほとんどではあるが、古くは、特にソースティン・ヴェブレンやハーヴェイ・ライベンシュタインによって書かれている（Veblen 1899; Leibenstein 1950）。[7] ただし、内生的選好の含意のすべてが調べ尽くされたわけではなく、おそらくその理由は、これがパンドラの箱であり、主流派経済学者たちの仕事に不都合なほど彼らの世界観を揺るがしかねないとうすうす気づいているからである。[8]

経済学においてもっとも擁護しがたい前提の一部は、公理として書き出されることとさえなく、むしろこの分野の土台に組み込まれている。第2章や、いかなる主流派ミクロ経済学の教科書でも議論される競争均衡モデルの記述を取りあげよう。その標準的な出発点は、「財とサービスに対する各消費者の選好はある公理を満たすと仮定する」という。そのような公理の一つが、たとえば「推移性」(transitivity) の公理で、これによると、ある個人が選択肢 x は y と少なくとも同程度によいと考え、また y は z と少なくとも同程度によいと考えるならば、その個人は x のことを z と少なくとも同程度によいと考えなければならない。もう一つの公理に「ベクトル支配」(vector dominance) の公理、あるいはより口語的な表現を用いると「少ないよりも多い方がよい」という公理がある。これによると、さまざまな財のある組み合わせが、すべての財について別の組み合わせよりも多くを含んでいるならば、前者は後者よりもよいとされねばならない。とはいえ、経済理論には進歩があり、こうした標準的な公理の一つや二つを使わないニッチ(隙間)モデルの構築が可能になってきたことを否定するわけではない。

　すべての公理が既存の文献では批判にさらされてきた。例として、推移性の公理を取りあげよう。以下のように仮定することはきわめて理にかなっていると思われる。すなわち、たいていの人はコーヒーに入っている砂糖がゼロの場合と一粒の場合の違いが分からないし、一粒の場合と二粒の場合、より一般には n 粒の場合と $n+1$ 粒の場合の違いが分からない。しかし当然、砂糖抜きよりもスプーン一杯の砂糖を好む人はいるだろう。上の仮定によると、いかなる消費者もゼロ粒の場合を一粒の場合と少なくとも同じくらい好み(これらの違いは誰にも分からないから)、一粒の場合を二粒の場合と少なくとも同じくらい好み、したがって推移性により、ゼロ粒は二粒と少なくとも同じくらいよいことになる。この論法を繰り返し使えば、この人は砂糖抜きをスプーン一杯の砂糖と少なくとも同じくらいよいと考えなければならない。しかしこれは正しくない。したがって、この人は推移性に反している。この理由により、多くの論者が推移性の仮定を疑問視してきた。[9] そして第7章で見るように、これは国家介入の正しいあり方の分析に影響を及ぼす。

　ベクトル支配の公理も批判されることが多い。強欲、特に完全に自己中心的な強欲が、社会科学で主張されるほど人間にとって一般的なものでないことは、私たちのほとんどが認めるところである。強欲の欠如に関する社会科学者の不満は、ノーマン・ラッシュの小説『メイティング』の冒頭で面白おかしく要約されている。アフリカの白人が常に「もっと欲しがる」ことを発見したラッシュは、続けて述べている。「平均的なアフリカの黒人は逆の問題を抱えている。あまりに欲がないのである。農村活性化と呼ばれる専門職さえ存在し、村人たちがもっと多くを欲しがり、そのためにもっと働くように尽力している」(Rush 1991, 5)。

しかしながら、消費者理論のもっとも強い仮定はほとんど批判を免れてきた。公理として述べられていないため見過ごされてきたという単純な理由からである。引用符で囲まれ教科書的な消費者の見方をうまく捉える先述の文を再考しよう。繰り返すと、「財とサービスに対する各消費者の選好はある公理を満たすと仮定する」。

このように主張するや否や、いかなる公理が仮定される前でさえ、巨大な仮定が忍び込む。それは、各消費者が財とサービスの組み合わせに対して選好関係を持つという仮定である。(10) それに加え、標準的な分析では選好が変化しないと仮定される。モデルの土台に組み込まれているこれらの仮定、つまり各個人が効用関数を持ち、それが不変であるという仮定は吟味されることがないが、もしも吟味されれば、それらは強い仮定であって、多くの文脈でまったく受け入れられないことが分かる。しばしば、私たちは明確に定義された選好を持たず、自らの望みは曖昧で不明確なまま選択を行なう。(11) このことは異なる財に対する選好順序の迷いと変化をもたらす。これは、学者は知らずとも、レストランの接客係は知っていることである。

私たちが実際に選好を持つ場合でも、他者が何をするか、どんな均衡が存在するようになるかによって選好はしばしば変わる。私たちの衣服に対する選好は映画スターやポップスの歌姫が何を着るかに依存するかもしれない。小さな女の子たちがブリトニー・スピアーズのように着こなしているのを見たことがあるが、とても偶然とは思えない。

これは昔から知られてきたことである。ヴェブレンは、社会からの全面的な疎外感を抱いていたため、あたかも人類学者が遠くにいる原始的民族を観察するかのごとく、また動物学者が類人猿に適用するかのごとく、客観的な検討を周囲の世界に加え、このテーマについて遠慮なく書いた[12]（Veblen 1899）。選好の「内生性」が、より洗練されたモデルの構築を可能にするのみならず、標準的な分析の基礎にとってかなり破壊的となる可能性は、常に理解されているわけではない。ここで示唆されているのは、個人の選好が経済の結果的な均衡のあり方に依存する可能性である。これがただちに意味するのは、最初に個人を記述して、それに引き続き、諸個人が作り出す社会を記述できるという、方法論的、個人主義的な仮定は擁護できないということである。というのも、個人が作り出す社会が、回りまわって、個人の特徴、たとえば選好を変えるかもしれないからである。これは普通でない含意を持つ可能性がある。一つには、いかなる均衡も存在しない可能性が容易に発生し、分析のほとんどが空虚なものとなるだろう。また、多数均衡につながる可能性もあり、国家介入をめぐる興味深い新たな問題を提起する。このように、均衡の不在と多数均衡の可能性はどちらも容易に見てとれるのである。

各個人のジーンズに対する選好は、他に何人がジーンズをはいているかに依存するとしよう。特に、これには「スノッブ効果」があると仮定する（Leibenstein 1950）。つまり、ジーンズをはいている人の数が少ないほど、ジーンズの価値が高まるのである。これを少々極端にして、一割以下の人がジーンズをはいているとき、そしてそのときだけ、各個人はジーンズをはきたがると仮定しよう。そうでない場合、各個人にとってこのファッションはありきたりで、乗り気がしない。こうなるとジーンズの市場にはいかなる均衡も存在しないことに注意しよう。もし一割以下の人々がジーンズをはいているならば、全員がジーンズをはきたがる。よって、一割以下の人々がジーンズをはいているという状況は持続できない。他方、一割を超える人々がジーンズをはいているならば、誰もジーンズをはきたがらない。よって、一割を超える人々がジーンズをはいている均衡もけっして起こりえないのである。

次に、群集心理があるとしよう[13]。より多くの人々がジーンズをはくと、各個人のジーンズ着用への気持ちは高まるのである。ちょっとした具体例を作れば、誰もジーンズをはいていない場合と全員がジーンズをはいている場合のいずれもが均衡になりうることを確認するのはたやすい。この議論は以下でより詳細に述べる。本書の後半で、この種の均衡問題が発生する可能性のある、より複雑で社会的に重要な状況に戻ってくる。

社会規範と文化について

前節での記述から明らかなように、経済学の標準的なモデルは、社会規範、文化、集団的信念がまるで意味を成さないかのように機能する。人間の生のこうした側面が否定されるわけではないが、むしろケーキの上のロウソクや表面的なショーウィンドウの飾りのように扱われ、経済学の中身には実質的な違いをまったくもたらさない。この状況は確実に変わりつつあり、規範と経済学の相互関係をめぐる文献は増加しているが、依然としてその影響はほぼ周縁にとどまっている。[14]

しかしながら、私が主張したいのは、社会規範や文化の大切さのみではない。多くの状況において、それらは経済のしくみの効率性や成長速度を決定するうえで、税率や財政赤字などの標準的な経済変数よりも重要だということである。[15] これを理解するためには、すべての人間が（当然さまざまな形で）社会化されており、社会規範に同調するという理由から、ある種の行動はとらず、私的な利益をあきらめるということを認識しなければならない。作為または不作為の一部は非常に本能的であって、「選択」という言葉は誤称になる。バスに乗り込むと、私たちは窓側の席をとるか、通路側をとるかを選び、携帯電話に電話がかかってきたとき、着信をとるか、電話のスイッチを切るかを選び、立っているのが明らかにつらそうな高齢者のために席を立つか、窓の外の光景に釘付けになっている振りをしながら座り続けるかを選ぶ。しかし通常、乗客のポケットから突き出ている財布を盗むか盗まないかを選ぶことはない。私たちはそもそもそんなことは考えないのである。「私たち」といってもあらゆる人のことを意味するわけではなく、スリはもちろん存在する。それでもほとんどの人は、社会的な条件づけのため、そのような選択は考えもしない。というのも、他人のポケットの中身を頂戴することは、彼らが考慮する選択肢の範囲を超えることだからである。経済学者のなかには、すべての選択が周到な思考の結果であると考えたがる人もいる。彼らにとっては、スリを行なわないという私たちの「選択」は費用便益分析の帰結にすぎず、それが示すのは、乗客の財布を盗む期待便益が期待費用（捕まる確率に罰金を掛けたもの、または激怒した乗客たちに叩きのめされる痛み）を下回るということである。このような見方は「訓練された無能」の典型例で、私たちはすべての選択が慎重なものであると信じてしまい、真実を見過ごすのである。実際には、多くの選択肢が選ばれないのは、それらについて考えもしないからにすぎない。私たちの社会規範のほとんどはまさにこうした形をとる。それらは私たちが合理的に思考・選択を行なう領域の境界を定めるのであり、よって、同じことであるが、私たちが考えすらしない行為や、一定の方法で評価するよう集団的に条件づけられている行為を特定するのである[16]。

こうした集団的信念がいかに多様で直感的なものであるかを私は数年前に思い知らされた。シロアリを退治するため、デリーのアパートに害虫駆除業者を呼んだときのことである。陽気な男が、さまざまな化学薬品の入った小型缶や容器とともに大きな霧吹きを抱えてやってきた。彼がスプレーをするたびに、あらゆるものに霧が降りかかった。私はそうやって一生懸命に作業をすれば本当に害虫を取り除けるのかと彼にたずねた。霧吹きを押してさらに何らかの化学薬品を噴出させながら、彼はホッとさせるような微笑を浮かべて言った。「お客様、心配はご無用です。これは非常に強力なものです。米国では完全に禁止されています」。彼の努力に感謝しながら、私はそろりと部屋を出た。

経済がどれほどうまくいくかは、私たちの集団的信念がいかなるものであるか、人々が深く考えることなく本能的にどのような選択を行なうか、さらには人々が考慮すらしないどんな行為があるかに依存する。あなたの属する社会で、一週間後に何らかの財を届けるために人から少額のお金を預かったとして、その財を届けるべきか否かは考えもせず、ただ実行するのみであるならば、それは経済的効率性と発展を促す。そうした社会の人々は自由に取引・交換を行なうことができ、そのような行為は経済的進歩の土台となる。誰かに財を供給すると告げた後で、その財を供給すべきか否かの意思決定に合理的選択の考えを適用するような社会は、おそらくはるかにひどいものとなろう。[17] 法廷や警察を含む第三者による高価な強制執行が必要となるか、さもなければ潜在的に実り多い取引が実現しないことになる。経済的進歩の決定的要素としての信頼と人を信じて行動するという規範については以前から書かれているが、経済学の内部でというよりは主に外側である（たとえばLanda 1995; Fukuyama 1996を参照）。この点には第6章で戻る。

社会規範は社会によって異なるものである。並んでいる人々の列に割り込むことが格好のゲームであるような社会もあれば、そうでない社会もある。インドで人々の列の隙間に割り込まないのは、米国で市場価格を上げる余地があるのに価格を吊り上げないようなものである。それは利益を手にする機会と見なされ、見過ごすのは愚かなことなのである。

北米の郊外住宅地では、壁や柵を作って自分の敷地の境界を自分で守る努力をまったくしない人が増えている。これは多くの社会で起こる不法侵入につながるわけではない。[18] 興味深いことに、人々は他者による搾取にさまざまな形で身をさらしながらも、実際には搾取されていないのである。鍵となるのは、ある社会で何が「普通ではない」と考えられているかを知ることであり（集団に特有の規範をめぐる議論についてはLanda 1995を参照）、敷地の周囲を開放しておいても問題はない。米国の郊外住宅地では、他人の敷地に侵入することは普通ではないので、敷地を柵で囲わなくても安全なのである。[19] 部外者にとってこれはきわめて理想的なしくみに見える。高価でしかも目障りになりかねない境界線の壁は存在せず、同時に争いや訴訟合戦もない。

しかしながら、社会的に価値のある規範のなかにはかえって弱みとなるものがある。私は別の場所でこれらを「規範の狭間」と呼んだ（Basu 1995）。他の社会に対するこの弱みは、そうした規範があってこそ生じるのであるが、それ自体は社会の日常的機能にとって有用な支えとなっている。米国の先住民たちが土地に関して私有財産の観念を欠いていたことは、社会が有効に機能するのに役立っていたかもしれないが、これは入植者たちがやってきて彼らの土地を要求したときには弱みとなった(20)。それは、ある種の病原菌に長い間さらされないため抗体を失っていくようなものである。これで健康にはなるが、病原菌が外から突然やってくると病気に弱くなる。有益な規範と同時に規範の狭間が徐々に形成されるという現象は、強力で長く定着していた文明が崩壊して他者に道を譲ることになる理由を解明するための重要な鍵となるかもしれない。

それにもかかわらず、社会が先述したような（自己利益を一時保留させておく）規範を獲得していくことは可能であり、そうした規範は長きにわたって持続できる。ここで私たちが意識すべきは、人々が「他の方法で」自己利益を抑制し、より理想的な社会システムが可能になるような社会を将来的に実現できない理由はないということである。事によると、各個人の稼げる所得に上限があっても人々が一生懸命に働く社会、あるいは、働こうが働くまいが法律によりすべての人が同額の所得を手にする社会が可能なのかもしれない。これが信じがたく聞こえることは承知しており、もし今日の世界で誰かがこのような社会を始めようとすれば、ただちに大失敗となるだろう。これこそ、非常に多くの理想主義的革命が結局は失敗に終わった理由である。しかし、いったん周囲を見回して、現代の社会規範が理由で私たちがより大きな所得を得る機会を断念している数々の実態を調べるならば、異なる種類の社会、特により善き社会を可能にする他の規範が将来的に機能するようになることをあらかじめ除外する理由はないことが分かるだろう。

個人的な便宜を見送るケースとして私が述べている例は、実際にはそうとは言えないと主張する人がいるかもしれない。なぜなら、そのような個人は異なる選好を持っており、そうした便宜を見送るのは効用を最大化する利益にかなうと言えるからである。しかし、これは純粋に語義の問題であり、この種の効用の定義は同語反復で内容に欠けると指摘する以外、私に異存はない。(21)

こうした規範がどこからやってくるのかは、依然としてよく理解されていない問題である。自発的に課される行動制約の多くは、子供の頃から模範を示されたり訓練を受けたりすることで私たちの心理や意識に組み込まれており、文化、社会規範、集団意識という名で通っている。それらは私たちのなかに非常に深く根付いているため、意識されないかもしれず、外から分析する人にとってさえ、常に目に見えるわけではない。通常こうした社会規範は言葉のリズムから見抜けるようになる。たとえば、本能的に契約を遵守する社会とそうでない社会との間には、言葉遣いに微妙な違いがあり、それらを捉えるには人類学者のアンテナが必要となるかもしれない。金融業者が返済期限の過ぎた借金の取立てに来たとき、契約に基づかない社会の借り手は、まったくもっともらしく以下のように答えるだろう。「いま金を渡したら、藁葺き屋根の代金をどうやって支払ったらいいのでしょうか」。これと比べて、契約社会における厄介な借り手の反応はどうだろうか。「返済すべきであることは承知しておりますが、昨年はとりわけひどいものだったのです」。この二つの社会における貸し手の応答にも、明らかな違いがあるだろう。契約社会において、ちょっとした事故から借り手が屋根の言い訳を含む返答をしたとすると、貸し手が何と言うかは分かるだろう。「それはあなたの問題です。借金をしたときに考慮しておくべきだったのです」。一方、インドの田舎でかたくなに契約を拒絶する地域では、そのような返答に対して貸し手が次のように応えることは容易に理解できる。「しかしなぜあなたは藁葺き屋根が欲しいのですか。最近は屋根に使えるプラスチックの素材が安く手に入りますよ」。

これは契約を重視する環境に生きている読者にとっては逸脱のように見えるかもしれないが、契約に基づかない社会では普通の会話である。それはこうした違いが完全に生活の一風景となる可能性を示している。ある文化圏から別の文化圏に移るときに、現地の人が当然視する生活の諸相を説明してもらう必要があるかもしれないのは同じ理由による。ニューヨークを舞台とする劇『クイーンズ・ブールバード』のなかで、訛りの強いインド人商人が、北米での生活に容易に溶け込むための多数のルールを説明している。たとえば、「セブンイレブンでは、金を払わずにシエラ・ミスト・フリー〔ソーダの一種〕を持ち去ってはいけないよ。……砂糖がゼロなのであって、タダではないんだ」。

社会が「文化」を用いて個人の行動をいかに制約するかは、社会の機能に大きな違いをもたらす。財産権の法制化よりもはるかに大切なのは、財産の尊重が私たちの価値観に組み込まれていることである。そうすれば、警備の費用や法廷の経費を節約できる。第4章で見るように、社会規範は法律と同じくらい個人を束縛する。不備のある法律が経済発展の見込みを損なう可能性があるのと同様に、成長に不利な社会規範もそうしかねないのである。経済学者は法律の特徴を昔から認めてきた。輸入を禁じる法律は経済の足かせになるかもしれない。労働者は一日に4時間を超えて働いてはいけないとする法律も同じであろう。しかし次章で見るように、同じような結果は法律を利用せずとも社会規範を通じて生じうる。よって、もし法律が経済発展を左右する重要な要因であるとしたら、社会規範もそうである。私たちが社会規範に注目しないことは大きな警告となる。

残念ながら、規範がどこからやってきて、どのように安定性を獲得し、なぜ、いつ消滅するのかについては、ごく初歩的な理解しか得られていない。その理由の一つは、規範は重要でないという経済学者の信念であるに違いない。研究におけるこのギャップを埋めなければ、経済をよりよく理解することはできないだろう。私は本章と後の章において、経済の研究に法と文化の役割を統合するための最初の段階を示すが、それは広大な領域へと踏み出す第一歩にすぎないと認識されなければならない。

まず、規範の道徳的な善良さと、成長との親和性とは別物であるという認識がきわめて大切である。先進工業国の人々は概して、「盗みをはたらいてはならない」（少なくともあからさまに卑劣な形では）という規範に従う。貧しい国の人々はこの点についてもっと鷹揚な見方をする。複雑な自国の歴史を通じて、こうした国々は「盗みをはたらいてはならない」という社会規範を個人に授け損なってきた。ただ「損なう」という言葉の使用には違和感を覚える。なぜなら、私にとってこの規範は道徳的に何ら特別なものではないからである。かりに盗みの標的となる人物が不適切な方法で富を手にしたのであれば、または、その人物が大量の富のわずかでさえ貧しい人や栄養不足の人に与えないとしたら、そのような人物から盗みをはたらくことが「道徳的に」間違っているというのは自明ではない。トマス・アクィナスは、13世紀の古典『神学大全』で次のように述べ、私たちのもっともラディカルな考え方のなかには神学の著作に由来するものがあることを例証している。「必要とあらば、あらゆるものが共有財産となり、他人の財産をとることには罪がないように思われる。必要により、それは共有物となっているのだから。……必要性がきわめて明白かつ緊急なため、利用可能ないかなる手段を使ってでも現在の必要を満たすべきことが明らかな場合には、人が他人の財産を利用して、公然とであれ内密にであれ、それをとることで自らの必要に救いの手を差し伸べることは合法である」(Aquinas [1265-74]1911, II-II: 66.7)(22)。

しかし、だからといって、「盗みをはたらいてはならない」という規範が経済生活を効率化し、成長と発展を助けるという事実に変わりはなく、したがって、その範囲で私たちは社会がこの規範を採用するよう後押しすべきである(23)。

これは急進派の一部が犯してきた誤りである。彼らは「道徳的に」擁護できる規範に忠実であろうとするあまり、それが経済の良好な機能および発展にとって必要でも十分でもないということに気づかなかったのである。後者のためには、「成長と親和的な」規範に従うように人々に教えなければならない。もちろん、人々が道徳的に生きることを望む傾向を考慮すれば、「盗みをはたらいてはならない」といった規範は道徳的であると人々に信じ込ませる価値はあるかもしれない。成長における成功とはしばしばそのような幻想の副産物である。

規範の由来とその崩壊の時期と原因をよく理解するための研究を待たなければ、それを利用した政策の策定についても多くを語れないが、規範について私たちがすでに知っていることからいくつかの重要な政策面における洞察を探り出すことはできる。日常会話で私たちは、物事が起こる原因が文化にあると頻繁に語る。ある社会でいかにして勤勉の文化が崩壊したかとか、「勤労文化」がいかに素晴らしいか、ということが言われる。「犯罪の文化」も語られるし、職場のお役所文化についての不満もある。これは意味のある会話なのだろうか。答えはイエスである。これを示す状況として、現在インドを悩ませている現実問題を取りあげよう。それは、政府が運営する学校における教員の常習的欠勤の問題である。(24)

最近の研究によると、通常の勤務時間帯のいかなる時点においても、政府が運営する小学校の教員の24パーセントが学校にいないという(25)（Kremer et al. 2005）。教員によるこれほど高い水準の不登校は政府の資源の膨大な無駄につながり、学校の成績低迷の原因となる。経済学者がこれを是正しようというときに注目するのは、きまって誘因《インセンティヴ》である。つまり、いかにして不登校の教員を処罰し、勤勉な教員に金銭的報酬を与えるかである。これでは、現実の私たちの行動の多くが経済的誘因とはほとんど無関係であるという事実を見過ごすことになる。いい大学では教授たちは定期的に教え、それはそうしないときの罰を無視できる場合にも変わりはない。明らかに、これは勤労の文化と何らかの関係がある。

これをモデル化する一つの方法は、登校を拒否するか否かの意思決定における主観的な道徳的費用の存在を認めることである。それは伝統的な経済学では無視されがちであるが、重要な費用の一つである。これは社会的汚名や社会規範に由来することもあれば、内心の道徳的費用（やるべきことをしないときに感じる気まずさ）の場合もある。この種の道徳的費用についてはあまり知らずとも断言できることは、多くの教員が登校を拒否する社会ではこの費用が比較的小さいであろうし（不登校は気まずいけれど、「みんながやっている」から「それほど」でもない）、不登校がまれな社会ではそれが比較的高いであろう（不登校は目立つ）ということである。こうなると、複数均衡の可能性が生じる。教員たちが多くの教員の欠勤を予想すると、不登校の道徳的費用は低くなり、よって多くの教員が不登校を選ぶ。不登校の教員がほとんどいなければ、不登校の道徳的費用は高くなり、そのためほとんどの教員は不登校を選ばない。この社会は不登校率の高い均衡か低い均衡にはまり込む可能性がある。したがって、この教員不登校の分析に見られるように、他の面では同一の二つの社会が種類の異なる行動を示すかもしれないのである。これはまた、社会が何ら根本的な変化を経ずにその行動を変えるという可能性も示唆する。そういった類の行動の変化は実際に起こるものである。怠慢で時間を守らないと思われていた人々が突然、何の根本的な原因もなく、見たところ行動を変えるのである（Basu and Weibull 2003）。

社会規範の変化のしくみを学んだならば、私たちは意図的に行動の変化をもたらせるだろう。[26] しかし、それを学ばなくても変化を起こせるかもしれない。かりにインドで数年の間、教員が不登校を監視されて罰金を科されれば、（純粋に金銭的誘因が原因で）行動が変更されるかもしれない。しかしながら、いったん変化が起きて不登校が減少すると、不登校の社会的費用は上昇し、「不登校に対する罰金が取り除かれたとしても」、不登校は低いままであるかもしれない。よって、監視費用を恒久的に負担する必要はなく、規範を含まないモデルとは異なるように見える。監視がしばらく続いた後は、善良な行動を維持するための社会的メカニズムが働き始め、取り締まりの必要はなく望ましい結果を保てるのである。

本節を閉じる前に、脱線を覚悟で、本書の大半の基礎をなす一つの方法論上の一般的前提についてコメントしておきたい。直前の数段落から明らかなように、人間の「生まれつきの」違いは見た目よりもはるかに小さく、人々の大きな集団、たとえば人種、宗教、国籍の違いはさらに小さいということを私は前提している。実際、ほとんどの箇所において、大きな集団（たとえば異なる社会規範や文化を有する集団）について語るとき、私はそれらを「事前には」同一であるとして扱う。この見方は本書の大半に浸透しており、一見したところ誤解を招くように見えるかもしれない。ここで説明させてもらおう。

周囲を見回してみると、人々や集団の間には多くの違いがあることが分かる。よく言われることであるが、日本人は信頼でき、ラテン系の人々は陽気で、仏教徒は親切、フランス人はロマンチックで、アメリカ人は、フランス人がロマンチストを自任していると信じており、イギリス人は味覚を鍛える余地があり、ブラジル人は時間を守らない、等々。人類の大部分をさらに敵に回す前に止めておいた方が賢明であろう。こうした信念のなかには神話もあれば、真実もある。人々は嗜好、規範、文化、行動において異なるのである。

本書を貫く仮定は、こうした違いのほとんどが、「生まれつきの違い」というよりもむしろ「均衡における違い」であって、ほんのわずかな場合にのみ、生まれつきの違いが均衡における違いよりも大きい、というものである。つまり、生まれつきの選好、才能、不利な点において、人間は似通っているのである。しかし、私たちは環境や他の人間に反応し、しだいに異なる行動を見せ始める。よって、事後的には、つまり社会が均衡に落ち着いた後では、人間は異なって見える。このように強調された違いを均衡における違いと呼べるのは、それらが生まれつきではなく、状況に対する私たちの反応を含んでいるからである。

これはスミスの世界観に近い。「異なる人間の自然な才能の違いは、現実には私たちが意識するよりもはるかに小さいものである。……もっともかけ離れた人物、たとえば哲学者と普通の荷物運搬人の違いは、生まれつきというよりも習慣、慣行、教育から生じるように見える」(Smith[1776]1937, 15)。

この点を痛感させられたのは、時間の厳守をめぐる社会的な違いについての研究をウェイブルと行なっていたときであった (Basu and Weibull 2003)。私たちは時間の厳守については社会心理学や社会学にかなりの文献があることをすぐに学んだ。こうした文献によると、時間の厳守については個人間のみならず社会や国家の間にも違いがあるという。北米の人々は南米の人々よりも時間を守り、日本人は極端に時間厳守で (非効率とまでいえるかもしれず)、包括的なデータが示すところによれば、ブラジルの腕時計は北米のものほどうまく調整されていない (Levine, West, and Reis 1980)。言語人類学を少々利用し、といってもデータはないが、私はインド人も調整の甘い時計を使っていると結論づけた。私たちが論文を書いていた頃、インドを訪れた際に、私がニューデリー空港を出るや否や、ある紳士が私にたずねた。「すみませんが、あなたの時計ではいま何時ですか」。そしてデータが不要であることに私は気づいた。インドで時間をたずねるとき、きまって「あなたの時計では」という限定句が使われるということは、時間が時計によって違うことを社会が認めている明らかな印である。

既存の文献のほとんどは、時間の厳守をめぐる社会の違いの原因を、深く根付いた要因に求めているように見えた。たとえば、地域の生態、社会の宗教的信念、深く染みついた文化的要因などである。これらが重要であることは否定すべくもないが、それでも私たちが下した結論は、人がどれほど時間を守るかという選択は、その人が付き合う必要のある人々がどれくらい時間を守るかに大きく依存するというものであった。これはただちに複数均衡の可能性を開く。本来的には同一の二つの社会が、異なる均衡にとどまるかもしれない。一方の均衡では全員が時間厳守で、他方では全員が遅刻するのである。

人間の大きな集団の根本的な類似性は便宜上の仮定であると認めなければならない。所詮、背の高い人の集団と低い人の集団を考えれば、二つの集団が同じような身長の分布を持つことにはならない。よって、集団の類似性はすべての集団で生じるものではない。しかし、国籍、人種、宗教などの集団については、特に歴史的に見た場合、集団の基本的な特徴は似ており、構成員たちの目に見える行動からうかがわれるよりもたしかに似通っているものとして扱うのが近似としては妥当であろう。

誘因両立性について

現代経済学の主要な貢献の一つは誘因両立性とメカニズム・デザインの研究である。すでに見たように、また思慮深い経済学者たちが久しく警告してきたように、見えざる手の定理に触発された神話に反して、自由市場はしばしば個人的誘因を社会的利益から逸脱させる。私たちはさまざまな行動に対して個人が受ける報酬と処罰のあり方を意識的に設計することによって、社会的な望ましさと個人的な願望とを合致させる必要があるだろう。この分野は洗練された研究を生み出し、経済学が政策立案にもたらした社会的にもっとも有用な貢献の部類に入る(27)。オークションを設計する私たちの能力は大きく改善され、価格戦略や組織行動に対する新たな洞察がもたらされている(28)。

ちょっとした個人的な経験だが、私は他人の合理性の利用が欠かせないような最適行動を設計したことがある。一般に、インドで寺院に入るときには履物を外に置いておくことが求められ、これは靴やサンダルの盗難を助長する。祈りを捧げ、心の平和を与える彫像を拝むためになかへ入った人々の履物が奪われることになるのである。私はこの問題に対処するための工夫を考え出した。ほとんどの寺院には二つ以上の入口があるので、靴の片方を脱いでドアの外の履物の山に置き、もう片方を別のドアの山に置く。こうすれば靴が盗まれる可能性はごくわずかである。盗人たちは厳しい時間制限のなかで行動しており、片方の靴では市場で高く売れないことを承知しているのである。

私の工夫はしばらくの間うまくいき、社会貢献を行なうため、これを人気のあるインドの新聞に発表した。私が書いた新聞記事でこれほど多数の感謝の手紙や電子メールをもらったものは少ない（明らかに、泥棒は新聞を読まないか、嫌がらせの手紙を送って貴重な時間を無駄にしたくないかのいずれかである）。

こうした利点があるにもかかわらず、個人の誘因両立性への関心を極端に推し進めることは可能で、そこでは常識と直観を欠くことになり、適切な政策の立案を促すよりも阻害するようになる。これは本書で繰り返し現れるテーマである。こうした欠点を理解するためには、前述の社会規範と文化の議論が最善の視点を提供しており、この短い小文節をここに押し込んだわけである。

多くの国で官僚はその任務を果たしていない。彼らは怠けたり、違法な副業に従事したり、賄賂を受け取ったりする。世界銀行が集めた各国が蓄積している「ビジネス」環境に関するデータによると、こうした官僚的非効率性は成長と発展の妨げになりかねない。すでに述べたように、インドの州政府運営の小学校では、教員が学校に出てこないことで、財政負担は言うに及ばず、識字率や教育の欠如という、膨大な費用を社会に押しつけているのである。

誘因両立性に関する文献は、すでに言及したように、こうした現象が官僚や教員に対する誘因の設計のまずさによって生じると指摘する。この問題を解決する唯一の方法は、支払い、報酬、懲罰のシステムを設計し、経済主体の利益が社会の達成目標に沿うようにすることである。ただ私は「唯一の」という言葉には反対する。公共行政の機能不全は、官僚の報酬が誘因両立的でないためであるとすると、個々人の誠実さの役割を無視するとまでは言わずとも軽視することになりがちである。[29] 前節で述べたように、人生には小さな利得を手にする機会が数多くあるが、私たちは日常的にそれらを見過ごしている。個人的な利得の機会のうちどのようなものが見過ごされるかは、浸透している社会規範に依存し、それらは社会によって異なる。経済的な繁栄が可能となるのは、私たちが適切な規範を持っているからである。[30]

業績のいい韓国の国有企業で勤勉に働く官僚は、部分的には自らの出世のためにそうしているのかもしれないが、そうした勤勉さが彼らの社会規範に本来備わる要素であるのかもしれない。[31] インドの一流の高等教育機関では、教授の教育に対する監視はわずかなもので、州立の小学校教員や米国の大学教授に対する監視と同程度である。それでもこうした機関の教授は勤勉に教え続ける。これを純粋に利己的な行動としてしまっては、人間の本性の何か本質的な構成要素を見逃すことになり、そのような推定だけに基づいて政策を策定すれば、失敗は避けられない。

すべての人間が個人的合理性に導かれるような、社会的に効率的な社会（十分に誘因両立的なシステム）を期待することの愚かさは、学校の教員や国営機関の官僚から、判事や裁判官の世界に移ると明らかになる。そのようなシステムでは裁判官が公正な判決を下すのは、可能なすべての判決の集合のなかで、裁判官自身の自己利益になるものが「偶然にも」公正なものである場合だけである。言うまでもなく、うまくいっている社会はけっしてそのような完全に身勝手な裁判官には依存しない。これを保証する誘因両立的なシステムはおそらく不可能であろう。

最後に、税金を考えよう。タダ乗りは非常に大きな問題である。税金をきちんと払っても払わなくても、政府から受けるサービスはほぼ同じである。監視と罰金を通じて、個人に税制の遵守を促すように試みることはできるが、完全にそうさせることは難しい。税金の支払いはほとんどの場合、誘因両立的な行為ではないのである。教科書の理論どおり、インドでは脱税は日常茶飯事である。しかし、教科書の理論に反して、ノルウェーで脱税はまれである。これは標準的な理論の価値を示すとともに、それを見境なく用いることには注意が必要であることも示している。

うまくいっている社会は、個人の正直さと誠実さ、適切な行動基準、意思疎通の能力、経済と親和的な社会規範の存在に依存するものであり、その程度はこれまで経済学者が譲歩して認めてきた水準をはるかに超えている。(32)適切な政策を策定するにあたって、より優れた誘因のシステムを探し求めることは正しいが、社会規範、文化、個人の誠実さといった、ある種のしくみも必要であることを無視するのは間違いである。私たちは研究に注ぐエネルギーの一部を方向転換して、完全に利己的な個人を社会的に最適な行動に導く方法の研究から、規範が形成される経緯の理解や私たちが社会的に望ましい行動基準を身につける方法の理解へと進む必要がある。

方法論的個人主義について

第2章で述べたように、正統派経済学の大半は合理的選択に基づき、その基礎となる共通の哲学的方法は「方法論的個人主義」である。この方法は、基礎的アプローチとして非常に好い印象を与える。ただし、かたくなに固執すると、前節で見たように障害となる。正しいアプローチは、これを慎重に用いて、必要ならばその制約から一歩踏み出す心構えを持つことである。いかにこれを実現すべきかを理解するためには、一歩下がって、方法論的個人主義とは何であるかを見直す必要がある。

方法論的個人主義は社会科学における一つの教義であり、あらゆる社会的な規則性や社会現象の適切な説明は、たとえ一部は「あたかもそのように見える」という仮定であるとしても、個人の動機と行動のなかに見出されるという（Friedman 1953）。言い換えれば、この方法論によると、個々の人間こそが土台であって、社会、経済、政治の機能を理解するためには、そこから築き「上げ」なくてはならないのである。すべての研究でこれに成功するとは限らないが、筋金入りの方法論的個人主義者にとって、そのような研究は暫定的で完成が待たれるものと見なされなくてはならず、理想を言えば研究者の側にいささか物足りないという感覚がなければならない[33]。

経済学の外側にいる社会科学者たちは通常、経済学者のことをもっとも熱心な方法論的個人主義者であると考える。まれにではあるが経済学者がこの論争に加わる場合、これに同意することが多かった。違いは、経済学者でない者がこれに批判の意味を込めるのに対して、経済学者は称賛と受けとることとである。

一見したところ、経済学のこうした描き方は正しいように見える。すでに論じたように、経済学の教科書は必ずと言っていいほど、個人の選好や効用関数の特定に始まり、効用の最大化を目指して行動するという意味で人間は合理的であると主張する。その後、それに基づいて市場現象、社会厚生に関する主張、国の経済成長を説明する。マクロ経済モデルのなかには、経済学者が個人の行動から築き上げることができず、代わりに出発点として集計的行動の記述を利用するものもある。しかし、こうしたモデルは適切なミクロ的基礎で「完備」する努力を伴うのが常であり、専門家たちはこうしたモデルが決定的な研究を待ち望んでいるものと見なす。

実際のところ、経済学はこの分野を称賛する人と異議を唱える人の双方が一般に想定するほど方法論的に個人主義的ではないかもしれず、この点については後に検討する。興味深いのは、方法論的個人主義についての論争が驚くほど厄介なもので、敵対や陰謀を生み出してきたことである。社会科学者の一部はそれに絶大な信頼を置いた。他の学者たちはそれが搾取と現状維持の道具であるとして激しく非難した。概念と分類化は長年にわたって増殖し、混乱の度合いを増してきたのである。

論争の一因は事実解明的な社会科学と規範的な社会科学の混同である。一部の論者にとって、方法論的個人主義はすべてを個人任せにしてよいということであり、含意として政府介入への反対論につながる。たとえば、フリードリヒ・フォン・ハイエクやジェームズ・ブキャナンがこの路線をとり、一部の社会学者も伝統的経済学の保守主義の土台にはこの方法への固執があると感じており、同様な路線をとった。こうした事態は論理的な誤りのせいであり、（規範命題を純粋に事実解明的な分析から導くことはできないという）ヒュームの法則に対する無理解が原因である。アローが批判するのももっともであるが（Arrow 1994）、一部の著者は方法論的個人主義と「規範的個人主義」を密接不可分のものとして扱いがちである。同様に、マルクス主義者はしばしば方法論的個人主義をある種の倫理的含意に直結させる。ジョン・ローマーやヤン・エルスターが詳述するように（Roemer 1981; Elster 1982）、これは妥当な結びつきではない可能性がある。これ以降、私は二つを区別し、方法論的個人主義自体はいかなる規範的意味合いも持たないものとして扱う。

方法論的個人主義という言葉が英語で初めて使われたのは、１９０９年にヨーゼフ・シュンペーターが以前にドイツ語で用いていたものを翻訳したときであった。しかし、この方法はずっと以前から「実践」されており、少なくともスミスの古典にまでさかのぼり（Smith [1776]1937）、カール・メンガーが、この用語自体は使わなかったものの、方法論として自覚的に用いていた（Menger [1883]1986）。後にマックス・ウェーバーが詳しく解説し、彼の死後に出版された（Weber [1922]1968）。

経済学の観点からは、メンガーを方法論的個人主義の最初の提唱者とするのが妥当であろう。彼は舌鋒鋭く、ドイツ歴史学派の経済学者たちとその方法は欠陥があり時代遅れであると切り捨てた。彼が推し進めた、社会の「自生的秩序」という着想は、原子論的な個人の行動から生じるもので、スミスの見えざる手と、個人の側の合理的かつ利己的な行動の結果である市場の効率性を想起させた。

哲学では方法論的個人主義と「原子論」がしばしば区別される。後者は個人主義のより極端なものとされ、社会には言及せずに各個人を完全に記述することが可能で、そうした個人が一つの社会のもとに寄せ集められたと想像するだけで社会的行動を説明できるという。こうした着想の提唱者たちはあまり注意深く用語を定義しなかったので、私は微妙な区別を設けることはせず、これらの隣接する用語はすべて方法論的個人主義という広義の「着想」を表現するものとして取り扱う。さらに言えば、これらの概念はおそらく本来的に定義不可能である。それらはおおまかに定義され、頻繁に使用されるなかで理解されるようになるのである。

こうした説明においては、検討中の方法と対極にあるものを考えると役に立つ。それは哲学者ジョン・ワトキンスが展開した(が支持はしなかった)「方法論的全体論」という概念で捉えられる。方法論的全体論の信念によると、「まったく独自で有機的全体としてのシステムに適用されるマクロの法則」があり(Watkins 1952, 187)、要素のふるまいはそこから推定される。経済学で言えば、分析の出発点として経済全体の法則や、おそらくは価格および産業の行動を述べて、そこから個人がいかに行動し、何が彼らを動機づけるかを推定する。こうした用語を使って述べると、経済学の位置づけが方法論の分布において個人主義の極にあるということがただちに明らかとなる。

こうした著作が初期には相次いだが、その後このテーマへの関心は薄れていった。社会科学者、特に経済学者は、自らが使用している方法を明示的に述べようとはせずに研究を続けた。多くの研究者、とりわけ経済学者は、方法論的個人主義の問題が取るに足りないものであるか、彼らを支持する形で解決されたものであると感じ始めていた。1990年代初期以降のいくつかのエッセー(なかでもBhargava 1993; Arrow 1994; Davis 2003)は、そうした経済学者たちがますます無頓着になるのにブレーキをかけた。ラジーブ・バーガバはこのテーマをめぐる多様な見解を要約し、特に経済学の正統派に挑戦した。彼の主張によると、社会や経済を記述する際には、「(個人の次元に）還元不可能な社会的」概念の使用を余儀なくされる。ある種の信念や概念は不可避的に社会的であるという主張がごうごうたる非難を浴びそうにない理由は、多くの経済学者が方法論的個人主義を厳守すると称しながら、実際には社会的な概念や分類を用い、常にそれらを維持してきたからである。アローがこの姿勢をとっているのはもっともである。彼は、競争モデルにおける価格のような変数が、いかに個人に還元不可能な社会的概念であるかを指摘する。各個人は価格を所与とするが、普及する価格は「すべての」個人の選択の結果なのである。よって、均衡モデルを組み立てながら、ガチガチの方法論的個人主義者を自称する経済学者であっても、実際には、還元不可能な社会的概念を利用している。自覚の有無はともかく、彼らは社会的分類を用いる方法に従っているのである。

経済学における社会的概念の役割について、より議論を呼びそうな主張を行なうこともできる。その一つは、社会科学におけるある種の命題の「許容可能性」に関係する。たとえば、「地主は行為Aを行なうだろう。『なぜなら』そうすることが地主『階級』の利益になるからである」といった命題である（行為Aは、たとえば、「別の地主による雇用から逃げ出して来て低賃金で働くことを申し出る奴隷の雇い入れを断る」といったものである）。この命題をPと呼ぼう。

新古典派と伝統的マルクス経済学の間の論争の争点は、こうした命題の許容可能性にしばしばかこつけられる。多くの新古典派経済学者と一部の政治学者（特に実証政治経済学派に属する人々）は、命題Pは許容できないと信じている。また、少数ではあるが、マルクス主義は方法論的個人主義と両立し、階級や他の集計的行動は個人の動機と選好から組み立てられるのが理想であると主張する論者もいる（Roemer 1981; Elster 1982）。

命題Pの真偽はさておき、主流派経済学は間違いなくそれは偽であると考える。もし経済学者が命題Pのような公理を用いるとしたら、普通はまず、地主が「階級」の利益になるように行動することが「自己」利益にもかなう可能性について納得したいと思うであろう。これは、信念および他の還元不可能な社会的概念や変数の利用を否定するものではない。両方を行なう（集団や階級の利益に奉仕するという観点のみで個人的行動を説明することは避けるが、本来的に社会的な概念や信念を用いる）研究者が方法論的個人主義者であるか否かははっきりしない。これは定義の問題であり、大きな影響はもたらさない。重要かつ論議の的となる問題は、命題Pのような仮定を使うべきか否かである。

経済学が現実により良く対処するためには、こうした仮定の使用を認めなければならないと私は思う。議論を呼びそうなこの主張には本節の終わりで戻ってくる。ここで私が言及しておきたいのは、現代経済学が方法論的個人主義から乖離してきた二つの経緯についてである。それらは重要ではあっても、（Pのような命題は使わずとも）価格などの還元不可能な社会的概念を使うという事実ほどに根本的なものではなかった。第一に、経済学のほとんどのモデルは「ゲームのルール」という考え方を利用する。クールノー型の複占モデルでは、企業は生産量を選んでから、価格が形成されるのを待つ。ベルトラン型の寡占モデルでは、企業は価格を設定した後に、市場の需要がどうなるか様子見をする。実生活のほとんどの状況において、こうしたルールは本質的に社会的な過程を通じて時間とともに進化する。私たちはそうした過程を十分に理解することはないかもしれないが、その存在を否定する者はほとんどいないであろう。アローは「社会的知識」の重要性とともにこれを強調している。

第二に、すでに言及したように、経済学では個人的選好の内生性がますます認識されるようになっている。選好は時間とともに進化し、社会一般で起こることに反応する可能性がある。新古典派経済学の形成と同じ頃にヴェブレン（Veblen 1899）が認めたように、ある種の対象に対する人間の選好は、他に誰がそうした対象を消費しているかにしばしば依存する。映画スターがブランド品のシャツを着れば、あなたはそれにもっと支払ってもかまわないと思うかもしれない。エリートたちが特定のワインを好むと、率先してそれを好きに「なろう」とする人々がおり、さらには、ワインに対する嗜好を根拠にして彼らをエリート扱いしようとする人々がいる。言い換えれば、人々はある財を利用する他の人々に自らを関連づけるために、その財を頻繁に利用するのである（Frank 1985; Basu 1989）。これらは自明のことであり（ただしヴェブレンの時代には脇に追いやられていたが）、過度の教科書教育によって考える力が害されていない経済学者なら誰でも、こうした類の選好の内生性が真実であることを認めるだろう。シュンペーターが驚異的なのは、この認識が経済学の方法論的個人主義を切り崩しかねないことを（いささか不完全な形でとはいえ）理解していたことである。シュンペーターは、人間が社会に同調する傾向を考えると、「（各個人の）効用曲線の形状は共同体の他のメンバーのものに似る傾向があるだろう」と述べていた（Schumpeter 1909, 219）。

このことが方法論的個人主義を揺るがす可能性を確認するため、すでに用いた内生的選好に関する類似の例に戻り、各人がジーンズをはきたいと考えるのは社会の60パーセントを超える人がそうしている場合であると仮定しよう。より正確には、社会の60パーセントを超える人がジーンズをはく場合、各人はジーンズに対してその限界生産費を上回る支払いをする用意があるとする。そうでない場合、支払ってもよいと考える価格は限界生産費を下回るとする。この社会には二つの均衡の可能性がある。一つは誰もジーンズをはかない均衡で、もう一つは（想像するのはかなりおぞましいかもしれないが）すべての人がジーンズをはく均衡である。この種のモデルでは、社会のふるまいと各個人の選好の間に循環が生じる。いったんこれを認めるならば、個人の特徴描写から分析を始める理由はない。私たちは習慣の力により相変わらずそうするかもしれない。しかし、社会のふるまい方の仮定、たとえば50パーセントの人がジーンズをはくという仮定の考慮から始めることも同様に可能である。そうしておいて、各個人がどれくらいジーンズをはきたいと思うのか（そしていくらほどジーンズに支払ってもよいと考えるのか）を計算し、最初の社会的仮定の維持可能性を確認するのである。もし維持可能であれば、私たちは均衡を見つけたことになる。（上の例の場合のように）維持可能でなければ、そのふるまいは均衡において広まるものではない。この方法は方法論的個人主義でも方法論的全体論でもない。したがって明らかなことは、経済学は洗練されていくにつれて、純粋な個人主義を離れてこの種のハイブリッドな方法論に近づいていくということである。

さらに進んで、命題Pのような記述は現実の一部であることを認める必要があると私は考えている。個人は実際にしばしば、自分が属していると考える集団の利益のために行動する。さらに言うと、そのような行為を個人主義的な基礎づけで説明することは、不要であるのみならず、実は間違っているかもしれない。自分の属する集団の利益のための行動は概して生まれつきのものである。[34] 私はこれを「公共善本能」と呼ぶことにする。ある行動は集団の全個人が採用した場合にはその集団のためになる、ということがいったん理解されれば、彼らはその行動を採用する傾向がある。自分だけがそうしても社会にほとんど積極的な影響を及ぼさず、また費用がかかる可能性のある場合でも、人はそうしがちであろう。よって、公共善本能は自己利益に根差すものではない。原始的なものとして扱われるべきである。このように述べると少し曖昧ではある。自分の属する集団とは何を指すのだろうか。何といっても、人間はそれぞれ多様な集団に属している。もちろん、この本能は絶対的なものではなく、むしろ他者がこの本能に従うのを見ることで助長され、他者がタダ乗りをしていれば抑制される。こうした疑問をどう解決するかが、社会のしくみの理解を左右する。しかし、公共善本能という一般的な考え方を認めることは、適切な政策の立案、そして国や共同体の成功と失敗の理解にとって重要である。

新古典派経済学の大きな弱点は、個人が一般には自分の属する集団や共同体の利益のために多少の個人的損失を引き受ける覚悟がある、ということをこれまで認識できなかった点である。これを認めると、個人の効用関数（その個人の厚生を測るもの）と最大化の対象（その個人が最大化を目指すもの）の間にくさびが打ち込まれる。そしてアイデンティティに基づく行動の可能性が切り開かれるが、それは、現実の非常に多くの部分と密接な関係にあるにもかかわらず、経済学の関心を集めてこなかった。なぜなら、経済学者たちが方法論的個人主義に固執していたからである。第6章ではこのテーマを展開して、いったん方法論を拡張した場合の新たな分析の射程を示す。

知識について

第1章の終わりに触れたテーマを引き継ぎ、主流派経済学の知識の獲得と利用のあり方に見られる一般的な不備について読者に警告を発しておきたい。知識の探求が、知識を見つけたのだという思い込みによって損なわれてしまう例は枚挙に暇がない。科学的知識の追求は、躊躇や、撤退をして懐疑主義に道を譲る覚悟を特徴とすべきである。これに加えて、世界を理解する際には、直観や非科学的に獲得された情報が決定的な役割を果たすということを認める必要がある。世界に関する「確かな事実《ハード》」を集めようとする場合でさえ、社会や経済を理解するための「曖昧な《ソフト》」情報源（先に直観的知識と呼んだもの）を完全に放棄してしまっては、失敗を招くことになる。ここでは私がそうした方針をとる理由を説明し、本書の残りの部分では、口には出さずとも懐疑と疑念を維持することにする。

私がここで関心を寄せるのは経済「理論」ではない。というのも、それが私たちにもたらす知識は、世界についての知識ではなく、むしろ論理的な同値性だからである。たとえば、最初に野原に大きな直角三角形が描かれており、イヴが二つの正方形（それぞれ直角三角形の短い方の二辺の一つを一辺とする）を占有し、アダムが長い方の辺を一辺とする正方形を同じく自分のものにした場合、アダムの所有地の面積はイヴのそれと同じになる。これはもちろん一種の知識であるが、ここで興味があるのは、論理的同値性を超える批判的知識である。したがって、経済学に見出せるもっとも揺るぎない経験的主張は何であろうかと考えてみることから始めたい。通常

それらは慎重に選ばれた「道具」を用いる比較実験や回帰分析に由来する。(35)

この方法の人気の一因はその発見の正確さにあるが、同時に、いったんある結果がこの方法で発見されると、何が発見されたのかを私たちは十分に理解できるのである。この流儀で書かれた、とりわけ見事な論文をここで考えてみよう（Chattopadhyay and Duflo 2004）。この論文が報告している結果によると、インドの西ベンガル地方において、女性を伝統的な村議会の議長にすると村議会のふるまいに違いが生じた。たとえば、村における水の供給が改善されたという。

多くの実証研究では、因果関係が研究の主張とは逆であるかもしれない危険性がある。たとえば、水の供給が不十分な地域で、女性（伝統的な仕事は家庭用の水の世話である）は水を入手する仕事に精一杯で、地元の村議会の政治に参加できないとしよう。これは、もし女性が村議会政治に参加すれば、水の供給の改善に「つながる」という印象を安易に与えかねない。この場合、推論は間違いであろう。因果関係は逆である。新しい実証的開発経済学が素晴らしいのは、外生的なランダム化という事実を使ってこの問題を回避する点である。しかしながら、科学的に知識を獲得するこの方法については多くの誤解があり、これに対処する必要がある。

まず、この方法は将来の予測の助けにはならないことを認めるべきである。かりに、アスピリンの効果を調べている研究者が、デリーの街を歩く人々から無作為抽出して少量の薬（たとえば150ミリグラム）を投与し、頭痛に苦しむ人がアスピリンを使えば、典型的には（たとえば90パーセントの割合で）症状が改善することを発見したとしよう。これを「研究結果」（RR）と呼ぶことにする。次に、頭痛で横になっているデリーの人々から無作為に選んでアスピリンを与える効果はどんなものになるかと問われたとしよう。RRに基づいて、彼らの症状は改善するはずだといえるだろうか。答えは否でなくてはならない。というのも、このサンプルはもとの研究の基礎となった母集団には属さないからである。

ここで、どうすればRRを予測に使えるかを考えてみよう。かりに来年、デリーの街を歩く人々にアスピリンを与えたら、頭痛に苦しむ人の症状は改善すると予想できるだろうか。厳密に言えば、答えは否である。来年のデリーの人々は、RRが引き出された母集団ではないからである。RRを利用して将来を予測することは、街を歩く人々にアスピリンを投与する効果を研究して、その結果が横になっている人たちにも当てはまると仮定するようなものである。もし研究のための適切なランダム化に拘泥し、偏った方法や誤った母集団に基づくサンプルからの知恵を受け入れるべきでないという見解を採用するなら、同時に私たちは将来については何も言うことができないという見解を採用しなければならない。これでは政策的な処方箋が書けないことになる。というのも、それは常に将来に対する提言だからである。

これに反論を試みるための議論として、昨日と明日の間には何ら根本的な違いはなく、昨日、真であった関係が、明日には真でなくなると予想する理由はないと言うことはできる。しかし、昨日と明日の違いはたんなる時間の問題ではない。昨日と明日の間には戦争や疫病が起こりうる。8月11日と10月11日の間には9月11日があったのである。

これへの応答として言えるのは、戦争や疫病が人間の物理的な組成に違いをもたらすことはなく、アスピリンの効果は過去から未来に持ち越されるだろうということである。これはもっともであるが、こうした主張をする際には直観の役割を認めていることになる。私たちは、統計的な発見と、健康の問題についてはある母集団から得られた知識を他の母集団に持ち越して適用できるのだという事前の「知識」とを組み合わせているのである。私たちは村議会における女性の役割についてこのように論じることは躊躇するかもしれないが、アスピリンについては自信を持つ。これは私が支持したい点に直結する。こうした統計的発見は予測に役立たないわけではないが、役に立つためには非科学的な直観と組み合わせなければならない。非科学的なものを拒絶しておいて、同時に、私たちの方法には予測の力があると主張することはできないのである。

私たちの直観や非科学的な判断にはさまざまな段階がある。誰かにアスピリンを試すまで、私たちはそれをまったく信頼しないかもしれない。しかし、昨年、効果があったことがいったん分かると、翌年には信頼の度合いが増す。そうして、信頼は帰納的に高まっていくのである。この点について言えば、歩いている人々に効果があったという事実から、私たちは何となく、横になっている人々にも効果があるだろうと信じたくなるかもしれない。というのも、私たちは、人の姿勢が薬の効能とは無関係であるという直観を事前に持っているかもしれないからである。しかし、こうした信念には何ら客観性がないことには注意を要する。私たちが世界の特徴であるとしばしば考えるものは、実際には意識の性向なのである。

予測を離れて、さらに別の知識の問題に移ろう。あなたはRRを知っているとする（し、それが時間を超えて成り立つと仮定する）。あなたは頭痛を抱えてデリーの街を歩きながら、アスピリンを服用すればよくなるだろうかと考えている。答えは、あなたがデリーの歩行者の母集団から無作為抽出された人物と見なせるかに依存する。答えは否でなければならない。自分自身についてあなたが知っていることは数多いが、他者についての知識はまるでこれに及ばない。よって、研究結果から自身のための政策的教訓を引き出すことはできないのである。これはかなり厄介である。つまり、（適切な対照実験に基づく）研究結果を自らの治療に用いたいとき、厳密に言えば、私にはその結果に信を置く理由がほとんどないのである。というのも、私は母集団からの無作為抽出ではないのだから。これはすでに議論したことに関係する。自分自身や知人についての意思決定の場合には、他の点では科学的といえる証拠に頼るのではなく、代わりに自らの直観的知識に頼るもっともな理由があるのかもしれない。

私自身は懐疑主義に傾きがちであるが、固執すべきでないことは意識している（固執するのは懐疑主義者にとっては矛盾であろう）。懐疑主義者と開発経済学の新しい経験的方法の実践者の双方が警戒すべき潜在的な誤りの一つは、知識の獲得に複数の様式がある可能性を否定することである。

これを理解するため、粗雑な対照実験や、実験すら行なわないことから学べる多くのことを考えてみよう。成長途上にある子供は、しかめっ面が不快感を意味し、笑顔が承認を表すことを学ぶ。平手打ちは痛いし、マッサージは癒しになる（特に首周りは）。泣いている人は悲しんでおり、笑っている人は幸せなのである。かりに、ある少女の父親がおり、娘が推論をするたびに中断させて、適切に無作為抽出されたサンプルから演繹を行なっているか、日常生活で偶然にめぐり合わせる経験を用いているだけではないと確信できるかをたずねるとしよう。そして、父親は娘に対して、適切な対照実験から得られた知識以外はすべて切り捨てるように言うとする。間違いなくこの子は無知な大人に育つことになるだろう。事実の問題として、私たち人間の頭にある知識は、不釣合いなほど大きな割合が、間違って行なわれた実験や偏ったサンプルに由来する。科学的に行なわれた研究に基づく知識、たとえば1日80ミリグラムのアスピリンで心臓発作の危険性は半減し、オートミールはコレステロールを減らすという知識などは、私たちが知っていることのごくわずかな部分にすぎない[36]。

これは実際、謎である。生涯を通じて知識を獲得するための方法がきわめて偏っていることを考えると、いったい私たちはいかにしてこれほど多くのことを知るのであろうか。三つの応答がある。一つは、たとえ各個人が偏ったサンプルを用いるとしても、私たち人間が対話や他の形の意思疎通を通じて行なう個人的情報の共有という行為によって偏りは相殺される傾向にある、ということを示す試みである。これは確率や情報理論における興味深い研究課題であろう。

こうした理論的作業が無駄であると判明したら（また、そのような結果が立証されるまでは、それが真ではないとして事を進めるのが妥当であると思われる）、私たちがとれる立場は二つとなる。一つは、人間が実際に知っていることはごくわずかであると主張することである。私たちの知識のほとんどはキメラ（想像上の動物）であり、知識の幻想にすぎない。多くの宗教的伝統や、信仰を持たない哲学者の一部もこうした見解を採用する。ここには長いギリシアの伝統がある。もっとも有名なのは紀元前4世紀の哲学者ピュロンである。ピュロンは自らの哲学をまったく書き残さなかった。その価値に懐疑的だったからである（もちろん彼は、やはり懐疑論者であったバートランド・ラッセルのように、書かないことの価値に同様に懐疑的で、実際、多くを書き残すこともできたであろう）。

伝えによると、彼はアレクサンダー大王の軍隊とともにインドへ赴き、謙虚な気持ちになって帰ってきた。インドで苦行者たちに出会ったからである。彼らは文章を書かないのみならず、言葉を発することさえなかった。

伝説によると、ピュロンは、師の一人が溝に落ち込んで助けを求める声を聞いたが、静かに立ち去ったという。なぜなら、彼が溝のなかよりも外にいる方が幸せであるのか、確信が持てなかったからである。この師は偶然にもアナクサルケスで、ピュロンと似通った多くの見解を持つ哲学者であった。他の人たちによって無事に溝から引き上げられた後にアナクサルケスが最大の称賛を浴びせたのは、落ち着き払って歩き去ったピュロンに対してであった（Laertius 1925）。

こうした極端な話に反論するため、紀元前2世紀のギリシアの哲学者カルネアデスが強調したのは、行動の面で懐疑主義者は必ずしも非懐疑主義者と異ならないということであった[37]。しかしながら、カルネアデスがある日には正義を擁護し別の日にはこれに反対することで、ちょっとした滑稽な問題を引き起こしたことは思い出してよい。彼はどちらの視点にもはっきりと肩入れできなかったのである。実際、ギリシアの医師で哲学者のセクストス・エンペイリコス（2世紀）の主張によると、懐疑主義の主な帰結は、知識の探求は無益であると観念することで達成される心の平穏であった。

こうして私は知識を進化論的に見る第三の応答にたどり着く。最初に認めるのは、私たちは物事をどのように知るのかを知らないということであるが、もしある人の知識やその習得能力が遺伝的なものであるとしたら、誤った信念や知識を持っている人々（たとえば、ナイフを手に威嚇的な態度で近づいてくる人のしかめっ面は好意を示唆すると考えるような人々）は長期的には滅びるだろう。よって、私たちの周りに存在する人々は、空中に投げたリンゴは落下するだろうし、人の体に突き刺さったナイフは死を招くだろうということを知っているのである。これらの人々が存在するという事実は、彼らと祖先たちが進化という淘汰の過程を生き延びてきたことを意味する。誤った知識を持っていた人や自然から正しく学習する能力を持たなかった人はもはや存在しないのである。

この理論によれば、知識を獲得する正しい方法というものは存在しない。自然はきわめて特異なのである。この特異な自然と同調する知性を持つ人もいれば、持たない人もいる。いま存在する人々は、存在するという事実により、自然と無理なく同調する知性を持っていることになる。

知識の謎についての私の信念は、懐疑論と進化論の間に位置する。私は直観に信を置く。正しく行なわれた実証研究の結果が二つあるとき、一方が私たちの直観に共鳴し（過去に真であったことならば、将来も真である可能性がかなりあるだろう、と私たちは単純に感じる）、他方が直観に合わないという特色を持つ可能性はある。私の気持ちとしては直観の方に傾く（けれども、直観が狂う可能性は認める）。同じことが、理論的に導き出された結果にも当てはまる。正しいと「感じられる」ものもあれば、そうでないものもある。私は感情に軍配を上げる誘惑に駆られる。よって、論点は理論と実証の間にあるのではない[38]。両方を行なう必要があり、そのうえで私たちの直観を用いて指針とする命題を選び、政策提言の基礎とするのである。

経済学者は他人の研究に因果関係の証拠が欠けていることを見つける傾向がある。他人の実証論文が示すのは相関関係であって因果関係ではないと不平を言うのである。他人の論文であれ、自分のものであれ、因果関係を証明する現実の方法がないことを私たちが自覚しているかぎり、問題はない。実際、因果関係と呼ばれる何か客観的なものが自然に存在するのかを疑ってみる理由があるかもしれない。

因果関係は見る人しだいである。私たち人間は因果関係という観点で「思考する」ように生まれついているのである。これは私たちの心の便利な特徴なのかもしれない。おかげで私たちは、因果関係が存在するかのように生きることが不可能な場合よりも、はるかに地に足のついた生き方ができる[39]。そして先ほど見たように、私たちの心が因果関係と見なすものは信頼できると考えることは理にかなっている。なぜなら、それは何千年にもわたる人間の進化のおかげで、自然の実際のしくみとかなりうまく同調するようになっているからである。

要約すると、科学的知識というものが役に立つためには、直観とある程度の懐疑主義を組み合わせなければならない。宗教の狂信的信者の性質の一つで評価できるのは、科学的知識に対する彼らの疑念である。彼らの大失態は、自分たちが確信し、人からは当然のように非難される他の形式の知識のことになると、この懐疑主義を完全に捨て去ってしまうことである。逆に、科学に信を置く人々にとって、心にとどめておく価値があるのは、「自分の」信念についての楽観は容易に宗教的原理主義者の楽観に転じうるということである。重要なのは、常に疑いの目を見開いておき、私たちが知の最前線と考える今日の科学は、アリストテレスの「科学」や、悪くすると、宗教と何の違いもないかもしれないと認める覚悟を持つことである。(40)

第4章
法に基づく経済

カフカの見えざる手

誰かがヨーゼフ・Kのことを中傷したに違いない。ある朝、何も悪いことをしていないのに、彼は逮捕されたのである。

20世紀の偉大な小説の一つはこう始まる。フランツ・カフカの『審判』である（Kafka 1998）。Kを逮捕しに来た男たちは、どこか奇妙で得体が知れなかった。

彼らは何者なのだろうか。何を話していたのだろう。どの役所から来たのか。何はともあれ、Kは法治国家に住んでおり、国中が平和で、すべての法律が機能している。いったい誰が大胆にも彼を自宅で脅迫したのだろうか。

その朝、細身の黒いジャケットを着た寡黙で無表情な人物に逮捕され、ヨーゼフ・Kは告発された。ただし、理由が何なのか、彼にはまったく分からなかった。それ以来、彼の生活は迷宮をめぐる旅となり、そこには雑務をこなして命令を実施する、顔の見えない法の手先たちがあふれていた。しかも、命令の主はけっして明かされない。おそらく責任者はいなかったのであろう。

彼は誰にも制御できないさまざまな力の犠牲になったのか。こうした力は彼にとって非常に抑圧的かつ現実的なものであったが、その起源は謎のままであった。事によると、起源はなかったのか。どこからともなく現れて、一般市民のありふれた日常生活に忍び込む、このような寒気のする超現実的な緊張感は、『審判』の最後の場面まで持続する。最終的にヨーゼフ・Kは、放置されて荒れ果てた石切場で処刑されるのである。

(Kの)視線は、石切場に隣接する建物の最上階にそそがれた。光がぱっとつくように両開きの窓がさっと開いて、距離と高さのためおぼろげではっきりしないものの、人影が現れ、不意にぐっと身を乗り出して、両腕をさらに外に向かってさし伸ばした。誰だったのか。友人か。善人か。気になったのか。助けたいのか。一人だけか。複数なのか。

悲劇と死は「生の日常性を消し去り」がちである、とはジョーン・ディディオンの雄弁なる表現である(Dideon 2005, 27)。カフカが見事なのは、この伝統に背いて、悲劇を日常性のなかに包み込んでいるところである。遠くの窓が、一人なのか複数なのか見分けのつかない人影を映し出し、日常性の感覚を強め、そうすることで、抑圧された不安の雰囲気を高める。

あたかも彼の寓意を強調するかのように、カフカは『審判』を書き終えずに亡くなった。私たちがいまでもこれを読めるのは、彼の友人マックス・ブロートがカフカの「最後の願い」をあえて無視したからに他ならない。カフカは「親愛なるマックス」へ宛てた手紙で、未出版の原稿をすべて「読まずに焼却する」よう念を押していた。(1)

ブロートは友人を「失望させる」この行為を以下の根拠で正当化した。すなわち、カフカは草稿を破棄する責任をブロートただ一人に委託したことで、草稿が破棄されないように手段を講じていたというのである。カフカはブロートをよく知っていたため、ブロートはけっして草稿を破棄しないだろうと知っていたはずである。

死後のゲーム理論的推理は興味深いが、これくらいにしておこう。私が経済学の言説にカフカを持ちこむ理由は、彼が見えざる手の裏側を見せてくれるからである。彼が活き活きと描く見えざる手は、スミスによって描かれ、現代経済学の文章のいたる所で目にするものとは異なり、邪悪である。彼の文体はもちろんスミスとは違う。彼は、スミスとは異なり分析的かつ演繹的ではない。それでも、スミスの理論と同じくらい強力な社会と政治の理論を生み出したのは、カフカの天才の証しである。彼は、中央集権化された権力を伴わずに孤立した諸個人の行為を通じて発揮される諸力について、スミスに同意するものの、それらは効率、組織、善意のための力となりうる一方で、同じくらい抑圧と悪意の力にもなりうるのだということを意識させることにより、私たちの理解を押し広げてくれるのである。

カフカの見えざる手は、想像されるほど現代の世界から隔絶されたものではない。第一に、ホセ・サラマーゴのような最近の作家が存在し、匿名の官僚社会の似たようなイメージを作り上げてきた。そこではすべての個人が、社会を動かしているように見える者たちを含めて、犠牲者なのである。(2) さらに、カフカの同国人であるヴァーツラフ・ハヴェルは、「体制」の邪悪な力が「あらゆる個人」を超越するような、匿名の全体主義社会を描いてきた。私は別の場所で、ハヴェルの描写が現代のゲーム理論的な権力のモデルに近いことを述べ、カフカの文学的想像力と現代の社会科学の間の橋渡しを行なっている（Basu 1986, 2000）。

本章とさらに後で重ねて私が示したいのは、見えざる手が善にも悪にもなるという幅広い見方を採用すると、社会、政治、経済に対する理解が、伝統的な社会科学による理解よりもはるかに深まるということである。これは、結果的に、伝統的な視点とは根本的に異なる政策決定や国家の見方を開示し、より説得力のある現実の描写をもたらす。

法と経済——標準的見解

政府が経済政策を左右するために用いる主要な道具は法律であり、より一般的には、法的な裏づけのある政策介入である。したがって、経済における法の役割を正しく理解することは、効果的な政策を立案して経済を成功に導くうえできわめて重要である。同様に、失敗する経済と成功する経済が存在する理由を理解するためには、法律と政府による政策介入が経済と相互に作用するしくみを理解することが大切である(3)。

まず、法と経済学という学問分野の中心的課題を考えよう。そもそも、いかにして法は経済的結果を左右するのだろうか。これに対する標準的な回答はきわめて単純明快である。新たな法律は、個人がある種の行為から期待する利益に変更を加え、したがって個人が行なう選択を左右することにより、最終的に広まる結果を変化させる。例として、法定の速度制限が存在しない国を考えよう。あなたは（毎時65マイルではなく）毎時85マイルで運転することを考えており（単純化のため、これら2段階の速度のみを車速制御装置で設定できるとする）、それほど急ぐ価値があるか決めかねているとしよう。おそらく、その速度で横滑りが起きる可能性とそれによる怪我の費用、別の車と衝突する予想費用、そして高速運転によるエンジンの消耗などを計算する。こうした費用を勘定する一方で、節約できる時間と追加的に利用可能となる時間の価値、ジェームズ・ボンドと見まがわれるかもしれないという淡い期待から生じる喜び、などを計算するだろう（実際には、ほとんどの人があなたには知能が足りないと考えるのであるが）。そして総便益が総費用を上回るのであれば、あなたは毎時85マイルで運転するように車速制御装置を設定することになる。

ここで、新しい法律が発表され、速度制限が毎時65マイルに設定されるとしよう。新しい法律では、それを超える速度で運転しているところを捕まった人は１００ドルの罰金を科される。明らかに、運転手の費用便益計算は変わることになる。これからは、毎時85マイルで運転する費用に、罰金の追加的な予想費用（捕まる確率に罰金の額を掛けたもの）を加えなければならない。一部の運転手、すなわち、新しい法律が施行される前、毎時85マイルで運転する便益が費用をほんのわずかだけ上回っていた人たちは、もはや85マイルでは運転しないことにするであろう。

これが法と経済学の膨大な文献の背後にある標準的パラダイムである。そして実際にこのパラダイムを使えば多くのことが可能であり、罰金の金額や捕まる確率の変更が車の運転速度に与える影響の試算などができる。当然ながら、このパラダイムは政府介入の設計に幅広く利用され、その経済学における古典的業績はゲイリー・ベッカーのものである（Becker 1968）。法学者はこれを「法の義務論」と呼ぶ(4)（Raz 1980）。ここで私は、このパラダイムにはある重要な点で不備があると主張したい。私は以前の著作でこの批判を詳しく述べたので、ここではそれを手短に利用する（Basu 2000）。ただし、私の目的は議論をさらに推し進めて政策的含意を導くことにある。本章の後の方で私が強調するのは、経済における法の役割について、ここで概略を述べる洗練された見方をすれば、より効果的な政策介入を生み出せる可能性が高いということである。このように見方を変えると、非常に多くの法律が無視される理由を説明する助けにもなる。ただし、そこに立ち入る前に、先ほど素描した標準的な視点というものを、はるかに詳細にゲーム理論の文脈で記述してみたい。というのも、そうすることにより、私がこれから議論したいことの土台を築けるからである。

表1　囚人のジレンマ

		プレーヤー2	
		A	B
プレーヤー1	A	8, 8	0, 9
	B	9, 0	1, 1

囚人のジレンマのゲームを考えよう。現代ゲーム理論の論文の流儀に従い、抽象的かつ物語を伴わない形で説明させてもらう(5)。これは二人のプレーヤー（1と2）の間のゲームである。それぞれが独立に二つの行為（AとB）から選ばなければならない。二人は選択をし終えた後、以下のように報酬を受けとる。両者がAを選べば、それぞれが8ドルを手にする。両者がBを選べば、それぞれ1ドルを受けとる。一方がAを選んで他方がBを選べば、Aを選んだ方は何も受け取らず、Bを選んだ方は9ドルを手にする。このゲームは表1に示されるような「利得表」に要約できる。

プレーヤー1は行（上か下か）を選び、プレーヤー2は列（左か右か）を選ぶ。それぞれのマス目のなかで、左側の数字はプレーヤー1の利得、右側の数字はプレーヤー2の利得である。このゲームは1950年代に発見されて以来、繰り返し分析されてきた。プレーヤーがどちらも完全に（利己的で）合理的な場合、このゲームで何が起こるかは容易に見てとれる。注意すべきは、プレーヤー2がAを選んだ場合、プレーヤー1はBを選ぶ方がよく、またプレーヤー2がBを選んだ場合にも、やはりプレーヤー1はBを選ぶ方がよいということである。よって、プレーヤー2がいずれを選ぼうとも、プレーヤー1はBを選ぶ方がよい。こうしてプレーヤー1はBを選ぶことになる。これは対称的なゲームであるから、同じ論理がプレーヤー2にも当てはまり、したがって両者がBを選ぶことになる。このゲームの結果は（B，B）で、各プレーヤーはそれぞれ1ドルを手にする。要するに、囚人のジレンマは悲劇に終わる。これは共有地の悲劇に似ており、すべての羊飼いが利用できる共有地において、各羊飼いによる過放牧が発生し、最終的には全員が被害を被るのである。というのも、資源（土地と牧草）の枯渇が、どの

表2　囚人のジレンマ（罰金のある場合）

		プレーヤー2	
		A	B
プレーヤー1	A	8, 8	0, 9 − pF
	B	9 − pF, 0	1 − pF, 1 − pF

羊飼いの利益にもならないほど急速に進むからである。

囚人のジレンマは多少の悪評を買うようになっている。というのも、個人の合理性が必ずしも公益にはつながらないことを大胆不敵かつ単純明快に示すからである。これは、第2章で論じたように、スミスの見えざる手に対する代表的な反証例になった。ただし、それはここでの関心の対象ではない。私が示したいのは、法に対する標準的見解がこの文脈でいかに機能するかである。国が法律を制定し、行為Bを選んだところを見つかった人にFドルの罰金を科すとしよう。行為Bを選んで発見される確率はpであると仮定する。そうすると、プレーヤーは行為Bを選ぶたびに、pFドルの費用を予想する。このように、法律は人々の利得を左右する。法と経済学の標準的な見解では「利得の変更によって法的ルールの変更を捉えることができる」のである（Baird, Gertner and Picker 1995, 15）。新たなゲーム、つまり利得が変更されたゲームは、表2に描かれている。

政府が$F = 4$と決め、警察の警戒水準を一定に保って$p = 1/2$を確保する場合、容易に確認できるように、各個人にとって合理的な行為はAを選ぶことである。よって、法律はこのゲームで生じる結果を（A，A）に変える。これは双方の個人にとって都合がよい。最終的な結果においては、誰も実際に罰金を支払うことはない。しかし、結果に違いをもたらすのは、（利用されないかもしれない）罰金の存在である。速度制限の例と同様に、法律はさまざまな行為に付随する利得あるいは利益に変更を加え、それを通じて個人の行動様式を変え、したがって社会的に実現される結果を変えるのである。

焦点としての法

いま述べた標準的見解のどこが悪いのかを見るため、まずスピード違反の例を考えよう。この例では、車の運転手は法が制定された後、運転速度を落とすことにした。なぜなら、スピードを出すと警官に捕まるかもしれなかったからである。私たちが自問しなかったのは次の問題である。なぜ警官は突然、以前とは打って変わって、毎時85マイルで走る運転手を捕まえるのだろうか。たんに「いまではそれが法律になったのだから」と言って応えるのでは、警官をまるで法律の要請を自動的に実行するロボットとして扱うことになる。現実には、警官もまた運転手と同様に一人のプレーヤーであり、そのような行為主体に対して、運転手には可能な合理的思考の能力を認めない理由はない。よって、説明を要するのは、なぜ警官は、スピード違反に対して新たな法律が制定されたときにはスピード違反を犯す運転手を捕まえる一方、そのような法律が存在しないときにはそうしないのか、ということである。多くの発展途上国や一部の先進国においても、警察はたいていの場合、法律が原因で行動を変えることはない。運転手が明らかに法律違反を犯していても警官が制止しない例は多く、また運転手がいかなる法律を犯してもいないのに警官が制止して「罰金」を科し、すぐさまそれをポケットに滑り込ませる例も多いのである。

法律の違反ならびに遵守を理解するためには、警察が法律を実際に行使する場合の理由を問う必要がある。その答えは、結局、警官による合理性の計算に見出されなければならない。警官は自らの「仕事」を頻繁に怠れば、見つかって、(警察裁判所) 判事により罰金を科されるか首になる危険を冒すことになるといえる。これこそ、彼らは速度制限の法律があるときに毎時85マイルで走る運転手を制止する一方で、速度制限の法律がないときには同じことをしている運転手を制止しない理由である。

これはもっともな説明であろうが、別の疑問も浮上する。それは判事の行動についてである。なぜ判事は、毎時65マイルを超える速度での運転を禁じる法律があるとき、毎時85マイルで走る運転手を制止しない警官に罰金を科すか首にする一方、速度制限の法律がないときは、警官に罰金を科さず首にすることもないのだろうか。一つの法律が存在するだけで、なぜ判事の行動が変わらなければならないのか。これを説明するため、かりに判事が適切に行動しない場合には他の誰かが判事に対して何をするか、ということに言及していくことはできる。しかし、もっともな説明はあらゆる人の行動をカバーしなければならない。前述の法の標準的見解が適切に見えるのは、法律をそれが法律であるというだけの理由で機械的に執行するようなロボットがタダで利用できる、ということを進んで仮定するかぎりにおいてである。しかし、そのような仮定を設ける根拠はなく、そこにこそ標準的見解の弱さが存在する。

この批判をよりよく理解するため、囚人のジレンマの例に戻ろう。法の標準的見解は、Bを選ぶプレーヤーを捕まえて罰金を科すのは誰かを問わないかぎり、適切に見える。もしも罰金を科せる警官がいたのであれば、その警官はもともとのゲームに表現されているべきであった。その場合、元のゲームはけっして先ほど描かれたような二人ゲームではなく、以前の二人に警官を加えた三人のゲームとなる。

さらに進んで、n人ゲームを考え、すべての人物（一般市民、警察、判事、その他）をプレーヤーとして含めると、すぐに気づくのは、ゲームやプレーヤーの利得に変更を加える道具として法を捉えられないということである。なぜなら、利得を変更する（つまり、罰金を科したり金銭を分け与えたりする）人が誰も残らないからである。別の見方をすれば、法が利得を変えられないのは、あらゆるプレーヤーにとって、法の制定前に利用可能であったすべての行為が、制定後にも利用可能だからである。[(6)] もし全員がある特定の行為の組み合わせを選択するなら、全員の利得は同じままである。ある種の法が存在するか否かという事実自体は、誰の利得にも変更を加えない。法が制定される前でさえ、警官は毎時85マイルで運転する人に罰金の支払いを求めることができたし、判事は警官の軽い罪にもかかわらず、見て見ぬふりをすることができたのである。

拙著で述べたように、法とは、つまるところ、紙の上のインクにすぎない（Basu 1993, 217）。それが人々のプレーするゲームを変えるわけではないということは驚くにあたらない。人々は、全員が残らず考慮されるとき、法が存在しない場合と同じゲームを結局のところプレーすることになる。(7) 当然のこととはいえ、紙に書かれたちょっとした言葉に気づくだけで、利用可能な戦略や市民の利得関数が変わるということはありえない。法と経済学の標準的見解における分析方法は明らかに欠陥を抱えているのである。

囚人のジレンマの例を使ってこれを示そう。まず、関係するすべてのプレーヤーを含めてゲームを完全に記述したいのであれば、二人のプレーヤーが何をプレーするかのみならず、警官がプレーするゲームも描かなければならないだろう。そこで最低限、必要になるのは、警官が二つの行為LとVを選べると考えることである。Lは手ぬるい（lax）、Vは報復的（vindictive）を表す。警官がLを選ぶとき、二人の市民がプレーするゲームは表1に描かれたものとなる。警官がVを選ぶとき、ゲームは表2に描かれたものとなる。もちろん、実現する可能性のあるそれぞれの結果において警官が受けとる利得も書き出さなければならない。さらに進んで判事のことも考慮したいのであれば、判事にできることを特定して、それが二人の市民、警官、そして判事に与える影響を特定しなければならない。こうして完全に記述されたゲームは、すべての人に可能なこと、各人に利用可能な行為、そしてあらゆる条件のもとですべての人が受けとる利得を示す。このゲームは新しい法律の告知によって変更されることはないと仮定するのが自然であろう。なぜなら、このゲームを超えた立場から利得を変えることのできる人がいないからである。

したがって、法の伝統的見解が有効であるのは、ロボットのような主体がいて、なんであれその時点で存在する法律を強制執行するために待ち構えているということを進んで仮定するかぎりにおいてである。明らかに、伝統的見解は説得力を欠いている。というのも、法を強制執行するのはロボットではなく、自らの目的と野心を持つ個人だからである。

一見したところ、この批判は私たちの身をすくませるものに見える。かりに法がゲームを変更できず、別の言い方をすれば、プレーヤーに利用可能な戦略とすべてのプレーヤーによって選ばれる行為の異なる組み合わせのもとでプレーヤーが受けとる利得とを法が変更できないのであれば、法律にできることは何もないように見える。つまり、それは個人の行動もゲームの結果も変えることができないことになる。法は幻想以外の何物でもないように見える。当然、こんなことが正しいはずはない。結局のところ、車は停止信号で停止するし、交通警察はスピード違反の車に罰金を科すし、運転手たちは罰金を恐れて速度制限を守り、市民は税金を払うのである。

明らかなことであるが、すでに論じたように、たとえ法がゲームを変えることはできないとしても、ゲームの結果を変えることは可能である。法のこれら二つの局面に折り合いをつける唯一の方法は、法が他人の行動の可能性に関する個人の信念を変える力を持っていると認めることである。これは理性によって不可避的に導かれる立場であり、私が支持したい法の見方の基礎となる。速度制限の法律が制定されると、毎時85マイルで運転すれば警察に呼び止められて罰金の支払いを要求されるだろうと「予想する」、または「信じる」のである。法律の制定後には、警官は、毎時85マイルで走行する運転手を制止しなければ、上司に叱られて職務怠慢の罪に問われるかもしれないと「信じる」のである。こんなふうに続けることができる。これらの信念が整合性を持ち、全体として自己実現的であれば、法は遵守される。法はこのように、ゲームを変えないにもかかわらず、行動に影響を与えるのである。

興味深いのは、法というものが、具体的で各個人を拘束するもののように見えながら、実は信念の集合にすぎないという点である。これは国家の権威に関するヒュームの考えに似ている（Hume [1739]1969, [1758]1987）(8)。ヒュームの主張によれば、政府が（曲がりなりにもある程度まで）機能するのは、他ならぬ市民の意見と信念のおかげである。もしこれでは法と国家の役割をあまりにも小さく空虚に捉えていると思われるとしたら、それは私たちが信念の力を過小評価することに慣れてしまっているからに他ならない。

さらに一歩進んで、法が機能するしくみをより正確に説明するためには、「焦点」(focal point)というトーマス・シェリングの概念を導入する必要がある(Schelling 1960)。ここで手短にゲーム理論へと脱線する。友人どうしの二人がロンドンのヒースロー空港で関税エリアを出てから正午に会うことにしたが、どこで会うかを決め忘れたとしよう。すると、それぞれが相手を待つ場所を選ばなければならない。単純化のため、二人は同じ場所を選んだときだけ出会えるとしよう。実質的に、彼らがいま直面しているのは「ゲーム」である。各「プレーヤー」は場所を選ばなければならない。二人が偶然に同じ場所を選べば、それぞれが報酬(この場合、友人に会うという報酬)を手にする。異なる場所を選べば、いずれも報酬を手にしない。

この辺で、有名な経済学者・数学者ジョン・ナッシュにちなんで名づけられた「ナッシュ均衡」の概念を導入すべきであろう。各プレーヤーによる行為(戦略)の選択がナッシュ均衡を構成するのは、プレーヤーたちの選択が以下の性質を持つ場合である。すなわち、他のすべてのプレーヤーの選択を所与として、各プレーヤーが自らの選択を変更しても得しないと考えている場合である。表1に描かれた囚人のジレンマを考えると、両方のプレーヤーがBを選ぶ(簡潔に、結果(B, B)と表現する)のはナッシュ均衡であることに注意しよう。相手がBを選ぶとき、自分が一方的に逸脱してAを選んでも得にはならない。囚人のジレンマでは、「相手がどうするかにかかわらず」、逸脱してAを選んでも得することができないようになっている。しかし、他のゲームでは必ずしもそうなるとは限らない。

ゲーム理論的分析の中心となる考え方では、あるプレーヤーにとって何が合理的であるかは、相手にとって何が合理的であるかに決定的に依存するのであって、もちろんここには無限後退が含まれる。相手の合理性を予期しないと、合理的分析における自らの能力不足を露呈する可能性がある。このことを非常にうまく説明する話を私はインドで耳にした。木陰で昼寝をしていた帽子の売り子が目覚めると、帽子がすべてサルの集団によって木のてっぺんに持ち去られていた。がっかりした彼は、自分の帽子をとって地面に投げつけた。真似をする衝動で

表３　保証ゲーム

		プレーヤー２	
		A	C
プレーヤー１	A	2, 2	9, 1
	C	1, 9	10, 10

知られているサルは帽子を同じように投げ下ろしたので、売り子は帽子をすべて拾い集めて去って行った。時は下って半世紀後、帽子の売り子になった彼の孫が、仮眠するため同じ木の下に商品を置いた。目覚めてみると、残念なことにすべての帽子がサルによって木のてっぺんに持って行かれていた。ここで彼は祖父の話を思い出し、自分の帽子をとって地面へぽんと投げた。しかし不思議なことに、サルが一匹だけ降りてきた。そのサルは帽子をしっかりと握りしめ、売り子に歩み寄り、顔をひっぱたいて言った。「自分だけにじいさんがいるとでも思っているのか」。

ここでちょっとした計算をして、ナッシュ均衡の考え方に十分に馴染んでもらおう。表２のゲームで$p=1/2$かつ$F=4$と仮定する。この場合、ゲームには唯一のナッシュ均衡が存在することになる。それは（A，A）、つまりプレーヤー１がAを選び、プレーヤー２もAを選ぶときである。

あらゆるゲームに唯一のナッシュ均衡があるわけではない。表３のゲームを考えよう。これは調整ゲームや保証ゲームといったさまざまな名前で呼ばれている（Sen 1967）。このゲームには二人のプレーヤー、１と２がおり、それぞれが行為AかCを選ばなければならない。このゲームに二つのナッシュ均衡（A，A）と（C，C）があることは容易に分かる。相手がCをプレーするとき、あなた自身にはCから逸脱する理由がない。しかし、相手がAをプレーするとあなたが確信しているとき、あなたにはA以外をプレーする理由はない。ナッシュ均衡は戦略の組み合わせ（各プレーヤーに一つ）、つまり、一つの結果であり、そこから一方的に他の戦略に逸脱することによって得するプレーヤーはいない、ということを思い出そう。

ここで、ヒースロー空港のゲームに戻る。各プレーヤーは二つと言わず多数の戦略・選択肢から選ぶことになる。というのも、各個人は待ち合わせの地点を多くの利用可能な場所から選べるからである。このゲームに多数のナッシュ均衡があることを見てとるのは難しくない。実際、両方のプレーヤーが同じ地点を選ぶかぎり、それが偶然どんな場所であるかにかかわらず、その選択の組み合わせはナッシュ均衡を表現するのである。両方のプレーヤーが本屋のWHスミスで待つと決めれば、それはナッシュ均衡となる。もちろん、あらゆる選択の組み合わせがナッシュ均衡となるわけではない。もしプレーヤー1がWHスミスを選び、プレーヤー2がコーヒー屋を選べば、それはナッシュ均衡ではない。

ここでは、非常に多くのナッシュ均衡が存在するため、問題が生じる。保証ゲームにおいても小規模ながら発生する問題である。どの行為を選ぶべきかを決めるとき、どのナッシュ均衡を目標にすべきだろうか。明らかに、相手と同じナッシュ均衡の結果を目指したい。そうでなければ、結果はナッシュ均衡ではなく、少なくとも一人が（ヒースローと保証ゲームの場合には二人とも）別の戦略を選べば得になるのである。ただし、それぞれが独立に選択することを考えると、いかにして行為を調整すべきであろうか（そしてこの問題を問うことで、なぜ保証ゲームが同時に調整ゲームと呼ばれるのかが明らかとなる）。

ここで、いささか神秘的ながらきわめて強力な「焦点」という考え方を導入する。ヒースロー空港のようなゲームでは、プレーヤーたちが、特にたまたま互いに知り合いである場合には、相手の行き先について、しばしばうまく推測すると見られている。両者が本好きで、それぞれ相手が本好きであることを知っているならば、WHスミスが第一の候補であると推測できるかもしれない。このナッシュ均衡は、彼らの心の内で際立ち、行為の調整を可能にするもので、これが「焦点」と呼ばれる。

あなたともう一人に、それぞれ2から100までの数（整数）を一つずつ選んでもらい、二人が同じ数を選んだ場合には、それぞれに1000ドルを渡すとしよう。異なる数を選んだ場合には、何も渡さない。すると、再びゲームには多くのナッシュ均衡があり、正確には99個ある。あなたはどの数を選ぶだろうか。結果を言うと、私はこれを何度も学生に試してみたのであるが、人々は100を選ぶことが分かり、つまり相手が100を選ぶと予想するのである。したがって、両者が100を選ぶことがこのゲームの焦点あるいはフォーカルな結果である。再度、強調しておくが、焦点には厳密な定義がない。心理的な概念であり、どれが焦点であるかについてすべての人が合意する保証はまったくない。

車で道路のどちら側を運転するかを選ぶ際にも、私たちは複数のナッシュ均衡を持つゲームに直面する。他の人たちが左側を運転する場合、私も左側を運転するのが理にかなっているし、右側運転の場合も同様である。もちろん、ほとんどの国で、どちら側を選ぶかは法律で強制されている。インドでは、法律によって左側を運転することになっている。ここで、牛の引く荷車が2台、村の小路で互いに接近しつつあるとしよう。警官がいて法を強制執行する可能性はない。さらに、「左側運転」という法律が牛の引く荷車に適用されるのか、私には確信がない（し、おそらく村人たちにも確信がない）。しかし、ほとんど必ず、荷車はそれぞれの左側に寄ることが分かる。それが自動車についての法律で、都市において強制執行されているという事実のおかげで、左側運転は他の文脈でもインドでは規範になっているのである。これもまた、規範と焦点の密接な関係を例証している。

私の主張（最初にBasu 2000で提起した）は、法律がある程度まで行動を左右するのは新たな焦点を生み出すからだ、というものである(9)。よって、新たな法律は、ゲームを変更することはなくとも新たな焦点を生み出し、他者の行動に関する新たな予想を生み出すことで、ゲームの結果を変えられるのである。新しい法律は、人々が一定の行動をとったときの警察の対応に関する一般市民の予想を変更することによって、市民の行動を左右する。警察がそのような行動をとるのは、他の人々の行動（たとえば、判事、国土安全保障の主任、市民の行動）に関する警察の予想を所与とすると、そうするのが彼らの利益になるからに他ならない。こうした推論がすべての主体に適用されることになる。

実生活におけるゲーム理論的状況で、焦点が意図的に生み出される場合もある。たとえば、ヒースローの場合、問題はもはやたいして厄介ではない。なぜなら、空港には「待ち合わせ場所」と書かれた標識が広大なコンコースの真ん中に掲げられ、焦点となっているからである。友人と待ち合わせることにしたものの場所を決め忘れた場合には、その標識の下で待つのが理にかなう。

もちろん、現実のゲームは、先に挙げたほとんどの例と異なり、めったに対称的ではない。異なる人々は異なる選択に直面するのである。よって、速度制限の問題では、いったん制限速度を毎時65マイルに設定する新しい法律が発表されれば、焦点は、この制限速度を破る運転手がいれば警官が捕まえ、破らない運転手は捕まえないという結果になる。もし運転手が制限速度を破っても警官が捕まえない場合には、上級の責任者が警官を職務怠慢で捕まえることになる。こうした選択の集合は、最高速度を毎時65マイルに設定する法律がいったん発表されれば、まるごと焦点となるのである。各プレーヤーは、他の人々が前述のように行動すると予想し、それが結果的にその行動を促進・強化するのである。私はこれが必ず起こると主張しているわけではない。所詮、速度制限やその他の法律はしばしば破られているということを私たちは知っている。[10] しかし、法律が執行され遵守されているとき、それを可能にするのは、法が新たな焦点を生み出しているという事実である。

簡単に参照できるように、この新しいアプローチを「焦点としての法」と呼ぼう。

焦点という概念と同様に、焦点としての法も、簡単に形式的に記述して数学的な形を与えられる考え方ではない。それでもこの考え方は有効であると私は信じており、すでに論じたように、法の役割をめぐる伝統的見解から明らかに乖離するものである。これはまた伝統的なモデルとはかなり異なる含意を持つものであって、本章の残りではそれを説明しよう。

有効性という点で、法律は千差万別である。なかにはめったに犯されることのない法律があり、まれな違反者は概して罰せられる。他方、違反が約束されているような法律もある。ここで提唱する法の見方は、法律の有効性に違いがある理由を根源的なレベルで理解する助けとなる。

「焦点としての法」の含意

「焦点としての法」という見方は、法律違反が大きく二種類に分かれることを示唆する。第一に、経済全体のゲームのナッシュ均衡ではないような法律が発令される場合、それは失敗する運命にある。これを理解するため、焦点とは心理的に突出したナッシュ均衡であることを思い起こそう。先ほど見たように、法律が有効であるためには、つまりそれが遵守されるためには、焦点となるような行動を促進する必要がある。焦点はナッシュ均衡であるから、その法律はナッシュ均衡となる行動を促進しなければならないのである。発展途上国で多くの法律が失敗するのは純粋にこの点であると私は考える。たんに、そうした法律は、他のすべての人々がこれに従うことを全員が予想する場合でさえ、すべてのプレーヤーがこれを遵守することに利益を見出すわけではないのである。

こうした理解の一部はすでに法の標準的見解のなかに存在したが、一部のみである。これを確認するため、スピード違反の例に戻ろう。標準的見解によると、罰金とスピード違反による逮捕の確率（これは政府が決めて実施する監視の水準に依存する）は、運転手たちが速度制限の法律に従う価値があるよう、入念に設定される。運転手が高速で運転する便益をBドルとしよう。$p=1$、つまり高速で運転すると確実に捕まる場合を考える。ここで、Fが偶然にもBを下回るならば、明らかに誰も法律には従わない。これは常に知られていた。しかしながら、私がここで言っているのはそれを含むと同時に超えることでもある。ある法律がナッシュ均衡であるという意味において個人的誘因と両立することを確認するには、法に従うことが運転手の利益になるということのみならず、速度制限の法律を犯す運転手を捕まえることが警官の利益になること、スピード違反の運転手を職務怠慢で捕まえない警官をとがめることが上官の利益になること、さらにスピード違反の運転手を捕まえない警官をとがめない上官を罰することが判事の利益になることなどの確認が重要である。

ここで提示している、焦点としての法と経済学という概念では、「最終」段階の主体（法の対象となる主体で、この場合は運転手）の利益と両立するだけでは不十分である。

懲罰がきわめて厳しい法律で、強制執行されれば法を犯すことが市民の利益にはならないような例を数多く挙げることができる。市民がそうした法に従わない理由は、警官および法務官僚に対する誘因が不適切だからである。よって、違反者は有罪にならず、違反者はそれを知っているため、進んで違反を犯すのである。したがって、法律がうまく施行されるための第一の条件は、その遵守が、あらゆる人（市民と法律の執行者）をプレーヤーとして含むゲームのナッシュ均衡によって支持されうるということでなければならない。[11] 本章の後の方で例を挙げて、この点を実際の数字とともに説明する。

しかしそれでは不十分であり、私たちは別の種類の法律違反を考えなくてはならない。経済にナッシュ均衡がいくつかあるとき、たとえ法律が一つのナッシュ均衡を選んだとしても、つまり、ナッシュ均衡でない結果を実現させようとする間違いを犯さないとしても、その均衡は焦点でないため実現されない可能性がある。これが起こりうる理由はさまざまである。焦点となる何らかの結果がすでに存在するとき、新たな法律（したがって新たな結果）が告知されても、先の焦点に取って代わることはないかもしれない。理解すべき重要な考え方は、ゲームが複数の焦点を持つことの不可能性である。誰かが複数の焦点を作り出そうとすると、実質的に焦点はなくなるのである。

ヒースロー空港の例に戻り、「待ち合わせ場所」の標識が掲げられる前の一つのターミナルに焦点を絞ろう。非常に目立つ本屋ＷＨスミスがあり、人々がそれを焦点と見なしていたとする。空港で待ち合わせたものの、どこで出会うかを決め忘れた友人たちは、ＷＨスミスへ行った。この場所は広く知られ、よく利用されていたとする。ここで、待ち合わせをさらに簡単にするため、空港当局の誰かが「待ち合わせ場所」の標識を設置するという考えを思いついた。これにより人々は標識のある場所へ行くようになるだろうか。答えは自明ではない。WHスミスで待ち合わせる慣行が旅行者の心理に非常に深く染みついているため、待ち合わせ場所として本屋を使い続けるかもしれないのである。実際のところ、事態は悪化する可能性がある。なぜなら、いまではWHスミスへ行く人と「待ち合わせ場所」の標識へ向かう人がいるかもしれず、標識の目的自体を台無しにするからである。(12)

同じことが法にも当てはまる。新たな法律が告知されるとき、それは新しい「待ち合わせ場所」の標識が掲げられるのに少し似ている。それは新たな焦点を生み出さないかもしれない。事の次第は、政府の評判と現存する焦点の強さに大きく依存する。政府が遵守されない法律を告知するという評判がある場合、次に告知される法律も遵守されないかもしれない。理由は単純で、遵守されることを誰も予想しないからである。焦点について思い出してほしいのは、あらゆるプレーヤーが焦点を焦点と見なすことを各プレーヤーが予想しているという（明らかにいささか定義不可能な）性質が焦点を焦点たらしめることである。実際、ある点または結果が焦点であるためには、それが焦点であるということが共有知識でなくてはならない。

したがって、法律違反がはびこる国々では、新しい法律が告知されても、おそらくそれが焦点になることはない。守られることはないだろうとあらゆる人が予想するからである。失敗に終わる法律が散在する理由はここにある。一部の国ではほとんどの法律が効果を持たないように見えるし、他の国々ではたいていの法律が効力を持つ傾向にある。これを理解するための最善の視点は、ここで提示されている焦点としての法という概念である。

こうした考え方は、さらに発展させて形を与える必要があるものの、焦点としての法という見方をとると、遵守される法律とそうでない法律がある理由や、ある国々の法律は気ままに違反されがちなのに対して、他の国々ではもっと法律が遵守される理由を理解するための新たな道が切り開かれることは明白である。

この焦点としての法という見方は、私たちが法と経済成長と効率性の関係を認識する際の方法に影響を及ぼす。

法律の不備が経済の不振につながることは広く認められている。ある国（特に小さな国）が（たとえば外貨が底をつくという恐れから）輸入を法律で禁止し、これが完全に実施されると、この国は経済不振に陥ると予想するのが妥当である。成長は鈍化し、国の運営は完全に効率的な水準を下回るであろう。政府があらゆる種類の資金の貸付を禁止すれば（そしてこれが適切に実施されれば）、おそらく国の成長はかなり阻害される。というのも、起業家たちが融資による投資を行なえなくなるからである。

しかし、法と経済学の分析から分かることは、かりに輸入を禁止する法律が貿易に急ブレーキをかけて経済の足かせとなりうるのであれば、そのような法律が存在しなくても同じことが起こるかもしれないということである。同様に、資金の貸付を禁じる法律が投資を抑制して成長を阻害しうるのであれば、そのような法律がなくても成長は阻害され、投資は抑制される可能性がある。その理由は、焦点としての法の見方が示すように、法律は新たな均衡を生み出せないからである。法律に可能なのは、既存の均衡へと私たちを導くことだけであり、言い換えれば、既存の均衡の集合から一つを選ぶ手助けをすることのみである。しかし、均衡とは定義によりそれ自体で生起し、持続できる結果であるから、法律が原因で生じうる結果はすべて、そのような法律が存在しなくても生じうるのである。よって、ある法律が抑圧的であるならば、その法律がなくとも抑圧的である可能性は残る。ある法律が一部の人々に害を及ぼすなら、その法律がなくとも害は生じるかもしれない。新たな法律が人々の表現の自由を奪うならば、そうした法律が存在せずともそれは奪われる可能性がある。『審判』で国の下級役人たちがKの人生に及ぼした息のつまるような支配は、法の罠に囚われるということを見事に象徴しているが、それは法を利用せずとも起こることである。

こうした主張を理解するのは容易ではなく、特に第1章で議論した直観的理解という深い意味においてはそうである。前段落の最後の主張を取りあげよう。表現の自由の保障ということを語るとき、典型的には、国家がそのような自由を法的に保障すべきであるということを意味する。そうした法が備えるべき条項の例として、書籍の発禁も、権力者の気に入らないことを言うジャーナリストの口封じも許されない。

これらはきわめて重要な原理であり、文明的かつ民主的な社会の創造に多大な貢献をなしうる。私たちが犯しかねない誤り、そして実際に犯しがちな大きな誤りは、国が法律による人々の口封じを止めさえすれば、人々は沈黙させられることはない、つまり、表現の自由を持つであろう、と考えてしまうことである。しかし、現実には、表現の自由の法的保障が存在しないために一部の国々で起きるのと同じ制限が、文章を書き、言葉を発する人々の権利を擁護する法律が整備されている国々でも起こりうる。[13] そのちょっとした証拠をアメリカ合衆国に見出すことができる。米国では法律以外のさまざまな手段を通じて、表現の自由はしばしば抑制される。そのようなとき、主流のテレビ局や主要な新聞が表明する意見は、法の要請ではないにもかかわらず、一枚岩である。企業の資金提供、広告主の利益、政府による従軍記者の随行の許可は制約を生み出し、それらは法律とほとんど関係がないものの、言論の自由に対する法的制限と同様に、表現の自由を制約しているのである。

もし宇宙人がノーム・チョムスキー、ハワード・ジン、マイケル・ムーアといったラディカルな体制批判者の意見を主流派のメディアで探そうとしても、あるいはディクシー・チックス、特にナタリー・メインズの歌を聴くために主要なラジオのチャンネルに合わせても、ほとんど見つからないため、報道禁止命令が出ているのだと結論づけるだろう。もちろん、この宇宙人は間違っており、それこそ私が説明したい点である。[14]

法律によらない統制の力を理解するため、インドのカースト制の掟を考えよう。こうした掟は法的に見れば根拠のないものである。それでも、村八分に対する恐れから、インド社会の伝統的な地域、特に農村部ではカースト制の掟が遵守され、多くの地域においてこうした掟は国家公認の法律に匹敵する、またはそれを凌駕する力を持つのである（Akerlof 1976）。[15] それが非常に強力である理由は、自然な仲間内の相互監視システムに依存するからである。ある個人が重要なカーストの規範に背き、たとえば、上位カーストに属する者が下位の者と食事をともにするならば、その個人は社会の他の人々から村八分に遭うと予想される。そう見越すため、人々はカースト制の規範に同調することになる。これは、カースト制の規範に背く人を村八分にする人々がなぜそうするのかという疑問を生じさせる。興味深いことに、答えは同じである。ある人がカースト制の規範に背いた人物を村八分にしなかったとすると、今度はその人自身が村八分に遭うだろう。こうしてクモの巣のように入り組んだ相互監視システムは、計り知れない統制力となりうるのである。

私たちの社会生活・政治生活の他の領域においても、この議論を使うことができる（Havel 1986; Basu 1986, 2000）。経済学者は、インドではなぜ花嫁の持参金制度が存続するのか、米国のゲットー（貧民街）では十代の若者たちがなぜ身を滅ぼしかねないような行為にふけるのか、ということに当惑する。しかし、仲間による承認と拒絶の強力な役割をいったん認めるならば、世界が経済学者の需要・供給モデルにぴったり収まらないという経済学者たちの不安は和らぐかもしれない。

こうしてみると驚くにはあたらないが、報道の自由に対する法的制約がない場合でも、禁止令が用いられる場合と同じくらい、報道の自由は抑制される可能性がある。私は以前から主張し続けているが、米国の報道界は英国よりも法的な自由度が高いものの、実質的な自由度は英国に劣る[16]。

これを認めるということは、ある種の自由と個人的権利が欲しいのであれば、法律を整備して政府による個人的権利の侵害を防ぐだけでは不十分であると気づくことに他ならない。こうした自由は、法律の変更がなくても、市民の間の微妙な力学のみを通じて侵害されうるのだという意識が必要であり、私たちはこうした自由を失わないために、常に社会として警戒しなくてはならないのである。米国で市民的自由が制限されたマッカーシーの時代が非常に恐ろしいのは、それが法律の変更をまったく伴わずに成し遂げられたからである[17]。これは、そうした侵害が再び起こりうるという事実に対する警告でなければならない。

このように法の見方を変更することによって、特定の法律が経済の結果に及ぼす影響の予測はいかに変わるだろうか。それを示す実生活の状況を数多く考えることが可能である。[18] 簡単な例を用いて私の議論を示すが、簡潔さと現実味の間にトレードオフがあることは十分に意識している。それでも、一部の読者はわりと技術的なこの節を飛ばしてもさしつかえない。

「焦点としての法」のゲーム理論的説明

人里離れた丘に立つリゾートに三人がいる社会を考えよう。一般市民のサイ、警官、そして判事である。サイはさまざまな音量C〈特大〉、B〈大〉、A〈小〉で音楽をかけることができる。警官は、彼女がかける音楽の大きさによって、彼女を罰する（行為p）ことができる。警官が彼女を罰する場合、彼女の効用はゼロに落ち、それは彼女が何をしようと、判事が何をしようと、さらに、かかっていた音量がどれほどであろうと関係がない。罰せられると彼女の音楽の楽しみはすべて失われると考えるだけでよい。警官が彼女を罰しない（この行為をnと呼ぶ）場合、サイが音楽をかける効用は、音量Cのときに3、Bのときに2、Aのときに1であり、若さから彼女は大きな音量を好んでいる。

法と経済学に対する標準的アプローチの立場からは、すでに結果を予測できる。騒音公害に対する法律がない場合、サイはCの水準で音楽をかけるであろう。C以上の音量が違法であると宣言されたら、彼女はBを選ぶであろう。B以上が違法となったら、彼女はAを選ぶであろう。これを理解するため、最後の場合を考えよう。B以上の音量が違法である。よって彼女が処罰を予想するのは、B以上で音楽をかけるときで、そのときに限られる。罰せられると、彼女の効用はゼロとなる。したがって、彼女にとっては水準Aで音楽をかけて1の効用を享受する方がよい。このアプローチは、法の執行人が確実に法を執行することを当然視する。私が主張しているのは、それは当然のように聞こえるものの間違いだということである。より正確なモデルでは、法の執行人が人間

表4　ゲームG_{AB}（音量AおよびB）
〔プレーヤーは警官と判事〕

		判事	
		L	R
警官	p	1, 1	0, 2
	n	0, 0	2, 2

として扱われなければならない。彼らの動機を記述する必要がある。よって、この社会の描写を続けると、判事と警官には複雑な関係があることを仮定すべきであるが、ここでは話の筋を途切れさせないため、その詳細は控える。各個人のパフォーマンスは、他者の行動と彼らが住むこの人里離れた丘の上のリゾートにおける騒音の大きさに依存する。

この例では、警官はサイを罰する（行為p）か否（行為n）かを選ばなければならず、判事は二つの行為（L、Rと特徴を消して表記する）から選ばなければならない。判事の行為は（すでに説明したように）サイにはまったく影響を及ぼさないが、警官に対しては効果を持つ。そして、偶然ではあるが、警官の行為もまた判事に影響を及ぼす。彼らも近所に住んでいるため、判事は何が起こっているかに過剰に敏感である。

丘の騒音レベルがCよりも小さいとき、警官と判事の利得は表4に描かれている利得行列で要約される。警官はpとnから選び、判事はLとRから選び、表のなかの数字の各ペアにおいて、左側は警官の利得、右側は判事の利得である。

しかし、丘の音量がCのとき、警官と判事の利得は表5に示される利得行列で表される。

すると容易に見てとれるように、警官と判事が音量レベルAかBの環境にいるとき、すなわち彼らがゲームG_{AB}に参加しているとき、警官が何をしようと、判事はRをプレーする方がよい。これは、回りまわって、警官がnを選ぶことを意味する。こうして、サイがAかBのレベルで音楽をかけることを選択するとき、警官がサイ

表5　ゲーム G_C（音量C）
〔プレーヤーは警官と判事〕

		判事	
		L	R
警官	p	1, 1	0, 0
	n	0, 0	2, 2

を罰することはけっして合理的ではなく、判事は確実にRを選ぶ。

次に注意すべきは、サイが音量をCに引き上げると、警官と判事の間のゲームは二つの（ナッシュ）均衡を持つということである。警官がpを選び、判事がLを選ぶ（簡潔に（p, L）と表記する）場合と、警官がnを選び、判事がRを選ぶ（（n, R）と表記する）場合である。読者に確かめてもらいたいが、これらの均衡のいずれにおいても、警官か判事が「一方的に」自らの行為を変更しても得することはできない（これが実際、ナッシュ均衡の意味である）。

音量を制限する法律がないとき、十分に可能性があるのは、サイが音量Cで音楽をかけ、警官は彼女を罰することなく、判事が行為Rを選ぶという結果である。自らの行為を一方的に変えても得することのできる人がまったくいないことに気をつけてほしい。言い換えれば、この結果はナッシュ均衡である[19]。

ここで、ある法律が告知されて、この丘のリゾートでは音量をCよりも小さく抑えなければならなくなったとする。あらゆる法律の例にもれず、これは警官が執行すると想定される強制命令（私が「前方法令」と呼ぶもの（Basu 2000））を伴う。それは、万が一この法律に反する音量で音楽をかける人がいれば、警官は処罰しなければならないというものである。

これまでに主張してきたように、法律がゲームを変更することはできない。いったいなぜ、紙に書かれたものが、人々に可能な行動やそれによって手にする利得に変更を加えられるのであろうか。しかし、興味深いことに、それでも法律は実際に起こる結果を変更できるのである。法律によって警官は以下のように予想することができる。もしサイがレベルCで音楽をかければ、判事は警官が彼女を罰すると予想するためLをプレーし、そして判事がLをプレーするのであれば、警官は実際に彼女を罰する方がよい。そして、サイはこれを知って、音量Bで音楽をかけることになるのである。

次に、レベルB以上の音楽は許可しないという法律を考えよう。この法律は焦点になることができない、すなわち、自己実現的な信念を生み出すことができない。その理由は、サイがレベルBで音楽をかけても、警官は彼女を処罰しないからである。なぜなら、この場合、警官は判事がRを選ぶだろうということを知っているからである。したがって、サイがレベルBで音楽をかけることを思いとどまらせることはできない。警官が法の執行にきわめて熱心であったなら、サイはそれに従っていたであろうが、この法律は効力を持ちえないのである。

今後の研究課題

以上の例は、不自然ではあるが、焦点としての法の見方によって経済生活における法の役割が異なる角度から明瞭に理解される可能性を示す。さらには、この視点のおかげで、有効な法律とそうでない法律がある理由や、法律が一般的に有効である国々とめったにそうはならない国々が存在する理由を理解できることが浮き彫りとなる。これは私たちが経済の発展と停滞を理解するうえで不可欠な要素である。

一般に、焦点としての法の見方は大きな研究課題を切り開く。先ほど簡単に言及した前方法令という考え方を取りあげよう。それは、法の執行人に対して、なんであれその時点における法律の執行を要請する暗黙の命令である。たとえば、ある国で制限速度が毎時50マイルに引き下げられたとき、私たちは法律により、いかなる人も毎時50マイルを超えて運転してはならないと言うことができる。しかしながら、この法律に付随する暗黙の命令により、警察官、保安官、裁判官は毎時50マイルを超えて運転する人を残らず罰しなくてはならない。そうしない警官は、たとえ自らは毎時50マイル以下でまじめに運転しようと、法律を犯すことになる。ただし、警官が犯しているのは速度制限の法律ではなく、むしろ前方法令、すなわち法律の付随物である。

ある国において前方法令がよく理解されており、すでにさまざまな法律の集合全体の焦点となっているならば、法律は執行されやすい。前節において、判事と警官それぞれが、法律が犯された場合には相手が前方法令に従うだろうということを知っているならば、音量Bを超える音楽を禁じるいかなる法律に対しても、その前方法令に従うことは各人の利益になる。これが何を意味するかというと、アプリオリに可能な法律の集合からある法律が告知されるや否や、ただちに法の執行人は法律を執行しなければならず、もし仕事を怠れば他の法の執行人に処罰されることを悟るのである。こうした探求の路線は、一般市民に加えて当局の執行人の誘因と信念を別々に研究するものであり、法の有効性に対するより優れた理解を提供する。

焦点としての法の見方に従うと、法が経済に及ぼす影響に対する私たちの理解は、標準的パラダイムのもとでの可能性を超えて格段に深まるが、分析をさらに推し進める余地はある。そうした深化の兆しのいくつかはすでに議論した。それらを法と経済学の主題に持ちこもうとすると知的困難が生じるため、現時点で私にできるのは、やりがいのある研究の方向性を示すことに限られる。

第３章で公共善への衝動、社会規範、誘因両立性について議論する際に見たことであるが、重要な点で私たち人間は自らの選択を自ら制約する。私たちが考えもしないような行為や行動が存在するのである。個人に選択された行為ではないが、同時に、その主体によって拒絶されたとは言えないような行為がある。拒絶というのは個人の側の主体性を示唆するからである。以前に指摘したように、私たちのほとんどがバスのなかで他人のポケットから財布を盗まないのは、予想される利益がわずかで（というのも、平均すると、人々は公共交通機関を利用するときには多額の現金を持ち歩かないことを私たちは知っているので）、捕まる予想費用を相殺しないからではない。

むしろ、財布を盗むということが選択肢であるなどとは考えもしないからである。実際のところ、文明の違いを部分的に特徴づけるのは、人々が自らに課す自主的制約である。

先ほど見た前方法令の精神にのっとれば、人間にはおそらく二面性がある。一つは市場や投資の意思決定などにおける行動を左右する側面で、もう一つは社会奉仕活動や判事・裁判官・警官としての務めを要請されるときに始動する側面である。この二つ目の役割において、人はたんなる市民を超える存在であり、メタ市民なのである。これで、なぜ前方法令があれほどきちんと機能するのか理解しやすくなる。ただし、これを認めることは伝統的な法の見方に戻るわけではない。むしろ焦点としての見方をさらに発展させるよう私たちに迫るのである。

よって、一個人にとって実行可能な行為の集合は、たんに物理的な可能性や「自然法則」のもとでの可能性のみならず、「社会の規則」および当該個人が自らに課す制約によっても定義されるのであり、後者の一部はその個人に非常に深く根付いているため、無意識であるかもしれない。私たちはそうした制約の由来や、それらが時間の経過とともに変化する理由や条件をきちんと理解していない。新しい行動経済学がこれを試みているが、まだまだ道のりは長い。いったんこれを意識するようになると、新しい法律の告知は私たちが自らに課す制約の一部を変更するという可能性を認めなくてはならない。法の表現機能という考え方によると、法を告知するだけで市民の選好に変更が加わるが、それはこの種の推論を伴うのである。実験経済学によると、意思決定問題を述べる言葉遣いやフレーミング（枠組みの設定）が行動に変化をもたらす可能性が分かっている。既存の研究には（たとえばRoss and Ward 1996）、囚人のジレンマを「共同体ゲーム」と呼んでプレーヤーたちにプレーさせると、同じゲームを「ウォールストリート・ゲーム」と呼んでプレーさせる場合よりも協力的であることを示すものがある。

ここでとりわけ重要なのはアイリス・ボーネットとロバート・クーターの論文で、彼らはフレーミング効果を報告するとともに、プレーヤーたちが互いの行動を予期し、行為の調整を可能にするような焦点を生み出す法の役割も報告している（Bohnet and Cooter, 2001）。さらに、現実の世界でも、ある社会が集団として一つの均衡から別の均衡へと移る例が存在する。そうした社会工学の力により、中国で古くから行なわれてきた纏足の慣習があっという間に捨て去られたことをゲリー・マッキーが興味深く考察している（Mackie 1996）。秘訣は、すべての市民を説得して、ナッシュの意味で自立的な何らかの新しい行動へといっせいに移らせるのである。これは焦点としての法の見方の範囲にうまく収まるものである。しかし、法が人間の選好を変化させるとき、それはおそらく一部の社会の人々は現にある法を大事にするようにあらかじめ仕組まれているからであるが、その場合、法と経済学に対する見方を、（焦点としての法の見方が示唆する以上に）修正せざるをえない。法律がプレーヤーたちの選好を変える可能性があるならば、それは法律がゲームを変化させる可能性を意味する。一見したところ、法が「実際に」ゲームを変えると仮定される伝統的パラダイムに戻ったように見えるかもしれない。ただ、よく考えると、ゲームの変更は伝統的な法と経済学の文献で仮定されていない形で起こることが明らかになる。表現効果が存在する場合、何らかの行為を違法であるとフレーミングするだけで、行動は新奇かつ不可解な形で変わるのである。人間の意思決定のこうした行動特性を認識すれば、私たちは法と経済学の新たな領域に導かれるのみならず、ゲームというものの解釈自体を問題にするようになる。

法律が別の形で市民の行動を左右するのは、新しい法律の告知自体が政府側に関する何らかの新たな情報の証しであると一般の人々に思われる場合である。こうしたことが指し示す事実は、標準的パラダイムの批判とここで示唆されている別のアプローチとが、せいぜいさらなる研究のための前奏曲と見なされるにすぎないことである。焦点としての法の見方を採用すれば、法律がいかにして経済的な結果に影響を及ぼすのか、法律の効力を増すにはどうしたらいいのか、そして法律をどのように用いればより高度な経済成長と繁栄を実現できるのか、ということに対する、より深いより豊かな理解へと道が開ける。

第5章
市場と差別

自由市場は差別を減らすか

自由市場と無制限の資本主義が差別を減らすという見方を保守派の知識人が広めている。資本主義を繁栄させれば、突然とは言わずとも徐々に、人種的偏見や差別はなくなっていくだろうという。あたかも、酢を水で薄めてそのままそっと置いておくと、ガラスに付着している頑固な残留物や汚れが消え去るかのように。ミルトン・フリードマンは『資本主義と自由』でこの視点を声高に主張した。フリードマンによれば、「少数派」は資本主義のこの性質からもっとも恩恵を受けておきながら、そのことを理解せず、「彼らが経験する未解決の制約を資本主義のせいにしがちで、自由な市場こそそうした制約をできるかぎり小さくする主な要因であったということを認めない」と主張する（Friedman 1962, 109）。

フリードマンは、いかなる人も人種や宗教のために差別されてはならないという個人的な信念を明確にしており、一部の人々が持つ差別への「嗜好」には反対した。しかし、「私がとるべき適切な方策は、彼らの嗜好がはしたなく、彼らが行動を変えるべきであると説得する努力であり、強制力を用いて私の嗜好や態度を他人に押しつけることではない」と断言した。

本章で私は、特定の肌の色、宗教、性別を有する個人に対する偏見や差別を一部の人々が嗜好として持っていることについて、市場に介入し、そうした差別的選好の実現を阻止する覚悟を私たちは持つべきであると主張する。説得という術に任せるだけでは不十分だろうからである。

市場介入を擁護する議論は簡単でも自明でもなく、本書で取りあげる根本的な論点に根差している。フリードマンが不介入という結論に達した理由は、資本主義のもとでは最悪の偏見が消え去るだろうという彼の見解のために他ならない。ゆえに、悪趣味な嗜好を持つ人々にそのような嗜好は持たないように言うだけで十分である、という彼の感動的な信仰が出てくるのである。そして、たとえそれが効果的ではなかったとしても、無制約の資本主義が最悪の行き過ぎを抑えることになるという。

この保守的な主張は払いのけるべきであるが、頭ごなしに否定することはできない。実際、自由市場資本主義は差別を徐々に減殺する自然な効果を持っているからである。ただし、この効果を理解しなければ、なぜそれだけでは不十分なのか、また、状況によっては自由市場が差別の問題を悪化させるかもしれないことが分からない。

資本主義がある集団への差別を弱めうる理由については二つの基本的な主張がある。第一の理由は、資本主義それ自体というよりは、資本主義の副産物である。しばしば指摘されてきたように、そしてまったく的外れであると言えないことだが、資本主義が繁栄するにつれて、人々はより実利的で損得を重視するようになり、利潤を最大化して富を蓄積する衝動に駆られる。私たちは人間の選好のこうした変質を軽蔑の目で見るかもしれないが、この同じ選好がさまざまな集団に対する肯定的・否定的な選好を閉め出す傾向があることは否定できない。もし男性と同じくらい生産的な女性を市場においてより低い賃金で雇えるのならば、利潤最大化の衝動のみに基づいて行動する起業家は女性を雇用したいであろう。金を払ってでも女性抜きの労働力を維持したがるような封建領主とは異なるのである。この議論には多少の価値があると私は考えている。インドでカースト制の偏見がなくなりつつある一つの理由は、起業家や株主が以前と比べて現在でははるかに損得だけを考えているからである。これは非常に単純な主張であって、これ以上の詳細な説明は不要であろう。

第二の議論は複雑である。それは労働市場での差別に対する「シカゴ学派」的な見方としばしば関連づけられる。完全競争状態にある産業を考えよう。利潤を得る機会があれば新しい企業が市場に自由参入し、古い企業は損失が続くようなことになればすみやかに市場から退出する。ここで、人種や性別による差別的嗜好を持つ起業家が一部存在するとしよう。例として、彼らは労働力を白人男性にしておきたいとする。これは、一般的な傾向として、非白人と女性の賃金率を押し下げることになる。しかし、そうなると、人種や性別による偏見をまったく持たない起業家たちがより大きな利潤を上げられるようになる。なぜなら、彼らはこの賃金格差を利用して、より多くの非白人と女性を雇うからである。

気をつけてほしいのは、先ほど仮定したように、この市場に新たな企業が自由に参入できるのであれば、偏見を持たないより多くの起業家たちが利潤に引き寄せられて参入する、ということである。そうなると、この産業で生産される生産物の価格は下落し、最終的には、すべての起業家が稼ぐ利潤が低下することになる。究極の均衡では、偏見のない起業家たちの稼ぐ利潤はゼロにまで低下する（というのは、経済学の専門用語で言い換えると、企業はいわゆる「正規利潤」、つまり会社がこの産業で営業を続けるための最小の利潤を超えることはないことを意味する）。しかし、偏見のない会社の利潤がゼロであるとき、差別的な会社は、すでに見たように、偏見のない会社よりも利潤が低いゆえ、負の、あるいは正規水準を下回る利潤を得ているはずである。正規利潤は、定義により、会社が産業で生き残るのに必要な水準であるから、差別的な会社は完全競争均衡においては産業から退出することになる。証明終了。

しかし、分析が終了するわけではない。当然、この議論には暗黙の前提がある。なかには納得のいくものもある。一例として、一部の起業家が自らの差別的選好を維持するために費用を払う意思があると言う場合でも、彼らは差別を行なうため産業から退出せずに損失を出し続ける意思はない、ということを私たちは主張している。ここでは、差別への選好に耽るために人々が利潤の減少を受け入れるのは、現実に損失を被ることがないかぎりにおいてであるということが仮定されている。

「シカゴ学派の議論」が言及する市場の力は、資本主義的に間違いなく存在し、これを頭ごなしに否定することはできない。ただ同時に、自由市場は、完全競争的な場合ですら、機能しないことが多く、市場が自由で政府介入が存在しないにもかかわらず差別が蔓延すると信じるに足る理由がある。幸い、これを示すためにゼロから始める必要はない。経済学には膨大な文献が存在し、かつては異端と見なされていたかもしれないが、今日では主流派の一部として、自由な市場と理不尽な差別がいかに存続するかを示し、賢明な介入の必要性を訴えてきたからである。この議論への貢献者を並べれば、あたかも経済学の名士録のようである。ケネス・アロー、マイケル・スペンス、ジョージ・アカロフ、エドマンド・フェルプス、ジョセフ・スティグリッツなどである（Arrow 1972, Spence 1974, Akerlof 1976, Phelps 1972, Stiglitz 1974）。先に進む前に、彼らの研究の一部を簡潔に要約しておくと便利である。

差別をめぐる既存の経済学研究

市場が差別を自然に解消する性質が失われる可能性を見るため、まず、人々が利潤だけに関心を持つと仮定しよう。先天的な差別的選好は持っていないとする。こうすると、議論はより困難になる。この仮定のもとで差別がなくならないとすると、一部の人々が人種や性別に基づく選好を持つ場合、差別は十中八九なくならないからである。

前述のモデルの場合とは異なるが、現実にしばしば見られることを仮定してみる。起業家が各労働者の生産性を常に判断することはできず、平均的な集団特性を用いて判断を形成するとしよう。これは「統計的差別」の理論と呼ばれる。なかでももっとも単純なものは、すべての起業家が集団Xの構成員は生産性が低いと信じているとする。このとき、起業家たちは集団に基づく先天的な選好を持っていないにもかかわらず、集団Xの構成員に対する賃金の支払いを減らしたいと考える。このもっとも単純なモデルが説得力に欠けるのは、起業家が集団の平均的な特性について持つ誤った信念に依存するからである。分析が説得力を増すためには、起業家が集団についてそのような信念を持つことにより、集団の構成員はそうした信念が結果的に真となる行動をとるようになる、ということが示される必要がある。

経済学にはまさにこのことを明示する洗練されたモデルがある。スペンスの就職市場におけるシグナリングの古典的研究がよい例である（Spence 1974）。しばしば言われることであるが、私たちが大学で学ぶことは（抽象数学、古典詩、ビジネス組織論、さらに就職市場のシグナリング理論でさえ）、現実に対処するための準備にあまり役立つものではない。そうした教育は私たちの生産性を高めないのである。この主張は少し極端かもしれないが、理不尽なわけではないのでこのまま続けよう。ただし、生産性の高い人（賢く、生まれつき勤勉で、手際のよい人）ほど、大学でうまくやり、学位取得が容易だということは否定できない。当然、生産性の高い人こそ会社に求められる。よって、大学の学位は生産性の高い人ほど取得しやすいということが事実であれば、たとえ生産性というものが人間に生まれつきで、学位の取得によって変わるものではないとしても、統計的には、学位を持つ平均的な個人は学位のない平均的な個人よりも生産性が高いことになるのである。

このモデルが複数均衡を示す可能性を理解するのは難しくない。教育は間違いなく量において異なり、それは教育年数や取得学位の数と水準によって量ることができる。雇用者たちが高卒の人はすべて生産性が高いと信じているとき、それが現実によって裏づけられることは十分に可能であり、あるいは、大卒の人は生産性が高いと彼らが信じているときには、そのことが現実によって裏づけられることも可能である。これらは自己実現的な予言であるため、つまり、生産性の高い人は雇用者に対して彼らが実際にそうであるというシグナルを送りたがるため、複数の雇用者の信念が現実として実現される可能性がある。生産性の高い人にとって教育は比較的コストが低いため、生産性の高さを示すと雇用者が信じる水準の教育を受ける価値があると考えるのは生産性の高い人だけなのである。彼らがいったんそのような教育を身につけると、雇用者の信念は結果的に正しかったことになり、経済学の言葉で言うと、彼らの期待は偶然にも合理的なのである。

ここで問題が生じる。雇用者が、黒人は生産性が低く、白人と同じ水準の生産性に達するためにはより長い教育年数が必要である、と根っから信じているとしよう。生産性の高い黒人と生産性の高い白人が異なる水準の教育を受けることは、まったくもって理にかなっているかもしれない。それは、結果的に、雇用者の予測が市場の示すデータによって裏づけられることを意味する。現実には、人種差別的な選好を持つ人々が存在する。しかし、この理論モデルが示すのは、そうした人々がいない場合でさえ、市場が到達する均衡において、黒人は白人と同じくらい生産性が高いことを証明するために追加的な努力が必要になる可能性である。自由市場は、最初の印象とは異なり、人種差別や他の形の差別の助長に不都合な環境ではないのである。

これまでの分析はほとんどが人種の観点で述べられたが、これを性別に基づく差別に適用することも可能である。近年、性差別に特化して適用される新しい理論が現れている。パトリック・フランソワが提示する精巧なモデルでは、事前にはどこにも違いがなく事後的に「結果」に違いが現れるだけである（Francois 1998）。彼のモデルも市場均衡モデルであるが、家族内の取り決めは、労働市場における一般的な男性と女性の賃金に依存する形になっている。労働市場で一般的な賃金は、逆に、家族内の取り決めに対する反応になっているのである。基本的に、市場には二種類の仕事があり、家族内では特化と夫婦間の「交易の利益」の余地がある。これらの利益が実現可能なのは、夫婦の一人だけが高収入の仕事をしているときである。この場合、企業は、高収入の仕事を持つ人は家族で一人だけとなるように請け合うことに利益を見出す。

家族の組織が重要な鍵となる差別のモデルは他にも存在する。家族の人々が、子供、老人、失業者と所得を分かち合うのは事実である。そのうえ、貧しい国々では、企業の観点から雇用の対象として望ましいのは、自分の所得の大半を自ら消費することで栄養を確保し、したがってよく働けるような人々である。女性は男性と比べて自らの所得を家計の他の構成員とより寛大に分かち合うという証拠がある。このことはインドのような発展途上国だけでなく（Desai and Jain 1994）、英国のような先進国でも確認されている（Lundberg, Pollak, and Wales 1997）。たとえば、英国では１９７０年代後半に児童手当が父親に代わって母親に手渡されるようになると、子供服への支出は増加した。これは企業が男性の雇用を望むことを意味する。

似たような議論は、たとえすべての人間が事前にはまったく同質である場合にも可能である。すなわち、ものを分かち合う傾向という点で個人の間にまったく生まれつきの違いがない場合でも、ということである。失業率の高い共同体では分かち合いの度合いが高いと予想するのはもっともであろう。雇用されている個人それぞれに、失業中の友人や親戚がより多くいるからである。所得を分け合って浪費するような労働者を企業が敬遠するならば、実際、分かち合いの度合いの高い共同体では失業率が高くなるのである。この二つの主張は互いに補強し合う。高い失業率がより高い分かち合いにつながり、より高い分かち合いがより高い失業率につながるのである（Basu and Felkey 2008 を参照）。

南アフリカにおける、失業率の人種間格差は衝撃的である。政府による２００３年の労働力調査が明らかにしたところによると、白人の失業率が10パーセントであるのに対し、黒人では50パーセントである。いま提示した議論により、たとえ黒人と白人の間に生まれつきの差がない場合でも、これを説明することができる。

一連の新しい実証研究により、労働市場における差別というテーマに新たな関心が生まれている。ここではそれらの一部にコメントを加えたい。なぜなら、私が後に探求する問題について斬新な方法で考えるための舞台を提供するからである。マリアンヌ・バートランドとセンディル・ムッライナタンはボストンとシカゴの新聞に載った実際の求人広告に対して架空の履歴書を送った（Bertrand and Mullainatham 2004）。履歴書の一部には、普通、白人につけられる名前（アリソン、アンヌ、キャリー、ブラッド、ブレンダン、ジェフリー）を使い、別のものには黒人を連想させる名前（アイーシャ、エボニー、ラキシャ、ダーネル、ハキム、ジャマール）を使った。目的は、応募者の人種以外の特性が同じか似ている場合であっても、人種によって就職面接への呼び出しがどれくらい変化するかを見ることであった。履歴書は著者たちが作成したため、教育や経験といった他の特性をコントロールすることができたのである。著者たちによると、黒人の名前を持つ応募者は呼び出しを受けるのに15通の応募書類を送る必要があったが、白人の名前を持つ候補者は10通であった。黒人は白人と同じ数の呼び出しを受けるのに8年間分の追加的な職業経験が必要であった。

実験のコントロールが素晴らしかったおかげで、黒人が米国の労働市場で直面する差別の存在が確固たるものとして立証されたのである。著者たちの指摘によると、雇用者たちは従業員を選別する要因として人種を用いているため、これは差別の法的定義に当てはまる。ザーラ・シディークは、同様な研究をインドで行なうため、カースト特有の名前を使って求職の書類を送付し、似たような結果を見出した（Siddique 2008）。彼女の発見によると、高位カーストの候補者は1回の呼び出しを受けるのに6・2通の履歴書を送る必要があったが、低位カーストの候補者は同じ結果を得るために7・4通の履歴書を送る必要があった。しかしながら、私が後に主張するのは、こうした呼び出し回数の違いは、雇用者が人種やカースト自体を気にしない場合にも生じうるということである。

広く一般の注目を集めた別の実証研究に、リチャード・サンダーのものがある（Sander 2006）。名声のある法律事務所で新人向けの仕事を得る際には、黒人であってもまったく不利はないが、共同経営者ということになると、黒人はめったに成功しないことを示した。有名なガラス天井が黒人の昇進を邪魔しているようである。この驚くべき経験的事象は、サンダー自身の説明によると、事務所は黒人を雇うときアファーマティヴ・アクションをとるため、就職する黒人の成績の平均は低く、彼らの長期的キャリアが振るわず、十分な年功に達しないのは、これを反映しているという。

サンダーの分析は強い批判を浴びた。近い形の推論を行なった論文において、ジェームズ・コールマンとミツ・グラティは、一流の法律事務所に黒人の共同経営者がめったにいないというサンダーのデータは説得力を持つものの、彼の「説明」を確証するための十分な情報がないという（Coleman and Gulati 2006）。彼らは重要な技術的論点を指摘する。黒人の共同経営者はほとんどが名門のロー・スクールから採用されているが、名門校から採用される白人も成績が比較的低いかもしれないのである。よって、最低でもこの点をコントロールする必要があり、たとえば、似通った学校出身の黒人と白人の実績を比較しなくてはならない。これには統計的検証が必要であって、未解決のままであるが、私が見るところ、コールマンとグラティによる批判でより重要なのは、黒人の共同経営者が白人の場合と比べてほとんど庇護を受けず、与えられる課題の質が低く、依頼人との接触や上級共同経営者との交流の機会が少ないということである。当然のように、そうした扱いを受けた期間の最終時点では、黒人は生産性が低いように見え、しばしば事務所を去るか、より高い地位には就けないが通例である。

仕事におけるこうした相互作用の部分は、本章の後の方で行なう分析の決め手となる要素である。その分析は「集団的差別」と「個人的差別」の概念の区別を伴う。私の主張は、社会生活における差別の多くは集団的差別の形態をとり、このことは、より馴染みの深い個人的差別への対応とは異なる政策的処方箋につながるかもしれない、ということである。

個人の生産性を決める非経済的要因

これから展開する理論的分析の基礎となるもう一つの証拠は、人間の生産性が一定ではないという性質に関係している。人々の生産性を決める要因は教育、動機、生得の技能や重労働をこなす能力以外にも存在することを認めれば、市場で自由に活動する個人は限界生産性に応じた所得を得るという保守的見解は崩れ去る。生産性には本質的に「社会的」な要素が存在するのである。最近行なわれた驚くべき実験のいくつかから、このことに疑問の余地はないと思われる。個人の生産性は、働く社会的環境、その人の社会的地位やその他の集団的特性と関係する要因にきわめて敏感なのである。

インドのウッタル・プラデーシュ州における一連の実験を通じて、カルラ・ホフとプリヤンカ・パンディーは驚くべき結果を示した（Hoff and Pandey 2005, 2006）。低位カーストの子供たちは高位カーストの子供たちと同じくらい器用に迷路のパズルを解く（知能と分析力の指標である）。しかし、同種のテストを行なう前に各子供のカーストが公表されると、低位カーストの子供たちの成績は悪化する。個人のカーストを公に宣言することは、歴史的に不利な立場に置かれてきた集団に属する人々の心理を萎縮させる効果を持つのである(1)。

これらの結果は、心理学における先行研究、たとえばクロード・スティールとジョシュア・アロンソンによるものや（Steele and Aronson 1995）、ナリニ・アンバディ、マーガレット・シー、エイミー・キム、トッド・ピッティンスキーの共同研究（Ambady, Shih, Kim, and Pitinsky 2001）などの伝統に従うもので、社会的文脈と成果・業績の関係を浮き彫りにし、以下の一般的な論点を主張する。すなわち、人々の生産性を左右するのは、過去の学習量や生まれつきの能力といった当たり前の変数のみならず、その時点で当該個人にとって顕著な社会状況やアイデンティティでもあるという。これは、人的資本と生産性を向上させるためのまったく新しい一連の政策の選択肢を切り開くものである。

この一般的な論点は、カルカッタでスラムの子供たちのためにＮＧＯが運営するアナンダンという教育機関から私が入手したデータでも確認される（Basu 2007c を参照）。アナンダンはスラムの子供たちの教育の補完を目指す教育機関である。子供たちは基礎的な計算、論理、英語を教わり、世界情勢について知らされる。その意図は、最貧困層の子供たちを対象に、彼らの好奇心および知的関心を刺激することにある。創立メンバーには私の三人の姉妹が含まれており、私はアナンダンを内側から見ることができる。

この機関は、子供たちの背景に関する基本的情報（家計の所得、家族がラジオ・自転車・時計を所有しているか、兄弟姉妹の数）を収集し、当然、各子供の基本的情報（年齢、性別、母語など）も集める。加えて、家庭の状況について子供たちに直接たずねた質問に対する答えもある。たとえば、両親が殴り合うか、言葉をかけ合うか（頻度はどのくらいか）、また両親が子供に話しかけるか、といった質問である。

さらに、２００６年にアナンダンは9歳から16歳までの60人の子供に対し、基礎的な知能、計算能力、および一般知識に関する試験を行ない、私はこの試験の作成を手伝った。子供にたずねた問題は本章末の補遺に掲載している。データは特別な統計的配慮とともに集められたわけではなく、正式な社会科学的調査への利用が意図されていたわけではない。学校の内部での利用が目的であった。それにもかかわらず、このデータを使うと、子供の適性の決定要因として何がもっとも重要であるかを把握することができる。何らかの有益な相関関係を探り出し、ちょっとした回帰分析を行なって、どの変数が一緒に動くかを把握し、その原因を推測することができるのである。こうした注意には、読者が結果を過剰に解釈しないよう警告する意味が込められている。すでに論じたように、因果関係というものは根源的なレベルにおいてはけっして証明できない。それは世界における一つの事実というよりは、観察者の心が構成するものである。こう指摘することではっきりさせたい点は、因果関係を証明できないことは、それができると勘違いして信じている人々の目に映るほど大きな欠点ではない、ということである。

子供の適性にとってもっとも重要であると判明したのは、所得や（ラジオ・時計・自転車の所有で測定される）富ではなく、また（ある限度内における）年齢というわけでもなく、両親どうしが話をするか、子供が家族と暮らしているか、という点である。

この結果はさらなる調査を必要とするものの、私がこれを報告する理由は、以下の点を示唆したいからである。つまり、子供が学校でうまくやるには、子供の「社会的」条件が非常に重要であり、この事例においては、家庭の経済的条件よりもおそらく重要である。一つの可能性としては、「市民」としての地位が重要なのかもしれない。正式な「家族の一員」であると感じているとき、人は自信を深め、結果的に知性や人的資本が高められる。両親に話しかけられると、家族での地位は高まり、回りまわって、知的な成果を向上させる助けとなるのである。(2) これをさらに補強する事実として、両親と一緒に暮らす子供は、平均して適性試験における成績が良い。実際、平均すると6・76点高く、つまり標準偏差にして1だけ高い点をとるのである。明らかに、子供は両親と同居するとき、家での地位がより安定したものとなる。こうした結果は、社会から置き去りにされた地位にあることを意識させられた子供の成績に関してホフとパンディー（Hoff and Pandey 2006）やフィールドとノレン（Field and Nolen 2005）が発見した結果と基本的に似ている。

起業家とは

理論を考察する前に、起業家という考えを再び取りあげておきたい。「起業家」というのは、重要であると同時に捉えどころのない人物である。重要なのは、経済の成長と発展が起業家に大きく依存するからである。捉えどころがないのは、誰が起業家であるかを定義することが非常に難しいからである。この概念の捉えどころのない性質こそ、知的好奇心と探求の源泉になってきた。起業家を理解しようという試みは、スミスの『国富論』よりも古く、18世紀半ばのリチャード・カンティロンの著作、特にノートの形で四半世紀にわたって流布し、カンティロンの死後に出版された『商業試論』（Cantillon [1755]1964）にまでさかのぼる。

カンティロンの生涯は、彼が追究した思想と同様に、曖昧である。彼はアイルランド系で（なぜスペイン系の名前なのかは不明である）、生涯の大半をフランスで過ごし、１７３４年にロンドンで死んだ。彼について私たちが知っているのは、起業の才能を持っていたこと、そしてさまざまな危険かつ投機的な事業、特に通貨の変動にかかわるもので財を成したということである。

『試論』における多くの先駆的な考えのなかに起業家という概念がある。カンティロンの起業家の本質は、リスクを引き受ける者ということであり、たとえば、後に不確実な価格で売却するために財を固定価格で買ったり、最終財の価格にあまり確信がないまま、時価で原材料を買って何らかの最終財にしたりする人物のことである。起業家はこの投機で金を稼ぐのである。

起業家精神という主題は、その後２００年にわたって政治経済学者を魅了し続けた。フランス学派の貢献、なかでも顕著なのはジャン＝バティスト・セーによるものがあり、他方で、ジェレミー・ベンサムやヨハン・ハインリッヒ・フォン・チューネンは経営者と起業家を明確に区別した。最終的には、シュンペーターがこの主題についてもっとも重要な貢献をしている。シュンペーターにとって、起業家の決め手となる特色は、新たな製品の発明、新たな生産方法の発見、新たな市場の開拓など、革新をもたらす能力である。カンティロンとは異なり、シュンペーターは起業家のことを、リスクを負う人物とは見なかった。というのも、資本がなければ、失敗の負担は起業家の肩にのしかかるわけではなかったからである。

起業家の定義が数多く存在する理由の一つは、根本的に、それが「定義不可能な」概念、あるいはワルター・ガリーのいう「本質的に論争的な」ものだからかもしれない（Gallie 1955）。よって、起業家精神という考え方に対する理解は、おそらく一つの定義ではなく、むしろその多様な側面の認識の進化に依存する。こうした気構えで、私が強調したいのは、起業家の核心をなすにもかかわらず、これまでほとんど注目されてこなかった、決定的な特徴のことである。それは、他の人々が抱える「調整問題」（前章で議論したようなもの）を解決する人物としての起業家の見方である。

以下の筋書きを考えてみよう。マーケティングの技術に乏しい靴屋がいて、靴を（効率的に）生産し、（彼なりの非効率なやり方で）客に対して売り込もうとしている。他方で、商人に生まれついたような人物がいて、半日を費やして質の悪い靴をなんとか作った後に、だまされやすい客にそれらをさっさと売りさばく。

明白なことであるが、靴屋と商才のある人物に対して得意なことに集中するように言うことができ、靴屋は一日中、靴を生産して品物を商人に渡し、商人の方では靴の販売にすべての時間を費やせるようになれば、彼ら二人の稼ぎはより大きくなる。起業家とはこの状況を鳥瞰できる人物のことであり、靴屋には靴の生産に専念するように言い、商人にはできあがった品物をひたすら売るように言う。起業家は、二人がそれぞれ手にしていた金額を少し上回る給料を各人に提示し、稼いだ収入の総額と給料として支払われる金額の差を懐に入れる。

ここで提示していることはまったく斬新ではない。起業家精神についての文献は膨大なため、新しいことを述べるのは不可能である。私としては、特化によっていかに富が生み出されるかというスミス（Smith [1776]1937）とアレン・ヤング（Young 1928）の考え方に目をつけ、新たな企業ができるときには必ずその背景に二つの均衡を有するゲームが存在するという考え方と組み合わせているのである。つまり、企業が存在せず各人が孤立して働く均衡と、仕事を調整してより大きな価値を生み出す別の均衡である。私はまた現代の社会学者が追求する考え方にも注目している。皮肉なことに、起業家精神がこのようにゲーム理論的で、調整問題を解決するという側面は、経済学者よりも社会学者によって強調されることが多かった。たとえば、ロナルド・ブートは、起業家とは独力で結びつけない他者をとりまとめる「第三者」である、と述べている（Burt 1993）。彼は、他の二人を食い物にして笑う第三者（de lachende derde）という意味の、いささか侮蔑的なオランダ語の表現に言及している。アナリー・サクセニアンは、シリコンバレーのシステム企業の研究で、調整の決定的な役割を指摘している。「サン・マイクロシステムズにとって指針となる原則は、新しいシリコンバレーのシステム企業のほとんどの場合と同じく、最終的なシステムの設計と組み立ての調整に専門知識と資源を集中させることである」（Saxenian 2000, 312）。

興味深いことに、現代の社会科学においてもっとも斬新な考え方の一部はゲオルク・ジンメルの著作に端を発している。人々の行為を調整することで価値の創出を助けるという、起業家のこうした決定的な役割は、ジンメルの「喜ばせる第三者」（tertius gaudens）という表現を通じて展開された（Simmel 1950）。

この考え方を追求すると、二つのゲーム理論的なストーリーがある。一つの可能性としては、（互いに知り合いであるかもしれないし、そうでないかもしれない）一群の人々、たとえば、先ほど議論した靴屋と商人が、二つの均衡結果を持つゲームに参加しているとする。一つは彼らの現状であり、もう一つは双方にとって望ましいが現在は実現されていない均衡である。起業家とは、彼らがより良い結果を確保できるようにして、双方が達成する利益の一部を吸い上げる人物である。

二つめの解釈によると、これらの人々は現在、低い水準の均衡から抜け出せないでいるが、別の戦略の選択が存在し、それは均衡を構成するものではないが、これらの人々をそれぞれもっと望ましい状態に導く。囚人のジレンマはその一例である。このとき、起業家とは、誘因と利得を変更できる人物のことであり、その結果、より優れた戦略選択が均衡となる。よって、起業家は現存の均衡よりも望ましい均衡を生み出し、その利益の一部を手にする。

余談ではあるが、起業家を含むすべての主体がゲームに含まれている前提で記述を始めるならば、この基本的なゲームには少なくとも二つの均衡がなければ、起業家の役割を説明できない。起業家とは、全員を新たな均衡に誘導する術を心得ている人物のことである。ここでの議論は第4章で展開した議論に似ており、人々が多くの結果の可能性から一つを選び出す助けとなるのは法律であった。

経済学者が述べてきたように、私たちの社会の進歩、組織の刷新、成長の多くは起業家のおかげである。しかし、起業家の影響は他の人々にとって必ずしも利益にならないことを認めなくてはならない。起業家は機知に富んでおり、状況しだいで彼らは他の行為主体を誘導し、その行き着く先でいったん均衡に到達すると、他の人々は以前よりも損をし、起業家は得をしているということが明らかに可能である。この新しい結果が均衡であるということの意味は、いったん各個人がそこに落ち着くと、単独で逸脱して得をするような個人がいない、ということである。

教科書的な経済学とは反対に、起業家や産業界の首脳が貧しい人々を救い出そうとしない事例は概念化しやすい。これを理解するため、まず教科書の主張を理解しよう。起業家は労働者に対して市場で可能な最低の賃金を提示する。これはしばしば労働者の留保賃金あるいは市場賃金と呼ばれる。操業を始める起業家が増えるにつれて、この市場賃金は競争が原因で上昇する。市場賃金を左右するほど影響力の大きな個人は存在しないかもしれないが、労働に対する総需要の増加は市場賃金を押し上げ、すべての労働者の状況が改善される。

しかしながら、物事がこのようには進まないもっともな筋書きがある。第一に、多くの起業家は労働者の留保賃金を左右できるほど影響力が大きい。すでに確認したように、抜け目のない起業家たちは、人々がプレーするはずであったゲームに変更を加えることができる。プレーヤーたち（起業家を除く全員）が結局は損をするようにゲームが変更される筋書きを描くことも可能なのである。さらに、新しい大企業が大きな工場を操業し始め、地下水位の下落を引き起こすと、その地域のすべての労働者の状況が悪化するかもしれず、彼らの留保賃金は切り下がり、結果的により低い賃金で起業家のために働くことに同意するだろう。大企業はしばしば意図的にこのような戦略を利用して労働者の賃金を低く抑えようとする。

これは、単独では留保賃金に影響を及ぼせない小さな起業家の場合にも起こりうることで、多数の起業家の参入が最終的に同じ効果を持つ可能性がある。第７章ではこうした議論に「大数の議論」という題のもとで形を与え、無害な動き、あるいは、少しばかり有益な動きでさえ、多数に及べば全体としては結果的に人々の状態を悪化させるということを示す。これは資本主義的企業に対するマルクスの見方に近いが、私の分析の「方法」は異なる。

本章の後ほどに構築する理論モデルの目的のために注意してほしいのは、起業家精神というものが企業や会社の創設者や首脳たちだけに結びつけられる性質のものではないということである。まったく熟練を要しない仕事や自閉的な仕事を除いて、人々は互いに交流する必要があり、個人のでき具合は他人との橋渡しがどれほどできるかに依存するため、世の中の数多くの場面において起業家精神を発揮する余地がある。この意味では、企業で働く労働者にさえ起業家的にふるまう可能性が存在する。会社勤めの弁護士、あるいは法律事務所の弁護士でさえ、労働者、顧客、判事や政府の役人と応対しなければならないかもしれない。より起業家的な法律家とは、これら複数のプレーヤーの間を効率的に橋渡しすることができ、したがって企業の観点から見てより生産的な人物である。これは、私が以下で展開する理論の概略において重要な役割を果たす。

新たな理論モデルに向けて

第６章で考察する集団の業績と集団の対立は、方法論的個人主義を超える仮定に基礎を置いている。ここで私が示したいのは、一部の重要な形態の集団差別や格差は主流派経済学の基礎的仮定の枠内でも理解できるということである。ただ、そのためには、現実に留意し、より現実に近い別の仮定を注意深く選ばなければならない。

よって、ここでは引き続き、個人が生まれつきアイデンティティに基づく選好を持つことはないと仮定しよう。ある個人の業績と、その個人の共同体に関するアイデンティティ（この個人が関係する集団）との相関関係は、いたる所で観察され、後者はIQや生産性といった、個人の「基礎的条件」や生まれつきの性質とは無関係に見えるアイデンティティの印も含んでいる。男性は女性よりも所得が高く、アメリカ先住民はそうでないアメリカ人よりも経済的福祉の面で振るわず、インドのカーストで低く位置づけられているメンバーはブラフマン〔ヒンドゥー教で最高位の司祭階級〕よりも賃金が低い、といった具合である。

伝統的な経済学は、人々の収入や業績の格差の説明要因を、個人に根差す基礎的条件に求める傾向がある。よって、主流の新古典派経済学では「iがjよりも多く稼ぐのは、iの持って生まれた生産性が高いからであるか、jの余暇に対する選好がiよりも強いからである」といった記述を目にする。そのような経済学は、「iがjよりも多く稼ぐのは、iが白人でjが黒人だからである」と結論づける理論とはなじまない。

一つには、市場が後者のような所得格差につながるのであれば、それは新保守主義的な輝きに影を差すことになろう。自由市場はもはや、より一生懸命に働く人、生まれつき生産性の高い人、賢明なリスクを進んで背負う人により大きな所得をもたらす、公平で中立的なメカニズムとは見なされなくなるであろう。

それでも、自由市場がもたらす結果のこのような描写を信じる人々の一部は、「ニーズの高い人々ではなく」生まれつき生産性の高い人々に対してより大きく報いるメカニズムは魅力的でないと考えるであろう。しかし、彼らは、それでも個人に対して恣意的に報いたり、特定の人種や宗教に属しているというだけで誰かに利益を与えたりするシステムよりは公平であるという事実に甘んじるのである。

ここで私が主張し、すぐ後に理論を展開して示すのは、市場メカニズムがより生産性の高い人々に報いるという最小限の性質さえ持たない可能性である。その報酬システムは、はるかに的外れで報復的であるかもしれない。自由市場は、人種Xまたは宗教Yに属する人に対し、人種Xまたは宗教Yに属するというだけの理由で報いることができるのである。つまり、アイデンティティという、生産に影響を及ぼす性質とは無関係のものが重要になるかもしれないのである。

いったん市場が政府介入から適切に解放されれば、人種差別的な慣行やカーストに基づく報酬といったものは、競争圧力にさらされて減っていき、最終的には消滅する、という見解は明らかに誤りである。カーストに基づく慣行の場合、周知のとおり、それらが目立つようになったのは、政府の介入がほとんどなかった時代である。以下の理論の目的は、そうした現象が国家の下支えがなくても蔓延する可能性を示すことにある。

すでに言及したように、アカロフやスペンスたちによる重要な研究が存在し、国家や共同体の手がなくても生き延びる差別のモデルを構築している。ここで展開する議論は、そうした文献と関連するが、区別されるものである。ここでは、（生まれつきであれ、教育を通じて獲得されたものであれ）生産性のプロフィールが偶然に等しい場合でさえ、ある共同体の方が高い賃金を手にする。実際、これはすべての人間が同質な場合でさえ起こりうるのである。

経済学には、直観のレベルでは誰もが知っていることを強調する実証研究が少し存在する。それは、さまざまな市場で、ある特定の共同体出身の人々が成功し、不釣合いに大きなシェアを独り占めしがちだということである。マルセル・ファフシャンが描いたのは、東アフリカではヨーロッパ人とインド人がビジネスの開始と拡大のための借金と信用を首尾よく獲得するのに対して、アフリカ人は資金調達ができないまま取り残される様子である（Fafchamps 1992, 2000も参照）。より最近では、アビジット・バナジーとカイヴァン・ムンシがインド南部タミル・ナードゥ州のティルプールで衣料産業を調査して発見したところによると、特定の共同体であるゴーンダース（実業と金融における顕著な活躍が記録されてきたエリート耕作民カースト）が不釣合いに大きな割合の資本を管理している（Banerjee and Munshi 2004）[3]。ゴーンダースは結束の強い共同体で、ビジネスに参入するときには非ゴーンダースの場合よりもはるかに豊かな資本を投入する。非ゴーンダースは、バナジーとムンシが調査したティルプールの輸出業者のサンプルの42パーセントを占めている。

彼らがうまく示しているのは、非ゴーンダースの手中にある資本の生産性がゴーンダースのそれと同じくらい高いか、わずかに上回るということである。産出量は、非ゴーンダース系の新しい企業の方がゴーンダース系の新しい企業よりも小さいが、前者はたいていゴーンダース系企業を5年以内に追い越す。

ではなぜゴーンダース系の企業は資本が潤沢なのであろうか。バナジーとムンシは、それが「共同体効果」の存在を示唆すると正しく結論づけている。明らかに、共同体のアイデンティティはそれ自体が重要なのである。しかしながら、彼らが続けて示唆するのは、これが「さまざまな投資方法の限界生産物のみによって資本の配分が導かれる」モデルとは「対照をなす」、ということである。私に言わせれば、共同体のアイデンティティ効果は、より高い生産性を求める市場原理によって資本が導かれることと完全に整合的である。同語反復の場合を除けば、ある共同体が資本費用における先天的な優位性をまったく持たないとしても、より多くの資本を独り占めすることは可能である。要するに、市場というものは人種差別に対抗するための保証とならないだけではない。市場は実際に差別を助長するかもしれないのである。(4)

基本的な考え方は単純である。まったく熟練を要しない仕事に従事している人を除いて、人間は契約、保証、約束を交わして人生を送る。すでに説明したように、ほとんどの仕事がいくばくかの「起業家的技能」を要するのである。ビジネスを始める人（Eと呼ぶ）は、開業資金を集めるため、資金を生産的に利用し、後の期日に利子または利潤の分け前を払い戻すことを投資家に暗に約束する。同じ人物Eは、操業資金を集めるために人を探すであろう。Eは原材料をある供給者から手に入れ、最終生産物を供給者に割引価格で売ることを約束するかもしれない。さらにEは、そのうち、顧客と契約を結ぼうとするであろう。もしEのビジネスが芝生の維持管理会社であったら、家主は、一定の月額料金を支払い、Eに芝生をできるだけきれいに維持管理することを約束させる形の契約を結ぶであろう。

ここで、あなたは他の人とともにEに契約を提示している（たとえば、Eに操業資金を提供している）と仮定しよう。そうする前に、あなたはEがどのくらい生産的で効率的であるかを調べようとするだろう（自分の資金が安全で利益を生み出すことを確かめるため）。そこであなたは、Eの学校での成績を見たり、勤勉さや電話への返答の速さを見極めたりするかもしれない。しかし、Eの生産性は彼・彼女自身の特徴だけに依存するわけではない。Eがすることの大部分は、Eに契約を提示する他人（貸金業者、消費者、あるいは私がここで言う「投資家」）の行動にまぎれもなく依存するのである。もし消費者がEと契約を結ばなければ、Eはあなたに払い戻すことができないだろう。原材料の提供者が原材料を供給する契約を拒絶するならば同じことになる。

もちろん、同じことが消費者と原材料の供給者にも当てはまる。契約に署名するまでは、それぞれがEの生産性と効率性に疑問を持つであろう。いずれの場合にも、部分的にはE自身の特徴に依存するが、他者がEをどう見るかにも依存する。というのも、はたしてEが消費者を満足させるか、あるいは期日内に原材料供給者に払い戻しができるか否かは、Eが十分な操業資金、十分な開業資金、安定的な投入物の供給源を持っているか否かに依存するからである。

ここにこそ困難がある。個人の宗教、人種、共同体に基づくアイデンティティは、その人の生産性にまったく影響を及ぼさないと仮定しよう。すると、ある人がキリスト教徒、ブラフマン、黒人、白人、ユダヤ人、あるいはゴーンダースであるか否かは、彼・彼女のビジネスや仕事に対する洞察力、または余暇と仕事に対する選好には何の違いももたらさない。しかし、共同体Cの出身者は生産性が高いという信念が形成されると、それは後になってみると正しかったと判明するかもしれない。個人の共同体アイデンティティは、先天的な重要性をまったく持たないにもかかわらず、またその個人の側の特別な行動や選択をまったく伴わないような場合でさえ、その人がどれほどうまく生きていけるかを左右する可能性がある。共同体Cの個人は生産性が高いと皆が信じれば、誰もが彼らと取引をして契約を結びたがるようになり、このことが彼らをより生産的に「する」のである。

この説明は、アファーマティヴ・アクションのような重要な政府介入への道を開く。したがって、議論にもう少しきちんと形を与えることで、これをより詳しく理解する試みが役に立つ。仮定として、人物E（芝生の維持管理会社の創業を計画している起業家）が生み出せる価値は、Eがサービスを提供する顧客と契約を結べるか否か、そして操業資金をうまく獲得できるか否かに依存するとしよう。Eがこれらのいずれにも失敗すれば、会社は存在せず、生み出される価値はゼロである。Eが顧客と資金提供者の両方を見つければ、かなりの金額の価値を生み出せる。こうして、Eは資金提供者に市場金利を支払い、顧客から芝生管理の相場料金を受け取り、いくらかの利潤を手元に残すことができるのである。これらの仮定に例外的なところはまったくない。

ここで、きわめて現実的と考えられることを仮定しよう。もしEが顧客を見つけても資金の提供者を見つけられなければ、Eはより費用の高い個人的な出所の基金を利用しなくてはならず、したがって利潤（芝生の維持管理料金マイナス費用）は負となる。また、もし資金提供者がEへの協力に同意したもののEが顧客を見つけられなければ、Eはやはり損失を負う。なぜなら、この起業家は、芝生の維持管理以外には、資本を活用するためのよい考えを持ち合わせていないからである。私がいま仮定したことには、産業組織論では数学から借りてきた名前がついている。それは、二つの行為の間の「スーパーモジュラー性」と呼ばれる。起業家が顧客にもたらせる価値は、資金がある場合により大きく、起業家が手にする資金からの収益は、顧客が見つかる場合により大きい。スーパーモジュラー性が意味するのは以下のことである。投資家が投資に値すると考えるほど十分な払い戻しをEが行なえるのは、すなわち、Eが顧客を見つける場合である。そして、Eが顧客に満足なサービスを提供できるのは、すなわち、Eが投資家を見つける場合である。

これはただちに顧客と投資家を困惑させる。Eがそれぞれと契約を結ぼうとすると、それぞれがEの生産性に関する予想を立てなければならない。たとえば、もし投資家がかなり世慣れており、世の中のしくみを理解していれば、投資家はEが顧客を見つけられるか知りたいと思うだろう。というのも、Eが投資家に払い戻しをする能力は、Ｅが顧客を見つけられるかに依存するからである。投資家が世慣れていなければ、単純に、Ｅが二つのタイプ、つまり（いずれであるかの根拠は理解せずに）生産性が高いか低いかのどちらかであると信じて、さらにＥがどちらのタイプであるかを推測しようとする。実質的な結果は同じである。投資家はＥの実行力の予想を立たなければならず、同じように、顧客もまたＥの生産性の予想を立てる必要があり、後者は結局のところ投資家がＥに投資するか否かにかかっているのである。

ここで、人々は人種に基づいて予想を立てると仮定しよう。彼らは白人の方が黒人よりも生産性が高いと信じているとする。あるいは、結局は同じことになるが、彼らは、白人の方が黒人よりも生産性が高いと他の人々が信じていると考えているとしよう。この信念は、これに基づいて何人かの人々が行動を起こせば、スーパーモジュラー性の仮定により、結局は正しいことになる。多くの人があなたのサービスを求めてあなたと取引をすれば、それは実際にあなたの生産性を高めるのである。これは他の種類のアイデンティティに対しても同じように作用する可能性がある。かりに、男性の方がより生産的で、アイビー・リーグの卒業生の方が生産性が高く、あるいは、きちんとした英語を話せる人の方が仕事の実行力に優れているということが信じられているならば、いま論じたような理由により、これらはすべて自己実現されることになる。

このモデルは、就職市場のシグナリングに関するスペンスのモデルや、アファーマティヴ・アクションに関するスティーヴン・コーツとグレン・ルーリーのモデル（Coate and Loury 1993）と似ている点がある。人種的偏見が、事実に基づく根拠を持たない場合でさえ、均衡において裏づけられるのである。しかし、類似点はここまでである。彼らのモデルでは、生まれつきの生産性が人によって異なり、人々は学校やその他の指標を利用して自らの生産性を示そうとする。私のモデルでは、起業家たちは事前に同じであるのみならず、異なる行為を選ぶことさえないかもしれない。彼らに対する他の人々の態度こそ、彼らの生産性を高めたり低めたりするのである。これはスーパーモジュラー性の仮定が含意するところであり、その抽象的な響きにもかかわらず、起業家精神ということに関して言えば、世事に通じた現実的仮定である。

したがって、共同体のアイデンティティが重要で、特定の人種に属する人やエリート大学の卒業生が契約を独り占めし、より多くの収入を得るような均衡が存在しうる。つまり、市場が人種差別（や他の形の集団差別）の兆候を示し、人種差別あるいは差別的慣行が自由市場の産物となることは十分に可能なのである。注意すべきは、個人として差別的な人がいないにもかかわらず、集団としては全員がそうだという点である。すなわち、個人のレベルでの差別がないにもかかわらず、「集団的差別」が存在するのである。

このモデルは容易に労働市場に適用することができる。すでに述べたように、完全に機械的な仕事（車のねじ締め）や密室での仕事（意匠芸術家）などを除き、たいていの仕事はある程度の起業家精神を要する。法律事務所の共同経営者は通常、依頼人、書記官、裁判官、官僚に対応しなくてはならないだろう。彼らが会社にもたらす価値は、こうした多様な人々とどれくらいうまく付き合うかに依存し、こうした人々がこの共同経営者は付き合うに値すると考えるのは、彼らのそれぞれがこの共同経営者は他の人々と付き合えると信じている場合である。もし法律事務所の黒人共同経営者は生産性が低いと信じられていれば、この共同経営者が付き合う必要のある人々は付き合いに消極的になるかもしれない。というのも、彼らは黒人共同経営者から期待できるものは少ないと考え、それが結果的にこの共同経営者の生産性と事務所にとっての価値を低めるのである。この分析においては、誰も故意に差別したがるわけではないが、市場が集団的差別を永続させる。

私は先天的かつ個人的な人種差別に触発される差別が存在しないと言っているわけではなく、むしろもっと憂慮すべきことを示している。すなわち、先天的かつ個人的な人種差別がなくとも、人種差別の兆候を示す結果に陥るかもしれないのである。見えざる手というものは、常に善意に満ちているわけではない。私がここに描いた状況は、見えざる手の定理が成立する状況とは異なるが、いたって現実的なものである。

市場の不公正さを是正するのは、断固たる政府か他の形の集合的行為である。さまざまな種類のアファーマティヴ・アクションはこれを是正することができる。たとえば、恵まれない集団に対する教育を助成し、補助つき融資を行なうことが役に立つかもしれない。もちろん、現実には失敗が習慣化する可能性もある。差別の持続は遅刻や怠惰の習慣につながり、こうした習慣から抜け出すには時間がかかるかもしれない。よって、補助金により均衡がただちに切り替わるといった理論モデルとは異なり、現実において変化には長い時間がかかり、持続的な努力と一定の期間に及ぶ何らかの資金援助が必要となるかもしれない。

インドでは、カーストに基づく最悪の差別的慣行の一部は減少傾向にあるように見える。これは市場の台頭が原因ではない。カーストは、事実上、政府が存在しなくても、何千年もの間、生き延びてきたし、また政府がより大きな存在であった英国支配の最晩年とインド独立の当初も続いていた。差別が弱まり始めた原因は、カーストの慣行を禁止する政府の行動と、独立直後の国の指導者たちが差別の撤廃を繰り返し訴えたことにある。

モデルというものは、もろ刃の剣である。明らかに、上記の分析には、差別を巧みに利用したい集団にとっての教訓が含まれている。自分と同じタイプの人々を利するような何らかの積極的差別（逆差別）を行なっている人の集団は、結果的に自分と同じタイプの人々の生産性を実際に高め、他人にとっての魅力を高めるかもしれないのである。最後の分析では、彼らは自分と同類の人々を故意に優遇する必要はない。というのも、いったん集団的差別が確立されると、彼自身のタイプの人々は実際に生産性が高くなるからである。このテーマをさらに展開する必要はないだろう。私が青写真を示してさらに宣伝しなくても、よからぬアイデアは巷にあふれている。

別表　カルカッタのアナンダンでスラムの子供を対象に行なわれた適性試験

タイプI

1　インドの首都の名前は何ですか？
2　パキスタンはインドの一部ですか？(5)
3　インドの首相は誰ですか？
4　西ベンガルの州首相は誰ですか？
5　世界最高峰の山の名前は何ですか？

タイプII

6　教室に10人の生徒がいます。1人の生徒が出て行き、2人の生徒が部屋に入りました。いま、教室には何人の生徒がいますか？
7　教室に10人の生徒がいます。各生徒はビスケットを2枚持ってくるように言われました。1人の生徒はそれを忘れてビスケットを3枚持ってきました。1人の生徒は1枚も持ってきませんでした。教室には何枚のビスケットがありますか？
8　先生が15枚のビスケットを6人の生徒に与えて、平等に分けるように言います。各生徒は何枚を手にしますか？

タイプIII

9　下の空白の括弧内にはどんな数字を入れるべきですか？
1, 3, 5, (　)
10　下の空白の括弧内にはどんな数字を入れるべきですか？
0, 3, 6, 9, (　)
11　下の空白の括弧内にはどんな数字を入れるべきですか？
1, 0, 12, 0, 123, 0, (　)(6)
12　クラスには女の子が10人います。2人の男の子が出て行きました。何人の女の子が残っていますか？
13　赤、青、サンデッシュ、緑が散策に出かけます。この集団に属すべきでなかったのはどれですか？(7)
14　ある奇妙な村では、2＋2＝5になります。ここに2枚のビスケットに加えて2枚のビスケットがあります。そして、別の2枚のビスケットとさらに2枚があります。この村全体では何枚のビスケットがありますか？
15　下のa, b, cのなかから、3つの言葉に続く空白の括弧に言葉を入れなさい。
手，頭，耳，(　)
(　)にもっともよく当てはまるものを選びなさい。
a. 猫　b. 足　c. 本

第6章 集団の化学

アイデンティティと方法論的個人主義

私たちの自己意識やアイデンティティは、社会的、経済的、政治的行動に影響を及ぼす可能性がある。国旗のために自らの命を進んで捧げる人、敵国民が作ったと思われる製品をボイコットする人、自分自身を傷つけることにより別の宗教や民族の人々にそれ以上の痛手を与えようとする人が存在するのである。そうした行動を説明するため、経済学と社会に関する伝統的なモデルをねじ曲げる方法もあるかもしれないが、より理にかなった方法は、個人が持つ集団的アイデンティティの意識にモデルの内部で明示的な場所を与えることである。そのためには、方法論的個人主義の限界を踏み越える必要があり、さもなければ、あまりにも同語反復的な方法論的個人主義の定義により、すべてが型に収まることになる。

第３章で論じたように、１８８３年のカール・メンガーの古典的著作以来、方法論的個人主義は経済学にあまりにも深く根付いた礎石であるため、私たちは、人が国益のため、階級利益のため、カーストの利益のため、あるいは人類全体の利益のために行動する可能性を拒絶する。[1] 経済学の大半に見られる仮定によると、個人が自らの属する集団の利益のために行動する（たとえば、公共財を効率的に供給する）のは、集団の利益がその個人の自己利益と「たまたま」一致する場合のみである。

普通の人間は、社会科学の教育を受けておらず、ある集団が成功するかは、集団の構成員が大義のために自己利益の一部を棚上げする能力に依存する、とごく普通に信じている。社会学者、政治学者、最近では一部の経済学者が人々の間の信頼と利他主義の重要性について書いており、また、それらがより複雑な関係の生成や集団および国家の経済的進歩にとっていかに重要であるかを述べている。(2) 植民地時代の過激な著者たちは、帝国の支配者たちがいかに共謀して先住民の「分割統治」を行なったかを観察してきた。「内集団」における信頼と利他主義という主題は、一般的な信頼と利他主義の重要な特殊例であり、それは集団的アイデンティティという、より大きなテーマに属する。アイデンティティと集団形成の重要性、およびそれらに形を与えて測定する努力は、経済学では最近になって評価されるようになったばかりである。(3) ただし、経済学以外の社会科学ではかなり以前から一般的で、引き続き関心の的となっている。(4)

ここでの分析はもっぱら事実解明のための社会科学に属する。規範的な事柄についても言及するが、協力の精神や、集団・共同体・国家の利益のために自己利益を抑制する個人の能力について、規範的な姿勢をとることはあえて避ける。これは奇妙だと思われるかもしれない。というのも、協力の精神は積極的に称賛され推奨されることが常だからである。しかし、一度じっくり考えてみれば、経済的な進歩を促し、富の増大をもたらす協力の精神が、他の集団（通常は少数派であるが、時にはまとまりに欠け、自分たちで協力して対抗する精神を促すことのできない多数派）に「対する」形で利用される可能性があり、人類の長い歴史において多くの場合に実際に利用されてきたことは明らかである。国家、人種的に均質な共同体、宗教を同じくする集団などが他の集団に対抗する形で奨励する協力は、個々人による抑圧よりも容赦のないものになる可能性がある。その理由の一つは、やましさが軽減されるからである。各個人は「私の行為が彼らを抑圧するわけではない。私など取るに足りない存在なのだから」と考えてしまう。したがって、ここでの私の分析は、事実解明的な社会科学の文脈において協力の精神の含意を研究することが中心であり、その際には、状況に応じて協力の精神の推奨にも非難にも根拠がありうることを意識している。

アイデンティティのモデルは、紛争の研究に利用することもできる。特定のアイデンティティが、事前にはほとんど重要でない場合でさえ、私たちの行動に大きな役割を果たすのは興味深い。私にとって、紛争を理解するうえでアイデンティティが持つ不思議な特質は、その悪影響である。すなわち、当初は無害でも、普段のありふれた交流や取引を通じてその影響が増すという事実である。これは何も、すべてのアイデンティティがこの形をとると言っているわけではない。アイデンティティは私たちの選好の重要な一部であり、社会を強化する接着剤になりうる（Akerlof and Kranton 2000）。それでも依然として不可解なのは、私たちのアイデンティティの印となるもののうちどれが突出し、市場、政治、社会にとって重要なものになるのか、ということである。

アイデンティティの悪影響は三つの理由で興味深い。第一に、世界の多くの地域（中東、カシミール、スリランカ、北アイルランド）で紛争が増加し、その基礎には明らかに集団的アイデンティティの衝突があることを考えると、この問題は注目に値する。第二に、歴史上、長年にわたって無害であり続けた人々の間の違いが、短期間で感情と紛争の引き金になりうるという証拠が多少あるように見える。最後に、まさにどこからともなくアイデンティティが姿を現す可能性は、分析的に興味深いと思われる。

人はそれぞれ、肌の色、人種、文明史から、身長、体重、拇印の指紋にいたるまで、アイデンティティの印となるものを何千も持っている。これらのなかには、アイデンティティの象徴となり、紛争や協力の理由となるものもあれば、他方で、個人の特異性として扱われるものもある[5]。私たちは、宗教戦争、民族間緊張関係、文明の衝突の到来を耳にするが、背の低い人と高い人、毛髪のない人とある人、数学のできる人とできない人の間の摩擦というのは聞かない（ただし、経済学者である友人の一人は、数学の能力が次の大きな衝突の契機になると信じている)。人間生活の社会学を利用すれば、大きな紛争の源になる可能性のあるアイデンティティの印と、可能性のないもののリストを絞り込むことができる。たとえば、男性と女性の間で大規模な争いが起こることはまずなさそうである。男女は生活空間を共有しているからである。集団としての高齢者と若者全体との間で紛争が永続する余地もほとんどない。なぜなら、私たちはある時点で同じ立場に立つ(立っていた)ことを理解し、相手側に共感するからである。

こうして絞り込んだリストを特定した後でさえ、紛争の要因となる印についてはいくらか不確定性が残るだろう。紛争の根拠は大きく移行する可能性があるとサミュエル・ハンティントンが示唆したのは正しかった(Huntington 1993)。今日あまり重要でないように見える区別が、明日には自尊心と戦争の問題となるかもしれず、逆もまたしかりである。ナショナリズムとそれに伴う愛国心は今日、自然な感情のように見え、そのために立ち上がることは高貴であると見られがちである。しかし、戦争が世界の終わりを早めないかぎり、将来、いつの日にか、私たちはかつて愛国心や国家的アイデンティティを理由に戦争を行なったことが不可解で恥ずかしいと思う時代が来ると私は信じている。(6) 今日、米国の新聞やテレビ局が戦争の悲劇を伝えるために毎日アメリカ人の死者数を報道するのは正常であると思われるが、新聞が白人やキリスト教徒のアメリカ人の死者数を毎日報道するとしたらぞっとするであろう。しかし、道徳的には、こうした種類の異なる集団的アイデンティティや死亡統計の表現の間にたいした違いはないのである。いつの日か、この点について容易に合意が得られるようになってほしい。

アメリカ系ユダヤ人が中国に行って中国系ユダヤ人の居留者に会うという、真偽の不確かな話がある。紹介された中国人は、喜びながらも疑問を抑えきれない。「おかしいな、あなたはユダヤ人には見えない」。グレース・グリュックは、世界各地のユダヤ人を写真に収めたフレデリック・ブレナーの本を「ニューヨーク・タイムズ」紙で書評した際にこの冗談を利用し、私たちのアイデンティティのほとんどが先天的というより人為的に作られたものであるという点を強調している（Glueck 2003a, 2003b）。この極端な見方の経験的妥当性を疑うことはできる。しかし、この見方が「可能である」ということは理論的に興味深く、調べてみる価値は十分にある。というのも、アイデンティティは、社会的に作られる場合でさえ、紛争で大きな役割を果たす可能性があるからである。

頻繁に耳にすることであるが、人種Xの人々が、人種Yの人々に対して何ら敵意を持たないと言いながら、後者から攻撃的にふるまわれると、反撃して戦わざるをえない。こうした主張には真実が含まれているかもしれない。人種間の対立は生まれつきの人種的選好がなくても発生する可能性がある。そうした対立の根底には、人々の行動についての条件つき判断の形成に人種が利用されることが基礎にあるのかもしれない。さらには、人種間対立が避けられない状況が存在する。ただし、個々人の選好が共有知識となっていれば、そのような状況は生じえない。こうした対立が生じる過程を理解することは、対立を抑制するための政策立案の決め手となる。政策については手短にコメントするにとどめるが、ここで展開する理論は、何がアイデンティティを急激に燃え上がらせ、どうすればそれを消しうるのかについて知っておきたいということが動機となっている。

このモデルのもっとも重要な結果の一つは、特殊な選好を持つ数人が入ることによって、調和のとれていた社会が人種別の集団に分断されるかもしれないということである。とりわけ、攻撃的な性格を持つ新しい人が一人やってくると、平和な社会が変質し、二つの人種の人々が互いに敵対する可能性がある（し、そうなるとそれが唯一の均衡になる）。この問題に対処する際に認識しておくべき重要なことは、他の集団に対して攻撃的な人を無作為に選び出しても、その人が「生まれつき」攻撃的な選好を持っているわけではないかもしれないということである。このモデルは、「相手」側が生まれつき卑劣であるというような紛争の見方を拒絶する。私たちには、原始時代からの名残で、藪の向こう側にいる人々を悪者と見る傾向が備わっている。

このあまりにも単純な性向は、紛争を理解し、防止するための大きな障害となってきた。ヒュームが書いたように、「自分の国が他国と戦争をしているとき、私たちは彼らを残忍、不実、不正、凶暴であるとして忌み嫌う。

けれども、自分たちと同盟国は公平、穏健、慈悲深いとうぬぼれるのである」(Hume [1739]1969)。戦争で双方の側がこうした見方を抱くかぎり、少なくともどちらかが間違っている。典型的には、双方が間違っている、と私は思う。

以下で分析する事例では、自らの人種と別の人種について、人々が特異な識別能力を持っている。このテーマについては、多くのことが書かれてきた(7)。白人の植民地支配者にとって、ルワンダ人はすべて区別できないように見えるかもしれないが、その地域の黒人は、誰がフツ族で誰がツチ族であるかをおそらく問題なく見分けられるであろう(8)。こうした一般的な考え方は、ジェイムズ・リー、デイヴィド・ダニング、ロイ・マルパスの実験で確認されている(Li, Dunning and Malpass 1998)。彼らの発見によると、バスケットボール・ファンである白人は、(バスケットボール選手の大多数が黒人であるため)黒人の特徴をよく知っており、バスケットボールを見ない白人よりも黒人の顔の識別に優れている。被験者はビデオのモニター上で知らない黒人の顔を多数見て、後に識別する能力を試された。黒人と白人のバスケットボール・ファンは同じような成績であったが、その成績はバスケットボール・ファンでない白人よりもかなり良かったのである。

承認が集団に尊厳を与える可能性は、チャールズ・テイラーが効果的に主張したとおりである(Taylor 1994)。しかし、承認にはそれ以上のことが可能である。それは、アイデンティティをめぐる戦争の拡大に対する歯止めになりうるのである。人種または宗教集団Xの個人が別の個人に対して攻撃的にふるまうとき、もし後者が、この攻撃者はより小さな集団(たとえばXの一分派やXのなかでも特殊な経緯を持つ人々)に属すると考えられるならば、この攻撃的行為が人種Xのすべての人に対するこの個人の見方を歪めることはないであろうし、攻撃拡大を予防するための重要な一歩となりうる。したがって、敵を知るべしとは、大げさな道徳的助言であるのみならず、むしろ正式な理論に基礎を持つ、平和のための提言なのである。

新たな理論の材料

より強力な社会科学を手にしながらも厳密さを損なわないようにするためには、結局のところある程度は方法論的個人主義と決別しなければならないが、それは私の能力を超えている。本節と次の2節で行ないたいのは、その方向に向かう最初の小さなステップを踏み出すことである。これをうまく行なうためには、主流派経済学では珍しい分析材料をいくつか導入する必要がある。要約すれば、①協力への本能や公共善への衝動は人間にとって先天的であること、②この本能は報われる場合に開花すること、これらを認める必要性である。

いくつかのモデル（単純であることは認めざるをえない）を作ることにより、本章の次の2節で示したいのは、いかに①と②が社会現象に対する私たちの理解をはるかに豊かなものにしてくれるかである。そこには、ある経済が成功し、他の経済が失敗する理由、ある集団が進歩し、他の集団が停滞する理由、帝国主義列強が成功し、反対に植民地が屈服したことの説明要因などが含まれる。

ただし、最初に①と②を詳しく説明させてもらおう。これらは言葉の形式的な意味における公理ではなく、示唆に富む基礎的仮定である。これらの仮定において、「協力的本能」という言葉は一般的な意味で用いられており、利他主義、公平感、人を信頼して誠実であろうとする衝動などの向社会的特徴を含んでいる。こうした仮定はこれまでに行動経済学や実験的ゲーム理論の文献で多数の確証を得ている(9)。とはいえ、経済学による大掛かりな洗脳の効果がなかったなら、これらの仮定はまったく斬新ではなかったであろう。ただ、私のここでの主な関心は、これらの仮定を支持して掲げることではなく、それらを経済理論で利用して得られる分析の帰結をたどることである。

①と関連して、私の分析の鍵となる要素がもう一つある。個人の選択と、個人の厚生または効用とを区別する

必要性である。伝統的な経済学の仮定では、ある人が選択肢 y ではなく x を選ぶならば、その人が x から受けとる効用は y の効用以上でなければならない。これを「選択と効用の同一視」あるいは「選択と選好の同一視」公理と呼ぼう。これはミクロ経済学理論やゲーム理論では、定義上、「利己的な行動」と呼ばれる。これは経済学にとってきわめて根本的なものであるため、ほとんどの経済学者は、①を譲歩して認める場合でも、この仮定にしがみつこうとする。彼らの反応は、人が「利他主義的に」行動する可能性はあるが、それは他の人々の幸福から効用を得ているからにすぎない、というものである。よって、努力の方向は、利他主義と他者指向型の行動をより大きな利己主義の概念に吸収し、選択は常に効用最大化に等しいという仮定を維持することに向かう。純粋に行動主義的な観点からは、人の他者指向性が利己的な効用評価の一部なのか、あるいは、それを超えて個人の選択に影響を及ぼすものなのか、いずれを仮定するかは問題にならない[10]。違いが生じるのは、私たちが結果の厚生を評価するときである。

ここで私が異議を唱えているのは、選択が効用に等しいという仮定である。たいていの経済学者が、人の行為はその人の選好を顕示するということ（選択と効用の同一視の公理）を信じていると口にしても、実際にはそれを信じているわけではないと主張することができる。もし信じているとしたら、かなりおかしな政策的立場に導かれることになる。次の問題を考えてみよう。カルカッタ市の広域を占めるソルトレイク地区において、住宅所有者は自宅の売却を許されていない。政府はこれらの住宅を割引価格であまり富裕でない人々に売却しており、担当の政治家たちは、富裕層がそれらを買い上げて人々の財産を奪うことを望まなかったのである。この法律にはこうした背景があった。

たいていの経済学者にとってこの法律は見当違いに思われ、私も同意する（Basu 2003a）。理由はパレート原理であり、第2章で説明したように、誰か一人以上の状況を改善し、誰の状況の改悪も引き起こさないような変化は望ましいと考えるべきで、したがって、許可されなければならない。ここで、誰かが自分の財産を売りたいと考え、他の誰かがそれを買いたいと考えるとき、選択の顕示選好によって、両者ともにこの売買で状況が改善されるのである。この取引を許可することは「パレート改善」であると思われる。よって、この取引を妨げてはならない。(11)

ところが、選択と選好の同一視公理をまじめに受け止める場合には、政治家がこの取引に反対している（これはそうした取引の禁止という事実で表明される）ため、この取引によって状況が悪化する人が少なくとも一人（すなわちこの政治家が）存在することを認めざるをえない。よって、この取引はパレート改善ではない。実際、この取引を認めることと認めないことは、いずれもパレート最適である。認めれば、買い手と売り手はよいが、政治家にとってはまずい。認めなければ、買い手と売り手にはまずいが、政治家にとってはよいのである。

この議論によると、いかなる取引であれ、官僚や政治家が阻止しようとすれば常にその取引はパレート改善ではなくなり、よって正統派経済学者はそのような介入を支持すべきだということになる。言い換えれば、いかなる取引も、パレート改善ではないという理由で、政治家の意のままに阻止される可能性がある。というのも、政治家がこれを阻止するという行為自体が、この取引をパレート改善でないものにするからである。正統派の経済学者は明らかに彼自身（あるいは、女性の経済学者でこの範疇に入れてほしい人がいるなら、彼女自身）を罠に陥れているのである。

誤謬は、選択と効用を同一視する公理にある。認める必要があるのは、さまざまな種類の選択が存在し、効用に対する意味合いが異なるということである。官僚がある取引を禁止するという選択は、個人がリンゴを買ったり特定の仕事を引き受けたりする選択と同じではない。おそらく、官僚の政策選択は、その官僚の効用に対する直接的な意味合いをまったく持たないであろう。これはつまり、私たちが選好という概念において区別を設けなければならないということである。ジュート麻のカーペットが嫌いであるという理由でそれを買わない人と、児童労働による製品に対するボイコットの一環として買わない人とで、効用に対する意味合いは同じであろうか。(12)

後者の選択は、おそらく買い手にとって直接的な効用効果を持たないであろう。それはある種の取引に対する官僚の反対に似ている。

これと関連して、政治家が見知らぬ若者の服装に対する嫌悪を表明する場合と、母親が十代の息子の服装に対する好みを表明する場合、前者では、この選択を行なう人にとって直接的な効用の意味合いはまったくない（ため無視してかまわないだろう）が、母親の方は、息子が何を着るかによって実際に痛みや喜びを感じるかもしれない。この問題の存在を最低限認めるため、本章では、個人の選好を二つの数字で表すことにする。一つはその個人の厚生を表し、もう一つは選択を導くものである。これら二つの数字はもちろん相互に結びついている。これは後に説明する。

もう一つの仮定②は、私たちの道徳的選好がもともと互恵的な傾向を持つという事実を指している。私たちはそれぞれ本来的に利他的な衝動を持つものの、同様な心構えを示さない個人に対しては、その衝動を抑制しがちである。この後、本章で記述して分析するゲームの構造を通してこれを把握する。

ただちに明らかになるのは、いったん②を認めると、私たちが本能的に利他的で社会的な心を持っているにもかかわらず、ある社会は身勝手で無秩序な状態に陥り、すべての個人が自らの利害関心だけに従うようになる理由を理解できるということである。伝統的な経済学は、個人の利己心が協力的な結果と社会秩序につながる可能性に取り憑かれてきた。標準的な方法論的個人主義の仮定をほんの少し取り崩すことにより、私たちは逆の、しかし同様に重要な現象を理解できる。つまり、私たちが自然に持つ協力的精神にもかかわらず、社会は完全に身勝手で無秩序な状態に陥るかもしれないのである。

以下では、簡単な標準的ゲームを利用して、こうした新たな材料を使えば社会的・経済的過程に対する私たちの理解を豊かにできることを示そう。

利他主義、信頼、発展の関係

ここでの目的は、協力の本能が人間の社会と経済において果たす役割を理解し、それに形を与えることである。人々は自己の目的を追求するが、同時に、利己心を抑えるような利他主義、公平感、公共善への衝動といった、「社会的」な特徴も持っている。利己心が意欲と野心を生み出すように、こうした社会的関心も同じことができる。より重要なのは、これらの社会的特徴（主に協力の本能）こそ、社会のまとまりを保ち、市場が有効に機能するための条件を整えるということである。最低でも、経済学を適切に理解するためには、私たちの経済関係が社会的・文化的作用および制度という、より大きな領域の一部であるということを認めなければならない[13]。

信頼、利他主義、アイデンティティの関係を理解するために使えるゲームは多種多様であり、特に注目されるのは信頼ゲームであるが、最後通牒ゲームや旅人のジレンマ・ゲームなどもある[14]。ただ、社会科学でおそらくもっとも馴染みのあるゲームで、先に論じた囚人のジレンマを使おう。次頁の表６に示してある。利得は第４章で用いたものと異なるが、本質的な話は同じである。利得はドル表示であり、（純粋に説明表現を容易にするという理由から）それぞれの数字は効用単位で測った各人の総合的な福利の指標を表すと仮定する。つまり、効用単位はドルと一対一対応すると仮定されているのである。よって、このゲームでは、プレーヤー1はCとDから選ぶことができ、プレーヤー2も同じである。Cを「協力的行動」、Dを「離反的行動」と考えると覚えやすい。プレーヤー1がCを選び、プレーヤー2がDを選べば（これは「プレーヤー1と2が（C，D）を選べば」と記述できる）、プレーヤー1は0ドル、プレーヤー2は8ドルを手にする。彼らが（D，C）を選べば、それぞれ8ドルと0ドルを手にし、（8，0）と記述できる。彼らが（C，C）を選べば（6，6）を手にし、（D，D）の場合は（3，3）である。この情報すべてが表に要約されている。

表6　囚人のジレンマ

		プレーヤー2	
		C	D
プレーヤー1	C	6, 6	0, 8
	D	8, 0	3, 3

ゲームの標準的な分析は繰り返し述べるに値し、以下のようになる。プレーヤー1の立場に身を置いて観察すると、かりにプレーヤー2がCを選ぶなら、あなたはCではなくDを選ぶ方がよい。そうすれば、あなたは6ドルではなく8ドルを手にするからである。そしてプレーヤー2がDを選ぶなら、あなたはCではなくDを選ぶ方がよい。というのも、Dはあなたに3ドルをもたらし、Cは0だからである。よって、相手のプレーヤーが何をしようと、あなたはDを選ぶ方がよいのである。[15]このゲームは二人のプレーヤーにとって対称的であるから、各プレーヤーは同じような推論をすることになる。その結果は（D，D）（双方のプレーヤーが離反を選ぶ）となり、それぞれが3ドルを手にすることになる。これが不幸な結果であるのは、双方がCを選ぶ協力戦略をとれば、それぞれ6ドルを手にできたからである。[16]

現実には、人々は自らのドル所得を単純に最大化することはなく、最大化の対象は自らの効用ですらない（目下の分析では、所得と効用は同じである）。人々は、仲間に対する感情を持っている。それは、利他主義、公平感、他人を傷つけない（時には傷つける）衝動などである。分析をできるだけ簡単にするため、この形式的な分析では社会的感情を利他主義という一種類のみ認めることにする。[17]これを捉えるため、相手プレーヤーが手にする1ドル（または、ここでは同じものとされる1効用単位）は、このプレーヤーにとって自己の効用αドルに等しいと評価されると仮定する。αはゼロと1の間の何らかの数字である。後には相手プレーヤーが誰であるかによってαが変わる可能性を認める。こうして、私の利他主義指標αは、親族の場合1、知人の場合1／2、知らない人の場合ゼロ、などとなろう。ただし、当面の間、これは一定のものとして取り扱う。よって、プレーヤー１がＣをプレーし、プレーヤー２がＣをプレーするとき、プレーヤー１の行動の予測は、「実効利得」を６＋6αとして行なわれる。

ここで二つの重要な点を明記しておく。第一に、読者が抱くかもしれない疑問は、利己主義の意味についてである。一見したところ、αをいったん個人の選好の一部として取り扱うと、それ以降、その個人は完全に利己的であると考えられるように思われる。というのも、αの重みを他者の所得に付与するのは「本人の選好」だからである。よって、いま述べたような選好を考慮すると、その個人は自らのお金だけを重んじる個人とまったく同様に利己的である、というのがもっともらしいと思われる。[18] この批判の問題点は、前述のように、利己主義を同語反復にしてしまうことである。そうなると、利己主義は批判に鈍感になる。これに反論するために念頭に置いておかなければならないのは、多くの経済学者の主張とは逆に、経済学は利己主義の同語反復的定義を利用するわけではない、ということである。もしそうしていたとしたら、経済学者は何ら検証可能な命題を導けなかったであろう。なぜなら、その場合にはあらゆる行動が利己主義と両立し、よって利己主義の仮定は何ら特定の行動を予測できないからである。

したがって、私はここでαを個人の効用の先天的な一部ではなく、たんに個人の「行動」の指針と見る。選択と効用の分離が生じるのはここにおいてである。αは一般に私たちが社会化の過程で獲得するものである。実際、それは選好の一部ではないのかもしれない。私たちが他人のお金をそのくらい重んじる「かのように」行動するにすぎないという可能性もある。プレーヤーの厚生あるいは効用水準は一貫して表６に示される利得で測定される。たんに、人々は自分の効用ではなく、効用に加えてαで捉えられる社会的、道徳的価値を混ぜ合わせたものを最大化するようにプレーするのである。１千ドルをアフリカの慈善団体に寄付する人を考えよう。この人はこの金額を寄付することを選んだと言ってさしつかえないだろう（これはいたって正常な言い回しであろう）。しかし、この人は１千ドルを慈善団体に寄付することでより豊かになったと私たちは言うだろうか。多くの主流派の経済学者はそう言うだろう。私はそれに抗議し、この人は（福利と個人的幸福のもっとも理にかなう解釈のもとで）より貧しくなったのであるが、当人はそれにもかかわらず大義のためにその小さな犠牲を払う選択をしたのだ、と言いたい[19]。そうでなければ、「犠牲」は私たちの語彙から除かれなければならないだろう。個人的福利の指標と個人の行動指針のこうした乖離には、多少の慣れが必要である。というのも、それは伝統的な選択理論では耳慣れないからである。幸運にも、ゲーム理論のなかにこの方向を目指す少数の文献がある[20]。

要約すると、各個人に関する指標は三つある。手にする所得、享受する効用、そして私の言う「実質利得」である[21]。ここで私は最初の二つを同じものとして扱う。この仮定に害はなく、純粋に説明上の便宜のために設けている。私は、上記の議論の精神にのっとり、三番目を他の二つから区別している。これは重要な仮定であり、私の分析にとって不可欠である。つまり、ここで仮定しているのは、実質利得の数値が人間の行動の指針となるということである。人々はそれらの数値を最大化しているかのようにふるまうのである。ただ、彼らの福利はそれらの数値と関係するものの、別物である。福利の数値は表6に与えられており、実質利得は、説明したように、それらをαに基づいて訂正して得られる数値である。

第二に、形の上では私がモデル化しているのは信頼というよりも利他主義であるが、このモデルは信頼やその他の個人的な社会感覚を表現すると考えるのが妥当である。まもなく明らかになるように、ある人が協力する可能性は、他の人が協力するだろうという予想に依存する。よって、プレーヤーの意思決定を以下のように考えることができる。相手の協力を信じているなら、そのプレーヤーが協力する可能性はより高いであろう[22]。これは明示的に利他主義のモデルであるが、ここから導かれる分析は、相互信頼のモデルと考えることもできる。

同様にして汚名をモデルに導入するため、利己的にDをプレーすることに何らかの汚名が伴うと仮定することができる。もちろん、Dを選ぶ人が利己的である必要はなく、相手がDを選ぶことを予想してDをプレーする可能性はある。しかし、汚名を着せることの機能の一つは、ハーバート・ガンズ（Gans 1972）が指摘したように、ある種の行動規範を維持するために個人を犠牲にすることである。さらに、より洗練された現実的なモデルにおいては、私が他のプレーヤーの効用に付与するαは、一般にそれがどう達成されたかに依存するだろうという事実を考慮に入れたい。他のプレーヤーの効用が（C，D）ではなく（C，C）を通じて達成されたのであれば、私はそれにもっと大きなαを付与するかもしれない。ここではそのような複雑な点には触れない。

多くの個人からなる社会があり、プレーヤーたちは無作為に組み合わせられ、囚人のジレンマをプレーするとしよう。プレーヤーたちがよく協力する社会はしだいに豊かになることに注意しよう。そうすることで彼らはより高い所得を得るからである。この簡単なモデルにより大きな経済を加えて、人々が所得の一部（消費の必要を超える部分）を貯蓄して利子を得ることができるならば、（C，C）という結果にうまくたどり着ける社会は、常に（D，D）という結果に行き着く社会の何倍も繁栄できることがしばしばである。たとえば、３が生存ぎりぎりの消費水準ならば、後者の社会はおそらく貯蓄できないだろうが、前者は所得がより高いのみならず、貯蓄を行なって長期的にはより豊かになる。

協力の精神は、ここでは利他主義係数で捉えられるが、それが人間にとって自然なものであることを念頭に置きながら、まず私が示したいのは、同じ人々の集団が異なった行動をとる可能性である。そのため、行動の違いを目にしても、人々の指向や選好の根本的な違いについて結論を急いではならない。攻撃的な行動と協力の両方が、同じ人々の集団から発生しうるのである。

すべての人の利他主義係数αが０・５で与えられる場合を考えよう。このとき、相手プレーヤーが協力し、私も協力すれば、私の実質利得は９ドル（効用単位）となる。つまり、６は私が直接手にするもので、３は相手の所得６ドルに対する私の評価である。これは表６から容易に見てとれる。同様に、相手プレーヤーがCを、私がDをプレーすれば、私の実質利得は８ドルである。次に、相手プレーヤーがDを選びそうであるとしよう。Cを選べば、私の実質利得は４ドルで、Dを選べば、私が手にする実質利得は４・５ドルである。

ここで、駆け引きの戦略的性質が変化したことを見てみよう。私は、相手がCをプレーすることに確信があれば、Cをプレーする。他方、相手がDをプレーすると予想するならば、Dの方をプレーしたいと考える。利他主義を少しでも導入すると、囚人のジレンマは事実上、先の章に出てきた保証ゲームか協調ゲームとなる。保証ゲームでは常にそうであるが、多数の均衡が存在する。同じ社会が、全面的に協力することもあれば、非協力的に行動する可能性もある。ある社会が協力的にふるまって繁栄し、別の社会が無秩序、身勝手、貧しいままにとどまるのを見ても、これらの社会の人々に生まれつきの違いがあると結論づけることはできない。偶然、両者のふるまい方が均衡で自律的に維持されているだけで、事前には同質な二つの社会が異なる種類の結果を示しているにすぎないかもしれないのである。

分類を完了するため、αが0・5である場合のみ複数均衡が生じるわけではないことを確認できる。人々の利他主義αが1／3と3／5の間にあれば、社会には複数均衡が存在する。他方、利他主義の度合いが低ければ、とりわけ、αが1／3を下回れば、社会にはけっして協力が見られない。というのも、すべての個人が、「他人の行為をどう予想するかにかかわらず」行為Dを選好するからである。対極の場合が生じるのは、利他主義の度合いが高いとき、とりわけ、αが3／5を超えるときである。この場合、協力が唯一の均衡となる。他人がいかにふるまおうと、各個人は協力を選好する。

この種のモデルは閾値効果を示すことも可能で、マーク・グラノヴェッターとローランド・スンの研究に見られるように、小さな外生的ショックに反応して、行動が一方の極から他方の極へと（たとえば平和から対立へと）揺れ動く可能性がある（Granovetter and Soong 1983）。これをいささか特異な形で可能にする変化の一つは、後に論じるように、断固として攻撃的な態度を崩さない少数の人々の到来である。

このモデルからは重要な政策的英知が浮上する。ここで私が利他主義としてモデル化したものは、信頼、他者指向性、社会的精神という一般的な考え方の一部である。人生においては状況により（たとえば事業を始めるとき）、損失を被るリスクをとらなくては事業が進まないことがある。これは囚人のジレンマでCをプレーすることに似ている。あなたの事業の仲間（プレーヤー2）が協力的である（Cを選ぶ）ならば、両者ともにうまくいくが、仲間があなたの信頼を裏切ると、あなたにとってひどいことになる（得るものがない）。すでに示唆したように、利他主義係数αは人を信頼する傾向と考えることもできる。よって、このモデルが示すのは、社会がうまくいき繁栄するためには、利他主義と信頼という要素が決め手となるということである。このモデルで私はαを外生的とした。ただし、私たちが直観的に知っていることながら、人々（特に子供）の利他主義の程度、誠実さ、信じやすさの度合いは教育や感化によって左右される。[23] 一人の個人がより利他的になる（高いαを持つ）ことは、その人を経済的に助けることにはならない。実際、そのような人はだまされる危険性がある。しかし、社会のレベルですべての個人が他人をもっと信じる場合、たとえば、αが1／3を超えるようになれば、より大きな協力の可能性が生じ、さらにαが3／5を超えれば、確実に協力が起こり、より高い所得という経済的便益が伴うのである。

したがって、ある集団内部の利他主義と信頼の度合いの高さは、公共財のようなものである。いったいどうすれば政府や教育機関がより利他主義的な社会を促進するのみならず生み出せるのかは十分に理解されていない。[24] しかし同時に、これらの特質が変化するのか、変化させられるのかも分からない。人々に対して、道端にゴミを捨てないように教えることはできる。社会は寄付の習慣を醸成することができる。会社は環境意識を高めたり、他の形の倫理綱領を作成したりできる（Sacconi 2000）。こうしたことがいかにして起こるのかは依然として分からないが、大切なのは、無私の精神と利他主義、少なくともそうした特質を持つ能力は、人間に生まれつき備わっているものであり、促して変更を加えることが潜在的には可能であるということ、そして、そのような特質は発展に寄与するということを認めることである。標準的な経済学はこぞって利己主義を称賛していたため、より利他的であることは役に立つ特質で経済効率に貢献できるという事実をそもそも受けつけなかったのである。

あるレベルでは、ゲーム理論の到来以来、私たちにはこのことが分かっていた。それでも、この意識は広く行き渡って人口に膾炙するにはいたらず、本書でも私が主張するように、こうした観察結果は標準的なゲーム理論を超える根深いルーツを持つのである。

ここで展開した分析は、内部が異質な社会、とりわけ、協力の精神が個人によって異なる社会にも拡張できる。そうすると、少数の非協力的な個人がやってきた場合に、協力が完全に崩壊する過程を描くことができる。基本的な考え方は簡単に言葉で伝えられる。思い出してほしいのは、先に仮定したように、人々が一般に協力したいと考えるのは彼らの寛大さや利他主義の受け手がその寛大さに報いる場合だということである。協力精神の強さが個人によって異なる場合、いったん社会が少数の断固として非協力的な人物を受け入れると、協力への衝動のもっとも弱い個人（つまり、ゲームの他のプレーヤーが協力することに最大限の保証を必要とする人）が協力を止めてしまうだろう（というのは、社会に断固として非協力的な人物が加わることで、あなたが頑固者と相対する確率が高まるからである）。いったんこうした弱協力者が非協力的にふるまい始めると、非協力的なプレーヤーと相対する確率はさらに高まり、結果的にさらに多くの人々が非協力的になり、これは非協力的なプレーヤーに出くわす確率をさらに高めるのである。協力はこうした経緯ですっかり崩れてしまう可能性がある。ある簡単な例でこのアイデアを示そう。

社会が2種類の人々で構成されていると仮定する。利他主義の水準が1／3の人（αは1／3）と5／11の人である。彼らをそれぞれタイプA、タイプBと呼ぼう。タイプBの方がより利他的であることに注意しよう。この社会の人口は大きく、たとえば10億人で、半分がタイプA、半分がタイプBであるとする。以前に仮定したように、個人のタイプは外見から判別できない。よって、この社会のある個人が別の個人と組みにされるとき、各個人に分かるのは、相手がタイプAである確率が半分、タイプBである確率が半分ということのみである。[25] まず、すべてのプレーヤーが協力的なプレーを選ぶとしよう。表6を使って容易に確認できるが、タイプAの人々はC

とＤのどちらをプレーしてもかまわず、タイプＢの人々はＣの方をプレーしたいと考える。したがって、そこから逸脱して行動を変える理由を持つ者はいない。言い換えると、全員が協力的であることがナッシュ均衡なのである。

ここで、完全に非利他的な人がこの土地にやってきたとしよう。この人のαはゼロである。よって、この人は常にＤをプレーする。以前と異なり、ある人が無作為に他のプレーヤーと組みにされて囚人のジレンマをプレーするとき、その人はいまや相手がＤをプレーするわずかな可能性があることを知っている。これだけで、タイプＡの人々が協力的行動を放棄してＤに切り替えるのに十分であることが簡単に分かる。そのためいまでは、無作為に人に出会うとき、その人がＣをプレーする可能性は、正確にどれくらいかは分からないまでも、確実に半分を下回るのである。タイプＡの全員と新しい人一人がＤをプレーすることを思い起こそう。タイプＢの人にとっても、Ｄに切り替える理由が十分にあることを確認できる。言い換えると、先天的に非協力的な一人の人物の到来がドミノ効果をもたらし、協力がすっかり台無しになるかもしれないのである。[26]

私はこの結果を簡単な計算で導き出したので、いま述べたことは特殊な例にすぎないという印象を持たれるかもしれない。実際には、同じ論理を拡張して、人々の利他主義の水準は異なるが最初の段階では全員が協力するという、より一般的な場合を考えることもできる。生まれつき非協力的な人物が一人この社会に加わると、巨大なドミノ効果をもたらしかねず、もっとも利己的な人を攻撃的行動に切り替えさせることで雰囲気を少し損ない、次にもっとも利己的な人が協力的行動を放棄するように促すのである。これは雰囲気をさらに悪化させ、次の人の行動の変化を促し、これが続く結果、ついには協力がすっかり台無しになる。論理は先の簡単な例で述べたものとまったく同種である。

内集団における利他主義の二面性

私たちは通常、利他主義を望ましい特質として扱い、実際それはほとんどの場合そうである。しかしながら、そうではない重要な状況が存在する。これがもっとも頻繁に（常にではないが）生じるのは、内集団の利他主義が存在するとき、つまり、ある人の利他主義が、仲間と認める人々に限られるときである。ここで私が主張したいのは、内集団の利他主義がヤヌスのように二つの顔を持つことがままあるという点である。それは富、繁栄、善意の創造につながると同時に、他の集団に対する抑圧や搾取のための強力な道具になりうるのである。[27]

内集団とその他を区別する人間の能力や傾向を認識しないかぎり、発展の歴史や、成長した国と失敗した国がある理由、繁栄した集団と停滞した集団がある理由などをより深く理解することはけっしてできない。集団に働く化学的作用を見ずにこれらを理解しようとするのは難しく、従来の経済学はこれを甘受してこなければならなかった。伝統的な経済学がこれをほとんど認めなかった理由は、この分野で利用されてきた方法論的個人主義の無意識の帰結である。[28]

個人というものを社会に言及せずに完全に記述することができ、個人は効用最大化を動機とし、各個人の効用はその人の消費、貯蓄、および富の創造の関数であるといった仮定は、多くの分析のために有用であり、経済理論の洗練に貢献してきた。しかし、この同じ便利な方法論は、同時に現実のいくつかの側面を覆い隠してきたのである。

これを考慮するためには、まず第3章で議論したような、規範に基づく行動を認めなければならない。すなわち、人間はある種の習慣に従い、社会の一部として生きるために、多くの個人的利益を我慢することができるし、実際にそうするのである。ここからほんの一歩進むだけで認められる事実は、こうした小さな身振りが、個人、とりわけ自分が関与している集団に依存する可能性が高いということである。私は、自国にいるときは（壁や監視がない場合でさえ）敷地の境界を尊重するかもしれないが、どこか他の土地では尊重しないかもしれない。規範に基づく行動や利他主義のこのような集団特異性は、国と集団の繁栄や貧困に加えて経済発展を対象とするはるかに豊かな分析への扉を開く。領域は広大であるが、最初の暫定的な一歩を踏み出すことから始めたい。

ここで取り扱うのは一般的な社会規範ではなく、簡単化のため、利他主義と他者指向型行動に限られる。これまでは、個人 i の利他主義はあらゆる人に向けられると仮定していた。もちろん、その必然性はない。実際、人々は内集団と外集団に対して異なる倫理および利他主義の規範を持つのである。多くの社会が人種、性別、宗教、出身国、言語、カーストなどの違いによって分断され、人々はしばしばアイデンティティを共有する人たちに対して特別の信頼と利他心を抱く。(29) さらに、より誠実な性格を持つことで知られる集団もある。このとき、他の人々はそうした集団と貿易や事業をしたがることになり、結果的に、これらの集団は関連する市場でうまくいく傾向がある。

デリーに落ち着いた直後の１９８０年代初期に、私は中古車を買おうと考え、大量の新聞広告に目を通した。これらの広告の多くが、車は「南インドの婦人」に所有されていたと言及していることに私は感心した。まもなく、事情が明らかになった。インドでは多くの人が、南インド人の方が信用でき、女性の方が男性よりも誠実であると信じている。貧しい国々では「政治的正しさ」が表現の自由を妨げることはないため、車が南インドの女性に所有されていたという広告は、中古車という当てにならない世界の潜在的な買い手に対して、車は信用できる筋のものであるということを告げる一手段であった。北インドの男性たちの間で南インドの女性と称する衝動が非常に強かったため、しばしば広告の情報は二重の意味で虚偽であった。いくどとなく、私に車を見せてくれた北インドの男性と話をした後、所有者に会わせてもらえないかと聞くと、「公務で出かけている」と言われ、所有者が善良な人物であることをさらに暗示された。公務につくことは自分の仕事に専念するよりも高貴なものであると広く見なされているからである。かりに、公務でしばしば出かける実在の南インドの婦人が車を売りたかったとすると、彼女が自然と有利になるであろうことを見るのは難しくない。

頑固な経済学者は概してこれに困ってしまう。いったいどうしてこの状況が持続できるのか。当然、「個々の」南インド人は、自分の「集団」の評判のよさを利用して消費者を欺き、おいしい思いをするだろう。そうする人が増えるにつれて、集団のよい評判は損なわれていく。私はその可能性を否定するわけではないが、それが必然的に起こると信じるのは方法論的個人主義の誤りであり、人々が生まれつき持っている協力の精神や公共善への衝動を見過ごすことになる。さらに、それが生まれつき心に深く刻み込まれているときには、自らの価値観に忠実であるために小さな個人的利益の可能性を見送ることをためらわないかもしれないのである[30]。

本題に戻ると、集団によって信頼や誠実さの度合いに違いがあるだろうという一般的な点は正しいと思われる。これを認めると多くの複雑な可能性が開けてくる。もっとも単純な場合は、内集団の信頼が社会を異なる小集団に分割し、それぞれの内部では信頼と利他主義が存在するが、小集団を超えてそうした社会的感情が存在することはほとんどない。しかし、状況によっては、iがjを自分の内集団に属するとして扱うものの、その気持ちが報いられないことに気づかないということがありうる。国や集団内の協力は、こうした忠誠心の分断があると崩壊する可能性がある。国が市民の間の連帯感を作り出そうとしても、市民の一部がたんなる市民権とは異なるアイデンティティに対して忠誠心を抱いていると、協力は崩壊するかもしれない。

さらに、前節では利他主義は常に良い結果につながった。しかし、分断された社会において利他主義と信頼が内集団に限られていると、こうした特質は集団抑圧の道具になりうる。ある集団が別の集団を抑圧し、集団のメンバーが個別に抑圧を試みる場合よりも大きな力が抑圧する側の集団にみなぎるのである。

こうした方向の探求を続けるには多大な時間と労力を要するだろう。ここで私にできるのは、試験的な歩みとして、利他主義がアイデンティティを共有する人々に限られることをいったん認めた場合に開かれる研究の範囲を示すことである。このアイデンティティの感覚がどこからやってくるのか、それは変化するのか、永遠のものなのか、そして副作用を防げるのかは大きな論点であり、これまでにいくつかの研究はあるものの、ほとんどが手付かずである。(31) ここで私は、こうした利他主義の特徴をもっとも基本的なものとして扱い、単純に以下のことを仮定する。つまり、ゲームをプレーするとき、人々は何らかの既存のアイデンティティの感覚を利用して相手を分類し、自らの金銭利得を評価する。

αが定数で１／２に等しいという仮定に戻ろう。私はすべての人がすべての他人に対して利他心を持つと仮定しているわけではなく、むしろ、iがjに対して利他心を持つとき、それは常に利他主義係数αという一定の水準であると仮定しているのである。αを人によって変えることは原理的に可能であるが、そうすれば分析が必要以上に複雑になり、より重要なこととして、それが著者の能力を超えて複雑になる。

社会が二つの集団からなるとしよう。全体のうち比率pが集団Ａに属し、これは人種、カースト、または同じ大学に所属したという事実でもよく、残りが集団Ｂに属する。人々が（本能的に、あるいは修養を通じて）自らの集団のメンバーだけに利他心を持つとするならば、前節と同じ分析を行なえるが、ただし各集団を一つの社会と考えることになる。この場合、分析はとるに足りない。人々は集団を超えてゲームをプレーするときには利己的で、Ｄを選ぶ。しかし、各集団の内部では、前節のように協力と裏切りが生じうる。よって、たとえば、均衡において、集団Ａは協力して経済的に進歩を遂げるが、集団Ｂは分裂した社会として貧困と無秩序に生きる可能性がある。

より興味深いケースは、集団Ｂの人々がＡとＢを共通のアイデンティティであると考え、すなわち、彼らのアイデンティティは一般的な国家のアイデンティティであり、他方、集団Ａの人々は内集団のアイデンティティを共有する場合である。特殊な一例は、集団Ａのメンバーが、たとえば秘密結社に属して密かに握手をするため互いを認識する一方で、Ｂのメンバーにはすべての人（タイプＡとＢの個人）が同じに見える場合である。

Ｂのメンバーは、この社会のすべての個人に対して利他心を持つと仮定しよう。いずれにしても、彼らは、誰がAに属し、誰がBに属するのかを見分けることができず、異なる集団の異なる人々に対して異なる感情を抱けない。しかし、Aのメンバーは、Aのメンバーとそうでない人を見分けることができ、彼らが培ってきた利他主義αは自分自身の集団のメンバーだけに向けられる。

さて、タイプBの人が別のプレーヤーに出くわすとき、相手プレーヤーが協力しない確率はpを下回らない。これは、タイプAの人がタイプBの人に協力しないからである。pが非常に小さいならば、タイプBの人にとって協力には価値があるかもしれない。協力しない相手に時々振られるであろうが、Aの人口が小さく、Bが全員協力するならば、Bのすべてのメンバーにとって協力には価値がある。表6の数値を考慮すると、これが起こる技術的条件は、タイプAの人口が社会の人口全体の2／3を下回る場合であるということを示せる。これが真であり、タイプBの人々は全員が協力すると仮定しよう。他方、タイプAの人々は自分自身のタイプとだけ協力する。

この均衡では、タイプAの人々は、囚人のジレンマをプレーするたびに、期待「ドル」所得$6p+8(1-p)$を手にする。タイプA（確率p）に出くわせば6ドルを手にし、タイプB（信じやすいタイプでAに裏切られる）に出くわせば8ドルを手にするからである。

他方、タイプBの各人の期待所得は$6(1-p)$である。したがって、タイプAはタイプBよりも所得が高い。しかしそれだけではない。内集団で共謀勢力を形成することにより、タイプAの人は、人口全体の誰とでも協力する場合よりもさらに多くを手にするのである。誰とでも協力する場合、Aはゲームごとに6ドルの所得を手にする。集団外のメンバーを食い物にする能力が、彼らを優位に立たせるのである。

この計算にはマキャベリ的な教訓が潜んでいる。タイプAの人口が十分に大きく、上記の均衡が成立しない場合を考えよう。Aのすべての人がBに対して行為Dをプレーするとき、タイプBは頻繁にだまされるため人を信用しなくなり、非協力的に行動するようになる。

しかしながら、タイプBに協力させることはタイプAの利益になる。なぜなら、そうすれば、タイプBをうまく「食い物」にできるからである。その「搾取的均衡」を取り戻す一つの方法は、タイプAの人々が共謀して、タイプBの人々に対して常にDをプレーするのではなく、時々Cをプレーすると決めることである。これにより、タイプBの大勢をだまして、彼らは皆一つの共通のアイデンティティを共有していると信じ込ませることができ、彼らは常に共謀してプレーし、結果的にタイプBは食い物にされるのである。これは、集団Aが利用するものとしてはかなり不快な戦略である。このモデルの役割は、そのような戦略を使う下位集団の人々が存在する可能性に警鐘を鳴らすことである。[32]

実際のところ、植民地の搾取でもっとも成功したものは、故意にせよ無意識にせよ、この種の戦略に依存した可能性が高い。大衆の搾取に没頭する支配的な寡頭政治集団や人種にとって、役に立つ戦略とは、大衆の間にアイデンティティが形成されるのを邪魔するため、彼らの一部を選び出して富とわずかな権力を与えることである。これにより、大衆の間には、自分たちもやればできるという気分が生まれるだろう。支配者側の人種は、うまくやった少数の者を頻繁に指し示すことでこの気分を助長できる。ある集団が反抗的になるようなことがあれば、コツは、集団のアイデンティティを引き裂くため、鍵となる人物を引き離してエリート集団の側に取り込むのである。これは南アフリカのアパルトヘイト体制の常套手段であった。また、今日の米国でも一部の保守派知識人の間にこれを見ることができる。彼らは、はびこる貧困に黒人たちが苛立ち、要求を高めることを警戒している。そして、黒人たちがいかに多くを成し遂げたかに注目を集めるため、成功した少数の者に言及する。あるいは、彼らが白人と比べてどれほど成功したかを指摘するのではなく（彼らの成功は比較すれば見劣りするため）、むしろ失敗している他の社会を怪しげな比較基準に用いる。その言外の意味は、彼らはよくやってきたのだから満足すべきだというものである。パット・ブキャナンがこのテーマについて述べている。「アメリカはこれまで黒人の皆さんにとってこの世で最高の国です。60万人の黒人が、アフリカから買われて奴隷船でやってきて、4千万人の共同体となり、キリスト教の救済を知り、黒人がいまだかつて知らなかった最高水準の自由と繁栄に達したのは、まさにこの国においてでした」(33)。

はっきりさせておかなければならないが、集団的な搾取を可能にするこうした行動を観察するたびに、特定の意図を読み込むのは間違いであろう。現実には、抑圧される人々と同様に、抑圧する側にもさまざまな人がいる。インドの植民地時代の歴史を調べれば疑いの余地なく分かるように、インドの英国人支配者のなかには、植民地の被支配者を助けることに誠実な関心を抱いていた人も多く、彼らの一部は実際それがインドでの自らの使命であると信じていた。これは、植民地行政の手先となった人々のみならず、王室の任命によりインドで行政に携わった支配者の一部にも言えることであった。しかし、意図と帰結は別物である。私が主張しているのは、ある集団が同じ場所に居住しつつ別の集団を支配するとき、支配者の行動様式はいま描いたような形をとる、ということである。そうすれば、抑圧されている人々をなだめて、彼らは皆、共通の利害と共通のアイデンティティを持つのだと信じ込ませることができるのである。実際、抑圧者側に善人が存在すると、実質的に抑圧の持続を助長する要素となるかもしれない。というのも、それは、統制されている人たちとの協力の水準を引き上げて、アイデンティティを共有しているという彼らの信念を確かなものにする効果を持つからである。思い起こせば、現代インド建国の父であったガンディーは、インド人と英国人がインド亜大陸においては平等なパートナーであるということを長年にわたって信じ、初期の過激派による独立の要求には抵抗していた。英国側が起こした数多くの事件や衝突があって初めて彼は考えを改めたのである。

ここで一つ疑問が生じるかもしれない。これらの結果は一般に適用可能なのだろうか。というのも、ここで導かれた結果はすべて囚人のジレンマの例と特定の利得を使っているからである。実際これは、一般的な結果（社会において常に真であること）を立証しようとしているのであれば、懸念の元となるだろう。そうではなく、本章の目的は、経済と社会の教科書モデルでは不可能とされてきた種類の行動を社会が示す「可能性」を描くことである。先ほど私は、ある集団が（内集団）利他主義と信頼という生まれつきの特質を利用して他の集団を支配し、さらには搾取さえ行なうしくみを示した。私はこれが常に起こるだろうと主張しているわけではなく、ふさわしい条件のもとでこれが起こりうると言っているのである。したがって、ある種の社会状況の適切なモデルとして受け入れられているゲームを使ってこの議論を記述すれば、現在の文脈においては十分である。一般化の可能性を試すことは、興味深い将来の課題である。

内集団の信頼について議論すると、アイデンティティに基づく共謀的な行動に伴いがちな別の困難が注目される。すでに見たように、たとえ人々が他者を信頼して協力を望んでいても、社会に「焦点となるアイデンティティ」がないという問題が生じうる。前節で私が設けた仮定は、国全体が共通のアイデンティティを持ち、すべての人に対する共通の利他主義で結ばれているというものであった。

これと似たような問題が社会における協力を完全に失敗させる可能性がある。よく知られているように、私たちは複数のアイデンティティを持っており、このことはしばしば（実際、おそらくほとんどの場合）、社会のまとまりを維持する助けとなる（Sen 2006; Dahrendorf 1959）。しかし、それは協力の失敗をもたらす可能性もある。このことを確認するため、ある国の人々が、最重要の（一次的な）アイデンティティを共有する人々の間で助け合う決心をしたと考えよう。この社会が、焦点となるアイデンティティを欠くか、あるいは分断されたアイデンティティではなく重なり合うアイデンティティを有するとき、均衡において協力は生じないかもしれない。

ある国に二つの人種1と2、二つの宗教1と2、二つの言語1と2があるとしよう。分かりやすい表記法を用いて、個人を（1，2，1）あるいは（2，2，1）などと記述することができる。ここで（1，2，1）は人種1、宗教2、言語集団1に属する個人を意味する。タイプ（1，2，1）のすべての人々の集合をAとし、タイプ（1，1，2）の全員をB、（2，1，1）をCと表すことにしよう。全人口の1／3がタイプA、1／3がタイプB、1／3がタイプCであると仮定する。先に説明したように、人口が大きいことも仮定し、したがって、ある個人が自らのタイプを知ることは、このプレーヤーが別の無作為に選ばれるプレーヤーのタイプの確率を計算する際に影響を与えない。

ここで、Aは全員が人種こそ最重要のアイデンティティであると考え（同じ人種の人と協力しようとする）、Bは全員が宗教こそ最重要のアイデンティティであると考え、Cは全員が母語こそ最重要のアイデンティティであると考える、と仮定しよう。この社会で各人が直面するのは、相手が自分と同じタイプで協力的だろうと予想する場合の少なくとも半分において相手が裏切りを選ぶという現実である。これでは、現実的な条件のもとで、誰も協力に価値があるとは考えない。

ここには政策的な含意があり、かりに政府や何らかの集合体が国やメンバー間の協力的行動を促進したければ、市民の間に焦点となるアイデンティティを生み出すよう努力しなければならない。抑圧されているさまざまな集団が抑圧者に対抗して集団で決起しないのは、おそらく彼ら自身の間に焦点となるアイデンティティが欠けているからである。これは、何らかの集団や国における内部での協力を妨げようとする専制君主や強力な政府にとっても有用な結果である。その目的は、焦点となるアイデンティティを形成する能力を破壊することに他ならない。集団のアイデンティティを、重複し、衝突し合う複数のアイデンティティに分断させるという意図的な政策を通じて、その集団を統制下に置き、反乱の可能性を食い止めることができるのである。これが自然に起こることも時々ある。植民地主義の興隆期には、小さな帝国主義諸国が広範にわたる人々に対する支配を確立した。これは、アイデンティティと信頼を考慮に入れなければ理解できない。インドに対する支配を確立した英国の一握りの役人たちは、共通のアイデンティティと内集団の利他的精神を持っていたため、集団の大義を推し進めるために個人的な犠牲を払うことができた。他方、インド人たちは焦点となるアイデンティティを持たなかった。多くの点で、インドという概念自体が、植民地として従属した経験を通じて生まれたものであり、従属に対抗するために利用できるものではなかったのである。

上記のモデルはせいぜい現実世界を寓話に仕立てたものと見なすべきである。それでも、それは政策の方向性を示すものであり、あらゆる科学の例にもれず、その際に私たちの目的が貴いか卑しいかは関係がない。この寓話は、どうすれば経済的に繁栄できるかを示し、自分たちで協力して抑圧から逃れようとする人々に対して、また、他者を抑圧するために協力しようとしている人々に対しても、ヒントと示唆を与える。たとえば、大勢の大衆を搾取する一つの方法は、共謀する下位集団を形成し、そのメンバーは主にその下位集団にアイデンティティを求めるものの、大衆を欺き、その下位集団は大衆と完全にアイデンティティを共有すると大衆に思い込ませることである。もちろん、幸いなことに、この下位集団の努力は、同じことを試みる他の下位集団によってくじかれる可能性がある。(34) あまりに多くの日和見主義的集団が存在するようになると、社会は崩壊して利己主義的な無秩序という、生産性の低い均衡に陥るかもしれない。そうした種類の行動は、道徳的に勧められるものではないが、事実解明のための理論としては、分析によって解釈するのは世界がいかに動くかのみである。この知識は善悪いずれの用途にも使えるのである。

この寓話から浮かび上がる中心的な教訓は、一般的な見識とは顕著な対照をなすもので、お馴染みの見えざる手に関係する。「見えざる手の定理」はスミス以来のもので、詳しくは第2章と第3章で議論したが、経済政策の策定に法外な影響を及ぼしてきた。(35) それは、さまざまなシンクタンク、組織、そして言うまでもなく多数の経済学者が発展途上国の政府に与えた助言においても目立っていた。多くの人がこの定理から何の気なしに引き出した含意の一つは、私たちの経済生活・社会生活の組織と並んでふるまい方にもかなりの影響を及ぼしてきたが、それは、利己的であってよい、というものである。というのも、結局のところ、市場の見えざる手の調整力のおかげで、社会全体にとってよい結果につながるからである。この利己主義の公理は近年、他の学問領域、たとえば社会学や新しい政治学の一部にも波及している。

消費者と生産者のみならず政治家、官僚、裁判官も自己中心的であり、さらに重要なのは、その状況に問題がないと私たちは教わるのである。これは憂慮すべき帰結を伴う。つまり、第3章で論じたように、裁判官には、彼らが自らの利益にとってもっとも都合のよい評決を下すことしか期待できなくなる。よって、裁判官や判事に公正な評決を出させる唯一の方法は、公正であることが各裁判官の自己利益となるように制度と誘因の構造を設計することになる。

このお馴染みの哲学は、社会・道徳のみならず、経済成長・発展の観点からも有害であった。なぜなら、実のところ、発展というものは、人間が他者指向型、公平、誠実であることを要求するからである。[36] こうした特質は私たちのほとんどに生まれつき備わっているものであるから、必要なのは、訓練や社会化を通じてこれらを弱めないことである。(たとえば)官僚の腐敗の問題を取りあげよう。それは非常に多くの社会の組織構造に食い込んで、発展の可能性を傷つけてきたものである。この問題に対する標準的な政策対応は、「見えざる手の定理」と人目を引くグローバル経済学者の人気に触発されたもので、政府は官僚のための誘因と懲罰の体系を再設計すべきであると主張する。私たちが口に出さないのは、腐敗の蔓延が私的な誠実さと個人の道徳的コミットメントの欠如(というよりは抑制)と大いに関係している、という点である(Minkler and Miceli 2004)。誘因の設計は一定の役割を果たすが、私たち自身の価値観や倫理観の方が大きな役割を果たすのである。腐敗していない政府が清潔であるのは、たいていの場合、第三者によるそうした腐敗の監視のためではなく、官僚や政治家による自己監視が理由である。標準的な経済学や経済社会学にはその余地がない。なぜなら、これらの学問領域は「自己」監視というものをおよそ認めないからである。[37]

腐敗のはびこる国に住む市民が生まれつき不道徳であると信じる理由はない。むしろ、彼らは均衡で不道徳に「ふるまう」のである。これは、ロバート・フランク、トム・ギロヴィッチ、デニス・レーガンによる著名な実験結果と関係がある(Frank, Gilovich, and Regan 1993)。彼らによると、さまざまな度合いで利己的にふるまうことのできるゲームにおいて、経済学者(経済学徒)がもっとも利己的であった。この結果はさまざまに解釈することができるが、私の見方では、経済学者はすべての人が利己的であり、利己的であってよいということを教科書で学ぶため、自らの考える標準的行動に順応しようとするのである。[38]腐敗した環境では、人々は腐敗を基準と見なし始め（さらには、その基準から逸脱する費用はより正直な環境においてよりも大きくなり）、前述の実験における経済学者のように、基準的行動と見なすものを再現し始める。[39]

１９９０年代初期に、私は研究生のチームを連れて、インドでもっとも貧しく無法の地域の一つ（現在のジャールカンド州）にある村々へ行った。この地域の大混乱を目にすれば、インドに必要なのは政府の縮小であるという、俗受けする助言のむなしさは明らかであった。そこに政府の形跡はまったくなく、「政府の縮小」は現実的な選択肢にはなりえなかった。また、個人による利己的な行動があふれていた。欠けていたのは、経済発展を可能にするあらゆる種類の社会的価値であった。これらの村々が完璧に再現していたのは、一部の経済学者が勧めるもの、つまり無制限の自己利益への完全なる依拠であった。この観察は、私たちが研究していた村々以外にも当てはまる。多くの教科書の教えとは逆に、世界で経済的にもっとも悲惨な地域は、多くの面で自由市場の模範であり、道徳に無関心な個人が自分の財産の強化のみを追求し、法の形跡はなく、公平性と正義に対する個人的な尊重は抑圧されるのである。

このことがもっとも顕著に現れる例は、第三世界の路上である。ドライバーはあらゆる法定規則を破ろうとし、自らの利益を満たすことに容赦なく専心し、思うがままにハンドルを切る。交通警察の介入の証拠もほとんどなく、本来ならば第三世界の路上は新古典派的効率性の教科書的事例となるはずである。そうならないという事実は、私たちに警鐘を鳴らし、非常に多くの教科書の中心的なメッセージが間違っているかもしれないという可能性に気づかせるはずである。

人間は生まれつき利己的なわけではないが、利己的であることが正常であると教え込まれたり、完全に利己的な風潮が支配する社会で育ったりすれば、そうなることを覚える。社会の進歩と経済発展を望むならば、私たちは生まれつきの感覚として備わる社会的価値観（利他の心、信頼性、誠実さ、フェア・プレーの感覚など）を養う必要がある。そして、世界が分断され抑圧者と被抑圧者とに分かれることを望まないのであれば、これらの価値を人種、宗教、国籍で定義される狭い内集団だけに吹き込むのではなく、すべての人間に教え込む努力が必要である。

アイデンティティの副作用

これまでに展開した枠組みは、現代のもっとも重要な問題の一つをよりよく理解する助けとなる。それはアイデンティティと文明の衝突である。おそらく歴史上、長きにわたり眠っていた標識にすぎないアイデンティティが、時に燃え上がって対立と侵略の象徴になるのはなぜか。人々が他の集団に対して隠れた敵意をまったく抱いていないと言いながら、あたかも抱いているかのようにふるまうとき、彼らは真実を語っているのだろうか。本章で展開した分析道具により、私たちはこうした種類の疑問に対して少なくともいくつかの答えを提供することができる(40)。

以前と同様、個人が手にする実際の利得はその個人の選択を導く数値とは異なる可能性を認めることにしよう。私がここで用いる基本的なゲームは、先に第4章で導入されたもので、「保証ゲーム」（Sen 1967）、「調整ゲーム」（たとえばWeibull 1995）などと呼ばれている。これは第4章の表3に描かれており、ここでは「基本ゲーム」と呼ぶ。

多数の個人からなる国を考えよう。各個人は、目に見える（すべての人に見える）特徴と、本人には分かるが他人には分からない、見えない特徴をいくつか持っている。簡単化のため、目に見える特徴は人種であるとし、同じく分析を簡単に保つため、人種は黒人Bか白人Wであると仮定する。さらに、見えない特徴は、自分と同じタイプ（見た目が似ている人）に対する個人の親近感を捉えると仮定しよう。見えない特徴の諸作用は後に説明する。

この経済の個人は、無作為にペアとなり、基本ゲームで対戦する。基本ゲームにおける利得は、プレーヤーが受けとる直接的で目に見える利得であると考えなければならない。簡単化のため、数値はドルの支払いと考え、これらの利得は共有知識であるとされる。戦略AとCはそれぞれ「攻撃的」（Aggressive）および「協力的」（Cooperative）行動を指す。ゲームではお馴染みのように、各マス内の左側の数字は、行を選ぶプレーヤーが手にする利得を指し、右側の数字は、列を選ぶプレーヤーの利得を指す。よって、プレーヤーiがCを選び、jがAを選ぶとき、つまりiが協力を選び、jが攻撃を選ぶとき、第4章に描かれた基本ゲームの利得行列から分かるのは、iが1ドル、jが9ドルを手にするということである。

このゲームが捉える着想は、協力的行動が望ましい結果をもたらすものの、相手が攻撃的である場合には協力したくない、というものである。このゲームには多数の異なる解釈を与えることができる。たとえば、行為Aは相手プレーヤーに対する暴力行為であり、ゲームは攻撃された人に仕返しをする人々の傾向を表現しているともいえる。筋金入りの平和主義者はこのゲームには登場しない。

別の解釈は、より広く適用できるもので、たとえばCはビジネスにおける協力的行動を表し、Aは無慈悲な行動を表す。無慈悲な人に対して協力的にふるまえば、うまくいかない。両者が協力できれば、どちらもうまくいく。より巧妙なゲームで、ビジネスでは無慈悲であることが常に個人的な利益になるようなもの（たとえばBasu 2000の4.6で用いたゲーム）を使うこともできたであろうが、本章の目的にとっては、複雑さを増す価値はないだろう。言い換えれば、ここで捉えられている着想は、ある集団内部の信頼がいかに進歩と繁栄をもたらせるか、というフランシス・フクヤマの議論の精神に沿うものである（Fukuyama 1996）。このゲームでは、人々の集団が互いに信頼して協力的にふるまうならば、より多くを手にし、繁栄するのである。

このゲームには二つのナッシュ均衡（A，A）、（C，C）がある。すなわち、これらの戦略の選択においては、相手プレーヤーの戦略を所与とすると、誰も一方的に戦略を変えたくはない。かりに（A，A）となれば、各プレーヤーは2ドルを手にし、（C，C）となれば、各プレーヤーは10ドルを手にする。よって、いくつかの均衡が可能な場合、人々はパレート優位な結果に向けてなんとか調整できると信じるゲーム理論家は、この基本ゲームの結果は（C，C）になるだろうと予測する。おおむね私もこの仮定に従うことにする。

ただし、二人のプレーヤーの人種が異なるとき、プレーされるゲームは基本ゲームではない。なぜなら、攻撃的あるいは協力的であることに伴う心理的な費用と便益があるかもしれず（すなわち、各プレーヤーの目に見えない特性がものを言うようになり）、それらは表3に示される、誰の目にも見える利得とは別物だからである[41]。人種が異なり無作為に組み合わせられる二人のプレーヤーiとjがプレーするゲームは、基本ゲームとは少し異なる。心理的な費用と便益を計算に入れなければならないからである。

人種の異なる人と協力するには心理的費用が少しかかるということを認めよう。特に、個人iは人種の異なるプレーヤーに対して協力的にふるまうとき、費用c_iを感じるとする。この心理的費用は個人によって異なるかもしれず、基本ゲームの利得とは違って、他の人々には見えない。これは、異なる人種間でゲームがプレーされる場合、各プレーヤーの心に不確実性をもたらすだろう。各プレーヤーは、相手の心理的費用の大きさを知らずにプレーしなければならない。これは前節で私たちがすでに見たものに似ている。各人の利他主義係数は他者には見えないのである。

これ以降、心理的費用はゼロから2の間の値をとると仮定する。この費用には異なる解釈を与えることができる。ほとんどの場合、c_iは次のように解釈される。それは、個人iがよそ者（自分と異なる者）に感じる生まれつきのよそよそしさを捉える。盲目的忠誠心の指数と考えることもできる。この心理的費用はプレーヤーの隠された特性ともいえよう。他人には見えないからである。

$c_i=0$の場合、個人iは自身のタイプの人とよそ者を区別しない。現在の文脈で言えば、人種を意識しないということである。c_iが1より小さいかぎり、プレーヤーは相手の協力的行動に対して協力で応答することを選好する。これは表3から明らかである。いま、結果（C，C）がプレーヤーiにもたらす利得は$10-c_i$である。c_iが1より小さいならば、これは9を超える。（A，C）におけるプレーヤーiの利得は9であるから、このプレーヤーは、相手プレーヤーがCを選ぶならばCで応答する方がよいのである。よって、これ以降、c_iがたまま1を下回るようなすべての個人を協力者と呼ぶことにする。

c_iが1を超える場合、プレーヤーiは、iとは異なって見えるあらゆる人に対して、その人がどんな行動を選ぶかにかかわらず、攻撃的にふるまうことを選好する。[42] これは、基本ゲームの利得を用いて簡単に確認される。最初に私が示したいのは、この状況では、たとえc_iが1より小さい（人々が協力者であった）としても、他の人種に対して攻撃的にプレーすることが彼らにとって唯一の合理的な戦略となる可能性である。相手側からの攻撃を予想すれば、私たちは攻撃で対応し、さらに、いくつかの弱い条件のもとでは、それが均衡で生じうる唯一の予想（攻撃されるという予想）である。言い換えると、膨大な量の人種的な敵意が、きわめて薄弱な根拠に基づいて生じるかもしれないのである。

iとjが同じ人種に属する場合、すでに説明したように、彼らは基本ゲームをプレーし（心理的費用のための訂正は必要なく）、このゲームには二つのナッシュ均衡が存在する。仮定に従い、彼らはパレート優位な結果、すなわち（C，C）に到達する。

ここで、一方のプレーヤーが白人で他方が黒人であるとしよう。人種は両者の目に見えるものの、AかCかの選択を決めるうえで、プレーヤーには不利が生じ、相手プレーヤーの隠された特性が分からず、自分の隠れた特性についての相手プレーヤーの信念も分からない。[43] こうした状況でよく用いられる自然な均衡概念は、ゲーム理論家の言う「ベイズ＝ナッシュ均衡」である。現在の文脈で、この均衡の考え方は容易であり、例を使って説明しよう[44]。

社会に六人が存在し、各人種が三人ずついると考える。人種別の隠れた特性のプロフィールの一覧は同一である。よって、各人種内の三人の個人をタイプ1、2、3と呼ぶことにする。$c_1=0$、$c_2=1/2$、$c_3=7/6$としよう。言い換えれば、平均すると各人種のうち二人の個人が協力者であり（うち一人は人種をまったく意識せず）、一人のみが一方的に攻撃を選好する。実際、私がこれから仮定するのは（一般化できるもの）、三人のそれぞれがタイプ1、2、3になる等しい確率を持つ場合である。各プレーヤーは自らのタイプを知っているが、別の人を目にするとき、その人は確率1／3でタイプ1（$c_i=0$）、確率1／3でタイプ2（$c_i=1/2$）、確率1／3でタイプ3（$c_i=7/6$）であろうと考える。要するに、私がいかなるタイプであるかは、相手のタイプに関する私の予想に影響を及ぼさないのである。この仮定なしで進めることも容易であるが、とりあえず続けよう。現在のモデルではこの仮定に問題はない。というのも、相手プレーヤーのタイプの問題が重要になるのは、相手プレーヤーが異なる人種の場合だけだからである。よって、私がタイプtであることは、相手プレーヤーがどのタイプであるかにまったく関係がない。さらに、大きな人口を対象とするとき、この仮定ははるかに自然であり、それは現実の状況の多くの場合にも当てはまるであろう。

ゲームの進行は前節で示したとおりである。人々は無作為に選ばれてペアとなり、プレーするように言われる。プレーヤーは自分と同じ人種の人と対戦することになったら、基本ゲームにおける利得が彼らの手にする利得で（しかもこのことは共有知識で）ある。他方、個人iが人種の異なる個人jと対戦する場合、利得はc_iとc_jを使って訂正されなければならない。特に、心理的費用c_iを個人iの基本利得から差し引かなければ、行動を導く実際の利得とはならず、これは個人jについても同様である。各個人iはc_iを知っているが、他者の心理的費用c_jについては推測するのみである。

結果として、二人のプレーヤーが無作為に選ばれてプレーする場合、偶然どちらのプレーヤーも黒人・白人の集団のタイプ３に属するのでないかぎり、ゲームには二つの均衡（A，A）、（C，C）が存在することになる。したがって、彼らは高収益の均衡（C，C）に達すると予想してさしつかえないだろう。ここから導かれることは（きちんと証明することも容易であり）、両方の人種集団にタイプ３の個人が存在せず、ゲームの他の要素がすべて上で述べたままであるような場合、自然な均衡では、すべての人が人種の同じ人々とそうでない人々に対してCをプレーする。言い換えれば、協力が行き渡るのである。

除外されていた二人の個人がこの社会に入ってくると、Cをプレーすることは均衡ではなくなる。[45] この極端な人種差別主義者（個人３）に出くわす確率があると、各個人が人種の異なるすべての人々に対して用いる合理的戦略は攻撃のみとなる。別の言い方をすると、社会は人種の境界線に沿って分断され、人々は自分たちの集団内部では協力し、相手集団に対しては攻撃的になるのである。

これを証明するため、まず、各人種の個人３（タイプ３の個人）は攻撃的戦略Aをプレーすることに注意しよう。なぜなら、個人３は、相手プレーヤーが異なる人種に属するかぎり、誰と対戦することになろうとAを選好するからである。ここで個人２を考えよう。この個人が相手に出会うとき、相手の隠れた特性は見えないが、推論（たったいま私が行なったのと同じ推論）により、相手がAをプレーする確率が１／３以上であることが分かる。相手がタイプ３である確率が１／３だからである。容易に確かめられるように、相手がAをプレーする確率が１／３以上である場合、個人２にとってはAをプレーするのが最善である。[46]

個人１（より正確に言うとタイプ１の個人）は、推論により、相手が２／３以上の確率でAをプレーすることを知っている。というのも、相手がタイプ２または３である確率が２／３で、推論により、いずれのタイプもAをプレーすることが分かっているからである。しかし、相手が２／３以上の確率でAをプレーすると予想される場合、タイプ１の個人は明らかにAをプレーする。したがって、すべてのプレーヤーがAをプレーするのは確実である。プレーヤーの２／３が協力者であっても、二つの人種の間には無条件の攻撃が生じるのである。

この結果の期待はずれな性質を理解するため、cの平均値を計算してみよう。それは5／9に等しい。よって、あなたが別の人に対面してゲームをプレーするとき、相手プレーヤーのcの期待値は1をはるかに下回る。そして相手プレーヤーのあなたに関する予想も同一である。これらの予想は実のところ共有知識である。よって、一見したところ、両方のプレーヤーがCをプレーして10に近い利得を手にすると予想するのがもっともである。しかし、上記の分析から分かるように、双方のプレーヤーがこれを知っているにもかかわらず、（C，C）という結果は起こりえない。彼らはいずれもAをプレーして、それぞれ利得2を手にするのである。衝突が唯一の均衡である。

この結果は特殊な事例で得られているため、この例のどのような特色がこの結果をもたらすかを問うてみる価値がある。答えはというと、この結果は以下の条件を満たすようないかなるcの分布に対しても成立する。すなわち、少なくとも一人の個人が他の人種への攻撃に対する支配的選好を持ち、かつ、すべての人々の間でcが近接しているため、すべての個人kに対して、$c_k - c_{k-1}$が2／n（nは各人種の人口）以下となるときである。この結果は非現実的には見えない。そのうえ、私はすべての社会がこうした特徴を持つだろうと主張しているわけではなく、こうした特徴は可能であり、この種の組み合わせはどの国でも生じうることで、そうなればアイデンティティの副作用はあっという間に広がるだろうと述べているのである。他の人種に対して生まれつき攻撃的な個人が一人やってくることが、社会全体への攻撃の拡大を引き起こす可能性がある[47]。人種間の攻撃のこうした原因を理解すれば、政府、NGO、あるいは危機を緩和させたい他の集団が新たな形態の介入を考え出す役に立つかもしれない。

異なる方法でこのゲームを解釈することもできる。社会にはちょうど二人の個人、つまり一人の黒人と一人の白人がいて、このゲームをプレーすると想像しよう。両者とも、cはゼロに等しい。しかし、それは共有知識ではない。各プレーヤーは相手の「タイプ」について事前に信念を持っており、この事前の確率分布は先に述べられたものと同じである。その場合、ゲームの形式的な分析は先ほど私たちが行なったものとまったく変わらない。このゲームのベイズ＝ナッシュ均衡は一つのみで、両者が互いに攻撃的にふるまう。これは、（cが十分に小さく、利得が共有知識となっているゲームでは）協力がナッシュ均衡であり、協力の結果の方がパレート優位であるにもかかわらず、そうなるのである。

これは経済学の標準的な見識に反するが、私たちの個人的行為がもたらす正負の外部性を理解して評価することは、私たちがそうした行為を試みる際の熱意の大小にしばしば影響を及ぼす。それが自己利益に反することであっても、である。さらに、ある種の行為は多数の人々が試みると社会に害をもたらす可能性があると意識すれば、一人だけが選択を変えても社会的にはとるに足りない場合であっても、私たちはしばしばその行為を思いとどまるのである。もし皆が不注意で、部屋を出るときに照明を消さないと、国全体が電気不足に陥りかねないと言われれば、人々は通常、納得して電気を消すのである。善良な市民は、車の窓からゴミを投げ捨てないことがそれ自体としては何の違いをもたらさないとしても、それを控える傾向がある。これは、もし皆が道端にゴミを投げ捨てれば街が汚くなると意識しているからにすぎない。私は、ウェイド・デイヴィスがアマゾン川流域の探検を叙情的に描くなかで言及した例外は無視している。コロンビアを列車で旅行中に、彼は前の座席の背に鉄道当局が貼った貼り紙を見た。「それはすべての乗客に、マナーとして列車の窓からゴミを投げ捨てるよう、丁重にお願いするものであった」（Davis 1997, 19）。

ある現象をよりよく理解すること自体が政策に影響を及ぼす。相手側が生まれつき邪悪なわけではないこと、人種を条件にして他者の予想を形成する傾向が紛争を助長することを認識すれば、私たちはこの傾向に歯止めをかけるであろう。さらに、右の例が示すのは、いかに私たちの選好（または全員の選好、あるいは一人か二人の選好）の微小な変化が大きな違いをもたらすかどうか、ということである。こうして、政府と市民社会は、いかに人々を「教育する」かについて何らかのヒントを得る。

上記のモデルを一般化するための重要な方法の一つは、隠れた特性が1を超える個人を除き、すべての人の人種意識を消し去ることである。私が言いたいのは以下のようなことである。（各人種に n 人がいると仮定して）各人 $k<n$ にとって、誰と対戦しようと協力の心理的費用 c_k が発生し、n 番目の人にとって、c_n は人種の境界線を越える場合のみ発生する。つまり、n 番目の人が同じ人種の人と対戦しているなら、心理的費用を感じることはなく、他方、別の人種の人と対戦するときには c_n が効いてくるのである。各人種において、n 番目の人以外は全員が人種をまったく意識しない。ベイズ＝ナッシュ均衡が先に述べたとおりにとどまることは簡単に見てとれる。人々は常に人種の境界線を越えると敵対的なのである。このモデルにおける人種的アイデンティティは、人々の効用関数に人種のアイデンティティ変数がほとんどないところから浮かび上がってくる。この結果は、このモデルがジョージ・アカロフとレイチェル・クラントンのモデル（Akerlof and Kranton 2000）とはどう区別されるかを示す。ここでの主張は、生まれつきのアイデンティティ感覚がほとんどないところからアイデンティティが生じる、というものである。「ほとんど」という言葉が重要で、なぜなら、社会の分断が生じるには、生まれつきのアイデンティティに対する選好が何らかの形で必要になるからである（この例では、それが n 番目の人に当てはまると仮定している）。

いかなる人の選好にもアイデンティティ変数がない場合でも社会がある意味で分断されうる、ということを示す別の修正も可能である。$n-1$ 人の白人と n 人の黒人がいる社会を考え、彼らの選好は上の例で述べたとおりであるが、ただし追加的な特徴として、心理的費用 c_i は対戦相手が誰であろうと生じるとする。選好において人々は人種の感覚を持たないのである。ここで、ただ一人、集団Bの n 番目の個人だけがAに対する無条件の選好を（白人と黒人に対して）持つことに注意しよう。人種は目に見える特徴であるから、あらゆるベイズ＝ナッシュ均衡が次の特色を持つことは容易に確認できる。黒人は、白人と黒人に対して行為Aを選び、白人は黒人に対して行為Aを選ぶ。この性質を持ちつつ白人が白人に対して協力的にふるまうベイズ＝ナッシュ均衡が可能である。これは、ある内部集団が社会の大多数の人々に対して行使するような支配を再現している。この場合、人々が完全に人種の点で中立的な選好を持っていても、人種に基づく行動が生じるのである。

他にも非常に興味深い攻撃と協力のパターンがあり、これまでのモデルの情報的仮定を修正することでそれらを説明できる。以下ではそれを行なおう。

人間の持つ特徴の一部は目に見えず、一部は目に見えるという仮定は（後者はすべての人の目に見えるという暗黙の仮定を含む）、人々の持つ特徴が人によっては見える（つまり、ある人には見えて他の人には見えない）という別の現実的な場合を見過ごしている。「先住民はすべて似ているように見える」というよくある話は、先住民にとってはそうでないという事実と組み合わせると、人によって見えたり見えなかったりする特徴の存在を示唆している。

人々が自らの人種集団の内部では互いを知っているが、他の人種集団内の個人を見分けられない場合を考えよう。言い換えると、白人である個人iが白人に対して攻撃的であるとき、後者に記憶される情報は、たんに「ある白人が私に対して攻撃的であった」というのではなく、「白人集団の特定の個人iが私に対して攻撃的であった」というものになる。他方、黒人である個人iが同じ白人に対して攻撃的であったとすると、頭に残るのは「ある黒人が私に対して攻撃的であった」という情報である。これは、生じる均衡の性質を大きく変える可能性がある。というのも、それは行動の確率と予想の形成に用いられる条件付き変数の性質を変えるからである。

これを確かめるため、先に論じたケースを考えよう。$n-1$人の白人とn人の黒人がいて、特徴は先に述べたとおりである。誰も人種に基づく選好を持たず、一人（n番目の黒人）だけが（すべての人に対して）攻撃的な支配的選好を持つ。白人たちには黒人たちの間の違いが分からないので、最初は、無作為に選ばれた黒人がAをプレーする確率は1／nであるという信念を抱く。そして、c_kが十分に密集している場合、これは以前のように連鎖反応につながり、すべての白人がすべての黒人に対して攻撃的となり、そして逆も真となる。

しかしながら、ある（nではない）黒人のプレーヤーが別の黒人iに出会うとき、前者の行動はiがnであるか否かに依存する。もしiがnならば、プレーヤーは必然的に攻撃的であり、もしiがnでないなら、この黒人プレーヤーは必ずしも攻撃的ではない。というわけで、この事例では連鎖反応が起こらないのである。以下に述べるのは、このゲームのベイズ＝ナッシュ均衡である。プレーヤーが人種の境界線を越えて対戦するときには常に互いに攻撃的であり、nではないすべての黒人iは黒人nと対戦するときには攻撃的で、もちろん黒人nは常に攻撃的である。これ以外、黒人は黒人に対して協力的にふるまい、白人は白人に対して協力的にふるまう。

このモデルは、民族間・人種間紛争の抑制方法に関してよく耳にする勧告の形式的基礎を提供する（Varshney 2002）。つまり、相手側を知ることの重要性である。これがうまくいく理由は、この助言を促す背景にあるものと多少異なるかもしれない。後者は一般に、誰かを知ることは温かい気持ちや愛情を育むということと関係している。ここでの主張は、私たちが相手側のことを知れば、一つの攻撃行為をある人種や民族集団によるものではなく、ある特定の個人による行為と考えることができる、というものである。

文化の罠ということについては多くのことが書かれてきた。すなわち、なぜ人々は、何の得にもならないように見える場合ですら特定の紋切り型の行動パターンに陥るのか、である。（Swidler 1986, Wilson 1987, Basu and Weibull 2003, Gray 2009）。アン・スウィドラーが問いただすように、「なぜ『貧困の文化』のメンバーは……行動と服装において支配的な文化に同化する機会を利用せず、適切な教育上の資格を取得せず、安定した仕事に落ち着かないのだろうか」（Swidler, 1986, 275）。これに答える一つの方法は、人間の選好がいかに変化し、興味深いことに、そこには自己実現的な要素がありうると主張することである。人はいったん自らがある集団に属していると認識すると、その集団の象徴に対する選好を育むのである。

ただし、本章で展開した分析の構造を用いて同時に主張できるように、たとえ人々の選好が変化せず、他の人種の境遇の方が好ましいと考える場合でさえ、彼らは自分たちの文化を変えるという選択肢は行使したがらないかもしれない。私がここで示唆している議論は「承認」と大いに関係がある（Taylor 1994）。ここで、個人には三つの特性があるとしよう。①生まれつきで公に観察できる特性（人種や国籍など）、②選択される文化的特徴（たとえば、服装の様式、髪型、学歴）、そして以前と同じく、③隠れた特徴、である。新しいのは②選択される文化的特徴である。これは二つのタイプ、緑と青、が可能であるとしよう。すなわち、各個人は緑となるか青となるかを選べるとする。選ばれる特徴が個人によって見えたり見えなかったりする（とりわけ、同じ人種タイプの人だけに見える）場合には、誰も選択を変えたがらないかもしれない理由は容易に分かる。上のモデルとまったく同じものを考えるが、ただし白人よりも黒人の数が少なく、黒人はすべて緑を選び、白人は青を選ぶとする。隠された特徴は、自分自身とは異なって見えるすべての人に対する敵意を表現すると想定しよう。

いまや容易に分かるように、iとjが互いに攻撃的であるのは、彼らが異なる人種に属するときで、そのときに限られる、という均衡が可能である。協力するほど手にする利得は大きく、黒人の数は少ないため、この均衡における黒人の厚生は低い。ここで、一人の黒人が、白人に対して融和の信号を送り、（たとえば投機的事業で）喜んで協力する意思を伝えたがっているとしよう。この人が、選択される文化的信号を変更することで（たとえば、緑の代わりに青を選ぶことによって）これを成し遂げようとする場合、この人の厚生は低下する。白人にとってすべての黒人は同じである（彼らは選択される変数を観察しない）ため、彼らの行動はこの個人に対して変化しない。そして、他の黒人たちはこの個人の文化的特性が変更されたことに気づくため、彼らの一部（cが非常に高い人々）は攻撃的になる。全体として結果は劣ったものになるのである。したがって、黒人が緑を選び、白人が青を選ぶ状況が続くことになる。

人類学者のM・N・スリニヴァスは、インドの下位カースト集団の一部が上位カーストの利点のいくつかを手にするために選択した、文化の意識的変更を指す「サンスクリット化」という用語を作り、さらに、なぜこの現象がより広範ではないのかを述べた（Srinivas 1995）。それは、異なるふりを試みる際に直面する恥辱と大いに関係がある（Basu 1989も参照）。驚くにはあたらないが、サンスクリット化が成功した事例は概して新しい地域に移住して生活をやり直した集団と関係している。

このモデルは他の興味深い現象の取り扱いにも利用できる。幸いにあまり頻繁ではないが、世界は「秘密結社」の出現と繁栄を目にしてきた。秘密結社とはある人々の集団で、彼らは自分たちがある特別な集団（この集団をSと呼ぼう）に属することを知っているものの、彼らを取り巻くより広い社会は、彼らが別個の（そして仲間内では認識される）集団的アイデンティティを持っていることは知らない（Robson 1990）。歴史上のある段階におけるフリーメイソンは、そのような集団として機能したのかもしれない。地下組織の革命運動はしばしば秘密結社の性格を持つ。ある社会に潜入しようとするCIAのスパイどうしは、他の誰にも気づかれないことになっていても、互いをCIAのスパイと認識するかもしれない[48]。そうした秘密結社は、社会的な意味でトロイの木馬の軍事戦略に対応する。それらは、秘密の結びつきに気づかない、より大きな社会の内部において、特別で一致団結した集団を形成するのである。

このことがモデルのなかでどう現れるかを理解するため、$2n$人の社会を考え、二つの下位社会BとWがあり、それぞれの人口がn人であるとしよう。本章ですでに論じたケースと同じく、タイプBの個人にはBとWの違いが分からず、他方、Wの人は（知る人ぞ知る秘密の握手などを通じて）、ある人がWかBかを識別できる。言い換えると、ここで仮定しているのは、すべての人々（BとW）が同じ肌の色と外見を持つが、握手をするときにWの人は中指を小刻みに動かし、それがWの人を示す信号であることはWの人だけ気づく、ということである。この場合、明らかに、Wの人はゲームの対戦相手がWであるかBであるかに応じて行動を条件づけることができるが、Bの人はそのような条件つき戦略を利用することができないであろう。これは、将来的に研究する価値のある数多くの分析の可能性を切り開くものである。

この分析は抽象的な性格を持っているが、主要な動機は、世界における人種や他のアイデンティティに基づく緊張や騒動を緩和するための政策の策定を助けることである。そのための第一段階は、アイデンティティの政治を理解し、個人が統計的情報と集団的特徴を使って個人的行動の予想を形成する単純なしくみを通じて、アイデンティティがある悪性の性質を獲得するようになる過程を理解することである。無害な違いが転じて、人々が進んで命を捧げるような重大な標識となるのである。これを防ぐためには、個人にとっては合理的なある種の行動を断念する必要がある。これは、汚染を抑制する一つの方法として、私たちが社会的な責任を果たすようにふるまい、混雑している待合室での喫煙やプラスチックのゴミ袋のポイ捨てを断念するのと同じである。そうした行動は個人にとって合理的ではないが、社会が機能するには、そうした小さな個人的犠牲が大きな社会的利益につながりうるという知識のみから、人々がこれらの行動特性を身につけていなくてはならない。アイデンティティに基づく衝突を食い止めるためには、そのようなちょっとした非合理性、たとえば、個人の属する集団の特徴や社会的アイデンティティに伴う情報を無視するといったことが必要になる。同様に大切なのは、「相手側」を知り、その結果、個人を大きな集団の匿名の構成員としてではなく個人として扱うことである。

第7章
契約、強制、介入

契約自由の原則と例外

１９９５年、米国に引っ越してまもない頃、私はカリフォルニアの弁護士から、彼の依頼人を支持する手紙をカリフォルニア最高裁の判事宛てに書くように求める手紙を受け取った。こうした事柄への倫理的配慮には自信がないので、個人名を明かすことは控えよう。彼の依頼人X氏は、起業家R氏から、新しいレストランを開くための50万ドルの融資の相談を受けた。二人は年利12パーセントと分割払いの返済計画に合意した。かなりの間、RはXに対し、返済計画に従って支払いを行なった。ところが、返済は滞り始めた。しばらく待った後、Xは契約違反でRを訴えることにした。裁判は順調に進んで、一見Xに有利となるように見えたが、Rの弁護団は、12パーセントの利率が当時のカリフォルニアの利子率の法定限度に違反していたことを発見した（融資の利率は上限11パーセントに設定されていた）。このことを利用して、Rの弁護団は、契約全体が法的に無効であり、したがってRは利子を払う義務はないと言い、そのうえ、この議論に従えば、彼はXに対して過大な支払いをしたのであって、Xから返金を受けるべきであると主張した。

この段階にいたって、Xの弁護士は（おそらくこうした事柄における私たちの職業的傾向を承知のもとで）経済学者の支持を求めることにし、手紙が私の机に届いた。最高裁判事に手紙を書く機会などかつて一度もなかったので、その目新しさは非常に魅力的であり、私は黙って従った。

私が書いたのは、簡単に言うと、次のようなことであった。法律には従うべきであるということは承知しているが、法律違反をどのくらい厳しく正すべきかは、当該の法律の妥当性に関する私たちの見解にしばしば依存する。私は続けて、この件ではカリフォルニアの法定利子率に関する法律がかなり理不尽であったと主張した。大人、しかも事業に精通している人が、12パーセントの利率で融資を受けることに同意し、貸し手が12パーセントの利率で資金を貸すことに同意するのであれば、おそらく両者はこの取引を通じていずれも得をすると予想しているのである。もし他人に対して負の副次的影響があると予想すべきもっともな理由がない場合には、誰もそのような契約を阻止すべきではない。実際、大人が自由に契約を結んでそれを当てにする能力は、活力ある現代経済の基盤である。ビジネス、企業、および進歩が可能となるのはそうした契約のおかげであり、同時に、そうした契約が認められなければ進歩は阻害される。

数ヵ月後に私が出会った経済学者は、その弁護士から同じ依頼を受け、やはり判事に手紙を書いていた。私たちは覚え書きを見比べながら、ほとんどまったく同じ考え方であったことに気づいた。考えてみれば、これはさほど驚くにあたらない。広く受け入れられている経済の原理として、かりに二人以上の正常な感覚を持つ大人が、ある契約や取引に自発的に同意し、それが契約と関係ない人々に負の副次的影響を及ぼさないならば、政府はそれを止めるべきではないのである。これはしばしば「契約自由の原則」(principle of free contract)、あるいは手短にPFCと呼ばれる（この議論についてはBasu 2003aを参照）。これは（すでに数ヵ所で言及した）パレート原理の考え方と密接な関係を持ち、そのことを通じて、自由市場はパレート最適性を達成するという考え方（第2章で『見えざる手の定理』の名のもとで探求したもの）とも関係している。PFCとパレート原理の関係については、この後すぐに扱う。

本章では、このルールを神聖視してはならないと主張するが、経済を効果的に機能させるうえでそれが重要であることは強調したい。この原理に対する私の批判を、政府や（善意または悪意を持つ）部外者による、他人の契約への無謀な干渉のためのアリバイと見なしてはならない。拙い介入によって多大な害がもたらされたと私は考えている。たいていの人は、契約を安心して当てにできることが経済発展にとって持つ重要性を過小評価している。契約を履行させる実効的な制度さえあれば、政府の政策の多くは不要であろう。一般の人々は、斬新な契約を結び、運命を上向かせることができるのである。このことは、第３章で論じた話題と密接に関係している。経済学者は一般に、契約を履行させることは政府の仕事であると考える。政府はこれに大きな役割を果たすが、「信頼の文化」があることの方がはるかに重要である。そうすれば、私たちは互いの言葉を信用できる。なぜなら、それが社会規範であって、人々は本能的にそれに従うからである。[1] これが重要である理由は、私たちは非常に多くの場面で互いの言葉を当てにする必要があるため、毎回、契約に署名して、政府や裁判所にその履行を保証させるのは端的に言って不可能だからである。また、自然な手段による履行（社会規範や信頼の文化の本能的な遵守）は第三者による履行よりもはるかに安上がりである。発展のための前提条件の一つにこの種の規範や信頼があることは、十分に認められていない。

政府はこうしたことすべてにおいて鍵となる。なぜなら、政府はしばしば負の役割を果たす羽目になるからである。前章で言及した、カルカッタ市ソルトレイク地区の不動産に関する法律を考えよう。ソルトレイク地区はもともと湿地帯で、市の東側に位置していた。開発は地方政府によるもので、その決定により、新たに開発されたこの地域の土地とアパートの区画は、あまり裕福でない人々に補助金つき価格で売却されることになり、中流および下層中流階級の人々による不動産の所有を可能にした。それは本質的には比較的貧しい階層に対する助成計画であり、そのようなものとしてはよい考えであった。これを担当した政治家は、市場の力に委ねると、こうした補助金つきの土地区画やアパートは、しだいに所有者を変えて、おそらくは富裕層の手にわたると考えた。これを防ぐため、彼らは、ソルトレイク地区の不動産は売却できないという法律を制定した。

これはPFCの愚かな侵害であると思われる。誰かが不動産の購入を希望し、その所有者が売却したいのであれば、おそらくは両者ともこの取引によって得をすると予想しているのであり、無関係の他者が損をすると予想する理由はない。これは、政府が取引に干渉してはならない状況の好例である。実際、政府が不動産を売却した相手である比較的貧しい個人は、その不動産を転売する追加的な自由を手にすることで初めて得をすることができるのかもしれない。その個人がバンガロールやドバイで魅力的な仕事に就くとき、ソルトレイクの不動産を売り払うことで容易に引っ越すであろう。それが許されないのでは、その人に害が及ぶだけである。事実、カルカッタの人々の移動の自由と最終的な厚生は、このような法律によって害されてきたと私は考えている。

米国では、契約自由の原則は、憲法修正第14条（１８６８年）によって保護されると一般に見なされている。契約の自由は「財産権」であるとしばしば言われ、「ロックナー対ニューヨーク州事件」（１９０５年）のような著名な判例があり、労働時間を短縮したり賃金を法的に引き上げたりするいかなる試みも、個人が思うままに契約を結ぶ自由の侵害にあたる、として裁判所により無効とされてきた。19世紀末から米国経済が顕著な実績を挙げた決定的な要素の一つは、米国の裁判所が契約自由の原則に対して明示した信念と、市民の間に広まった信頼という自然な文化であろう。ただ、すぐに見るように、この原理は度を越す可能性がある。経済学にはPFCを支持する多くの文献があり（たとえばFriedman 1962を参照）、さらに重要なことは、この原理に対する広範で暗黙の承認が存在することである。(2)

この原理の価値にもかかわらず、厄介なのは、よく考えてみると、言葉がきちんと定義されておらず、かなりの曖昧さを抱えていることである。たとえば、自発的選択というが、その適切な使い方は、何が「自発的」であり、強制的であるか、ということの理解を前提とする。そして、こうした概念は経済学ではきちんと理解されていない。皮肉なことに、哲学者や法学者は、契約自由の原則の妥当性と並んでこうした概念についての論争・分析を行なってきたが、経済学は、その大部分がこの原理に基礎を置くにもかかわらず、こうした議論はほとんどしないのである。

このことは多くの政策的混乱をもたらしてきた。他方で、私たちは政府や官僚によるこの原理の理不尽な侵害を目にする。さまざまな事柄について、政府は契約の条項を外生的に特定する。インドでは、50人を超える労働者を雇用している企業は、1947年労働争議法に定められた事前の規定に従わなければ労働者を解雇できず、100人を超える労働者を雇っている企業は、政府からの事前の許可がなければ労働者を解雇できない。起業家と労働者が自発的に結んだ契約が、法律の要請とは異なる解約条項を定めている場合（たとえば、労働者の賃金は高くなるが、企業は事前通告も解雇手当もないまま労働者に退職を要求できるとき）、それが裁判所によって無効とされるのは、カリフォルニアの融資契約が無効と判断されたのと同じである。よって、契約を結んだ後に労働者か雇用者がそれを破るとしても、相手側は法に訴えることができないのである。このことを知っているため、インドの人々は一般にそうした契約は結ばない。多くの経済学者が主張してきたことで、私自身も同意するのであるが（Basu, Fields, and Debgupta 2008 を参照）、契約自由の原則がほとんど尊重されないことが、労働者を含めてインドの経済に悪影響をもたらしてきた。というのも、起業家は、需要が不安定で（たとえばファッション衣料）、労働者の周期的な雇用と解雇を必要とするようなビジネスの開始を躊躇するからである。

この考え方を極端に推し進める主流派経済学者や法学者も存在し、契約自由の原則が例外を持つ可能性をいっさい認めない。しかし、思考力のある個人の過半数が契約自由の原則の遵守に違和感を抱くような例を見出すのは容易である。

第一に、ある会社が人事部のオフィスの外に貼り紙をして、当社は社員を高給待遇し、充実した医療給付と休暇を提供するが、社員に対して性的嫌がらせを行なう権利は留保する、と明確に述べているとしよう。そして、潜在的な求職者がこの会社で働きたいかどうかを決めることになる。ある労働者がこの企業で働くことを選ぶとき、ＰＦＣのもとでは、それを阻止することは国家の役割ではないと思われるかもしれない。政府は会社が上記のような契約を労働者に提示することを認めるべきであろうか(3)。おそらく、多くの会社が労働者に署名させるための「標準フォーム」を用いるが、労働者は性的な嫌がらせを受けない権利を放棄する(4)。ＰＦＣのもとでは、私たちはこれに反対すべきではないのである。

これに対する一部の人々の最初の反応は、性的嫌がらせをＰＦＣの範疇に含めることはできないというものである。なぜなら、嫌がらせは強制の一形態であり、したがって、労働者が性的嫌がらせを強いられるとき、それを自発的意思決定と考えることはできないからである。よく考えてみると、この反論は説得力を欠くことが分かる。嫌がらせはもちろん強制行為であるが、嫌がらせを含む一括契約を労働者が選択する場合、その一括契約を選ぶように強制されたと考えることはできない。それは、毎週６日間働かなければならない仕事を選ぶ労働者に少し似ている。この労働者は土曜日には働きたくないかもしれないが、だからといって、この仕事に就くことを強制されたとはいえない。しかし、私の考えでは、「契約上の」職場での性的嫌がらせは、たとえ自発的に選ばれた一括契約の一部であっても認めるべきではなく、これはＰＦＣに対する信念とも両立する。しかし、この主張は見かけよりもはるかに複雑である。

第二に、１９０３年には著名な判決「ポート・カレドニアとアンナ」が出ている。洋上で深刻な危機に直面していた船舶がタグボートに助けを求めた（Wertheimer 1996）。タグボートのマスターは、１０００ポンド（当時としては天文学的な金額）を要求し、「交渉の余地はない」と申し出た。船長が申し出を受け入れたことは驚くにあたらないが、後に裁判に訴えた。裁判所はその「契約」あるいは同意を無効とし、船長は２００ポンドを支払う必要があると言い渡した。明らかに、裁判所の決定はＰＦＣの侵害であった。

第三に、貧しい労働者が豊かな地主の奴隷となって規則的な食事にありつきたいと考え、地主は付き人としてもう一人奴隷を加える良い機会だと見なしているとしよう。このような自発的奴隷制は認められるべきであろうか。これを肯定することについては、それ以外の点でPFCにコミットしている人たちも含め、卓越した思想家たちが違和感を抱いてきた。ジョン・スチュアート・ミル（Mill [1848]1970）はこれに悩まされ、逃げ道としてかなり恣意的な考え方を利用した。人々は長期間にわたる自分自身の福利を判断できないから、長期契約は禁止すべきだというものである。(5)

他にも多数の例がある。会社が労働者を重大な健康上の危険にさらすとしても、そのことが労働者に前もって明らかにされるかぎり、そして労働者が仕事の引き受けを強制されるのでないかぎり、私たちは見て見ぬふりをすべきであろうか。輸出加工特区の企業やマキラドーラ〔メキシコの米国国境付近に建てられた米国輸出向け組み立て工場〕が、就職希望者は労働組合に参加する権利を放棄しなければならないと要求してもよいのであろうか。こうした実践は多国籍企業の誘致に熱心な国々でますます一般的になってきている。誰も輸出加工特区での労働を強制されるわけではないから、PFCにより、これはかまわないのだと主張してはいけないのだろうか。

興味深いことに、米国では1930年代まで、企業が労働者の雇用に際して労働組合への加入権を放棄する標準フォームに署名させることは日常茶飯事であった。これは「黄犬契約」と呼ばれた。しかし、これはどこか間違っていると「感知」され、黄犬契約は1932年のノリス＝ラ・ガーディア法（反差止命令法）により米国では違法であるとされた。(6)

悩みの種は、このような悩ましい問題に対して、ほとんどの場合、私たちがその場しのぎの対応をすることである。ある行為は非合法化し、他の行為は認めるが、なぜ、どのような状況ではPFCを侵害してかまわないのかについての明確なルールはない。何らかの一般的ルールがなければ、他者に助言をする際に不利となる。第三世界の国が、土地を売却する権利は誰にもないと宣言したら、私たちは即座にそれは馬鹿げていると言う。なぜなら、誰かが売りたいと考えていて誰かが買いたいのであれば、無関係の第三者に対する負の外部性は存在しないため（PFCの条件が成立するため）、そうした取引は禁止すべきではないのである。禁止すれば、経済の成長と効率性を害することになる。しかし、そこで第三世界の官僚が不意に向き直って、それならばノリス＝ラ・ガーディア法や性的嫌がらせの全面禁止をどう正当化するのか、とたずねたら、私たちに良い答えはなく、しばしば恣意的で非厚生主義的な目的を挙げるのである。(7)

自由契約を認めない際に広く用いられる正当化の理由の一つは、それが非対称的な力関係にある当事者間で結ばれる場合である。たとえば1960年のヘニングセン事件判決では、裁判所は標準フォームの契約を認めず、「契約の自由がもっともなじむのは、契約が当事者たちの自由交渉の結果であり、当事者たちがおおよそ経済的に平等な土俵で対面する場合である」（Wertheimer 1996, 45、強調は著者）。しかし、広く用いられるこの主張は説得力に欠ける。かりに、金持ちと貧乏人の間で結ばれた契約が、力関係の非対称性という理由で、有効なものとして取り扱われないのであれば、金持ちは貧乏人との契約締結を拒絶するであろう（裁判所が合意を覆すだろうと分かっているため）。したがって、貧乏人は市場から排除されがちとなる。貧乏人は簡単には融資を受けることができず、成功するために必要な他の多くの種類の契約を結べない。よって、力関係の非対称性は、それ自体としてはPFCを無視する理由になると解釈することはできない。

本章の目的は、「パレート原理という基本公理を維持しつつ」PFCを侵害してかまわない場合のための一般的かつ魅力的なルールを作る可能性を見ることである。何らかの義務論的原理や非厚生主義的基準を使ってパレート原理を棚上げにするという道筋は、ここで許される考え方ではない。これは簡単な仕事ではない。というのも、契約自由の原則というルールは、実際にはパレート原理の派生物であると見なされることが多いからである。この議論は、結果的に、政府介入一般の性質と役割に対する私たちの理解を豊かなものにする。それはまた、一見目立たない一連のステップを通じて巨大な道徳的悪事がなされる経緯を理解する助けにもなり、したがって、そのような一見パレート改善に見えるステップを警戒する必要性に注意を喚起する。これは、伝統的な専門家が

「集合体」を個別に描写可能な諸個人のたんなる寄せ集めとしてモデル化しようとする際に冒すのと同種の危険（前の二つの章で純粋に記述的な視角から検討したもの）に対する規範的批判となっている。

第２章で吟味したパレート原理の意味を思い起こす価値がある。そのためには、まずパレート改善を定義するのが便利である。パレート改善とは、少なくとも一人の状況を改善し、誰の状況も悪化させない変化である。すると、パレート原理として記述できる規範的ルールによれば、パレート改善は社会的に望ましく、よって国家または誰であれ、それを妨げてはならない（ただし例外は、繰り返し利用するとパレート劣位な状態にいたるという意味で自己矛盾している場合である）。括弧内の限定はひとまず無視できる。その重要性は後に明らかとなるだろう。

パレート原理に批判がないわけではないが、私はどちらかというとそれを妥当なものとして扱いたい。[8] ここでの一般的な戦略は、パレート原理を支持し、それはＰＦＣと同義ではないことを主張し、そしてパレート原理が当てはまる範囲内において、正当な理由でＰＦＣを侵害できる場合を探求するというものである。言い換えれば、私が求めているのは、パレート原理を支持することがＰＦＣの支持を意味しないような状況において、ＰＦＣの無視を認める原理である。もしこれが抽象的に聞こえるとしたら、読者には少しの間だけ我慢してもらいたい。その意味はまもなく明らかになる。

文献に時おり見られ、最初に正しておくべき混乱の一つは、パレート原理と別の関連する原理である「パレート最適性原理」の混同により生じる。後者は、ある結果がパレート最適であるならば、それは望ましい（から、国家が阻止してはならない）というものである。[9]

パレート原理とパレート最適性原理は別物であるのみならず、私にとって前者は魅力的な規範的公理である一方、後者は受け入れがたい。一つには、たとえば極端な不平等の回避を図るような、分配の問題に対する何らかの判断を下したい場合、パレート最適性原理を否定しなければならない（Sen 1997）。パレート原理とパレート最適性原理の道徳的な異質性を示す別の例が、拷問のケースに見られる。かりに拷問をする側が拷問によって快楽を感じるならば、最適性原理により拷問が望ましいとされる可能性がある。国家がそれを止めてはならないのである。これを確認するため、社会において二つの状態のみが可能であるとしよう。xでは拷問がなく、yでは個人1が個人2を拷問する。個人1の状態はxよりもyで良いため、必然的にyはパレート最適となり、よってそれがパレート最適性原理により望ましい結果となる。[10] yの却下がパレート原理のもとでは認められることに注意しよう。というのも、xとyはいずれも他方に対するパレート改善にはなっていないからである（個人2の状態はyよりもxにおいて良い）。

最後に、第6章で見たように、個人の選択がその人の厚生を十分に反映していると考えると、政治家か官僚がある結果からのどんな逸脱にも反対しているという理由により、あらゆる結果をパレート最適とすることができる。また、すでに見たように、二人の自由な大人が取引をしたいと考えているときに、官僚が突然現れてそれを認めたくないと言う場合、官僚の反対が理由で、その取引はパレート改善ではなくなり、取引の禁止はパレート最適となる。前章で説明したように、私はこの問題に対処するため、選択が常に厚生を反映しているという前提を退けることにする。

私の議論の要諦が展開されるのは本章の後半であり、そこでは、さまざまな状況においてパレート原理とPFCが同じ処方箋をもたらさず、パレート原理を堅持する一方でPFCを却下する道を準備することが示される。もう一つの議論は複数均衡をめぐるもので、より明白であり、後に簡単に議論するにとどめる。加えて、本章は政府介入の実際問題を検討するとともに、以下で開発するルールが実際に適用される状況を見てみる。こうした現実への応用は簡単ではなく、現在のところ、納得のいく答えがない多くの問題が存在する。状況によっては、たとえばまったく強制のない場合でも児童労働を禁止できる（Basu and Van 1998）。これには複数均衡の議論が用いられる。同じく、契約上の職場での性的嫌がらせは、以下の主張に基づいて禁止されなければならない。危険な仕事や輸出加工特区における労働組合加入権の放棄については、さらなる研究が必要である。ここで私が概略を述べるのは、これらの分析に使える規範的ルールである。

手短に言うと、本書が採用する立場は、契約自由の原則がデフォルトのルールとして好ましいというものである。それは政府によって過度に侵害されている。ただし同時に、それは神聖なものではなく、状況によってはＰＦＣの利用の一時停止を認めるような、パレート原理の枠内におけるそれなりの道徳的理由がある。これは、いわゆる左派リバタリアン学派（Steiner 1994, Vallentyne 2000）が採用する路線からそれほど遠くない。自己所有権と契約の自由を有すること、そして契約が守られると予想することは、すべての資源が個人の間で分割される必要を意味するわけではないし、平等主義を放棄する必然性を意味するわけでもない（Cohen 1986, Otsuka 1998）[11]。

以下に続く節は事前の問題を取り扱う。ＰＦＣは自発的に始まる契約、交換、取引のみを問題にすることを思い出そう。しかし、自発的契約とは何であり、（同じことであるが）強制とは何であろうか。ＰＦＣは、実際のところ自発的ではないある種の行為を自発的であると誤解することにより、しばしば誤って引き合いに出される、と私は主張する。私には、何が強制であるか（または何が自発的選択であるか）の十分な定義をうまく与えることはできないが、次節では、ほとんどの経済学者がとる立場と衝突する定義に向かって踏み出す[12]。それが示すのは、強制というものが本質において規範的な概念だということである。二人の観察者がある事例の事実について合意することはできても、同時に、強制が起きたかについて正当な理由で意見を異にする可能性はある。その後に続く節では、定義の問題を棚上げにして進む。つまり、私たちは皆、何が自発的で何が強制であるかを知っていると仮定してしまうのである。

強制と自発性の解釈

強制と自発性を理解しようとする専門家の多くは、トートロジーのような罠に陥る危険を冒してきた。ほぼすべての人間行動は自由選択の例であるか、強制的行為の実例である、と見るのである。保守的な新古典派経済学者は、事実上あらゆる選択が非強制的であることを示そうとしばしば全力を尽くす。その理由は、デイヴィド・ツィマーマンが簡潔に述べているように、「社会主義者と自由放任主義者はどちらも同様に、強制が道徳的に悪であることは自明であるという信念を抱いてきた」からである（Zimmerman 1981, 122）。これを考えると、強制を認めることは政府介入の必要性に譲歩することになる。同じページでツィマーマンが言及するように、「かりに資本家による賃金交渉が実際に強制を含んでいたとしたら、それは賃金交渉に道徳的な一撃を食らわすことになるだろう」。それでも、強制が起きたと速断して逆の間違いを犯す可能性も等しくある。

一部の労働者が低賃金かつ危険な産業で働くとしよう。彼らはそれを自発的に選んだのだろうか。正しい答えは、私たちには分からない。彼らの状況についてより多くの情報がなければ、判断を下すことができないのである。そこで、上の記述に次の事実を加えよう。彼らにとって他の選択肢は失業だけであり、それでは彼らは極貧にとどまることになる。一部の社会科学者は、この情報だけから、労働者は自発的選択をしたのではないと言う。なぜなら、実質的に、彼らには選択の余地がなかったのであり、失業という状態はとても人が「選択する」ものではないからである（Macpherson 1973）。他方で、自由主義的な立場があり、ロバート・ノージックが最善の例である（Nozick 1974）。その主張によると、他の主体が自発的かつ自らの権利の「範囲内」で行動したのであれば、労働者は自発的かつ強制されずに選択をしたと言えるのである。これもまた間違いであるが、もっと複雑な理由がある。

私はここで、これらの立場の双方に不備がある（すなわち、私の立場はある意味でノージック流ではあるが、ノージックそのものではない）と主張する。これまでの情報に基づくと、厳密には、労働者が強制されたか否かは分からない。限定句の「厳密には」がここでは大切である。実際のところ、これまでの情報を超えるものがなく、ある立場をとら「なければならない」とすると、私はどちらかと言えば、これを自発的選択の例として扱いたい。というのも、強制と解釈するために必要な付帯条件の成立は、（すぐに確認するように）経験的に可能性が低いからである。

これは強制の例であると急いで結論づける人たちは、概して失業状態を「選択」するのはまともでないという見方をする。彼らの感覚では、惨めな仕事に就かざるをえない人がいてはならないのである。しかし、ここにある間違いは、「誰もそのような惨めな仕事に就く義務はない」としたら、「そのような仕事に就いている人」の存在は必然的に強制を意味する、と暗黙裡に仮定する傾向である。このことと、それは自発的であると速断する逆の誤りは、奇妙なことに、同じ基本的な間違いから生じる可能性がある。それは、「選択できること」を「強制されないこと」と同一視する傾向である。

私はこれらの用語の明白な定義に従っているわけではないので、おそらくすべての人が強制の発生に同意すると思われる例から始めて、類推によってより複雑な場合に進もう。

１９７１年のある冬の夜、大学生であった私は、デリー大学の構内でナイフを突きつけられ、強盗に遭った。肩掛けをした三人の男が薄暗い路上で私に近づき、一人がナイフをさっと取り出して腕時計を要求した。私はどうすべきか決心するのに数秒を費やした。時計をはずして、ナイフを手にした男に手渡し（なぜか私は彼にありがとうと言った記憶がある）、それから寮に歩いて帰った。問題は、私が腕時計を手放したのは自発的か、それとも強制だったのか、ということである。

明らかに、あらゆる人がこれは強制であるということに同意するだろう。かりに「これ」が強制でないとしたら、強制となるものはほとんどない。しかし、これは選択の余地のない状況ではなかったことに注意しよう。男はナイフを突きつけて私の腕時計を要求したとき、私に選択肢を提示していたのである。彼に私の腕時計を差し出すか、命を差し出すか、であった。私は命を守ることを「選んだ」のである。実際、それは絶好の取引であった。というのも、私の腕時計は当てにならない安物だったからである。したがって、選択の存在を強制の不在と同一視することはできない。

私の権利（腕時計と生命の両方に対する権利）の剝奪こそ、これを強制の事例にしたのである。人の権利は道徳の問題であるとすると、私はツィマーマンとは異なり（Zimmerman 1981）、逆に強制をめぐる論文におけるノージックと同様に（Nozick 1969）、強制を道徳的概念として取り扱いたい。つまり、私たちが何を強制と考えるかは、道徳的な基準線に関する私たちの観念に依存するのである。これは、主流派の新古典派経済学で（ほんの示唆的にとはいえ）見受けられる強制の概念からはかなり距離がある。そして、これはすべてパレート原理と密接に関係している。というのも、パレート原理とは、つまるところパレート改善の承認だからである。ただし、「改善」ということを口にした途端に、「どこからの、あるいはどの道徳的基準線からの」という問題が生じる。私の先ほどの主張は、これに関しては曖昧さが残るかもしれないということである。明らかなのは、道徳的基準線は実際に規範的な問題であって、たんに平均効用、期待効用、あるいは現在の効用水準の問題ではないということである。(13)

私があえて危険な区域に夜の散歩に出かけることを選択するとしよう。仮定の話として、半分の確率で私は無事に帰宅し、その場合100効用単位の満足を得るとし、半分の確率で私はすべて（財布、時計、衣服）を失い、その場合の効用単位はゼロとする。したがって、その区域に散策へ向かうことを選ぶとき、私は50効用単位の期待効用を選択しているのである。もちろん、私がすべてを奪われれば、強制されたということにあらゆる人が同意するであろう。というのも、私の状態はいかなる妥当な基準値（たとえば、その晩の50効用単位という期待効用）よりも悪くなるからである。しかし、強盗が盗ったものが私の安物の腕時計だけだったとここで考えよう。それは私にとって40効用単位の価値しかない。こうして私は帰宅し、60効用単位を享受する。これは、私が自発的な散歩を始めたときの予想よりも少し大きいことに注意しよう。こうなると、私は自発的に腕時計を手放した、と言えるだろうか。ほとんどの人がこれには同意しないであろう。理由は、私たちのほとんどが、効用単位の基準値を50という期待効用水準ではなく100（つまり何も失われない場合）とするからである。危険な散策に向かうという私の選択は自発的であったとしても、腕時計を失ったという事実はそうではない。

この点をさらに強化し、より複雑にするため、三者間の相互作用を持ちこむことができる。それが示すのは、すべての人が自らの権利を逸脱しない（これは右の例では当てはまらず、強盗は私の腕時計と生命のいずれに対しても権利を持たなかった）というだけでは、自発性と非強制が保証されるわけではないということである。これはより議論の分かれる点であり、同時に、農業での取引や国際関係の研究に用いられてきた三者間モデルの副産物である。(14)

こうしたモデルは、現実の多くの状況で個人や主体間の相互作用は二者関係にとどまらないことを認める。個人iとjの間に起こることはiと他の個人kの間に起こることに依存するかもしれないのである。たとえば、1996年のヘルムズ・バートン法では、米国はキューバを圧倒するため、他国がキューバと貿易・投資関係を持つことに対して、何らかの措置をとると脅している。

ここでは①地主、②労働者、③商人がいる村の例を考えたい。別の場所で主張したように（Basu 2000）、経済学の教科書モデルに従うと、地主が労働者から引き出せるのは、「三者間脅迫」を用いて彼が実際に引き出せるものよりも少ない可能性がある。その脅迫は、もし労働者が地主の提案を断り、にもかかわらず商人が労働者と取引をするならば、地主は商人との取引をボイコットすると宣言するのである。数式化をせずとも、本質的な議論は容易に見てとれる。脅迫が信憑性を持つならば、労働者は、地主の提案を断ると、地主の提案するもののみならず商人から得ているものまで失うだろうということに気づくはずである。(15)労働者は、これを知った地主が提示する案を受け入れると、地主と商人から何も得ることのない場合と同じ水準の（あるいはおそらくそれより少し高い）効用を享受することになる。したがって、労働者はこの提案を受け入れるだろう。それは他の選択肢と同じくらい（またはそれよりも）良いからである。言い換えると、地主の提案を受け入れることは、労働者にとって負の効用となる。商人との取引で得られていた正味の価値がすべて失われるのである。

規範的な姿勢をとり、労働者は商人との取引で得られる効用水準に対する権利を持つとすれば、地主の提案は強盗の提案と似ていることが分かる。それは労働者の状況を道徳的な基準値よりも悪化させるのである。ここでさらに複雑なのは、地主が（強盗とは異なり）自らの権利の範囲を逸脱しているわけではないことである。彼は自分の選ぶ人と取引しているのである。地主はたんに自分が商人と取引する条件を宣言しているにすぎない[16]。労働者は、選択権を手にし、それを行使するため、自発的選択を行なったように見えるかもしれないが、重要な道徳的基準値よりも悪い状態に陥るため、強制されたのだと述べるのが理にかなうかもしれない。

これは新古典派の分析の単純さを紛糾させる。強制は微妙な仕方で起こりうるのである。そして、私たちが自発的であるとしばしば見なすものは、よく調べてみるとそうではないと判明する可能性がある。ＰＦＣの一部の事例を却下することができる根拠は、その原理を用いる前提条件（すべての選択は自発的でなければならない）が満たされていないことである。

訓話を終えたので、自発性の主張に異議を唱えるべき理由を脇に置いてみよう。そうしたとして、状況によってはもっともな理由でＰＦＣを拒絶することができるだろうか。

大数の議論——個から集合へ

個人が自由に意思決定を行ない、自発的に契約を結ぶとしよう。そうした契約が他人に対してまったく負の影響を及ぼさないならば、国家は常にそれらを認めるべきであろうか。冒頭の節ですでに示唆したように、答えは否である。しかし同時に、この否定的な答えは、あらゆる場に適用されてはならず、気まぐれに基づくものであってもいけない。ここで展開するいくつかの原理に従えば、パレート主義者でありながら、場合によってはＰＦＣを控えることができる。この分析の重要性は、ここで論じられる二、三の例を超えるものであって、政府介入の一般原理を開発する助けとなる可能性がある。

私がここで展開する原理は、他の場所で「大数の議論」と呼んだものであり（Basu 2003a）、以下のような主張である。ある範疇に属する個々の行為（たとえば、交換、取引、契約締結などの行為）は道徳的に正当化できるが、全体となるとその範疇の行為は道徳的に受容できないかもしれない、という状況が存在する。「個々の」行為と多数のそうした個別的行為の「集合」を道徳的に区別する可能性を最初に打ち出したのはパーフィットである（Parfit 1984）[17]。しかしここで疑問が生じる。これは論理的に可能なのだろうか。本節で私はゲーム理論的な数値例を作り、答えが肯定的であることを示す。これは政策上の難問を生み出す。そうした行為は許可されるべきか否か。国家はしばしば規則どおりに物事を運ばねばならず、事例ごとに考慮するという複雑なことはできない以上、本節の例は、ルールに基づくＰＦＣの侵害を支持する議論と解釈することができる。私は別の場でこれを実際的な現実生活の文脈に即して議論した[18]。以下に続くのは、そうした議論のための数式的・分析的基礎の構築と見なせるであろう。後に具体的な問題の文脈に即して実際の政策的議論に戻ることになる。

各整数に対して、その整数を名前に持つ個人がいる社会を考えよう。つまり、この社会には個人１、個人２、個人３、（以下続く）が存在するのである。人口は明らかに中国よりも大きい。各個人は、ある行為を「承諾する」か「拒否する」かの選択肢を持つ。問題の行為は、交換に参加する、契約を結ぶ、財を取引する、あるいは、高い賃金を支払うが労働者に嫌がらせをする企業に就職する、などの意思決定が考えられる。これ以降、問題の行為として、(たとえば仕事の)契約を結ぶこととしよう。もちろん、契約の締結には通常、別の個人が関与する。これに対処するため、0(ゼロ)と呼ばれる別の個人が存在し、この社会の誰とも常に契約の締結に応じると仮定する。この個人が分析をややこしくしないように、この個人の効用はけっして変化しないと仮定する。そのため、この個人を明示的に分析に持ちこむ必要はない。

よって、この「ゲーム」の「結果」は、意思決定の無限列と考えることが可能で、第一の意思決定は個人1の選択、第二の意思決定は個人2の選択、第三の意思決定は個人3の選択(以下続く)を表現する。したがって、ある結果は〈受諾、拒否、拒否、受諾……〉のように見える。これが表現するのは、個人1が受諾という結果を選び、個人2と3は拒否を選び、4は受諾を選ぶ(以下続く)場合である。

他方、ゲームの結果が〈受諾、拒否、受諾、拒否、受諾、拒否……〉のように見えるとする。これは、奇数の個人がすべて契約を結び、偶数の個人はすべて拒否する場合である。

次に、プレーヤーiの「利得関数」を、それぞれの結果に対して個人iが得る効用を表現する数を関連づけるルールとして定義する。よって、各個人の効用が他の人々の行為に依存する可能性を認めている。

私が探し求めるのは、以下の特徴を持つゲームである。第一に、すべての個人jについて、個人jが契約を結ぶことにするか否かは、他のプレーヤーに対してまったく外部性を持たない。より形式的に言うと、かりに二つの結果の唯一の違いが、一方では個人jが(契約締結の)受諾を選び、他方で個人jが(契約締結の)拒否を選んだ場合、jとは異なる個人iはこれら二つの結果の間で無差別である。つまり、jの選択はiの効用にまったく影響を及ぼさない。これを性質1と呼ぼう。

これがただちに意味するのは、かりにある個人の状況が契約を結ぶことで改善されるのであれば、それはPFCの範囲内に入る、ということである(その個人の状況は改善され、他の誰にも迷惑がかからないため)。パレート原理によれば、この契約を阻止する理由はない。一人の状況が改善され、誰の状況も悪化しないからである。

次に、ゲームを用いて大数の議論を示したい。つまり、大多数の人が契約を結ぶと、他の人々（非締結者）の状況が悪化するという性質がゲームになくてはならない。形式的には、諸個人のある集合が存在し、誰も契約を結ばない場合から出発して、この集合に属するすべての個人が契約締結に切り替える場合、他の個人（集合に属さない人）はすべて、誰も契約を結ばない場合と比べて状況が悪化する。これを性質2と呼ぼう。

一見したところ、性質1と2は相容れないように見える。しかしながら、以下で記述するゲームは、これらの性質の両方を満たし、したがってパーフィットの道徳的難問（ある範疇に属する個々の行為は道徳的に正当化できるかもしれないが、全体としては道徳的に正当化されない）が少なくとも「論理的」には可能であることを示す。[19]

各個人iについて、その人の利得関数を以下のように定義する。（A）まず、行為を選択することにより個人iは1効用単位の満足を得るが、拒否すればゼロであるとする。（B）さらに、無限の数の人々が行為を選択する場合、それによって個人iは1の効用を受け取り、有限の数の人々が行為を選択する場合、個人iが受けとる効用は3であると仮定する。各個人の総効用は、ここで述べた（A）と（B）からの効用を合計したもの、すなわち、当該個人自身の意思決定と他のすべての人々の意思決定から得られるものである。

何が起こっているのかを確実に理解するため、2番以降のすべての個人は契約を受諾し、個人1は拒否する場合を考えよう。明らかに、この場合、個人1は総効用1を得る。無限の数の人々が行為を選択することから個人1は1を受け取り、本人は行為を選択しなかったためそこから受けとる効用はゼロである。

もし他のすべての人々が行為を拒否し、個人1が受諾すると、個人1が得るのは3＋1＝4である。この3は有限の数の人が行為を受諾した事実に由来し、1は個人1自身の受諾に由来する。

もし全員が行為を受諾すると、各個人は2の効用を得て、もし全員が拒否すると、各個人が得るのは3であることを確認しよう。

プレーヤーがいま述べた利得関数を持つならば、性質1と2が満たされるということを証明するのは容易である。無限の数の人々が受諾を結果として選ぶ場合を考えよう。明らかに、ある一人のプレーヤー（kと呼ぶ）が戦略を変えようが変えまいが、この事実に変化はない。よって、誰かが拒否から受諾に切り替えると、この個人の状況は改善され、誰の状況も悪化しない。次に、有限の数の人々が受諾を選んだ結果を考えよう。一個人による選択の変更は明らかに、この事実を変えるものではない。であるから、一個人がいま拒否から受諾に切り替えると、この個人の状況は改善され、誰の状況も悪化しない。すべての結果において、無限の数の人々が受諾を選ぶか、あるいは有限の数の人々が受諾を選ぶかでなくてはならないため、上記の議論は性質1を確証する。証明終了。

次に性質2を証明する。この社会で奇数の名前を持つすべての個人の集合をSとしよう。誰も契約の締結を選ばないような結果を考える。ここで、かりにSのすべてのメンバーが意思決定を変更して契約を結ぶことにする（つまり受諾を選ぶ）と、明らかに、Sに属さない人々の状況は悪化する。彼らはそれぞれ2（＝3－1）だけ効用の低下に直面する。したがって、性質2が満たされる。証明終了。

このゲームで生じる可能性のある政策的なジレンマを確認するため、この社会の市民の利得関数が先ほど定義されたものである場合を考えよう。各市民は自分自身で選択を行なう自由を与えられているとする。つまり、このゲームでは各人が受諾か拒否かを選ばなくてはならない。明らかに、このゲームには唯一のナッシュ均衡が存在し、すべてのプレーヤーが契約を受諾するが、それはたとえば性的嫌がらせの危険がある仕事の契約かもしれない。こうなるのは、他人がどうしようと、各個人の状況は受諾を選ぶことによって改善されるからである。そして、ナッシュ均衡で各個人は2の効用を得る。

今度は、このゲームの結果で、すべての個人に対して契約の選択を禁じる法律が存在する（つまり、全員が拒否という行為の選択を強制される）場合を考えよう。言うまでもなく、各プレーヤーiは3の効用を得ることになる。プレーヤーiの状況は、当初のナッシュ均衡よりも改善される。よって、行為選択を禁じる法律のない体制におけるナッシュ均衡がパレートの意味で次善最適であるのみならず、行為が禁じられた方がこの社会のすべての人の状況は改善されるのである。

人々に対して契約の締結を禁じるか否かを決めているとすれば、パレート原理を尊重する「いかなる」社会厚生基準を用いる場合でも、これは禁じられるべきであろう。もちろん、こうした禁止に始まって、ある一人の主体に嫌がらせ契約への署名を認めれば、パレート改善を達成することになる。というのも、その人の状況は改善され、性質1により、他の人々には影響がないからである。このような「機会主義的」な法律の調整を始めて、パレート改善がもたらされる場合には常に例外を認めるとなると、最終的に行き着く状態は、全面的禁止を伴う体制よりもパレート劣位となるだろう。この結果は逆説的に聞こえ、一歩一歩はある方向に向かうにもかかわらず、そうした歩みの集合は違う方向に向かうのである。芸術の世界、特にマウリッツ・エッシャーやオスカー・ロイテルスバルトの作品にはそんな逆説の例がある。[20] この芸術作品との類似性は、私やマルク・ヴーナヴェルドが明示的に用いている（Basu 1994a; Voorneveld 2009）。

この逆説的な結果は、性的嫌がらせやその他の労働市場の慣行、たとえば過剰な危険にさらすことを禁止する原理の構築とも密接にかかわっている。ここから生じる道徳的なジレンマに戻ってくる前に、人口が有限の社会の場合について論じる。

ここで示されたのは、個々の行為や契約の道徳的地位が、範疇全体の道徳的地位とは異なる可能性であった。ただ、ここで示されたことに対しては、それが「無限」の数の潜在的契約の存在に基づいているという根拠で反対する人がいるかもしれない。事実、経済学者の用いる競争的一般均衡モデルの現実味を疑う人の一部は、各個人の行為が市場の変数（たとえば価格）に何の影響も及ぼさないにもかかわらず、個人の集合の行為が一定の効果を持つ、という仮定を疑いの根拠に挙げるかもしれない。[21]

ここで私は、無限性の問題は回避できると主張している。その条件は、人間の選好が推移的であるという通常の仮定を緩めて、選択理論や数理論理学で「準推移的選好関係」と呼ばれるものを個人に認めることである。個人の選好が準推移的であると言われるのは、x が y よりも好まれ、y が z よりも好まれるなら、必ず x が z よりも好まれる場合である。選好の推移性が準推移性とは異なる重要な側面は、後者が無差別関係の推移性を要求しないことである。[22] よって、準推移的選好を持つ個人は、x と y の間および y と z の間で無差別であっても、x を z よりも好む可能性がある。選好が（完全に）推移的な個人の場合、これは起こりえない。

社会科学者の大半が訓練を通じて信じていることとは異なり、少し内省すれば分かるように、無差別関係の推移性は驚くほど非現実的な仮定である。[23] 本書ですでに論じたように、ほとんどの人は砂糖一粒入りのコーヒーと砂糖二粒入りのコーヒー、より一般には、n 粒入りの一杯と $n+1$ 粒入りの一杯の間では無差別であろう。しかし、ゼロ粒と m 粒の間で無差別ということにはなるまい（m が十分に大きな数の場合）。

これを認めることは、競争市場モデルの二つの標準的仮定に折り合いをつけるためのよい方法である。一つは、個人の行為が別の個人の厚生に影響を与えないというもので、もう一つは、個人の行為の集合がその集合に属していない誰かの厚生に影響を及ぼすというものである。

私がここで準推移性の仮定を用いるのは、競争モデルではなくゲームモデルである。前節と同様な設定に戻るが、これから個人の集合は有限であると仮定しよう。単純化のため、社会には三人の個人がいると仮定する。以前と同じく、各個人はある取引または契約を受諾するか拒否するかを選ばなければならない。1で受諾を、0で拒否を表すとしよう。よって、ある個人が1を選ぶということは、契約の受諾を意味する。三人がすべて選択を行なうと、その結果は三つの数の組で表現できる、第一の数は個人1の選択、第二の数は個人2の選択、第三の数は個人3の選択を表す。結果（1，1，0）は個人1と2が契約を受諾し、個人3が拒否したことを意味する。

ここで、各個人は結果のあらゆる可能な組み合わせに対して選好関係を持ち、その選好関係は準推移的であると仮定する。また、個人の選好に一組の制約を課すことにする。まず、以前と同様に、各個人は（他人が何を選ぼうと）1を0よりも選好すると仮定しよう。さらに、二つの結果 x と y の違いが個人 i の選択のみである場合、（i とは異なる）個人 j は x と y の間で無差別であると仮定する。これを性質3と呼ぼう。これは、一個人の行為が他者に対する外部性を持たないと言っているにすぎない。競争市場における外部性の不在という標準的仮定を定式化しているのみであり、先の分析の性質1に対応する。

次に、一見したところ矛盾する性質4を考えよう。それは、場合によっては何人かの個人が行為を切り替えると、それ以外の一個人に厚生の改善または悪化という点で影響が生じるという。性質4は、人口が有限の場合の性質2に対応するものである。個人の選好が推移的であれば、性質3と4は、いま分析している場合とは異なり、人口が有限な社会で両立することはない。しかし、準推移的な選好であれば、二つの性質は両立するため、パーフィットの逆説に具体的な形を与えることができる。

ここで、この「ゲーム」の可能な結果を分析しよう。ゲームを括弧でくくったのは、これらのゲームが利得関数を持たないものの、結果に対する完備で準推移的な選好関係があるということを読者に注意してもらうためである。経済学には準推移的な個人的選好の集計についてかなりの文献がある。[24] ところが、準推移的な個人の選好を伴うゲームについてはわずかである。よって、私がこれから行なうのはいささか新しい企てである。

どのような種類の結果が得られるかを確認するため、性質3と4が以下の意味で真である場合を考える。二人が行為0から行為1に切り替え、第三の個人が自らの行為の選択に固執すると、第三の個人の状況は悪化し、一人だけが行為を変更しても、他の二人はこれに影響されないとする。性質3と4に加えて、以下のことが真であると仮定する。他の人々の選択が変わらない場合、各個人はそのような契約の締結を選好する（つまり、0よりも1を選好する）。

このゲームでは、ナッシュ均衡は明らかに（1，1，1）である。というのも、他者が何をしようと（彼らの行為が変更されないかぎり）、各個人は0よりも1を選好するからである。しかしながら、個人的選好が性質3および4と両立すると考えることは可能で、それは各個人が（1，1，1）よりも（0，0，0）を選好することを意味する。これが正しいと仮定しよう。そうすると、（0，0，0）は（1，1，1）をパレート支配する。よって、パレート基準にコミットしている政府は、（私たちの検討している例において）性的嫌がらせを許さない法律や職場における過度の危険を禁止する法律の制定、そうした法律の不在との間で選択すべき場合には、そうした法律の制定を選ばなければならない。

しかし、これで一件落着というわけではない。他の政策選択肢を考えた途端に、私たちは道徳的ジレンマに行き当たる。こうした法律が施行され、結果が（0，0，0）になると考えよう。容易に分かるように、（1，0，0）は（0，0，0）よりもパレート優位で、（1，1，0）は（1，0，0）よりもパレート優位で、（1，1，1）は（1，1，0）よりもパレート優位である。[25] このゲームにはパレート最適な結果がないのである。したがって、ある変化がパレート改善であればそれは認められるべきである、という説得力ある主張はもはや不可能である。というのも、いま確認したように、この基準を繰り返し用いるとパレート劣位な結果に終わるかもしれないからである。

この問題を克服する一つの方法は、消費者主権の尊重を止めて、各消費者の「潜在的選好」とでも呼べるものを用いることである。それは、人の「自覚的」選好の根底にある「真の」選好と考えることのできる順序（完備かつ推移的な関係）である。大雑把に言えば、人の潜在的選好は、意識の上で無差別な関係のうち必要最低限のものを厳密な選好に変換して得られる順序である。社会的決定は個人の「潜在的」選好に基づくべきであると主張するならば、先の例でのパレート的な手詰まりは解消される。容易に確認できるように、この例では、すでに述べた個人的選好を考慮すると、いかなる潜在的選好の三組（三人のプレーヤーのもの）のもとでもパレート最適になる可能性のない唯一の結果は（1，1，1）である。さらに、プレーヤーを対称的に取り扱うならば、ゲームは完全に対称的であるから、選好される結果は（0，0，0）でなくてはならず、たとえ大人が納得と同意のもとで契約を結びたい場合でさえ、契約の禁止が再び正当化される。しかし、これが消費者主権（本人が意識するままの個人的選好の表明）の却下を意味することは強調しておくべきである。

行為とルール

以上の節で論じたゲームが示すのは、「行為帰結主義」と「ルール帰結主義」の衝突である。前者は、各行為を帰結主義的な倫理に照らして評価することで初めてその行為への賛否を決める道徳体系を指す。他方、ルール帰結主義という道徳体系では、人は行為のための特定のルールに従い、ルールが帰結主義的倫理に照らして評価される。つまり、これらは行為功利主義とルール功利主義という標準的な概念に対応するものである。強調すべきは、これらの道徳体系がすべて帰結主義の一部をなすことである。その意味は、ある行動の善さがその「帰結」（その行動がどのような世界をもたらすか、また、その行動が生み出す世界において人間の厚生がどのような影響を受けるか）の観点から判断されるということである。これと対照をなす義務論的倫理は、行為が特定の行動規範（嘘をついてはいけない、豚肉を食べてはいけない、等々）にどれほど沿うものであるかという観点から、「行為の帰結に関係なく」それを評価する。ほとんどの場合において、私が関心を寄せるのは「パレート包摂的倫理」であり、それは可能な範囲でパレート原理を尊重する道徳体系を意味する。

ここで上記の三人プレーヤーのゲームを考え、パレート包摂的な帰結主義的倫理にコミットする道徳的主体（プレーヤーではなく、その意味でゲームの外に位置する人）が、各プレーヤーの行為・戦略の選択を勧めなくてはならないと仮定する。この道徳的主体が「行為」帰結主義者であれば、助言を求める各個人に対して、行為０よりも１を選ぶように勧めるであろう。なぜならば、そうした選択はそれぞれがパレート改善となるからである。というわけで、社会的な結果は（1，1，1）となるだろう。

ここで、上と同じ道徳原理を用いるものの、「ルール」帰結主義にコミットする道徳的主体が、以下の二つのルールから選ばなければならないとする。ルール①個人が性的嫌がらせを含む契約の署名（行為1）と署名拒否（行為0）の選択に直面したら、行為0を選ぶべきである。ルール②個人が行為1と行為0の選択に直面したら、行為1を選ぶべきである。明らかに、道徳的主体はルール1を選ぶであろう。というのも、それがパレート優位な結果につながるルールだからである。よって、社会的な結果は（0，0，0）となる。

（0，0，0）はパレートの意味で（1，1，1）よりも厳密に好ましいため、上の例が示すのは、ルール帰結主義が行為帰結主義とは異なる勧告につながるのみならず、パレート優位な選択にもつながるということである。ある種の自発的取引を禁じる議論が、ここでは（「ルール」帰結主義とは言え）帰結主義に基礎を置いている点は注目に値する。義務論的倫理に訴えることはなく、人々の自由選択に介入する多くの場合とは異なる。

大数の議論とは、（パレート原理を放棄せずに）個々の行為と多数のそうした行為全体とを道徳的に区別する能力のことであるが、これは実際の政策問題の分析に役立つ[26]。それは、1932年ノリス＝ラ・ガーディア法に見られるように、黄犬契約を違法にすべき根拠を提供する。ある労働者が労働組合に参加する権利を放棄して、それを労働者に要求する仕事を得たいとすれば、それはパレート改善になるかもしれない。しかし、そうした黄犬契約が合法化されれば、多くの企業がそのような契約を提示し、黄犬条項のない仕事の条件がかなり悪化する結果、この世界では組合参加権の放棄に強く反対する人たちの状態が悪化するであろう。もちろん、私たちはモデルを作り、それが現実的な経済の筋書きに当てはまることを示さなければならない。私がここで行なったことは、人口の有限な社会においてさえそれが論理的に可能であることを示しただけである。いったんそうなれば、一労働者と一雇用者によるそのような契約の締結の是認と、そのような契約の一般的な合法化を明確に区別できるようになる。

本章で私が焦点を当ててきた行為や契約が、一部の人々の状況を改善し、他の誰の状況も悪化させないように見えることは、議論を困難なものにした。しかし、大数の議論は他の文脈にも持ち出すことができる。米国でここ数年の間に巻き起こった論争の一つは、囚人から情報を引き出すために国家は拷問の使用を合法化するべきかについてであった。最近の新聞記事で、アン・コーンブラットは、限定的な状況において拷問の使用を合法化すべきであるというチャールズ・クラウトハマーの議論に対する賛否両論を紹介している。[27] クラウトハマーは私たちを説得するために極端な例をこしらえる。爆弾が、たとえばテロリストによって仕掛けられ、百万人が死ぬことになる。テロリストは、拷問にかけられなければ、爆弾処理の方法についてまったく情報を提供しない。クラウトハマーの主張によると、テロリストへの拷問は私たちの道徳的義務である。多くの人が、それに同意するだろう。なぜなら、これは一個人の苦しみに対する百万人の苦しみというケースだからである。

この主張は、一見取るに足りないように見える役割の変更によって、すぐさま困難に陥る。私たちは奇妙な世界に住み、テロリストによって爆弾が仕掛けられたものの、テロリストにその情報を吐き出させるには、爆弾とテロリストとも無関係の無実の人を拷問にかけるしかないとしよう。何らかの摩訶不思議な経緯により、この無実の個人に耐えられない痛みを課すことでテロリストは口を割る。痛みに苦しむ人と殺される人の数は変わらないが、こうなると、はるかに多くの人々がこの提案には不快感を抱くだろう。

しかし、この難点を無視したとしても、クラウトハマーは以下の点を見逃している。拷問が正当化される例を彼が作り出せるという事実は、「拷問の合法化」への言い分にはならないのである。拷問の合法化は、ある「部類」に入る状況をただちに指し示すことになる。拷問に法的正当化という尊厳を与えない理由は山ほどあるだろうが、ただしこれは、拷問を利用する理由がある特殊な場合にも私たちは何もできないということを意味するのである。

職場での性的嫌がらせや危険な仕事の問題に戻ろう。たとえば、危険な仕事の禁止を正当化するために大数の議論を使うことは、そのような禁止の正当化によく使われるものとは異種の推論を伴う。ここで禁止を支持する議論は、「労働者」の健康が害されるという事実には依存しない。もし労働者が余分に稼げる金のためにそのような害を被ってもいいというのであれば、私たちにこの労働者を引き止める道徳的権限はない。健康を害する労働者を犠牲者として扱い、裁判所を介入させてはならないのであるが、典型的にはそうなるのである。大数の議論が指し示す事実は、そうした契約を受諾する多数の労働者が「他の」労働者（たとえば、危険な仕事をひどく嫌悪する人）の厚生に負の影響を与える可能性であり、これがそうした契約を認めたくない理由の実質的な基盤となるのである。これは外部性の標準的な例ではない。というのも、そうした個々の契約を結ぶことは他の労働者に何の影響も及ぼさないからである。そうした「部類」の契約を結ぶことだけが、この影響を持つのである。

経済理論家にとって興味深いのは、もしこれを人口が有限の経済で示そうとすると、個人が無差別関係の推移性を満たさない可能性を認めなければならないことである。非推移的選好に関する研究は経済学に数多く存在するが、準推移的選好を持つ個人のいる市場均衡をモデル化するのはまれである。

明確にしておかなくてはならないが、私は自発的に同意された性的嫌がらせを含む契約が禁止されるべき理由について完璧な議論を組み立てたわけではなく、むしろ、パレート原理にコミットしたままでもそのような禁止が正当化可能であることを説明したにすぎない。さらに進んで、そのような契約を禁止する義務があると主張するには、さらなる道徳的公理を用いなければならない。ある種の自発的取引を禁止するための透明で「一般化可能な」基準を開発するためには、行為をランクづけするのと同じように選好をランクづけするための、事前の何らかの規範的ルールが必要である。あるものを悪いと非難し、あるものを良いと称賛するのである。

通常、私たちは選好を道徳的にランクづけすることはないが、それは可能でありそうすべきだと主張することはできる。(28) 一部の個人が、ある人種の人々は好きでないとか、肥満の人とはいっさい友達になりたくない、などと言えば、私たちのほとんどはそれが許容しがたい選好であると考えるだろう。それについて何もしないとしても、そうした選好は道徳的に誤っていると考えるだろう。道徳的に誤っていると私たちが考え「ない」選好のすべてを「支持可能な選好」と呼ぼう。ここに私が支持可能と考える選好がいくつかあり、他の人々もほとんど同意するだろうと予想する。

①ジャックはオレンジよりもリンゴが好きである
②ジェーンは週に4日間は働きたくないと考える
③エステルは職場で性的嫌がらせを受けるくらいなら失業を選ぶ
④アスミタは労働組合への加入資格を権利と考え、この選択肢を否定する会社には入りたくないと考える

当然、私たちはこれらの選好に「道徳的に」反対することはできない。あなたは週に3日間働く予定の人や、ついでに言えば、あなたのオレンジに対する情熱を共有しない人とは結婚したくないかもしれないが、まさかそうした選好を持っているからといってこれらの人々を道徳的に非難することはないだろう。ただし、支持可能な選好のなかでも二種類を区分けする必要があり、政府介入のルールはこの分類に依存する。これを理解するため、一部の選好はその持ち主を傷つけかねないという意味で機能不全の可能性があることに注意しよう。②の選好を持つ人々は働く時間が非常に少ないことで明らかに貧しくなっている。よって、彼女らは自らの選好に対して代償を払わなければならない。

ここで私たちは、外部の観察者として、この「ある種の選好を持つ代償」について態度をはっきりさせることができる。ある種の選好はきわめてもっとなものなので、そうした選好を持つことで代償を払う人がいてはならないと考えられる。多くの人は、ここに挙げた選好のうち③と④、特に③はこの種のものと考えるだろう。嫌がらせへの強い反感は、支持可能な選好であるのみならず、私たちのほとんどは、その選好を持つことで代償を払

う人がいてはならないと主張すると思われる(29)。多くの人は、労働者が他の労働者と連携する権利について似たように感じるだろう。この性質を持つ支持可能な選好を「不可侵の選好」と呼ぼう。

ただし、ここに挙げた①と②の選好は通常そう考えられないことに注意しよう。②の選好を持つ人に以下のように述べるのは、完全に理にかなうことであろう。「あなたの選好は支持可能である。私はそれに対して道徳的に反対するわけではない。しかし、あなたはこの選好を持つために貧しくなることを理解しなければならない。社会があなたの余暇に対する強い選好を補償してくれると期待することは到底できないでしょう」。

言い換えると、②の個人の余暇に対する愛と③の個人の職場での嫌がらせに対する強い嫌悪は、いずれも支持可能な選好であるが、後者のみが不可侵の選好である。

もちろん、規範的問題であることから、これらの範疇のどこに線引きをすべきかについて厳格なルールは存在しない。私たちが不可侵と考えるものが、時間とともに、また場所によってさえ、変化する可能性も理解できる。しかし、大半の人が、現時点ではこうした範疇の区別を行なうことができる。

黄犬契約を禁止し、契約上の職場での性的嫌がらせを認めないことがなぜ正しいといえるのか、という議論を組み立てる準備がいまや整った。私たちは④の選好を不可侵と考え、さらに黄犬契約のことを考えるとしよう。企業は将来の従業員が労働組合への加入の権利を放棄することを要請できると仮定する。こうすると、（同種の仕事に対して）二種類の会社が発生する。一部はより低い賃金を支払い、そういった要請を行なわず、他の会社はより高い賃金を支払うが、個人に組合参加権の放棄を要請する(30)。

組合参加への強い選好（④のタイプの選好）を持つ労働者は、ここでは前者の会社に入るだろう。つまり、彼らは「自らの選好のために」低所得に甘んじなければならない。しかし、組合参加への選好の不可侵性は、この事態が生じてはならないことを意味する。それを保証するための方法は、黄犬契約を禁じるノリス＝ラ・ガーディア法のような法律の制定である。

これこそ、ある種の権利を取引不可とすべき理由をめぐる議論の核心である。そのような権利の取引を認めると、そうした権利を手放したくない強い選好を持つ一部の人々に重荷を負わせることになり、もしこの選好が不可侵であれば、政府は人々がこの選好を持つことで代償を払わなくて済むように保護しなくてはならない。そのための一つの方法は、この権利の取引あるいは放棄を誰にも認めないことである。

注意してほしいのは、ここで用いられている包括的な道徳体系が純粋な厚生主義でも義務論的倫理でもないことである。それは「混合道徳体系」と呼ぶにふさわしく、厚生主義やとりわけパレート主義を用いて、まずある種の選択肢を取り除き、次に非厚生主義的考慮（たとえば、尊厳、自律性、主体性）を認めることで、さらに選択肢を消去していくのである。[31]

この議論を他の問題に当てはめることもできよう。たとえば、職場での性的嫌がらせ、危険な仕事、輸出加工特区で雇用され、一部の権利の放棄を求められるかもしれない労働者の福利などである。一見したところ、個人の自由というものは、ある人にある権利（たとえば、職場で嫌がらせを受けない権利）を与えたら、その権利を取引する追加的権利をも与えるべきことを要請するように見える。個人の合理性を所与とすれば、これは個人の利益となる以外にない。しかし、この後者の権利、つまり基本的権利を放棄する権利を行使すると、基本的権利により大きな価値を見出す他者が代償の支払いを余儀なくされることになるかもしれない。これが容認できないのであれば、国家が出てくる必要がある。

複数均衡

PFCの軽視を擁護するための別の一般的議論は、いくつかの均衡が存在する経済において生じる。とりわけ、二つの競争均衡がある経済を考えよう。本書の第3章で論じた見えざる手の定理により、私たちはこれらの均衡のそれぞれがパレート最適でなければならないことを知っている。とはいえ、いずれの均衡も他方よりパレート優位になれるわけではない。[32] これを念頭に置いて、ある禁止令により、ある特定の均衡の実現は妨げられ、したがって経済は残る唯一の均衡へ向かうと考える。この場合、パレート改悪を引き起こすという理由でこの禁止令を否定することはできない。この主張を用いて、ある状況における児童労働の禁止が正当化された（Basu and Van 1998）。[33] 最初に示されたのは、一部の経済が複数の均衡を持つ見込みであり、とりわけ、一つの均衡では賃金が低く、家計は子供を働かせ、別の均衡では賃金が高く、子供は働かない。国が前者の均衡にとらわれないよう、児童労働の禁止は正当化され、少なくとも、パレート原理を根拠に禁止令を否定することはできないのである。

ある子供が労働を許可されなければ、もちろんその子の厚生に害が及ぶ。というのも、典型的には子供を労働に追いやるのは貧困であり、一人の子供の労働を阻止したところで、大人の賃金、したがってその家計の貧困に与える効果は無視できるほどである。しかし、包括的な法的禁止が実施されれば、すべての子供が強制的に労働を離れることになる。これによって労働需要が満たされないことになると、大人の賃金を押し上げ、新たな均衡では子供の状態が改善されるという可能性は十分にある。[34] ここでも、背後にあるのは大数の議論である。一般均衡理論では通常これを「仮定する」。つまり、個々の買い手や売り手は価格にまったく影響を及ぼさないが、集団としてはそうなるのである。数式を用いた分析は、いかにこれを有限または可算の社会で実際に実現するかに光を当てる。

この議論は、可能性として労働市場規制の他の問題にも当てはまるかもしれない。しかし、それぞれの事例を理論的・実証的に分析しなければ、議論が実際に適用できるかは分からない。これを用いることで光が当てられてきた古くからの問題の一つが、労働時間の法定制限である（Raynauld and Vidal 1998, Singh 2003）。労働者が働ける時間数に上限を設定するために法律を用いるべきであろうか。一見したところ答えは否であると思われ、その根拠はＰＦＣである[35]。かりに雇用者が労働者に１日14時間働いてもらいたいと考え、それだけの長時間労働を厭わない労働者がいるのであれば、政府が干渉すべき理由はまったくない。しかし、労働者がそれだけの長時間労働を望む理由の一つは、時間当たりの賃金が低いからであることに注意しよう。このとき労働者は、生き延びるために必死に働かざるをえないだろう。労働時間の法定制限は、労働供給を制限することで時間当たりの賃金率を押し上げ、その高い賃金率のもとでは人々はそれほどの長時間労働を求めないようになるかもしれない。言い換えると、労働市場には二つ以上の均衡があるかもしれず、その場合には長時間労働の均衡を禁じることはパレート原理へのコミットメントと完全に両立するのである[36]。

労働市場への介入においては、こうした主張のいずれかが適用されるか自明ではない他の問題領域が存在する。しかし、少なくともこれで私たちは、パレート原理を放棄することなくある形の自発的契約を禁じるためにはどこに目を向けるべきかが分かった。

そうした問題の一つで、国際労働機関や他の活動家集団の懸念の源泉となっているのは、発展途上国の一部において、輸出加工特区で働きたい労働者が、そこにある会社で働く許可を得る条件として、集団交渉への権利を放棄するよう求められていることである。契約自由の原則に従えば、労働者にこれを求めることは、輸出加工特区での労働を強制するのでないかぎり、さしつかえないように見える。労働者がそうした特別な区域で働くために集団交渉権を放棄してかまわないと考えるのであれば、その労働者にはそうするに値する他の便益が存在するはずである。

この段階では、この議論はかなり説得力を持つように見える。輸出加工特区における黄犬契約の利用を阻止するには、恣意的でごまかしまがいの正当化や義務論的倫理への便宜主義的な訴えに任せることはできない。説得力のある倫理的原理に基礎を置いて、形のある議論を組み立てなければならない。本章で行なったのは、そうした議論の源泉を浮き彫りにすることであった。私たちは基本的に、大数の議論や複数均衡の議論がこの問題に当てはまるかを確認しなくてはならない。当てはまらないのであれば、自由契約を認めるべき事例として扱わなければならない。もしこれが、労働者は自らの権利を輸出加工特区の入口での集団交渉に委ねるよう求められることを意味するのであれば、私たちはそれで我慢しなければならない。そうしなければ、おそらくパレート改悪につながるであろうし、それでは私たちが守ろうとしている労働者たち自身を傷つけることになるだろう。

介入の範囲

市場原理主義者は、見えざる手が必ず社会を集団として最適な状態に導くという信念に基づいて、自らの利益を追求する個人にすべてを委ねようとするが、彼らはスミスと経済理論の両方を誤解している。場合によっては、国家の見える手によって市場取引を阻止しなければならないのである。経済学でこれを正当化する標準的な根拠は外部性である。しかし、無関係の第三者に及ぶ外部性を観察できない場合はどうすべきであろうか。多くの経済学者にとって、これは、集団あるいは国家的介入のためのさらなる正当化の理由が存在しないことを意味する。ただし、これでは多くの困難な事例が残る。自発的奴隷制、性的嫌がらせの可能性が仕事の契約を結ぶ前に明らかな場合、危険な仕事、そして人体の一部の売買などである。

こうした難題に直面すると、多くの人はなんであれ手に届く便宜主義的な正当化理由に（それが藁に等しいものであっても）すがりつく。これは危険であって、特に今日のグローバル化された世界では、遠い国々のために法律を制定したり、すべての国で実施される集団的慣習に同意したりするため、なおさらである。多くの善意の活動家は、市場原理主義的経済学者の逆の誤りを犯しやすく、先進国の文脈であれば正当化されてもおかしくないさまざまな労働市場契約を禁止しようとする。忘れられがちなのは、貧しい労働者が危険な条件で働くことを阻止すれば、家族もろとも飢えに追いやる可能性があり、あらゆる状況で児童労働を法的に禁止すると、子供を売春に追い込み、栄養不良を引き起こす危険が生じるということである。

資本や財が自由に移動する今日の世界では、自発的に行なわれ、他者に明白な負の外部性を及ぼさないような契約、交換、取引を阻止する介入は、魅力のある倫理的原理に基礎を置く必要がある。私はさらに進んで以下のように主張したい。パレート原理によると、世界の二つの社会状態の間で、xと呼ばれる状態ではもう一つの状態yと比べて、厚生が低い人が皆無で、少なくとも一人の厚生が高い場合には、この原理が自己矛盾を引き起こす（この原理を繰り返し利用すると同じ原理の否定につながる）ことが示されないかぎりにおいて、yよりもxが選ばれるべきである。本章のねらいは、ある特定の契約の認否の決定に利用できる根本的基準の概略を描くことであった。とりわけ、ある特殊な状況が存在し、パレート原理が実際に上記の意味で自己矛盾を引き起こすことを示した。

本章で述べたように、これらの基準は当然、ある特殊な問題に適用される。たとえば、児童労働、職場での性的嫌がらせ、労働時間の法定制限の使用などである。しかし、それらが適用されるか、されないかがまだ分からない他の問題が存在する。これらは引き続き研究課題とされなくてはならない。介入を揺るぎない基礎的原理に基づかせようとすることで、私たちは少なくとも恣意的な介入を排除し、より重要なこととして、自らの身勝手な利害を持つ小さくとも影響力のある圧力団体が政府や国際機関の政策を乗っとる危険を除去すると期待できるのである。

第8章 貧困、不平等、グローバル化

グローバルな統治

市場経済の効率性と公平性は、社会的に可能な集団的行為のための統治および制度の性質と密接に結びついている。それが本書冒頭の数章の主題であった。強調したのは「密接に」という言葉で、というのも、この結びつきはけっして自明ではなく、論争のいずれの側のイデオロギー信奉者たちも、その複雑さを過小評価しがちだからである。他方、見えざる手の定理があり、自らの利益を図ろうとする個人が結果的には集団の利益にかなう効率的な社会を生み出すことを示している。しかし、経済学者による既存の研究の利用や新たな議論の構築によって示されたのは、この命題がいくつかの条件（技術的で概念的に重要な条件）に依存するということであった。

いったんこのようなただし書きが認められると、社会が効率性はもとより公平性と正義を実現するためには、社会制度や規範と並んで適切な統治が必要だということが明らかになる。一つには、市場が効率的に機能する「与件」としてのルールが必要である。政府あるいは何らかの形態の集団的行為がないと、おそらく市場はホッブズ的な無秩序に陥り、許容できない水準の不平等と貧困が蔓延するだろう。

市場の結果と統治の間の複雑な関連を研究する際の自然な範囲は、地球そのものである。地球政府は存在せず、地球規模のルール設定や組織の構造は依然として未発達であるため、世界は全体として、包括的な政府が存在しない場合の市場の働きを理解するための便利な場である。これが本章と次章の目的である。本章では地球規模の不平等と貧困を検討し、政治のグローバル化が経済のグローバル化よりもはるかに後れている事実から生じる特殊な問題を考察する。世界の不平等が高い水準にあるのは、まさに政治のグローバル化が困難を抱えているからである、というのが私の主張である。この主張を利用して、現在のグローバルな政体の内部で何ができるかという規範的・政策的問題に立ち入ることになる。次章では、これまでに起こったグローバル化によって生じた政治と民主主義の性質を検討する。

規範の領域に踏み込みつつあるため強調しておきたいが、本書は政府の大きさを論じるものではない。私見によると、そうした論争のほとんどは誤解を招くものであった。第2章と第3章で見たように、政府は市場経済を規制してその利益の一部を再分配する試みにおいて非常に大きな役割を果たす。しかし、政府が圧力団体や企業に取り込まれてきたのであれば、それはより小さな方がよい。国民が偶然にも社会規範の成熟した感覚を有しており、それが反社会的な行動の自然な抑制につながるのであれば、直接的な政府行動の必要性はより低いかもしれない。第4章で示そうとしたように、社会規範は法を代替することができる。法は、結局のところ、人々の頭のなかにある一連の信念にすぎない。

私は、貧困や不平等は「悪い」と考えている（これは規範的な「公理」であるから、はっきりと俎上に載せておくべきである）。今日の世界における貧困の程度は許容できるものではない。世界中で異議申し立ての声が沸きあがらない理由は、膨大な量の知的努力が向けられて、それが許容可能に「見える」ようにしているからである。不平等と貧困とでは、後者が私たちの第一の標的でなくてはならず、経済的不平等も悪いものであるとはいえ、貧困を抑制する「手段」として、ある程度は許容しなければならない可能性がある。この規範的姿勢は何か他のものから導かれたわけではなく、「公理」である。これを率直に述べるのは、混乱を予防するためである。それは興味深い政策的立場につながるだろう。私たちは「現在の体制を所与とすれば」、経済学者が貿易、関税、財政政策や金融政策に関して推薦する標準的政策の多くに従う必要があるのかもしれない。これは、より善き世界を想像する試みに努力を振り向けることと両立する。この点については最終章で論じる。

不平等

世界的な不平等の甚だしさは皆が知っている。それでも、注意深く数字を見てじっくり考えると、その程度には息をのまされる。世界の富豪については多くのことが書かれてきた。大富豪たち（たとえば上位100人）の話は興味深く読むことができる。彼らは雑多な集団である。富を相続した人もいれば、最初は貧しかった人もいる。アルコールの問題を抱えた人もいれば、そうでない人もいる。質素な生活を送り、エコノミー・クラスで旅行をして、古いセダン型自動車を運転する人もいるが、ほとんどの人はそうではない。これらの人々に仲間入りするためのヒントを探しているなら、最初に言うべきは、あまり教育を受けてはならないということである。雑誌「フォーブス」が2007年に世界でもっとも裕福な10人として挙げた人たちのなかで、少なくとも5人は大学を中退したか、大学へ行っていなかった(1)。驚くべき情報は、まさにこれらの人々が「どれほど」裕福かである。最新の推計によると、2007年に世界でもっとも裕福だった10人の富の合計は3435億ドルであった(2)。

それ自体としてはおもしろいこの情報を悲劇的なものにするのは、分布の対極にあたる部分である。最貧困層の情報を入手するのは難しいが、国の平均については多くのことが分かっている。エチオピアを考えよう。人口は7千万人を超え、年間の国民所得は約120億ドルである。世界でもっとも裕福な10人が自らの資産から年に

10パーセントの利益を手にすると仮定すると、彼らの年間所得の合計は、エチオピアの総人口の年間所得の実に3倍である。エチオピアにも多少は裕福な人がいるので、エチオピアの貧しい方から数えてたとえば9割の人々と世界的に裕福な人々の所得格差は理解しがたいものがある。

個人はさておき国に目を向けると、格差は縮まるものの、依然として驚くべき程度である。『世界経済・社会統計2005』に詳細なデータ[3]が提供されている152ヵ国のリストから（一人当たり所得の点で）もっとも豊かな国ともっとも貧しい国をとる（World Bank 2005）。これらの国々はそれぞれ、ノルウェーが最上位にあり、エチオピアとブルンジが最下位を分け合っている。ノルウェーの一人当たり所得は4万3400ドルで、エチオピアとブルンジの一人当たり所得は90ドルである。購買力平価に基づいて是正するとこれらの数字は少し接近するが、格差はそれでも膨大である。購買力平価に基づく是正を行なっても、ノルウェーから無作為に選ばれる人はブルンジから無作為に選ばれる人の60倍裕福であると予想されるのである。

世界的な不平等が近年、拡大したか縮小したかという論争は決着を見ないかもしれないが、私が統計を示すことで特に注目してもらいたい事実は、不平等の驚異的な「規模」である。もっとも豊かな人々ともっとも貧しい人々の間の「断絶」は「過大」であり、地上における貧困の「程度」は（最近、上昇したか否かにかかわらず）受け入れがたい。私は、将来いつの日にか、今日の世界を回顧して、人類がいかにこの状況を許容したのだろうかと不思議に思う時代がやってくると信じたい。富裕層の驚異的な富が一部はゼロから財を成した人々によるものであることを指摘して、それが資本主義の偉大さを示すということがよく言われる。しかし、これほどの貧困と欠乏が蔓延する世界において、それを理由に資本主義を称賛するのは、チンギス・ハーンやネロ帝の素晴らしい権力と富を指差して、王政の偉大さを讃えるようなものである。

この観察から「何をなすべきか」という質問に答えることは、行動力のある人が一般に考えるよりもはるかに困難であることが分かる。グローバルな貧困を目にすると、私たちは結論に飛びつきがちで、たとえば、市民を極貧のまま放置する発展途上国の政府がいかに悪質であるか、または、貧しい国々により多くの金を振り向けない先進国の政府はいかに卑しいかと速断する。貧しい国でも豊かな国でも、政策決定者や政治家が役割を果たす環境の現実と制約を考慮すれば、こうした判断は、少なくとも明白な形では、いずれも生き残らない。私たちの圧倒的多数が望む変革が数多くあるとしても、それについて行動を起こす力は誰にも与えられていないのである。実際、（あまり多くないことは認めるが）裕福な人のなかにも、私たちを取り巻く経済体制に対する嫌悪感を表明してきた人が存在する。一部の人たちの趣旨は、「現実としてこの体制がある以上、そして私にはここで成功する才能があるので、私は実際にそうするつもりである。ただし、あなた方には、私たちの体制がきわめて不公平であり変革を要するものであることに気づく分別を持ってほしい」というものである。このような宣言は、一部の左寄りの金持ち、売れっ子の活動家兼作家、ハリウッドの急進主義者の言動に多かれ少なかれ見られるものである。これはたんなる言葉にすぎないかもしれないが、感謝に値する。特に、それは富裕国の既得権益と貧困国のエリートを代弁する組織が発する（ワシントン・コンセンサスのような）疲弊した計画や提案と非常に鋭い対照をなすからである。後者の唯一の目的は現状の恒久化である。ハジュン・チャンが説得力豊かに論じるように、そうした保守的な提案は、実のところ、自らが頂点に上り詰めた後に梯子を蹴飛ばすための偽装に他ならない(Chang 2002a, 2002b)。

いかに所得を再分配して貧困を緩和するかという知的な設計問題は、困難なものである。即答はできない。しかし、私たちの体制には深刻な欠陥があり、たんに政策をいじくり回すのではなく、むしろ大幅な見直しが必要であることを認めるだけで、少なくとも最初の一歩を踏み出したことになる。大幅な政策の変更のためには、まず困難な問いを自分自身に問いかけなければならない。不平等と貧困の結びつきはどのようなものであろうか。片方を一掃したいとしたら、もう片方は我慢すべきなのか。そうだとすると、優先順位はどうあるべきか。

本章の目的はこうした問いに答えることである。私は最初に、今日の不平等がグローバル化と重要な結びつきを持っていると主張する。かつては平等の砦であった日本とスウェーデンから、米国、中国、インドにいたるまで、国内の不平等が世界中で拡大しているように見える一つの理由は、グローバル化や資本および高度熟練労働の流動性の上昇と関係がある。過去半世紀にわたって「経済の」グローバル化が加速する一方で、制度的・政治的なしくみが停滞し続けたことは、取り組むべき問題を惹起した。本章と次章ではこれを取り扱う。まずは、より興味深いグローバル化の性質を簡単に振り返ってみよう。

グローバル化の事実

グローバル化は不平等の増大あるいは減少につながってきたのであろうか。(4) この問題は多数の専門家の頭を大いに悩ませてきた。それが私たちの論争にこれほど大きく立ちはだかってきた理由は、多くのイデオロギー信奉者にとって、この問題への考え方がグローバル化に対する判定につながるからである。グローバル化について判定を下そうとするのは絶望的な企てであろう。何よりも、言葉の意味があまりにも包括的なため、どの側面をいつどこで見るかによって良くも悪くもなる。スペイン人が16世紀初頭にインカの人々と接触するようになったのは、グローバル化の一歩であった。剣と新たな細菌の力が組み合わさり、新世界の先住民の人口が急速に減少した事実から判断すると、このグローバル化が良いものでなかったことは明らかである。たとえ、先住民族たちの今日の状況は、「未発見」のままであった場合よりも良好であると主張できたとしても、彼らの厚生は過去数世紀にわたって積み重なるように悪影響を受け続けてきたと言えるのである。他方、英国が香港の中国人と接触するようになったこともグローバル化への一歩であったが、この場合、グローバル化はすべての関係者の便益になったと主張することが可能である。

経験のこうした多様性は二つのことを示唆する。グローバル化の影響に対してただ一つの答えを期待するのは過大であり、グローバル化は「潜在的」にはすべての人の便益になる、ということである[5]。後者が示唆するのは、潜在的便益を現実の便益に変換できる政策立案の必要性であり、それこそが本章の政策分析の背後にある原動力である。グローバル化は近年、憎悪に満ちた攻撃の対象となっており、企業支配と同一視されている。私は後者への攻撃には何の問題も見出さず、実際それは望ましいと思うが、グローバル化は、よく言われるようなグローバル資本による支配をはるかに超えるものである。グローバル化は、人々の交流や遠く離れた土地の音楽や文化の流入をもたらすとともに、国家・民族への偏狭な狂信的忠誠心を解体する土台を準備し、これらはすべて魅力的な性質である。純粋な経済的福利の点でさえ、そこには人々を貧困から救い出す「潜在力」が存在する。

それでも、グローバル化の規範的性質をめぐる議論、たとえば、それが私たちにとって良いものであるかということは、公開討論の場において非常に大きな位置を占める（これについては後に限定的なコメントをいくつか述べる）ものの、それはある意味、不毛な議論である。グローバル化は、歴史上の何十億という個人による行動の意図せざる帰結であり、誰かがそれを引き止める、ましてや逆転させる力を持つかは不明である。その必然性は重力に少し似ている。重力の善悪（「いかにそれが私たちすべてを引きずりおろすか」）について語ることはもちろん可能であるが、そうした話はおそらくたいした価値を持たないだろう。

というわけで、グローバル化と不平等の事実に移ろう。貿易量と資本移動で測定されるグローバル化の隆盛は幅広く論じられてきた（Bhagwati 2004）。２００６年の世界の輸出総額は12兆６３０億ドルであり、１９９０年の３兆４５２０億ドルから大幅に上昇した。２００６年のグローバルな海外直接投資総額は１兆３５２０億ドルで、この数字は１９９２年には２０２０億ドルであった（World Bank 2008）。

繁栄と不平等に関するかぎり、この数十年の間に成長との関連でグローバルな地域間の不平等が拡大あるいは縮小したのかについては議論の余地があるものの、傾向としては、長期的に見て、もっとも裕福な国と最貧国の

表7　1人当たりGDPの水準、1500 - 1998年
(1990年基準購買力平価ドル換算額)

	1500	1700	1913	1998
アメリカ合衆国	400	527	5,301	27,331
スウェーデン	695	977	3,096	18,685
英国	714	1,250	4,921	18,714
日本	500	570	1,387	20,413
インド	550	550	673	1,746
中国	600	600	552	3,117
アフリカ	400	400	585	1,368
最富裕層と最貧困層の比率	1.8：1	3.1：1	9.4：1	20：1

出典：Madison 2001

比率で測ると、明白に悪化しているように見える。(6) アンガス・マディソンの計算によると、表7に示されているように、世界の広域的な一人当たりGDPを追跡すると、格差の拡大は一目瞭然である（Madison 2001）。500年前、もっとも豊かな地域はもっとも貧しい地域の1・8倍豊かであったが、現在、一人当たり所得の差は20倍である。

近年に起こったことは、いまでもいっそう議論の的となっている。(7) もっとも裕福な国と最貧国の所得格差は急上昇しているように見える。もっとも裕福な20ヵ国の一人当たり平均所得と最貧20ヵ国の一人当たり平均所得をとり、二つの数字の比率を見ると、1960年には18であったが、1995年までに37へと上昇した（World Bank 2001; Pritchett 1997も参照）。

より包括的な不平等の測定方法は、ジニ係数の計算である。(8) これを国について行なうと何が分かるだろうか。興味深いことに、答えは用いるデータが人口加重であるかないかに決定的に依存し、論争の一部はこの差異によって引き起こされる。人口加重のデータを用いるということは、すべての中国人が中国の一人当たり所得を稼ぎ、すべてのインド人がインドの一人当たり所得を稼ぎ、等々ということにしてから世界のジニ係数を計算することを意味する。人口非加重のデータの利用が意味するのは、各国がその国の一人当たり所得

を稼ぐ一人の人として扱われるということである。よって、明らかにどちらの方法にも欠点がある。この問題には経済学のさまざまなレベルで直面する。家族の内部でさえ、しばしば大きな不平等が存在し、これは内部に利害対立を抱える家族にとっては特に重要である（Basu 2006a; Alaka Basu 1992; Agarwal 1997も参照）。しかし、データが不適切なため、私たちはしばしば家計を一つの意思決定単位として扱わざるをえない。

各国の非加重のデータを用いると、国際的不平等のジニ係数はここ数十年の間に上昇したことが分かる（Milanovic 2002）。他方、人口加重のデータを用いると、ジニ係数は１９６０年代後半以来ゆっくりと、しかしほぼ一本調子に下降し、下降のペースは１９９０年代に少し勢いを増していることが分かる（Melchior 2001; Melchior, Telle, and Wiig 2000）。後者の原動力となっているのは大部分、１９７０年代後半以降の中国と１９９０年代前半以降のインドの力強い経済成長である。というのも、これらの国々は人口の比重が高いからである。

データの改善のおかげで、いまではグローバルな個人間ジニ係数も計算することができる。スディール・アナンとポール・セガールによると、この指標によるグローバルな不平等は膨大なものであるが、20世紀最後の30年の間にいずれかの方向を示す顕著な動向は存在しない（Anand and Segal 2008）。グローバルな個人間ジニ係数は０・63と０・69の間を変動している。大局的な見地に立つと、これほど大きな不平等を抱える国はほとんど、存在しない。「ほとんど」という限定句は重要で、世界的不平等と同じくらい不平等な国が数ヵ国存在する。たとえば、ナミビアのジニ係数は０・74である（World Bank 2007）。

もはや明らかなように、何を指標として選ぶかによって、いかなる証拠でも見出せる。ある指標が明らかに別の指標よりも優れているだろうか。「個人の」福利に関心を寄せるのであれば（経済学はたいていそうであるが）、人口加重のデータを用いるのが正しいと思われるかもしれない。中国とカナダを比較可能な単位とすることは正しいと思われない。ただし、これに対しては二つの返答が可能である。第一に、政治的単位としての国民国家の重要性を考慮し、私たちの政治認識が国際的な状況把握によって形成されることを考えると、国ごとの所得に何が起きているかを見出す試みにも根拠があるかもしれない。第二に、究極において個人に関心を寄せるのであれば、人口非加重であれ人口加重であれ、国家間不平等ではなく、グローバルな個人間不平等を見るべきである。その理由は、中国人全員を一人と数えたり、中国人全員がそれぞれ中国の一人当たり所得を稼いでいるかのように扱ったりする、特に中国において不平等は拡大してきたため、重要な情報が失われるからである。同じことがインドにも当てはまる。幸いにも、私がここで主張したいことはこの論争の決着に依存しない。

グローバルな不平等をグローバル化と結びつけようとするのであれば、私なら何が起こってきたのかについて、より長期的な見方を採用するだろう。というのも、グローバル化の過程は何世紀にもわたって私たちとともにあったからである。グローバル化は短期間の後退を何度か経験してきたものの、長期的にはゆっくりと着実に地球が一体化する過程であった（Williamson 2002）。長期的な地域の不平等も（これを個人間の不平等や貧困と同一視しているわけではないが、個人間の不平等はおそらく地域の不平等と連動してきたであろう）、超長期的には上昇してきたように見える。しかし、趨勢についていかなる見方をとろうとも、懸念すべき理由があることは容易に主張できるだろう。第一に、ジニ係数は重要であるが、最富裕層と最貧困層の格差も重要である。人口の相当数が、グローバルな富と比べて貧しくなりつつあることに気づいたため、しだいに取り残されていると感じるならば、必ずや政治の安定がかき乱されることになる。私たちは、それ自体としてはささいでとるに足りない個人の意思決定に気をもむが、それらは汚染の総量を許容できない水準にまで増加させ、地球温暖化につながる。似たようなことがグローバルな不平等と大量の貧困にも当てはまる。そして、環境劣化と同様に、それらは政治の劣化をもたらす可能性があり、文明生活を不可能にする反乱や暴動につながる。たとえそのようなことが起こらなかったとしても、今日ほど大きな所得格差は、私には規範的に容認できないと思われる。これまでの経緯がいかなるものであれ、またグローバル化との結びつきがいかなるものであれ、本章の初めに引用したような、今日私たちが目にする水準の不平等はあまりにも甚だしく、現状に甘んじるわけにはいかない。しかし、貧困は不平等よりもさらに許容しがたく、政策介入の立案を考える前に、それらの関係を熟考する必要がある。ただしその前に、次節ではグローバル化がもたらす可能性のある副産物について簡単に議論する。

グローバル化の分析

グローバル化は、すべての人の利益になる「潜在性」にもかかわらず、人々を置き去りにするという否定的な副産物をもたらしうる。このことを理解するため、財とサービスの世界市場が突如として完全に自由で開かれたものになる場合を考えよう。世界のＧＤＰの圧倒的に大きな割合は先進工業国に由来するため、工業国の財の価格が貧しい国の価格に収束するよりも、後者が前者に収束する速度の方が速いと予測するのが妥当と思われる。つまり、財とサービスの国際価格は工業国の価格と途上国の価格の間のどこかに、ただし前者の近くに移るであろう。

労働は財やサービスよりも移動性が低く、貧しい国の労働力部門、特に無学で熟練に欠ける層は新しい技術を利用できないため、賃金は価格の動きに後れをとると予想するのが妥当であろう。(9) よって、最貧困層の一部にとっては、市場開放の便益が滴り落ちてくる前に困難が増大する期間があるかもしれない。これが急速なグローバル化の決定的な問題の一つである。貧しい国々の内部について報告されている不平等の増大は、ある程度この結果である（インドについては Banerjee and Piketty 2005 を参照）。

逆に、自ずと予想されるのは、グローバル化とともに貧しい国の労働市場の熟練者の方が不釣合いに恩恵を受けることである。現代技術の利用可能性が彼らの手取りを増やすのである。また、同国人が先進国で仕事を見つけて国を出ていくにつれ、自国における技能不足が仕事の価格を押し上げ、彼らをより裕福にする。バナジーとトマ・ピケティの研究によると、最近10年間にインドで不釣合いに得をした集団は、人口のうちでもっとも裕福な0・01パーセントである。難なく示せることであるが、一部の人の所得がこのような形で伸びるにつれて、より貧しい人々はもっとも裕福な人々と比べて相対的に貧しくなるだけではない。むしろ、彼らの厚生の絶対水準は、財の価格の上昇、あるいは「市場」からの排除により、低下するかもしれないのである。[10]

パキスタンとの国境に近いグジャラート州の片田舎にあるジャコトラ村を訪問したとき、貧しい村民の間には、グローバル化によって彼らがどうなるのかという懸念が明らかに見てとれた（Basu 2007e, Ch.11)。ジャコトラの村民はたいてい手工芸品、主に繊維製品への刺しゅうで生計を立てている。村民の懸念は、大工場で刺しゅうを施された衣類を製造してインドに輸出することを決めた国際的生産者との競争によって、彼らのつましい生活が壊滅されかねないということであった。村民と話して、私はグローバル化がいかにもろ刃の剣であるかを実感した。一方で、彼らは最近10年の間、グローバル化と製品を遠隔地に売り込む能力によって恩恵を受けてきた。[11] 他方で、この繁栄は続かないかもしれないと彼らが恐れるのももっともである。そのうえ、こうした人々は依然として非常に貧しいため、繁栄が終わることは彼らにとって深刻な貧困、欠乏、さらには餓死さえも意味する可能性がある。とすると、こうした人々にグローバル化の潜在的な便益を指し示すだけでは明らかに不十分であろう。正しい政策は、移行期に最貧困層に対してセーフティ・ネットを提供する政策介入を立案することである。

似たようなことが、アウトソーシングの問題を抱える先進国にも当てはまる。アウトソーシングの全体的利益は明らかである。米国の自動車産業が日本との競争に浸食され始めた頃、かりに米国政府が競争を制限するために日本車の輸入を阻止していたならば、おそらく今日の米国にははるかに多くの自動車産業の労働者がいたであろうが、同時に国はそのせいでより貧しくなっていたであろう。１９９０年代初頭にはあたかも日本経済が米国を席巻するかのように見えた。しかし、米国のＩＴ部門の開放性は世界中から才能を惹きつけ、それを防いだのである。

現在のアウトソーシングの問題もこれと似たところがある。アウトソーシングを阻止すれば、米国ではより多くの人々がコール・センター、データ入力、ソフトウェア関連の初歩的作業などの仕事を見つけられるだろうが、それはほぼ確実に米国の競争優位の喪失と全体的損失を意味する。アウトソーシングによって（短期的には確実に）損害を被る人々が存在することを否定しているわけではない。正しい政策は、競争に直面する貧しい国々の場合と同様で、アウトソーシングを阻止するのではなく、その損害を被る人々のために競争の帰結を緩和するような政策を編み出すことである。反対に、米国の大統領選挙期間中にアウトソーシングが繰り返し攻撃されたことは、アウトソーシングを行なう米国の起業家が非国民として（たとえば、人気のあるルー・ドッブ・ショーで）攻撃されたこととともに、逆の効果をもたらした。それは、アウトソーシングを行なっていなかった小さな起業家たちにこの分野で稼げる利潤を意識させ、最近の数年にわたって中小企業によるアウトソーシングが劇的に増えたのである。米国のテレビ広告は高額で、発展途上国の小さな事務管理部門にはけっして手が届かなかったであろうが、これらの攻撃は無料で彼らのために宣伝を行なったのである。

グローバル化の問題は、国の政策空間が縮小することであり、おそらくはそれが国内における不平等の拡大の核心にある。よく指摘されることであるが、富裕層と大企業は非常に丁重な扱いを受ける。これは多くの点で真実である。富裕層に与えられる補助金の額は貧困層に与えられる額を凌駕する。富裕層が住む区域の維持管理はきまって市議会により優遇される。私たちは、発展途上国の都市で小さな行商人が不法占拠を行なうことに苛立ちを覚える。しかし、たとえばニューデリーで富裕層の自動車に占拠される公共の場の広さを測定すれば（富裕層は壁の端から端まで目一杯に家を建て、自分の所有地には自動車を駐車する場所が残らないため）、それは貧しい行商人が占拠する面積をはるかに凌ぐのである。

グローバル化は、政府が富裕層や企業の外国への移転を恐れ、増税が不可能になることも意味する。最近20年の間に、ＯＥＣＤ諸国における平均法人税率は45パーセントから30パーセント以下へと下落している。２０００

年から２００５年にかけて、ＯＥＣＤの30ヵ国中24ヵ国が法人税率を引き下げ、税率を引き上げた国はない（Weise 2007）。たんに法人税率を引き上げ、富裕層に公共空間・財産の使用料を支払わせるというラディカルな処方箋では解決にならないであろう。今日のグローバル化された世界では、それは企業を国から追い出し、富裕層や熟練層を他の都市や大陸へ追いやる可能性がある。これは結果的に貧困層を傷つけるかもしれない。その可能性は以下で定式化して示す。私たちはこの問題を「解決する」ために抜本的な政策を必要とするが、それらは最初に頭に思い浮かぶ政策ではない。この問題にはグローバルなレベルで取り組まなければならず、多くのラディカルな集団がいま推し進めているものよりもはるかに抜本的なシステムの見直しが長期的には必要になるかもしれない。

次の二つの節では、前に述べた政策のジレンマとグローバル化の危険性を説明する。ただし、このメッセージをグローバル化への抵抗と受け止めてはならない点は強調しておきたい。真の危険はグローバルな企業支配と富裕層による寡頭制である。財、サービス、ソフトウェア製品、労働の移動がより容易になる潜在的な便益は膨大なものであり、これらを阻止するのは大間違いであろう。しかし同時に、これらが阻止されることを恐れるあまり、グローバル化のすべての側面を称賛することになってはならない。負の副産物を指摘することにより、本書はそれに対処してグローバル化の利益をよりうまく分配するための政策を奨励したい。これは道徳的要請でしかないと考えてはならない。取り残されていく集団を無視することは、長期的には政治不安や戦争の危険を冒すことになり、それはおそらくそれほど長期のことですらないかもしれない。

不平等と貧困――五分位数の公理

これまでの議論からすでに明らかなように、貧困と不平等は社会の異なる性質である（Sen 1997; Subramanian 2006）。一方が増大し、他方が減少することがありうるのである。これは実際、少なくとも１９８０年以来インドで起こってきたことである。消費が貧困線を下回る人の割合は、ゆっくりながらかなり着実に減っている。他方、富裕層ははるかに裕福になっているため、社会の不平等は、どのように測定したとしても（人口のうちもっとも裕福な一割ともっとも貧しい一割の格差であれ、ジニ係数であれ）、上昇しているのである。私の見方では、「貧困の防止」に必要な不平等の水準こそ、許容すべき不平等の程度である。私はこれを以下で定式化する。ただし、その前に二つほど注意しておこう。貧困が減少しているかぎり何も不平を言うべきではない、ということが（たいていは市場原理主義者によって）しばしば言われる。はっきりさせておきたいのは、私がいま述べた「許容すべき不平等」のルールはこれと同じではないということである。富裕層がインドでこれほど膨大な利益を上げているとき、貧困層は少しでも利益を得ているのであれば感謝すべきだというのはかなり不穏当である。第二に、貧困を最小化するために必要な不平等の程度は、制度的・経済的システムが異なればかなり異なる可能性がある。おそらく、今日のシステムではかなりの不平等が必要とされるだろうが、将来的には、貧困を最小化するために許容しなくてはならない不平等が小さなシステムに移行することが期待される。

しかし、こうした抽象的な政策原理にはもう少し鮮明さが必要である。政策の立案にあたっては、最終的な目的を明確に打ち出す努力が重要である。新たな税金、補助金や新たな貿易規制が「それ自体で」望ましいことはめったにない。そうした行為の良し悪しは、それが社会にとって最終的な価値とされるものにどう影響するかに依存する。たしかに、センが主張したように、最終的あるいは根本的な価値判断をきっぱりと述べることには哲学的困難があるかもしれない（Sen 1970）。新たな状況や新しい政策課題によって、以前には根本的であると考えていた判断の放棄を迫られるかもしれない。[12] しかし、新たな状況や新しい選択肢の出現によって目的を練り直したくなる可能性を念頭に置くならば、政策決定者が最大化を目指す対象は何であるのかということを問わなければならない。

私は別の場で簡単な規範的ルールを提示した。それは魅力的な性質を持ち、特に簡便であり、貧困と不平等が齟齬をきたす状況でとりわけ役に立つ。伝統的に私たちは各国の主目的を一人当たり所得に結びつけるが、私が別の場で提案し、ここでも用いる規範的基準は、人口のうちもっとも貧しい20パーセントの一人当たり所得を考える。私はこれを国の「五分位数所得」と呼ぶ。

私の提案は、ある国の福利を評価する際には、その国の五分位数所得に焦点を当てるべきだということである。これ以降、この規範的基準は「五分位数の公理」と呼ばれる。

五分位数の指標を社会の貧困指標（または貧困指標の逆数）と混同してはならない。ある国の五分位数所得の増加という目的は、必ずしも貧困削減という目的とは一致しないのである。絶対的な貧困指標を用いるならば、たしかにそうであり（絶対的指標がゼロになり、達成すべき目標がなくなることはありうるが、五分位数所得の最大化という目標に関しては、それはありえない）、ほとんどの相対的貧困指標の場合でさえ一致しないかもしれない。私が推薦している五分位数の公理は、ジョン・ロールズの有名なマキシミン基準の精神にのっとる「全般的な」規範的目標である（Rawls 1971）。

一見したところ、この指標は恣意的に見えるかもしれないが、概して、国の福利を測定する指標は、慣れるまではどんなものも恣意的である。所得分布の最底辺のさらに狭い部分に注目することもできたであろうが、その部分のデータは、最富裕層の場合と同じく、あまり信頼できない。最底辺の20パーセントというのは現実的な区切りでしかない。この公理が捉えようとするのは、社会において貧しい人々に注意を集中する必要性にすぎない。これこそ、経済学という企てが主に関心を寄せるべきことである(13)。

五分位数の公理やその背後にある一般的な考え方をさらに一般化する方法は存在する。たとえば、異なる貧困水準にある人々の所得に重みを加え、もっとも貧しい人々が最大の重みを持つようにして、社会の加重一人当たり所得を見ることもできる。ただ、私のここでの関心は、簡便で理解しやすい指標の開発である。五分位数の公理は、そうした精神にのっとる提案である。

注目に値するのは、五分位数所得を用いて経済を評価すると、（当然、予想されるように）絶対数に大きな差が出るのみならず、順位も大幅に変わるかもしれない点である。表８は選ばれた国々の一人当たり所得と五分位数所得を示す。予想どおり、ノルウェーと日本は順位を大幅に上げ、米国は下げる。より貧しい方では、ルーマニア、インド、バングラデシュが相対的に上がっている。一人当たり所得から五分位数所得に焦点を移すことによる下げ幅がもっとも大きいのは、ペルー、グアテマラ、シエラレオネである。

五分位数所得指標は、公平性に配慮する厚生指標として見る場合、いくつかの規範的な優位性を備えている。貧困や不平等を最小化しようとする政策とは異なり、五分位数所得の最大化という目的は、目標が動くだけに、自然な活力を持つ。目に余る貧困を抱える国では、この指標が示唆するのは、最貧困層の人々の状況に焦点を絞ることである。ただし、より恵まれた人々を完全に、あまりにも長く無視するならば、彼らはいずれこの社会の最底辺の五分位の一部となるため、注意が必要になる。たとえ社会が完全に平等になっても、この指標は政策決定者に傍観を許すわけではない。というのも、そのような社会では五分位数所得が一人当たり所得と一致し、そうすると目的は一人当たり所得の上昇になるからである。

また、五分位数所得に焦点を絞ることは、成長率を無視すべきだということではない。成長率は社会の最底辺を占める五分位の一人当たり所得の成長率という観点で測定されるべきだということにすぎない。この新たな指標は、端的であるという利点を持つ。所得成長率の上昇を目指すべきであると主張・要求して、後にその便益が最貧困層に届くことを期待する代わりに、この指標は五分位数所得の成長率の上昇を目指すべきだと述べる。

たしかに、国連開発計画の人間開発指数とは異なり、五分位数所得は所得以外の発展の側面を無視する。この批判に対する私の反論は二つある。第一に、私が薦めているのは、所得以外の発展の側面の無視ではなく、一人

表8　各国の五分位数所得、2006年

国	1人当たり所得（購買力平価による国際ドル換算額、2000年基準）	最貧困層20%の所得シェア	五分位数所得（購買力平価による国際ドル換算額、2000年基準）	年（所得シェア報告）
ノルウェー	37,667	9.59	18,064	2000
アメリカ合衆国	38,165	5.44	10,373	2000
スイス	32,775	7.55	12,381	2000
日本	27,992	11.00	15,396	1993
フィンランド	30,420	9.62	14,632	2000
スウェーデン	30,392	9.12	13,858	2000
韓国	20,572	7.91	8,131	1998
南アフリカ	10,338	3.47	1,796	2000
トリニダド・トバゴ	14,708	6.00	4,412	1992
マレーシア	10,091	4.37	2,205	1997
ロシア	10,350	6.15	3,181	2002
ルーマニア	8,722	8.07	3,521	2003
ペルー	5,725	3.73	1,067	2004
中国	6,621	4.25	1,407	2004
グアテマラ	4,150	2.93	608	2002
インド	3,308	8.08	1,336	2004
バングラデシュ	1,916	8.60	824	2000
シエラレオネ	753	1.00	38	1989

出典：World Bank 2008より計算

当たり所得に焦点を当てていたのに代わって、五分位数所得に関心を集中するということである。第二に、私の予想では、一般に一人当たり所得よりも五分位数所得の方が国のさまざまな生活水準の指標（乳児死亡率、平均寿命、識字率など）と密接にかかわっている。このことは、後に調べてみると実際に興味深いであろう。

五分位数所得に焦点を絞ることは、私たちが不平等をいかに考えるべきかということも示唆する。一般に、不平等は望ましくないものの、貧困の方が悪質であると私は考えている。よって、私たちが許容すべき不平等の規模は、貧

困の最小化に「必要な」規模であり、それがここでは五分位数所得の最大化に等しくなっている。[14] たとえば、完全に平等な社会というものは、（少なくとも現代の価値観と選好を所与とすると）おそらく圧倒的に貧しいであろう。したがって、五分位数所得に焦点を絞ると、完全な平等の追求は避けることになる。

この五分位数所得という基準により、私たちはそれぞれの社会における不平等の「正しい」規模を決めることができる。これは次節で定式化して説明する。定式化されたモデルは、これがグローバル化の水準に依存する可能性も示す。これは、国際的に政策を調整しなければならないという考え方に自ずと道を開き、本章の最後の節ではそれを探求する。

貧困最小化のために許容すべき不平等

本節では、簡単で高度に定型化されたモデルを展開し、これまでに論じた原理のいくつかを把握する。とりわけ、このモデルが描き出すのは、五分位数の公理によると若干の不平等を許容しなければならないかもしれず、グローバル化は各国が貧困を制御する能力を弱めるため、国際的な政策協調の必要性に注意を向けさせるということである。

「多数」の同質な国が存在する世界を考えよう。各国は一定の人口を抱えている。そしてこれらの人々のうち、半分が「豊か」で半分が「貧しい」。豊かおよび貧しいという意味は、政府や共同体の介入がない場合、富裕層は所得が１０００ドルで、貧困層は所得がゼロということである。所得ゼロで生きる人がいるという、いささか不自然な仮定が置かれるのは、代数的な簡便さだけが理由である。これに問題があると思われるなら、所得とは人が生存ぎりぎりの稼ぎを超えて手にする金額と定義しよう。標準的な新古典派経済学の仮定を用いることが可能で、富裕層は貧困層よりも生まれつき生産性が高い。あるいは教育水準が高いとするか、社会は差別的で富裕層が優遇されるのだと仮定することもできる。厳密な説明は、私がここで説明する限られた目的にとって問題にはならない。

ここで最小限の政府を登場させよう。この政府が行なうのは、富裕層に課税してその金を直接補助金として貧困層に移転することのみである。政府は税率をtにすると考えよう。つまり、富裕層の所得の割合tが政府によって税金として徴収される。富裕層の一人当たり課税前所得を$Y_{(t)}$で表し、tが括弧内にあることで課税前所得が税金の高さに依存することを思い出そう。tが上昇するにつれて$Y_{(t)}$は変化しないか減少すると仮定するのが妥当である。その理由は、tが高くなるにつれて、人が一生懸命に働いてより多くを稼ぐ情熱がそがれやすいからである。よって税率がtであれば、富裕層の課税後あるいは可処分所得は$(1-t)Y_{(t)}$となる。

税率が3割つまり30パーセントになるまで、人の働く情熱に負の影響はないと仮定しよう。言い換えると、tが3割以下であるかぎり、$Y_{(t)}=1000$である。よって税率が30パーセント（すなわち$t=3/10$）のとき、裕福な人の可処分所得は700ドルである。徴収された税金はすべて政府によって貧困層に分配され、貧しい人の人数は豊かな人と同じであるから、貧しい人はそれぞれ300ドルを受けとることになる。よって貧しい人各々の可処分所得は300ドルである。要するに、この社会は30パーセントの所得税率を課しても、依然としていくらかの不平等が残り、富裕層が一人当たり700ドル、貧困層が一人当たり300ドルを手にする。

政府がさらなる平等の推進に関心を寄せているとしよう。すると、この簡単な枠組みのなかでできることはただ一つ、税率をさらに上げることである。しかし、これは富裕層が金を稼ぐ意欲を害すると考える。ここで、税率が上昇するにつれて富裕層が稼ぐ所得は減り始め、とりわけ、税率が50パーセントに定められると、裕福な人はそれぞれ400ドルの所得を稼ぐことになると仮定しよう（税率が30パーセント以下のとき、彼らは1000ドルを稼いでいたが）[15]。

これで非常に重要な政策問題を提起する材料が十分にそろった。明らかに、政府がいかなる税率を選ぶかは、政府が用いる厚生基準に依存する。まず、政府が「功利主義的」で、つまり、誰がいくら手にするかは問わず、国民所得全体の最大化に関心を持っているとしよう。そうすると明らかに、税率はゼロと30パーセントの間のどこかに決まることになる。この範囲全体にわたって働く誘因は変化しないため、この社会の一人当たり所得は５００ドルで変わらない（そして国民所得は５００ドルかける人数である）。そのようないかなる税率も富裕層をもっとも懸命に働かせ、国富が最大限になることを保証する。広範囲にわたる解決策（すなわちゼロから３割までの t）が功利主義的厚生基準と両立するので、何らかの簡単な「決め手となる」仮定を考えると便利かもしれない。経済学者はそうして解決策を一つに絞り込むことが多い。場合によっては（この場合を含めて）、それは無害である。そのような仮定の一つとして、政府は「辞書的選好」を持つと考え、功利主義的ではあるが、同じ総所得を生み出す二つの政策があるときには、望ましい分配をもたらす方を好むとする。その場合、政府は t を３割に定めるであろう。決め手となるもう一つの無害な仮定は、無税の場合に人々がわずかに追加的な喜びを感じ、生産性が少し上がると考えるものである。よって $t=0$ のとき、富裕層は（１０００ドルではなく）１１００ドルの所得を生み出す。t が正になるとただちに所得は１０００ドルに落ち、行動はすでに描いたとおりになる。後で参照するときのため、これを「無税の押し上げ」仮定と呼ぼう。この仮定があれば、功利主義的政府は明らかに税率をゼロに定めるだろう。

議論を簡素に保つため、しばらくの間、何らかの技術的な理由（たとえば、監査部の計算能力の限度）により、政府は税率をゼロ、３割、５割、またはさらに高い率からしか選べないと仮定する。

次に、貧困層に焦点を絞ってすでに論じたような五分位数所得の最大化を目指す政府を考えよう。この政府は明らかに t を３割にするだろう。この税率のもとで貧困層の可処分所得は３００ドルである。t がゼロ、５割、あるいはそれを超える場合はいずれも貧困層にこれだけの所得が行き届くことはない。

最後に、不平等の最小化に全面的に焦点を絞る政府を考えよう。そのような政府は税率tを「5割」に定めるだろう。この点において、富裕層と貧困層は同額の可処分所得200ドルをそれぞれ手にする。

読者は、注15に記述した関数$Y_{(t)}$を用いて、この結果がここで示される以上に一般的であることを確認できる。さらなる一般性を認めて、政府は10パーセント刻みでいかなる税率も選ぶことができ、つまり、tは0，10，20，30パーセントから100パーセントまでのいずれかであると仮定しよう。分析をもう少しはっきりさせるため、これ以降、無税の押し上げ仮定を設けることにする。

こうすると、功利主義的な政府が税率をゼロに定めることを容易に証明できる。政府は五分位数のルールに従う場合、税率を30パーセントに定める。この例では、五分位数のルールはロールズ主義（より正確には、ロールズ主義ルールのレキシミン拡張）と一致する[16]。したがって、ロールズ主義も税率30パーセントになる。しかし、政府が全面的平等にコミットしている場合、税率はさらに高く、50パーセントに引き上げられる。

しかし、この点までくると、貧困層は富裕層への税率がもっと低かった場合よりも貧しくなっていることに注意しよう。つまり、税率30パーセントで五分位数所得が最適化される状態から50パーセントに税率を引き上げると、不平等は縮小するが、その代償は貧困の拡大である。というのも、最貧困層がさらに貧しくなるからである。貧困と不平等がトレードオフを伴う可能性とはこのような意味である。私の見方では、こうした状況において、最貧困層の状態が最善になるような点で生じる不平等は許容するに値する。なぜなら、その不平等は最貧困層の福利の最大化に必要なものだからである。これがすでに論じた許容可能な不平等という考え方である。

この例では、貧困を最小化する税率が不平等を最小化する税率を下回るが、常にそうなるわけではないことははっきりさせておこう。常にそうなるのであれば、もちろん貧困最小化と不平等最小化の間にジレンマはない。また、ここでの分析はすべて、私たちの経済がごく普通の新古典派的路線に沿ったものであることを仮定している。私は人間の規範を変更することが原理的には可能であると信じており、そうなれば、人々は世界の恵まれない人たちに貢献すべきことに腹を立てず、自らの所得が課税されて貧困層に移転されるとしても一生懸命に働き続けるであろう。これはさらに抜本的な政策処方箋につながり、最終章で議論される。

グローバル化とともに生じる政策空間の縮小、またグローバル化が不平等の拡大および貧困の拡大に寄与する可能性、これらは先のモデルを用いて説明することもできる。[17] 確認のため、ここでは労働者が国境を越えて移動することが可能で、可処分所得のもっとも高い所へ行きたがると仮定しよう。ただ、労働者が移住を決心する際には、実際に移住する前に移住先の国からの許可（労働許可証や査証）が必要である。私はさらに、すべての国の税・補助金率が同じならば各個人は自国にとどまると仮定する。つまり、移住してもしなくても違いがない場合、労働者は後者を選ぶとする。

現実には、グローバル化とともに、国際的な移動は企業、財、サービスにおいて生じる。しかし、これは単純なモデルであるから、移住できる唯一の要素は労働であると仮定する。熟練労働を引き寄せるための政府の道具は税率である。よって、事実上、私がここで描いているのは「実質課税競争」のモデルである（Atkinson 2005）。

いま説明した種類のグローバル化に直面する国内政策の問題は、多様な方法で描ける。ここでは各国が自国の五分位数所得の最大化を目指す場合を考えよう。

つまり、各国に優れた政府があり、もっとも貧しい市民の生活水準の向上に誠実な関心を寄せているとする。国境が外生的に閉じている（労働移動が許されない）ならば、各国が税率を30パーセントに定めることを私たちは確認した。

さて、グローバル化が労働移動に対する外生的な障害を取り除くとしよう。各国が税率を30パーセントに定めることは、もはや均衡でないことに注意しよう。ある国が t を下げれば、明らかに他国の生産性の高い人々は皆その国に移住したくなる。いま政府が一部の富裕層の受け入れを認め、貧しい人の入国はまったく認めないと決めれば、自国の貧しい市民に与える一人当たり所得補助を増やすことが確実にできるだろう。そしてこの理由により、各国政府にとって税率を少し下げることは利益になるのである。よって、30パーセントの税率は均衡で広まることができない。ゲーム理論の用語を用いるなら、各国が税率を30パーセントに定めることはナッシュ均衡ではないのである。

こうした分析から明らかになるのは、均衡で広まるような正の税率は存在しないということである。他のすべての国がtを課しているならば、ある国の政府は税率を少し下げて富裕層を引き寄せ、税収を使ってその国の貧しい市民に補助金を与えることができる。よって、均衡ではすべての国がtをゼロに定める。グローバル化した世界における実質課税競争は、課税を浸食する結果となり、均衡で豊かな人と貧しい人が手にする所得は、誰にとってもまるで政府がない場合と同じである。各国はあたかも貧困や公平性に無関心で、国民所得の最大化にのみ関心がある「かのように」行動することになる。つまり、グローバル化は各国政府が公平性に配慮した政策を実施する能力を浸食する。労働移動（および、より現実的なモデルにおいては資本移動）が国の政策の効力に妥協を強いるのである。

国際的なレベルで貧困対策を協調する必要性があることは明らかである。といっても、個々の政府による再分配政策やより積極的な貧困対策の可能性を否定しているわけではなく、政府の責任逃れを許してはならない。同時に、グローバル化が進むにつれて、国際的な政策協調の必要性が増すのである。

私たちはエチオピアやタンザニアの途方もない貧困を目にすると、これらの国の政府を糾弾しがちである。ほとんどの政府にとって実績改善の余地はあるものの、エチオピアがエチオピアの貧困を、あるいはタンザニアがタンザニアの貧困を、どのくらい制御できるのかは、ケニア、インド、中国、米国の状況に部分的に依存するということを見過ごすのは誤りであろう。これはまたインドの国内で生じていることでもあることが分かる。西ベンガル州は、過去30年の間、民主的に選ばれ、（マルクス主義の）インド共産党に率いられた、労働者寄りの州政府であった。選挙で初めて選ばれて、まず州政府が会社や巨大産業に対して明確にしたのは、彼らが労働者にまともな賃金と労働条件を提供しないのであれば、州を去ってもかまわない、ということであった。これは、インド人労働者の賃金の低さを考えると、理にかなう要求であった。しかし、問題は、西ベンガルの労働者がより良い条件で雇用されるにはいたらなかったことである。彼らは雇用されなかったのである。地域が産業空洞化に直面しただけであった。私は州政府の目的が間違っていたとは思わない。現実に対する判断に不備があったのである。同じ州政府がいまではぜいたくな条件を提示して産業を呼び込もうとしている。現在のグローバルな状況において、これは正しい方策である。他に選択肢がないのである。実際、グローバルな統治の大幅な見直しに向けた努力が不可欠である。

不平等とグローバル化の政策的含意

前節では理論を組み立てたが、現実世界の政策に移るのは容易なことではない。国々はそれぞれ異なる発展段階にあり、政府が利用できる政策手段は税率や移民ルールの選択よりも多様である。そのような世界で国際的な政策協調はいかにして可能であろうか。労働政策に国際労働機関（ＩＬＯ）があり、貿易政策に世界貿易機関（ＷＴＯ）があるように、反貧困および平等拡大を目指す政策の立案・協調の中核となる調整機関が必要なのだろうか。このような問題については憶測しかできず、抽象的な理論モデルから得られる洞察と実証研究から探り出される知恵を結集して、良識、直観、推測を組み合わせるしかない。

発展途上国における貧困層重視の成長の性質については、グローバル化の文脈におけるその具体的な問題と同様に、多くのことが書かれてきた（たとえば Klasen 2004 を参照）(18)。同じ話題の繰り返しは避けて、既存の研究にほとんど先例の見当たらない二つの政策提言についてここで手短にコメントしよう。これらはいずれも第10章でさらに議論する。これらと最終章で検討する他のいくつかの介入は、特に豊かな国々で、富裕層に対する異なる形態の課税となる。そのような政策の実行可能性については疑問が生じる。というのも、自らの富や所得の一部を放棄することは、個人にとってけっして直接的に誘因両立的な行為ではないからである。ここに、本書でこれまでに行なった理論化の一部が関係してくる。第3章で指摘したように、すべての人間は狭義の自己利益と一致しない行為に関与する。社会規範に由来する圧力、もしも行なわれたとしたら利益をもたらすような行為に考えをめぐらせることさえ妨げる習慣、そして波及力の強い文化のせいで、私たちは個人的に有利な多くのことをあきらめ、考えなおすことさえしないのである。よって、世界のより大きな利益のために自らの利権の一部を放棄することは、私たちの自己利益にはならないかもしれないが、人々にそうした犠牲を払わせつつ、まったくそう意識させないことが可能である。しかし、習慣、規範、文化が社会の本質的要素として進化して定着するまでには時間がかかる。それが可能となるまでは、富だけでなく、自らが支配・消費し、実質的な不可侵の権利として扱う資源に対する課税は税金と見なされ、よって抵抗に遭う。したがって、それは法律、国家、および国際的統治という手段を要するだろう。幸いなことに、第4章で見たように、いったん法律が施行・告知されると、先進国においてそれは遵守されてただちに焦点となる傾向がある。[19] その理由は、国家機関による強制執行（たとえば、いかなる速度であれ、速度制限を超えて運転する人を罰すること）を要する法律、つまり前方法令は、概して先進工業国ではしっかりと確立されているからである。よって、本章以降で論じられる、政府や国際機関が講じる政策行為のアイデアは、もちろん分析と慎重な検討の対象とすべきではあるが、誘因両立的でないとしてただちに退けられるようなものではない。

私の最初の提案は、世界中の労働者に関するものである。アウトソーシングによって仕事を失う先進国の労働者であれ、低コストのハイテク輸入品によって職を失う貧しい国の労働者であれ、グローバル化が原因で損をする一部の労働者の問題に対処する一つの方法は、会社の株式収入のごく一部に対する権利を労働者に与えることである。[20] 労働者が働く企業内で利潤を分かち合うことを言っているのではなく、よりラディカルで、すべての企業の株式収入のごく一部が、その時点で職のない労働者も含めたすべての企業の労働者に与えられるべきだということである。この提案の完全な詳細は複雑で、注意深く考え抜かなければならないだろうが、おおまかな考え方は、企業の株式のごく一部が、もっとも貧しい範疇（たとえば最低の五分位）に入る人々のために、政府か何らかの政府機関によって所有されるべきだというものである。おそらく労働者はこの範疇に属するため、企業が稼いだ利潤を分かち合うことができるのである。

よって、仕事がアウトソーシングされて一部の労働者が職を失うとき、アウトソーシングが生み出す追加利潤の一部は、株式を所有しているという理由により労働者が手にすべきことになる。これは労働者の過度の冷遇を防ぐ重要な政策となる可能性がある。さらに、それは先進国と貧しい国の労働者たちの間に存在するグローバル化への反感を部分的に緩和する助けとなるかもしれない。労働所得の割合が時とともに低下するのが本当であれば（私はそうであると思う）、このしくみは労働者に対する影響の一部を自動的に和らげるという利点があるだろう。なぜなら、雇用と労働所得の減少による彼らの損失の一部は、株式収入の上昇という形で返還されるからである。

第二の提案は、国際的な貧困対策の調整を促す新しい国際機関、あるいは既存の国際機関の新たな部局の必要性を呼びかけることである。すでに見たように、世界をより平等にし、世界的な貧困を削減するためには、「国際協調による」政策介入が必要になる。一つの国が一方的に努力しても、おそらくはその国から資本と熟練労働が逃避し、取り残された人たちの貧困化を進める。よって、私たちは囚人のジレンマのような状況に陥り、各国が不平等の削減や最貧困層の援助のための措置を講じたいと考えても、そうできなくなるかもしれない。

それが起こる理論的可能性は前節で説明した。これはまた今日のグローバル化された世界における現実の問題でもある。中国、インド、その他の発展途上国の「国内」の不平等は上昇傾向にある。先に論じたように、これはグローバル化と密接な関係があり、なぜ中国とインド（もっとも急速にグローバル化しつつある二ヵ国）がこの問題により大きな影響を受けているのかをおそらく説明する。ただし、それを阻止するための制度的なしくみや社会基盤さえ存在しない。世界全体でもっとも裕福な人々ともっとも貧しい人々の間の所得格差はいかなる国の国内で生じる格差よりも大きいという事実は、これに対処するためのグローバルな政治制度が存在しない事実を反映している。

よく知られているように、貿易では調整問題が生じる可能性があり、そうした問題の軽減を助けるためにWTOが存在する。また周知のように、労働市場は調整を必要とし、ILOがこの状況に対処する。環境問題については、国連環境計画や地球環境ファシリティがある。それでも、反貧困および反不平等政策についてはこれらに相当するものがまったくない。しかしながら、前節までに示されたように、この領域における調整問題は同じくらい深刻なものであろう。このように、調整機関の必要性の認識は明らかである。たとえばミレニアム開発目標のような目標が頻繁に発表されることを否定するわけではないが、それらはたいてい聞こえのよい端的な標語にすぎず、効力はほとんどない。そのうえ、それらは国家間の政策の戦略的協調が核になることを認識していない。これはまた労働者に株式を保有させるという上記の目的とも結びついている。理想的な世界では、こうした株式保有は国境を越えなくてはならない。こうして再び世界的な調整機関の必要性が生じるのである。

これらの政策課題は、特にグローバル化の時代に生じるグローバルな統治とグローバルな民主主義という、より大きな論点と関係している。これらが最後の二つの章の主題である。

第9章
グローバル化と民主主義の後退

民主主義の不足

戦争はしばしば民主主義と自由の名のもとに行なわれる。それは近年イラクで起こったことであり、以前にはベトナムで起こった。しかし、こうした戦争の脅威の一部で使われた火力の犠牲者数を数えると、非常にだまされやすい人でないかぎり、戦争が爆撃される国の自由と民主主義のためになると信じることはできない。米国軍が収集した独自の統計は、ベトナム爆撃のもっとも包括的とされる説明を提供してくれる。以下はその要約である。

ベトナムが中心となった〔第二次〕インドシナ戦争は、人類史上もっとも苛酷な空爆の舞台となった。「米国空軍は、1964年から1973年8月15日にかけて、インドシナに合計616万2千トンの爆弾その他の砲弾を投下した。米国海軍と海兵隊の航空機は、さらに150万トンを東南アジアで使用した。このトン数は第二次世界大戦と朝鮮戦争で使われた量をはるかに超えた。米国空軍が消費した弾薬は、第二次世界大戦で215万トン（欧州戦域で161万3千トン、太平洋戦域で53万7千トン）、朝鮮戦争では45万4千トンであった」（Clodfelter

1995)。このように、ベトナム戦争での爆撃は、第二次世界大戦の欧州戦域と太平洋戦域の双方の合計の（重さにして）少なくとも3倍、そして朝鮮戦争で使われた総トン数の約13倍であった。戦前のベトナムの人口約３２００万を考慮すると、米国による爆撃は紛争中一人当たり何百キロもの爆発物に相当する。

　この段落は、マイケル・クロドフェルターの引用を含めて、エドワード・ミゲルとジェラール・ロランの研究からとられている（Miguel and Roland 2005）。これらの数字は、米国軍（とりわけ米国国立公文書館の記録グループ２１８に収められている、国防安全保障協力局（ＤＳＣＡ）のデータベースに基づくもので、ミゲルとロランが米国ベトナム退役軍人財団から国防安全保障協力局の許可を得て入手した。

　前例のないこうした大量爆撃がはるかに小さく貧しいベトナムに対して行なわれた意図が、その国、つまり、爆撃対象となった人々の民主主義と自由のためであったと信じるのは、あまりにもばか正直なことであろう。真相は、爆撃が起こったのは民主主義を促進するためではなく、むしろ民主主義が欠けていたためである。米国は自国の利益に対する多少の脅威を遠く離れた地で感知し、そのリスクを取り除こうとした。民主主義国の内部において、個人や集団は遠くに存在する他者からの脅威にしばしば直面する。敵の富の増大は、自らにとって長期的なリスクになりうる。ある集団の構成員の増加により、あなたは自らの集団が長期的に安全ではないと感じるかもしれない。サダム・フセイン政権下のイラク人の一部はクルド人に対してそのように感じていた。しかし、だからといって、それらの集団を攻撃し、爆弾を投下することは認められない。なぜなら、民主的な政府は、憶測による不安に基づくそのような攻撃を認めないからである。民主的な政府が自国のある州政府に対して行なえる攻撃的行為の程度は、その州政府がどれほど敵対的なものであれ、同様に敵対的な他国に対して行なえることよりもはるかに限定的であろう。さらに、規範的に言っても、自らに対する脅威が感じられるや否や、いかなる攻撃的行為も正当化されるというわけではあるまい。世界における戦争や政治不安の大半は、民主的な政府による舵取りが存在しない場合（グローバルなレベルでは実際にそうである）に起こることの描写になっている。ところがこれこそ、政府介入がまったくなく行為主体が完全に自由なときに実現すると一部の経済学者が信じているユートピアなのである。

グローバル経済はこれを検討するのにうってつけの場である。過去２千年にわたる技術革新のおかげで、また過去50年にわたってその速度は大幅に上昇しており、「経済の」グローバル化は近年私たちの日常生活の一部となってきた。それは財、サービス、資本が、国を越えてますます移動するようになったことを意味する。しかし、これは同様な「政治の」グローバル化を伴ってきたわけではない。これは危険な組み合わせで、世界を不安定化させる可能性があり、経済学者にとっては政府と統治の切実な必要性を強調するものである。

すでに見てきたように、個人や集団が放任され、自由に自らの利己的な目的を追求できると、社会が最適な状態にいたるどころか、国をホッブズ流の混沌に陥れかねない。これはグローバルなレベルで起こりがちなことである。というのも、グローバルな統治のための現在の制度は非常に脆弱なものだからである。

まず、ここから生じる重要な含意を浮き彫りにしたい。グローバル化や技術進歩というものは、気づかれないか、あるいは気づいても取り合われないのであるが、グローバルな民主主義を自然に浸食する効果を持つ。この現象の結果として、たとえ個々の国が民主的になっても、グローバルな民主主義の総体が衰えるということが十分にありうる。本章の目的は、この仮説を打ち出して擁護し、その帰結についてコメントし、対処法を示唆することである。

経済学者はしばしばグローバル化をさまざまな経済圏の統合として描く。言い換えれば、新たな旅行・輸送技術の台頭、貿易や資本移動に対する障壁の段階的撤廃により、現在では国を越えて財、サービス、資本を移動することが容易かつ安価になっているのである。ここには膨大な利益の可能性があり、潜在的に生活水準の大幅な改善をもたらすことができる。事実、世界中の多くの人々が、たとえば中国やインドで、これによって利益を得たのである。見えざる手の定理に安易に訴えることで、この種のグローバル化は完全に良いものであるとすることもできるが、それは間違いであろう。見えざる手の定理のいささか機械的でお馴染みの使い方は以下のようなものである。この定理によると、競争市場が個人の自由を制限することなく機能するとき、その経済的帰結は（パレート）効率的である。グローバル経済は、周知のように、単一の経済圏というわけではない。なぜなら、国民国家が財やサービスの移動に対して多数の人為的障壁を設けているからである。グローバル化は、新たな技術の創造や政府の政策の変更を通じてこれらの障壁を撤廃していく動きであり、単一のグローバル経済へ向けた小刻みの前進である。よって、それは見えざる手の定理が当てはまるような世界へ向かう動きであり、グローバルな効率性に対する期待を抱かせる。

　グローバル化の潜在的利益は疑いもなく大きなものである。それでも、この議論には欠陥があり、なかでも有名なものは「セカンドベストの定理」と呼ばれ、たとえ自由市場競争均衡が最適であるとしても、そこに「向かう」あらゆる動きが私たちを最適性に近づけるわけではないと述べる。言い換えると、非単調性が存在する、つまり、競争均衡に少し近づくと、そこから離れるよりも事態を悪化させるかもしれないのである。しかし、たとえこのセカンドベストの議論を置いておくとしても、もっと現実的な問題がある。経済が実際どのように運営されるのかということは、けっしてたんなる個人の選択や合理性の問題ではない。政府が役割を果たすことは避けられず、公共財を供給し、契約を履行させ（これは市場の機能にとって鍵となる基礎的要素である）、不平等が手に負えなくなることを防ぐのである。読者はこれを不思議に思うかもしれない。第4章で、政府とは個々の市民の信念の所産にすぎないと主張していたからである。それでも念頭に置く必要があるのは、だからといって、政府がいささかも現実味や重要性を減じるわけではないということである。

　いま出現しつつあるグローバル経済と、たとえば米国やインドのような単一経済圏との決定的な違いは、前者には政府がないことである。というのも、政治のグローバル化が明らかに経済のグローバル化に後れをとっているからである。これから私が論じる問題はこの奇態に由来する。その帰結の一つは、民主主義の浸食であり、単一の政府のもとにあるいかなる経済でも許容されない水準のグローバルな不平等が許容されることである。後者は前章で論じており、前者がこれ以降の主題である。

民主主義は多くのものを伴い、多様な政治・法制度、市民が自らの生活に影響を及ぼす経済政策の形成に参加する手段、そして最終的分析においては、ある種の心理的傾向が含まれる（この議論については Sen 1999 を参照）。とはいえ、核心において、そしてもっとも簡素な形態において、民主主義の要請とは、人々が統治者を選ぶ権利を持つことであり、各人の投票が別の人の投票と同じだけの重みを持つべきであるという原理である。この基本原理ですら逆説と難題にぶつかるということは、ルイス・キャロルが（チャールズ・ラトウィッジ・ドジソンという実在人物として）熟知し、アローの先駆的な研究が証明したとおりである（Arrow 1951）[1]。しかし、こうした要請の簡潔さには、ある社会がそれらを満たすかを簡単に点検できるという利点がある。

次に、さらなるグローバル化は、ほとんど定義により、国や人が他国やその市民の生活に対してより大きな影響力を行使できることを意味する。さらに、定義により真というわけではないが、事実として、ある国の他国に対する影響力はけっして対称的ではない。米国は、たとえばキューバの貿易経路を遮断することができる。自国とキューバの貿易を制限するのみならず、キューバと取引し投資する者たちを制裁措置で脅すのである。これはたんなる仮説的な可能性ではない。米国の1996年のヘルムズ・バートン法は、これが実際に起こりうることの証拠である。他方、キューバは米国の経済や政治に損害を与えることはほとんどできない。同様に、中国が台湾やシンガポールに行なえることに対して、台湾やシンガポールは報復する術がない。イラク人の厚生は、イラクでの選挙よりも米国の選挙の結果により大きく依存する可能性が高いのである。

1970年代の初頭に誰が米国の大統領であったかは、一般のチリ人にとって死活的問題であった。1970年9月4日、チリの選挙で人民連合の候補サルバドール・アジェンデが僅差で勝利し、続いて10月24日に議会の決選投票で対立候補ホルヘ・アレッサンドリを大差で破って国の大統領になったとき、それはチリ人にとって重要な出来事であった。しかし、同じくらい、いやおそらくそれ以上に重大であったのは、リチャード・ニクソンが米国の大統領になったという（チリ人には何の発言権もなかった）出来事である。民主的に選ばれたこのチリ政権は、富裕層や大企業の手から貧困層に富を移転する広範な改革を開始した。その政策が長期的に貧困層を助けたかについていかなる見方をとるにしても、アジェンデ政権が人々から負託を受けていたことに疑いの余地はない。しかし、まもなく米国の大統領ニクソンは、悪名高き「40委員会」を立ち上げて、チリで秘密工作を始め、ラジオ局を買い取り、新聞を買収して反政府行為を扇動し、最終的には1973年9月11日に凶暴な軍事クーデターを引き起こして、その結果、何千人もの人が殺されるか、あるいは「行方不明」と宣言された。大統領宮殿ラ・モネダで、アジェンデは発砲音を背景に、パチパチと鳴るラジオを通じて自国の市民に最期の言葉を語った。「ラジオ・マガリャネスはまもなく沈黙を余儀なくされるに違いなく、私の静かな甲高い声はもはやあなた方に届かないだろう。それは問題ではない。……反逆者たちが強奪を試みるこの陰鬱で悲惨な瞬間は、他の人々が乗り越えるであろう」。その後すぐにクーデターの指導者たちがラ・モネダに乱入し、アジェンデは殺された。9月13日に悪名高い将軍アウグスト・ピノチェトがチリの大統領になる。一国の民主主義が容赦なく蹂躙されたのである。

世界が小さくなり、強力な政府が他国の市民生活に影響を及ぼすためのさまざまな道具・方法を開発するにつれて、もはや人々が自国の指導者を選べるだけでは不十分になっている。民主主義は私たちの生活に影響力を持つ指導者を自ら選ぶ能力を要請するため、今日のようにグローバル化の進む世界においては、市民、特に力の弱い国々の人が豊かで力の強い国々の選挙で投票できる必要がある。元国連査察官でスウェーデン国民のハンス・ブリックスは、「ニューヨーク・タイムズ」紙のデボラ・ソロモンから米国大統領選挙について聞かれ、次のように答えている。「おそらく私たち外国人もあなたの国の次回の選挙で投票権を持つべきだと思います。私たちはあなた方に多くを依存しているのですから」(2)。そうした国境を越える投票が実施されることはないため、グローバル化がグローバルな民主主義の減退をもたらすのは必至である。これが私の「基本命題」である。[3]

国際投票は仮説的な提案としてさえ世間知らずに聞こえ、そのようなものを世界史の現段階で提唱すれば、愚行との非難を免れない。そうしたシステムには欠点と不利益もある。当然のことながら、国際投票は私が推奨しているものではない。それでも、以下のことに目をつぶってはならない。国際投票がなければ、世界が民主主義であるといっても、それは米国においてワシントンＤＣの住民だけが国全体の大統領選挙で投票を許される選挙ルールが存在するようなものである。

これが意味するのは、グローバルな民主主義を強化する他の方法を考える必要性である。その多くは、新しいグローバルな制度、合意、国際法体系の創造、および既存の国際組織の斬新な再構築を伴うだろう。本章の後の方でそのいくつかに目を向ける。

グローバル化と国を越える影響力

強大な国は常々、他国の主権に対する侵害を自然なことであると考えてきた。このことを示す最適な逸話（作り話に違いない）が、かつてインドで流布していた。モスクワのインド人外交官が南アジアの地図をヨシフ・スターリンに見せたところ、ソヴィエト連邦と近隣諸国以外の世界についてはかなり無知であると思われていたスターリンは、驚いたように述べた。「インドがこれほど大きな国であるとは知らなかった」。そしてスリランカにふと気づいてたずねた。「この小さなインドの島は何という名前か」「これはインドの島ではありません」とインド人外交官は答えた。「これはスリランカという主権国家です」。言い伝えによると、スターリンの返答は「なぜ？」であった。

幸運にも、今日の世界では、他国の情勢に影響力を持つためにその国の土地を占領したり戦争に打って出たりする必要はもはやない（ただし、時にはそうした方が安上がりなため、より心を惹かれる選択肢となるのだが）。そのうえ、たとえ戦争になったとしても、過去の戦争とは異なり、それは領土をめぐる争いというよりも、国々をある種の規範に従わせるための報復・懲罰行為である。そして技術の躍進を考慮すれば、強国は直接対決や人命損失をほとんど伴わずにこれを実行できる。簡単な統計が、変化しつつある戦争の性格を捉えている。軍事衝突における民間人の死者数と軍人の犠牲者数の比率を見てみると、前者の比率はほとんど間断なく上昇しており、20世紀最初の10年には1を下回っていたものが、１９９０年代には5を超えている（Dreze 2000）。これが少なくとも部分的に映し出しているのは、強国が他国に対して行動を起こす際にいかに自国兵士の犠牲者数を最小限に抑えられるかである。

より重要な事実は、軍事行動が、このように一定の距離を置くものでさえ、現在ではしばしば不要になっていることである。グローバル化のおかげで、国はさまざまな経済的手段を利用して自国外での結果に影響を及ぼせる。それらの筆頭は金《マネー》である。瞬時の電子取引の容易さとグローバルな保証システムの改善により、資本はかつてないほど国境を越えて移動してきた。たしかに、帝国主義の絶頂期に資本は国から国へと移動していたが、それはほぼ常に帝国主義の宗主国と植民地の領域間の資金移動という形態をとっていた。言い換えると、他国の領土における自国軍隊の存在（あるいは直接支配）が資金移動の前提条件であった。それはもはや成り立たない。マウスを軽くクリックすれば、およそ具体的な接点を持たない場所に資金を動かすことが今日では可能である。そして資本は信じられない速度で遠隔地に移動してきた。１９６９年に、たとえば世界銀行は総額18億ドルに相当する借款を供与した。１９９９年までにそれは３２５億ドルに達する。民間部門の資本移動はさらに速い速度で成長し、１９９９年までに世界銀行の借款は発展途上国に対する民間部門の貸付総額のわずか2パーセントになったのである。

そのような資本が急激に引き揚げられると債務国に壊滅的な影響を与えかねないことは、１９８２年のラテンアメリカや１９９７年のアジアで見られたとおりで、後者では、絶好調だったアジア経済が金融危機に見舞われた。貿易の突然の停止や縮小は同じように国を屈服させる可能性がある。

資本と同じく国際貿易も、（二回の世界大戦間期における減速後に）着実に増加してきた。１９９０年と２００４年の間にグローバルな輸出入の総額は２００パーセント以上、増加した。こうしたグローバルな結びつきは、国民所得のかつてない成長を刺激したが（今世紀初めの6年間に、中国は年率約10パーセント、インドは７・５パーセント成長し）、それらは同時に新たな弱みを生み出してきた。現在、政府や国際組織は、こうした流れを分断するという脅し（あるいはカネやモノの流れを増加させるという誘惑）を利用して、ある種の行動への順応を強要できる。これは物々交換の考え方で、教科書によると過去のものであるが、本書で論じたように、まぎれもなく現代生活の一部である。個人や企業は絶えず善意から恩恵を交換し合い、彼ら以上に、国や政府は恩恵、妥協、条約を常に物々交換でやり取りするのである。そして物々交換では脅しを利用する余地がある。あなたが x をしないのであれば、私は y をしない、と。

こうした脅しは頻繁に利用される。国際組織は資金を供与すると同時に発展途上国が特定の条件を満たすよう主張したが、条件の多くは返済の確保とは何の関係もなかった。そうした条件は時に矛盾さえ含み、たとえば債務国に民主主義の実施を要求しつつ、鍵となる特定の産業の民営化を求め、それが人々の全体としての望みに反するものであるという事実に無頓着であった。そうした条件の一部はあからさまに資金供与国の利益に資するものであった。１９９８年、アジア危機の最中に、先進工業国数ヵ国（特に目立ったのは日本と米国）の資金でまとめた包括的救済策は、韓国に対して、ある種の日本製品の輸入禁止措置を解除し（これは日本が長い間、韓国に飲ませようとしていた）、銀行部門を外国の銀行に開放する（これは長年、米国の韓国に対する二国間協議の議題に載っていた）という条項を含んでいた。これらは非常に驚くべき条項であったため、「エコノミスト」誌のような慎重な雑誌でさえ、明らかに資金供与国の動機に基づくそれらの存在理由についてコメントした。こうした要求のなかには借り手にとって良いものもあるだろうが、それはここでは問題とならない。グローバルな民主主義を評価するという観点から重要なのは、弱い国の人々がこうした政策の押しつけにおいてほとんど発言権を持たないことである。

繰り返しになるが、まさにグローバル化のこうした特質こそ、一部の国（通常、強国）による制裁措置を利用した他国の屈服を可能にしてきたのである。(4) 加えて、各国はこうした制裁措置の効果を上げるため、懲罰の対象国のみならず、懲罰に加わらない他国に対しても脅迫的にふるまう。その典型例が、先ほど言及したヘルムズ・バートン法であり、それはキューバとの貿易や投資に携わる会社や政府に対して報復措置を設けるものである。明らかに、この法律はキューバ人の生活（およびキューバと取引のある一部の国々、たとえばイタリアやカナダ）に甚大な影響を与えた。それでも、キューバ人にはこの問題に関する発言権がほとんどなかった。彼らには米国の大統領の選択にまったく発言権がないからである。ビル・クリントンは異論の多かったこの法律にしぶしぶ署名したと信じる証拠が多少あるが、この法律は欧州のいくつかの国とカナダから異議申し立てが行なわれた。しかし、彼はこの法律への署名が彼のイメージの保守的な側面を後押しするだろうということに気づき、他方、キューバ人やカナダ人にはクリントンが米国の大統領であるか否かにまったく発言権がないため、〔署名に対して〕否定的に反応するような有権者はあまりいなかったのである。

民主主義の便益が有り余るほどであることを考えると、グローバルな民主主義の浸食には負の副産物が伴うに違いない。ある国の一部がその他と比較して貧しくなり、取り残されれば、政府は通常、それに対処するために税と補助金を通じて介入しようとする。これは純粋な倫理的懸念から生じることもあるが、平和を維持するためでもある。なぜなら、人々が過度に取り残されてしまうと、失うものがほとんどなくなって危険な状態になるので、富裕層でさえ、取り残された集団を助けることに利益を見出すということが分かっているからである。事実、おそらくグローバルな混乱や不安は、民主主義の後退の兆候である。グローバルな政府の不在は、グローバルな不平等を制御するための制度や道具がないことを意味し、グローバルな不平等は、前章で論じたように、いまやかつてないほどである。そして、シアトルやワシントンＤＣの街頭のデモ参加者たちによる混乱した要求の一部は、民主主義がこのように浸食され、人類の大部分が取り残されていることに対する直観的な認識に基づいているのかもしれない。

ドル化と民主主義

グローバルな民主主義の欠如は、世界経済がより効率的に機能するために必要な重要な変革の妨げにもなっている。国境を越える自由な資本移動の帰結の一つで、見落とされがちであったのは、異なる市場が結びつくようになった点である。タイの住宅市場の下落は、以前には起こりえなかったような形でタイ・バーツの崩壊を引き起こすかもしれない。同様に、インド・ルピーの下落は、今日、10年前でさえ考えられなかった形でインドの株式市場の暴落を引き起こしかねないのである。

その理由は、どの国でも海外投資家の存在が大きいことにある。あなたはニューヨーク在住で、海外の機関投資家か投資信託会社を通じてムンバイ株式市場の株を買いたいと考えているとしよう。そのためには、あなたのドルはまずルピーに交換されなければならず、その後に株の購入に使われる。あなたの目的は、ほぼすべての海外投資家と同じで、ルピーを保持することではなく、儲けることであり、そして最終的にはそれをドル（基本的に、グローバルに認められている通貨であればよい）に変換しなおして、米国で衣服、住宅、その他に支払うのである。ここで、インドの為替レートが下落し始めるとしよう。外国人投資家として、あなたがインドの株を売り払って資金をインドから引き揚げるのはもっともであろう。なぜなら、たとえ株価が変わらなくても、資金をインドに置いたままルピーが下落すれば、あなたのドル建ての稼ぎは縮小するだろうからである。よって、為替レートの下落は、株価が下がらない場合、(他の条件が一定であれば) インドの投資家が株式市場から資金を引き揚げる理由にはならないが、外国人投資家がインドから退散するのはもっともであろう。しかし、十分な数の外国人投資家が存在し、こぞって株を売り始めれば、株価は下落し始め、そうなるとインドの投資家も同様に株を売る十分な理由が生じる。そうしていまや (為替市場に続いて) 株式市場も壊滅することになる。

同じように、タイの住宅市場が崩壊し始めて、それが結果的にタイ企業の収益性を害するとしたら、株価下落の引き金になりかねない。タイに外国人投資家がいなければ、それで話は終わるだろう。しかし、外国人投資家がいれば、株式を売却した後に彼らはバーツをドルに交換するはずである。というのも、彼らがタイに向かったのはそもそもタイの株式市場が目当てだったからである。こうして、いまや為替レートが崩壊し始める。

発展途上国の国内市場と為替レートのこうした結びつきは新しく、それが経済学者の認識を超える大きな役割を果たすことで、1997年の東アジアの危機は国から国のみならず市場から市場へと急速に広まった (この点の議論については Basu 2003b を参照)。政府と市民は、直観的把握のレベルではこのことをすでに意識しており、それは通貨統合やドル化への要望を高めてきた。実際、国の集団が一つの通貨の下にまとまり、最終的に単一通貨の世界に収れんすることには利益が存在する。これはスタンレー・ジェヴォンズが1878年に (時期尚早ながら) 提唱していたものである。(5)

ドル化が発展途上国にもたらす主な利点は、さまざまな国内市場が切り離されることである。損失に苦しむ住宅市場が国際貿易を混乱させる可能性が減るというのが一例である。ドル化するということは、意外かもしれないが、ホバークラフトの艇体下部のエアクッションに仕切りを入れることに等しく、おかげで一ヵ所のパンクでは船舶全体が沈まないようになるのである。

ドル化の主な不利益は、自律性の喪失である。[6] 米国連邦準備理事制度（ＦＲＢ）の管理下に入れば、国は自国の金融政策、さらにある程度は財政政策の制御手段さえ失うことになる。ほとんどの国は、他国の中央銀行の管理下に入るのは自律性の損失が過大であって検討に値しないと考えるが、過去には、エクアドルの例のように、混乱がひどすぎたため、経済の自律性を失うとしても実行する価値があると考えられた事例が存在する。[7] 共通通貨の利点が現実のものとなってより広く受け入れられるようになる唯一の道は、中央銀行がその共通通貨を利用するすべての国々に責任を持つと考えられることが条件になる。欧州中央銀行（ＥＣＢ）が多国間民主主義の性格を持っているおかげで、ユーロは（近年の混乱にもかかわらず）それを通貨として採用するすべての国にとって純便益であると期待されるのである。

残念ながら、グローバルな民主主義はきわめて未発達の段階にあるため、通貨同盟をもっとも必要とする国々（発展途上国）にとって、それは依然として遠い夢である。グローバルな中央銀行を伴うグローバルな民主的政府（バートランド・ラッセルが目指して運動した考え方）というものが想像できないのみならず、既存の主要な国際金融組織、たとえば国際通貨基金（ＩＭＦ）や世界銀行は、概して先進工業国に対して責任を負うのである。たとえそうした組織が貧しい国々のために動く場合でも、その対象になるのは「先進工業国」が認識する貧しい国々の福利である。

民主的なグローバル組織の可能性

グローバルな民主主義の浸食に対して何ができるだろうか。社会科学では政治的正しさが楽観主義を求めるため、「できることはあまり多くない」と答えるのは奇妙に聞こえるかもしれない。しかしこのことは、少なくともこれから10年、20年は真実である。世界中のすべての国に対して責任を負うグローバルな政府や銀行といったユートピア的計画は遠い夢である。グローバルな政府が存在しないなかで、何らかの最低限のグローバルな正義を考えることができるのだろうか。こうした問題は哲学者たちが議論してきた。(8) ここでの私の目的ははるかに限定的で、グローバルな政府について注意を促すための実践的方法のいくつかを、特に経済政策の文脈において精査する。

「グローバルな」民主主義を達成することはおろか、民主主義の歴史を持ったことのない国に民主主義を移植しようとすることは危険でもある。それは戦争か、もしくは喜劇を招く可能性がある。後者が何にもまして鮮烈に描かれているのが、ロリー・スチュワートによる、興味深い戦時イラクの描写である。２００３年の8月、英国人スチュワートは連合国暫定施政当局の一員として南イラクのアマーラの副知事に任命され、サダム・フセインの独裁とジョージ・W・ブッシュの戦争の廃墟の跡に市民社会と民主主義を再建する手助けをした。赴任後に彼が迎え入れなくてはならなかった「アメリカ人民主主義専門家」は、無法の湿地帯に飛んできて、地元の聖職者や軍閥指導者に民主主義を説明した。「彼はホワイトボードに長方形を横長に描いて議会を表現し、その下に四つの長方形を垂直に描いて議会の小委員会を表した。長老は『彼は犬を描いている』と言った」(Stewart 2006)。

グローバル化の進展にはおよそ疑いがなく、国際的な民主主義は傷を負い続けることになる。かなりの時間が経過しなければ、私たちがグローバルな政府と銀行の問題に対処することにはならないだろう。それでも当面の間、私たちは世界銀行、ＩＭＦ、ＷＴＯといったグローバルな組織の民主的構造を強化することができる。これらは小さな措置であるが、きわめて重要であり、グローバルな安定性に貢献することが可能で、それ自体、目的としても道徳的に望ましい。ここでの教訓は、皮肉なことに、シアトルやワシントンＤＣのデモ参加者に加えて先進工業国の超保守主義集団の一部が望むもの（すなわち、こうした組織の解体）とはかなり異なる。実際には逆で、必要なのは、こうした組織を再構築し、今日それらが果たす役割の決定的な重要性を認めることである。前章で私が主張したのは、貧困や不平等と闘うために各国の政策を調整できるようにする組織の必要性であった。

この過程はもちろん乗っとられる可能性があり、結果的にそうした組織は強力な国々の手に収まって武器となる。他方、こうした組織を排除すれば強者の牙を抜くことができると信じるのは素朴である。私たちは緩衝装置としてこうした組織を必要とするが、グローバルな民主主義にコミットする人たちは常に警戒していなければならない。強国で力を持つ政治家が国際組織の価値を認めたがるのは、それを自分の利益のために利用できるかぎりにおいてであるということを示す証拠は山ほどある。２０００年1月20日、米国議会でもっとも影響力があると言っていい上院議員ジェシー・ヘルムズは、国連の理事国メンバーに述べた。「国連がアメリカ国民の権利を尊重し、かつ外交の効果的な道具として役に立つのであれば、国連は尊重と支持を勝ちえるに値するでしょう。しかし、アメリカ国民の同意なしに当然のごとく権威を押しつけようとする国連であれば、衝突や、率直に言わせてもらえば、最終的な米国の脱退を招くことになります」（傍点による強調は私が加えたが、私の勘ではヘルムズもこうしたかったであろう）[9]。ヘルムズは後に、誕生したばかりの国際刑事裁判所を含む「超国家組織」に対する嫌悪を表明した。この種の発言がもっとも有害な点は、ヘルムズの承認を得るような組織がどれもただちに世界全体の観点からは眉唾物になることである。信頼の置ける国際組織にとって、ヘルムズの賛意はもはやあくまでも避けるべきものとなる。

私たちの課題は、少なくとも世界経済と国際関係で仲介役を果たすことになっている国際組織においては、豊かな国と貧しい国に平等な発言権を与えることである。この水平的公平性は、ほとんどの組織において二つのルートのうち少なくとも一つを通じて侵害される。第一に、開かれた経路があり、そうした組織に多額の資金提供を行なう国ほど大きな比率の投票権が与えられる。これはたしかにＩＭＦや世界銀行に当てはまる。第二の経路は、意思決定の不透明性である。それが民主主義にとって持つ重要性を見るには、国内の政策決定に注目すればよい。意思決定過程がかなりの程度すべての人に見えるのであれば、いかなる集団や圧力団体であれ、議題を乗っとることは困難になる。大企業や軍は、たいてい政府に近く、インドよりもパキスタンにおいてはるかに容易に自分たちの利益を押し通すことができる。その理由は、たんにインドでは政府がより厳しい監視の目にさらされているからである。同じことが国際組織にも当てはまる。強大な国々は、こうした組織に対する上級職員の派遣や資金的な貢献のおかげで、はるかに大きな利用機会を手にする。よって、決定が密室で行なわれると、強大な国々は自国の利益にかなうように議題を方向転換させる可能性がはるかに高くなる。WTOの場合を考えよう。それは一国一票という重要な原則に従うものの、強力で裕福な国々の縄張りであると広く認識されている。これは一部の専門家が「緑の部屋」効果と呼ぶもの（舞台裏で進行すること）のためである（Schott and Watal 2000）。緑の部屋では、審議対象となり、すべてのメンバー国が議論・投票することになる議題が設定され、最終結果の多くがその段階で決定される。WTOがより民主的な組織になるためには、緑の部屋が少数に奪い取られることを許してはならない。

この問題が何にもまして明らかになるのは、国際的な労働基準が起草されるときである。こうした基準は、表向きは発展途上国の労働者の利益にかなうように設計されている。しかし、皮肉なことに、そうした基準に対する最大の抵抗は貧しい国々から起こり、しかも政府のみならず労働組合や草の根の労働者が反対してきた。途上国世界の懸念はもっともである。こうした基準がとりがちな形態（および、こうした基準を課すために貿易制裁を利用すべきであるという声の高まり）は、先進工業国の保護主義的圧力団体が求めるものに近い。このことは、裕福な国の圧力団体が国際組織の権力の回廊で持つアクセスの大きさを考えると、驚くにはあたらない。

多くの人はグローバルな組織に対するこうした批判に驚く。これらの組織において（より多額の資金を提供して）より大きな投票力を行使する裕福な国々の慣行を疑問視することがとんでもないことに聞こえるという事実は、私たちが依然としてグローバルな民主主義からいかに遠いかを示すのみである。ビル・ゲイツの国庫に対する貢献がより大きいからといって彼が米国の選挙で複数の票を持つわけでないことは、法外なこととはまったく思われない。実際、彼は複数の票を投じてもいいのでは、という示唆こそ法外なことに聞こえる。国内においては民主主義がはるかに定着した考え方だからである。しかし、富の水準と関係なく、各国により平等な投票力をいかに確保するか、ということをそろそろ真剣に考え始める時期である。(10) 資金それ自体が多くの利点をもたらす。民主主義の基本的信条の一つは、富裕層に追加的な投票力を与えてこの利点に輪をかけるべきではない、ということである。

すでに言及したのと同じ安全保障理事会における演説で、ヘルムズは不平を述べた。国連は「アメリカの納税者が苦労して稼いだお金に完全に頼っている」一方、国連の職員は厚かましくも「フィジーやバングラデシュなどの国が平和維持活動でアメリカの負担を肩代わりしている」などと言明したという。(11) 率直に言って、彼の怒りは、個々の国連職員が不確かなことを述べたからではなく、むしろ「フィジー」や「バングラデシュ」といった小さな国がこのような重要性を認められていたからである。各国が平等な発言権を持つべきであるという概念は、アイデアとしてすらいまだに受け入れられないのである。

幸いにも意見は変化する。多国籍企業は最近、環境に対する責任や労働基準遵守の重要性を、たとえそれが利潤の削減を意味する場合でさえ、口にする。これは昔からの信念や多国籍企業の教科書的描写にも反するように見える。「一人一票」というアイデアが初めて現れたとき、裕福な封建領主は衝撃を受けたに違いなく、その目に余る不正義と、それが引き起こすはずの意思決定過程の混乱を非難した。しかし、「一国内の」民主主義のこうした原理は、もはや奇妙には見えない。

国際組織の再構築を求める声が、シアトルやワシントンＤＣの街路から、そして経済学者のアラン・メルツァーが率いたような議会の委員会からも上がっている現在、こうした論点のいくつかを、経済効率と費用対効果の向上という観点だけからではなく、貧困層を代表するという視点からもじっくり考える好機である。グローバルな安定性、経済効率、国際関係の道義性のためにも、私たちは国際組織により民主的な構造を与えるようにしなければならない。これは各国個別の利益にはならないかもしれないが、確実に全国家の集合的利益にかなう。そして、究極の目標としてのグローバルな民主主義という考え方を普及させるための小さな一歩となろう。

第10章

何をなすべきか

世界を解釈することと変革すること

何をなすべきであろうか。この問いに答えるにあたり、私は読者を落胆させてしまうことになる。哲学の著作に対するマルクスの有名な、いささか侮蔑的描写に従うならば、本書は私たちの社会的・経済的世界の解釈を目指すものであり、変革を目指すものではない(1)。本書はマニフェスト発表のための基礎固めを目指すが、マニフェストとして通用するものではない。もしこれがラディカルであると思われるなら、その理由は、社会科学において世界の解釈や描写として通用しているものの非常に多くが、既存の体制、現在の権力の分布、富の現状に対する極度に楽天的な正当化に他ならないからである。いくつかの論点については、現状の正当化があまりにも見え透いたものとなるため、沈黙の共謀が存在する。何も言わずに、危険度の低い話題に関心が逸れていくことを願うのである。本書で私が試みたのは、経済がどのように機能するか、財やサービスをいかに生産するか、そしてそれらを個人の間でどう分配するか、これらをできるだけ誠実に描くことのみであった。すべての学問領域は仮定に依存し、経済学もこの点で変わりはない。しかし、仮定には二種類ある。明示的に書き出され、時には公理として正式に記されるものと、土台に組み込まれているため視界から隠れているものである。経済学の明示的な仮定は吟味の対象となることが多かったが、土台のなかのものは概して問題にされてこなかった。習慣から、多くの専門家はそれらを仮定として見ることを止めて、むしろ不変の事実と見なすのである。本書の大半の目的は、そうした隠れた仮定を問題にすることであった。それができれば、現状の正当化理由は、通常の経済学や社会科学が与える印象よりもはるかに脆弱であることがただちに明らかとなる。

日常的な政策立案ということになれば、私自身の立場は大勢の経済学者が言うことから遠くない。個人は契約を結ぶ自由を持つべきであり、そして契約を信用できなければならない。個人は、他人に負の外部性が及ばない場合には、国家からのお節介な干渉を受けずに自ら意思決定を行なう自由裁量を持つべきである。一般に、貿易は好ましく、経済を開放しておくことは望ましい。財政赤字は小規模にとどめるべきである。貨幣供給は管理下に置かなければならない。新たな富、技術、アイデアの創造のみならず努力に対しても個人は報いられるべきである。給与体系を設計する際には、個人の誘因に注意しなければならない。科学方法論の文献から用語を借りて、私はこれを「標準的政策」と呼ぼう。すなわち、現在の体制「内部」で実施したいと考えられる政策のことである。標準的政策ということであれば、主流派経済学は悪くない。理想的な世界では異なる政策が望まれるだろうからといって、日常的な生活においてもそうした政策を採用すべきことにはならないのである。

しかし、この「日常的」という形容詞には落とし穴がある。私たちが現在の体制内で直面する日常的な意思決定問題を考慮すると、標準的政策はすべて賢明な助言である。私が主流派に異論を唱えるのは、これだけが唯一存立可能な体制で、日常だけが唯一可能な日々であるという信念に対してである。生産性の低い個人は生存水準ぎりぎりの所得でやりくりせざるをえない。企業経営者は労働者の100倍も稼がなくてはならない。そして自由市場資本主義こそ、うまくいく唯一の体制である。これを唯一存立可能な体制として扱うことは、持たざる者、恵まれない者の好機を踏みにじる巧妙なやり方である。この命題は、富と力を現時点で支配する者たちにとって都合が良すぎる。これが現代社会思想の計画的陰謀であるとは思わないが、実質的に陰謀であることに変わりはない。それは、意識的にせよ無意識にせよ、私たち全員の仕業であって、カフカの『審判』の下級役人たちが個人的な行為を通じて図らずも体制を恒久化するのに似ている。

はるかに公平なより善き社会は存立可能であるという合図が現代世界に十分に見てとれることを私は主張してきた。人間はあらゆる機会を私的利益のために利用せずに控えることができると信じるに足る十分な証拠と先験的な理由が存在するのである。私たちは無数の行為を、たんにそうすることになっているからという理由で行なう。このことは、自らの労働の成果の大半がより恵まれない人々に向けられると分かっていても個人が働くような世界を生み出せるという期待を高める。道徳的な共鳴を呼び起こすマルクスの訴え、「能力に応じて徴収し、必要に応じて分配せよ」(Marx [1875]1959) をたんなるスローガンとしてあっさり切り捨てることはできない。たとえここで主張されていることが、抜本的に改善された社会の「原理的」可能性だけであっても、また、そこに到達するための行程表がないとしても、これは重要な主張である。

より善き社会を作ろうとする過去の試みから分かっているのは、情熱が不可欠の要素ではあるものの、それだけではまったく不十分だということである。心情だけで挑戦した人たちの多くは大失態を演じた。私はより善き社会を熱望した人たち、そして実際にそれを実現しようとした人たち（カール・マルクス、毛沢東、マーティン・ルーサー・キング・ジュニア、チェ・ゲバラ、フィデル・カストロ、ホー・チ・ミン、アジェンデ、ガンディー）をいくぶん称賛する気持ちを持たないわけではない。しかし、これらの実験のほとんどが失敗し、当初、理想主義的であった指導者たちの一部が道を踏み外して苛酷な体制を生み出したという事実は、彼らの目標が間違っていたからではなく、不可能な道を歩んだからである。さらに、グローバルな世界の片隅に理想的な社会を作り出そうとする問題もある。おそらく、そのような実験は、指導層がしだいによくある保守政権のようになってしまうため先細りになって消えるか、あるいは、指導者たちがそのような実験を阻止・頓挫させようとする他の強国からの腐敗した影響力に対抗するにつれて、道を踏み外すことになる。いま名前を挙げた革命家たちのうちの幾人かが嫌悪される人物であり、数人のみが一般に称賛されていることを私は認識している。ただし、興味深いことに、一般に称賛されている人たちは結局のところ実際に統治するにはいたらなかった。これは私がここで主張していることと符合する。

批評家たちは問いかけるかもしれない。より善き公平な世界は可能であると言いながら、そうした世界にたどり着く方法が分からない、とはいったいどういうことなのだろうか。それは意味のある概念構成であろうか。これはもっともな疑問であるが、そこに込められた暗黙の批判は有効ではない。このことを明瞭にするには、人間観察の達人カフカをもう一度頼りにするのが最善である。今回は彼の死後に出版された別の小説『城』を拝借しなくてはならない。

Kはある雪の晩に、測量士として呼ばれていた城の外の村へ到着する。しかし、誰がいったい彼を呼びつけ、彼はどうやってその人に接触するのだろうか。壮麗な城があることは分かっている。人々がそれについて彼に話す。しかし、彼は実際どうやってそこに着くのか。村の旅館に宿をとって、自分の番が来ないかと待つ。しかし、城にたどり着こうとする彼の努力は、結局はすべて水の泡となる。城が存在することは分かっていても、彼がそこにいたるための明らかな道や橋がまったく存在しないのである。

『城』に施されてきた解釈はさまざまで、超現実的かつ無意味な官僚制に直面する際の人間の苦悩、意味の曖昧さ、そして何よりも、捉えどころのないより善き世界に対する人間の憧れを表現するものとされてきた。興味深いことに、私たちがこの小説の主人公について知っていることは、『審判』のヨーゼフ・Kについてよりもさらに少ない。たとえば、彼のファーストネームは分からない。描写がこのように乏しいのは意図的である。Kはカフカ自身かもしれないし、私たちの誰でもありうる。(2) ロベルト・カラッソが述べるように、「他のあらゆるフィクションの登場人物と比べると、Kはまさに可能性それ自体である」(Calasso 2005, 11)。

Kは必死に、不器用ながら、城へたどり着こうとするが、結局は嘆き悲しむことになる。カフカにとって、ここには教訓がある。何かが実現可能であるということは、たとえ実現の手段がまだ分からないとしても、十分に重要な主張となるのである。少なくとも、それは変化を追求する道を切り開き、現状を黙認すべきでないことを教えてくれる。同時に、私たちは計画不十分な行為に飛びつかないように注意しなければならない。情熱に駆られると、容易に目標を誤ることになる。たとえば、グローバル化に反対する広範なデモを例にとろう。私の見るところ、これはグローバルな企業による支配と強欲に対する当然の不満が見当違いの形で表明されたものである。強力なグローバル企業は、膨大な量の資源を即座に徴用することができ、貧しい国々の政府と環境を軽視し、メディアに対して力を持ち、しばしばメディアそのものを所有するため、圧倒的な勢力である。彼らを警戒するのはもっともである。しかし、これをグローバル化と同一視する一般的傾向は間違いである。グローバル化がもたらす膨大な便益が存在するのである。たとえば、貧しい人々をより豊かにできること、他の文化の考え方、芸術、音楽の流入を通じて私たちの文化を豊かにすること、異なる地域の人々をより近づけること、などである。(3)

　もどかしいかもしれないが、私たちはさらに情報を入手し、理論化し、分析し、熟慮を重ねなければ、行動に訴えることはできない。反乱や革命は起こったが、それらの多くは、高邁な意図にもかかわらず、結局のところ事態を悪化させるか、倒された体制と実質的にまったく変わらない社会に行き着いたのである。ある意味で、1917年のロシア革命はそうであった。当初は理想主義と約束に満ち溢れていたが、最終的には新たなツァーリと新たなブルジョワジーを生み出したのである。(4)ソヴィエト連邦の崩壊は社会主義ではなくむしろ資本主義の破綻であると示唆したホセ・サラマーゴは正しかったと私は思う。というのも、末期のソヴィエト体制は事実上、粉飾された資本主義経済だったからである。(5)ソ連の消滅は、要するに、社会主義ではなくいびつな種類の資本主義に対する告発であった。

　資本主義はすべて、貧しい国であろうと豊かな国であろうと、縁故《クローニー》資本主義に陥りがちであるということがラディカルな著作で時おり主張されてきた。思うに、これにはいくらかの真実が含まれており、それを目にすることができるのは、フェルディナンド・マルコスのフィリピンやアナスタシオ・ソモサのニカラグアで民間企業が契約を独占した手法のみならず、豊かな国々の首都で政府の所在地をほとんど出ることなく政策に圧力を加え、金になる商取引を独占する大企業のロビー活動も同様である。この観察の唯一の誤りは、社会主義でさえ縁故資本主義の危険を冒すことを見過ごす恐れである。実際、社会主義では、儲けの大半が一つの屋根（政府という屋根）の下に集められる傾向にあるため、これは略奪のあからさまな標的になる。ロシアで起きたように、集団が形成されて、一つの中央政府の管理下にある資源が独占・消費・略奪されるのである。より善き世界の構想を練る際には、この危険を意識して慎重に安全策を練らなくてはならない。

かりにも私たちがより公平な経済体制に移行するならば、積極的行動主義の性質は、私たちがこれまでに成し遂げたのとは異なるもの（そして多くの点でもっと徹底したもの）にならなければいけない。そうした青写真を描くには、分析と最高の科学的思考が必要となる。本書の目的は、私たちをそのような徹底した研究と積極的行動に駆り立て、どれほど初歩的なものであっても、理論的基礎を提供することである。より善き社会の建設は、唐突な行動や大規模な政策的誘導の問題というよりは、緩慢な進化に外側から慎重な介入がいくらか加わるものとなる可能性も高い。現在の経済体制に苛立ちを覚えるのはもっともである。ただ、破壊活動を警戒するのも当然である。準備不足の計画はすべて予想に反する帰結を招きかねない。少数者による専制が別の少数者による専制にとって代わられる危険が存在するのである。

変革のための戦略立案の際によくある別の間違いは、（過激派の思考に蔓延していることであるが）個人を善と悪の範疇に振り分けることである。たしかに、富裕層は現在の体制から恩恵を受けているが、彼らがすべて体制の持続に加担していると想定するのは間違いであろう。たとえ不完全ではあっても変革を要求する人たちのなかに、裕福で影響力のある人々、つまり体制のおかげで明らかに成功した人々がいるのは心強い。歴史上もっとも有名な例の一人がフリードリヒ・エンゲルスである。(6) 彼のビジネスは繁盛し、稼いだ金のほとんどを使って彼が目指したのは、他の人々が将来それほど金を稼げなくなり、恵まれない人たちのために資金の大部分を手放さなくてはならないような社会であった。

現状の擁護者たちは、富裕層やその他の面で成功した人々による抜本的な変革の勧めを偽善としてしばしば攻撃する。経済の歪みのおかげであれほど成功した〔投資家の〕ジョージ・ソロス自身が、より公平な世界を推奨したところで、信用できるだろうか。〔CNN創業者の〕テッド・ターナーは大富豪であるから、当然、富の分配の改善に賛成するはずはない、ということになるのだろうか。彼の有名なカストロとの友情は流行の宣言にすぎないのか。〔映画監督の〕マイケル・ムーアや〔俳優の〕ジョージ・クルーニーほど成功した人が、ラディカルな見解について真剣になることが実際にありうるだろうか。

保守メディアの目的はそうした見解の信用を貶めることであり、その観点からすればこれは巧みな戦略である。貧困の除去、相続の廃止、富裕層から貧困層への富の再分配といった抜本的な変革について語る前に、平均以上の富を持つ人々はそれを放棄しなくてはいけないという立場に立つとしたら、彼らはジレンマに直面する。彼らは自らの富を放棄するか、抜本的な改革について沈黙しなければならない。自らの富を「一方的に」放棄したいと思う人がまれなことを考えると、これは現在の体制に疑問を持たせず、したがって変更を加えさせないための賢い方策である。

世界がきわめて不平等であるならば、自分はどちらかと言えば分布のなかでも豊かな側にいたいけれども、同時に、世界がこれほど不平等でなかったならと願う。これはまったく矛盾のない見解である。現在の体制が自分に有利であるにもかかわらず、それが甚だ非人間的であることを進んで認める人たちがいるのは好ましい。彼らの一部が自分の言うことを実は信じていない可能性は十分にあるが、こうした人々を沈黙させることは、変革への希望の火を消すことになる。そのうえ、私たちの目的は、ある議論や立場の妥当性をそれ自身の説得力に基づいて評価することでなくてはならず、それがある特定の人に由来するか否かは理由にならない。

行動のための実際の処方箋に目を向ける前に指摘しておくべきことは、何に対抗して世論に訴えるかを決定する際の厄介な知的ジレンマの存在である。人生には選択の余地なく甘受せざるをえない組織的不正が存在することを否定するのは愚かである。以前に述べたように、かりに重力というものは（常に私たちを下方に引きずりおろすため）不公平であると信じるようになったとしても、世論に訴えることは正しい対応ではないことに異論を唱える者はいるまい。同様に、一部の扇動政治家の耳には痛いであろうが、社会的不正というものが存在し、それらは重力とは異なり私たち個々人の行為に端を発するものの、集団に非常に密接に結びついているため、各個人にとってはほとんど重力と同じくらい不変である。我慢するしかない集合的不正が存在するのである。しかし、ここには微妙な線引きがあり、個人的には無駄な行為であっても、多くの個人に強く勧めるべきものが存在すると私は考えている。多くの文脈において、各個人の努力は無駄で、非生産的ですらあろうが、かりに大きな集団が集合的に努力すれば、望ましい結果を生み出すのである。これは第7章で大数の議論として詳述した。私が示唆しているのは、これがたんに自己中心的な個人のみならず道徳的動機を持つ個人にとってすらジレンマにつながる可能性である。すでに国内の不平等の問題は議論した。それは世界中いたる所で拡大しているように見え、おそらくグローバル化と関係している。個々の国にとって、この過程を食い止める、ないしは、少なくとも経済に他の面で多大な害を及ぼすことなく食い止めるためにできることは多くないのかもしれない。ただし、グローバルな協調行動が可能であれば、この過程を食い止めることはできる。前の章で論じたように、誠実さという特性は、個々の次元では富を増進するものではないが、ある集団がこの特性を獲得するようになれば、集団全体がこの特性を持たない場合よりもはるかに成功する可能性がある。

いかなる個人にも治せない社会の病弊を指摘する価値がある理由の一つに、第3章で論じた、人間の公共善への衝動がある。それは、「かりに」あらゆる人が行なうとしたら全員が報われるようなことを行なう衝動である。

つまり、すでに述べたように、かりに誰も道端にゴミを投げ捨てなければ街はきれいになるとある人が知っていて、その人がきれいな街を望むのであれば、その知識自体がおそらく道端にゴミを捨てない衝動をその人に付与する。私の主張は、この公共善への衝動は私たちに生まれつき備わっているというものであった。よって、すべて、ないしは大多数の人々が目指す場合、そしてその場合にのみ、うまく機能させることができるような望ましい変革について専門家が指摘することは、常に無駄な試みとなるわけではない。この認識それ自体が行動を誘発し、望ましい変革をもたらせるのである。

現在の体制を乗り越えてより善き世界を作り出す必要性は、そうした一つの巨大な集団的課題である。そこでは、世界の資源と富のうち不相応に大きな分量をうまく支配下に収めた人々が所有物を手放すことになり、人々は必要に応じて報酬を手にし、能力に応じて働く。そこにいたる道のりは依然として不明瞭であって、私たちが直面する課題は大きなものである。しかし、だからといって、空白期間に行動の余地がないわけではない。それほど抜本的ではない他の変革があり、私たちはたとえ現在の体制内であってもそれらを目指すべきである。次の節はそうした処方箋の長いリストからの見本に当てられる。

温暖化防止と世代内不平等の是正

当面の空白期間に目指す価値のある変革が存在する。それらは「比較的」小さな変革であり、困難ではあるが実現不可能ではない。本書の前半で導入された考え方を踏まえるとともに本節の根底に横たわる基本思想は、世界における不平等が道徳的に正当化できる水準を超えているというものである。ある程度の不平等は、発展のみならず経済がうまく機能するために不可欠で、必要でさえあるが、今日存在する不平等はそうしたレベルを超えている。

議論をよく理解するには、環境との類推を用いるのが最適である。もはや私たちが現在の速度でグローバルな資源を浪費し続けることはできないということが、激論の末ではあるが認識されている。[7] 何よりも、まだ生まれておらず権利を主張できない将来世代に対して不公平である。

この主張には、同世代内という水平方向の対応物があるが、はるかに注目度が低い。私たちが現在の速度で資源を使い尽くし、地球温暖化を進め、大気を汚染し続ければ、将来世代が苦しむことになるのと同様に、今日の世界の富裕層が現在の速度で資源を消費・利用し続けたら、おそらく世界人口の大きな割合が極貧に甘んじることは不可避であろう。世界には貧困を撲滅するのに十分な資源が存在するが、地上でもっとも裕福な人々の消費を多少削減せずにそれが可能になるほどではなかろう。

世代間の問題の議論がこれほど白熱しているのに、水平方向（世代内）の、つまり地域間や民族間の問題の議論がこれほど少ない理由の一つは、後者が危険であるという私たちの潜在意識にある。恵まれない人たちは現に存在し、彼らにそれを意識させると、たんなる学問的議論では済まされなくなる危険を冒すことになる。しかしながら、本書の仮定は、この水平的不公平性の問題を際限なく後回しにはできないということである。そこから目を背けようとするのは道徳的に賢明ではなく、私たち自身の福利にとっても好ましくない。今日の世界で私たちが目にする政治の混乱と経済の困窮は、これら根底に横たわる不正義の顕在化であり、それらを認めないとしても、かといって帳消しにすることもできない。これ以降の数少ない実際的な政策提言は、本書の大半をなす解釈向けの議論とは対照的に、こうした切迫した意識に端を発している。

財産、所有、相続の是正

現在の時代設定において、そしておそらくは将来においてさえ、広範にわたる個人の財産権の擁護を伴わずに機能する経済を思い描くことは不可能である。私たちが現時点で知っているような個人が、努力をして革新をもたらすのみならず生産的であるためには、いったん手にしたものを維持・利用することができ、それを守るための民兵を組織しなくてもよいという保証が必要である。しかし、自ら手に入れたものに対する財産権と、他の誰かが手に入れたものに対する誕生時点での財産権は別物である。相続の倫理と経済学を問題にするのにユートピア主義者である必要はない。これはかつて大いに議論の的となっていたが、公共の言説から巧みに取り除かれてきた。世界における許容できない不平等の大部分は、相続という経路を通じて発生する。相続のおかげで富裕層は、一生涯のみならず複数の世代と名家の家系を通じて何世紀にもわたって富を蓄積できるからである。

そのうえ、相続を可能にする法体系は、遺言で死後に財産を遺す権利を与え、したがって、ある人は貧しく、しばしば飢餓に近い状態に生まれつく一方、ある人は豊かに、時にはほとんど一般人の想像を絶するほど裕福に生まれつくことが確実となる。これは法的強制力のあるカースト制ないしは国家が支持するアパルトヘイト政策のようなものである。然るべき時代が必ずやってきて、私たちの子孫がこのようなしくみを回顧したときに、人間はどうしてこんなに不公平な体制を許容できたのかと不思議に思うはずである。これに関してほとんど何も語られることがない理由は、まさしく「現存の」私有財産制の不公平性があまりにもあからさまなため、体制内で既得権益を持つ人々は、それを維持するには公共の言説の対象にならないようにするしかないことに気づいているからである。これは沈黙の共謀の典型例である。こうした不平等には、すでに論じたように、異時点間の次元が存在する。今日の富裕層は私たちの共有資源を過剰に使い尽くし、子孫を劣化した環境に残す危険を冒しているからである。

相続可能な私有財産という現在のシステムを賢明に廃棄しても（あるいは、より現実的に、少なくとも一部分、たとえば50パーセントの相続・遺産課税を行なっても）、貧困問題のすべてが解消されるわけではないが、グローバルな貧困、不平等、そして現代の経済生活における一般的な不公平性をかなり減らすことができる。私はこれを「より小さな取り組み」という範疇で論じているが、それは相対的な観点でしかないことを十分に意識している。沈黙の共謀が途絶された後でさえ変革に抵抗する利権は、恐るべき手ごわさである。希望をもたらすのは、世界の富裕層のなかに非常に正直な人々がおり、現在の相続システムは彼らの子孫の利益となるため好ましいものの、それは道徳的に間違っているので改めなければならないと認めていることである。

相続可能な私有財産の原則をたとえ部分的にでも廃棄しようとするならば、対処すべき困難と実践的な複雑さは計り知れない。何よりも、新しい法律や法律の変更を考えるたびに、人々と市場の反応を予期しなければならない。ほとんどの政府はあまりにも多くの法律で経済を混乱させる傾向があり、個々の法律は善意に基づくものであっても、そうした多くの法律の最終的な効果は、市場が反応してほとぼりが冷めた後になってみると、疑わしいものかもしれない。[8] 多くの政府が経済を制御しようとしたが、それは政府の能力を超えるもので、結果は惨憺たる反動を招いてきた。

相続を認めないという問題に関して、まず手始めに、各個人の死亡時の富は国家（たとえば、すべての国民が集団所有する基金）のものになるという法律の制定を想像しよう。[9] 大切なことは、人々が現在、自分の子供や愛する人たちに（あるいは、そのような人がいない場合はある種の基金に）譲渡するものが、新しい体制のもとでは国家（すなわち集団基金）のところにいくわけではない、という認識である。その理由は、人々が必ずや新しい法律に対応するため、「死ぬ前に」多くの富を子供や愛する人たちに贈与するからである。一個人がこの方法で移転できる金額は、当然、自分の死期の予測はできないという事実に制限される。したがって、生前の贈与額を決める際には、一方で、愛する人たち（結局はその愛にあまり報いてくれないと分かるかもしれない）に富を贈与した後に長生きするリスクと、他方で、あまり贈与できないまま死んでしまうリスクとを比較考量する必要がある。よって、反相続法は部分的に迂回されるものの、すべてということにはならない。この漏洩の一部は、贈与可能な金額の制限ないしは贈与税の課税で阻止できるが、それは結果的に慈善事業への寄付に水を差すかもしれない。そのうえ、新たな法律を考えるたびに、過剰規制に注意しなければならない。世界はすでにこれに悩まされているのである。最終的に、私たちは簡素な反相続法を考え出して、ある程度の漏洩と経済的な歪みはそれに付随するものであるという事実を甘受しなければならない。

付け加えると、この種の政策は、亡くなった人の財産という形で国家に帰属するものを、より多くの人々、とりわけニーズの高い人々にすみやかに分配する計画を伴うべきである。というのも、国家に大きな基金を管理させ、営利事業を運営させるのは良い考えではないからである。国家は通常そうしたことに長けておらず、そのような裕福な国家は、崩壊前のソヴィエト連邦で起こったように、強力な集団による争奪の対象となる危険もある。

長期的には、この問題の国際的な次元についても心配しなければならない。あらゆる個人の富が死亡時に国家のものになるとしても、国家間の不平等には少なくとも直接的には何の影響も与えない。道徳的には、個人の死とともに、その人の富がその国だけの全国民に共有されるべき理由は明らかでない。それは富が本人の子供だけのものになるよりはよいかもしれないが、それでも十分ではない。相続がカースト制と見なされるとしたら、相続が禁じられて金が国庫に流れ込むことになった後でさえ、カースト制の問題の一部は残る。というのも、貧しい国の人々は貧困を免れない運命にあるからである。理想的には、この相続基金の一部を豊かな国々から貧しい国々に移転するシステムが存在すべきであるが、それは国民国家と国境を越える人々の権利の意味と位置づけや、そうした移転の政治的実現可能性に関する多くの哲学的問題を提起する。[10] 一見したところ、これは実行不可能な考え方のように思われるかもしれない。[11] なぜ裕福な国々が資金の移転に同意するのか。同じ疑問が税の時代の到来前にも提起されたはずである。なぜ裕福な個人は貧困層を援助し福祉を提供するための課税を承認するのか。そうするという事実によって、それが容易な政策選択肢になるわけではないが、不可能ではないことが示されている。

グローバルな政策協調

ここで再検討する主題は、急速な経済のグローバル化が相応のグローバルな統治の前進を伴わなかったために生じた空白を埋めるための政策措置の問題で、これは前の二つの章で論じたものである。当分の間は暫定的な措置で対処せざるをえず、共通のグローバルな政体ができて真にグローバルな政策を制度化できる時代の到来を待たねばならない。このアイデアは、最強の知性を持つ人たち（たとえば、バートランド・ラッセル、スタンレー・ジェヴォンズ、レフ・トロツキーや詩人ラビンドラナート・タゴール）をさまざまな形で虜にしてきた。グローバルな統治というアイデアは、物議を醸すと同時に空想的でもある。しかし、それは見かけほど無理なものではない。現在、世界には200を超える国家の政府があり、それらすべてにとって代わる一つの政府を作って膨大な人口をグローバルに管理させることはとうてい実現不可能に見えるに違いない。しかし、現状を別の視点から見るならば、世界人口の六分の一はすでに単一政府（中国のことである）のもとにある。ついでに言うと、さらに六分の一が別の単一政府（インド政府）のもとにある。かりに世界がアフリカだけからなり、53ヵ国と9億近い人々がいるとして、これほど多くの人々とこれほど多くの国々がいったい一つの政府のもとにまとまるのだろうかと自問すれば、疑い深い人たちはそんなことは途方もない夢であると言うだろう。しかし、彼らが正しいはずはない。なぜなら、すでに中国とインドで起こったのだから。

とはいえ、ここではグローバルな統治の問題は置いておこう。すでに示唆し、第8章と第9章で詳しく論じたように、私たちが最低限ながら早急に必要としているのは、各国の経済政策をよりうまく調整する能力である。ある種の政策については、実際にグローバルな国家間調整のための組織や条約が存在する。繰り返しになるが、労働市場政策についてはＩＬＯ、貿易政策の調整についてはＷＴＯ、そして環境、核不拡散（核の不平等の維持とも呼べる）などのためのその他の機関である。それでも、貧困と不平等の制御に向けた政策協調のための機関は存在しない。それを確保するためには、二種類の政策上の積極的行動が必要である。第一に、豊かな国から貧しい国への資源の移転を行ない、第二に、国内の貧困と不平等を制御する各国の努力の協調を助けることである。

第8章で指摘したように、各国が国内の不平等と（ある程度まで）貧困を制御するために独力でできることはきわめて限られている。今日のグローバル化された世界では、資本が容易に国を出入りし、熟練労働者、一流の経営者、投資銀行家、科学者なども国境を越えてかなり移動するため、国が経済に対する負の反動を生まずに自国の不平等を制御することは困難である。私たちはそうなるしくみの一部を本書で見てきた。よって、不平等を抑制し、より大きな努力を貧困の除去に向けるためには、いくつかの国が同時に政策を採用して、ある国が不平等を制御し貧困を緩和しようとする努力から別の国が恩恵を受けることを防がなくてはならない。反貧困や不平等緩和を目指す政策協調（たとえば、税制の調整、なかでも法人税率は、個々の国の決定に委ねられると、きまって過度に低く設定される）を行なうためのグローバルな主体を作り始めることは容易ではないが、不可能でもない。同様な努力は別の分野で若干の成功を収めてきたのである。包括的核実験禁止条約を考えよう。核保有国はそれぞれ核爆弾の実験を行なう権利を自ら放棄することにはまったく利益を見出さない。しかし、そうすることが彼らにとって「集合的な」利益になることに国々は気づき、多くの苦労と必死の努力の末、１９９６年に禁止が実現された。同じことが、温暖化ガスの濃度上昇を制御するための環境条約である京都議定書にも当てはまる。その存在は、諸国が困難な調整問題をいかに解決できるかを示す証しであり、ジョージ・W・ブッシュの米国が批准を拒否し、私たちがいまになって再びコペンハーゲン・サミットに基づいてグローバルな同意に立ち戻ろうとしている事実は、こうしたグローバルな取り決めの脆弱性を示すものである。

世界にとってよいことと私たちが集団として目指すべきことは、同時に、いかなる個々の国に対しても「単独で」実行するようには助言しないものであるかもしれない。なぜ欧州各国が法人税率の長期的削減の道を歩んできたのかは十分に理解できるが、ただし全体としては後悔するかもしれない。マレーシアが低い法人税率で他のアジア諸国から国際的資本を引き寄せているとして、多くのアジアの国々が苛立っている。それでも、マレーシアがそうするのを責めることはできない。必要なのは、この抜け穴を防ぐための集合的・国際的な意思決定と強制執行のための主体である。

「未来の植民地化」と労働者のための公平性

さてここで、最後の、はるかに厄介な処方箋に目を向ける。初めの方の章では、いかにして膨大な数の人々が、時には強制により、しかし場合によっては自発的に、必須の資源や富を他の集団に手放したかを論じた。アメリカ大陸の先住民が入植者たちに土地を手放したのは、しばしば取引、契約、条約を通じてであり、それらの一つひとつは当時、両者に利益をもたらすように見えたかもしれないが、全体としてはある人々からほぼまるごと公民権を奪う結果にいたった。これもやはり第7章で見た大数の議論の一例である。歴史のこうした過程のことを、ここでは「エッシャーの階段」と呼ぼう。小刻みで上向きの階段が結果的に人をその階段の最下部へと導くのである（Basu 1994b; Voorneveld 2009）。大数の議論の場合とは異なり、こうした長い歴史的過程においては、結果的な敗者が自らの行なった取引の意味を十分に理解しないという複雑さが加わるかもしれない。第1章で示そうとしたように、アメリカ大陸の場合、先住民たちは、土地を個人的財産や排他的所有の問題として扱うことに慣れておらず、土地の売却が何を意味するかを十分に理解していなかった。同様に、植民地主義の絶頂期が可能となったのは、ほとんど戦闘を伴わずに植民地が帝国主義の支配下に入ったからであり、しばしばその手段となった一連の「交易」や「交換」は、各時点では問題がないように見えたとしても、全体としては従属と大規模な貧困という結果をもたらしたのである。

可能性として、そうした過程が現在進行中で、エッシャーの階段を上りつつある人々が存在し、個々の意思決定は自らの状況を改善しているという信念を抱きながら自発的決定を行なっているものの、そうした決定の総体は彼らを極貧と困窮に近づけている、ということがありうるだろうか。答えは、十中八九、イエスである。この種の過程は何世紀にもわたって私たちとともにあり、新しい形をとり続けるため、容易に見極めがつかない。熟練の研究者はこうした過程について正体を推測しようとするかもしれないが、ほとんどの一般市民にとっては事後的に明らかになるのみである。現在起こりつつある植民地化の過程は、未来の植民地化として理解するのが最適であると言えよう。社会が進歩するにつれて、人間はますます洗練された、長期間にわたる契約をうまく結ぶようになり、たとえば以下のようなことを言う。私はあなたから金を借りて家を買い、これから30年かけてゆっくり返済する。私は人々の金稼ぎを支援できるうまい考え方を思いつくつもりだが、その考え方を利用する人はすべて私に一定の金額を払わなければならない。ある会社の株を買うと、その紙切れのおかげで私はその会社の将来の全利潤の一定割合を手にすることになる。近年、賢い学生の教育にエクイティ（出資者の持ち分）の形で投資を申し出る起業家が出てきている。これは考えてみると自然で斬新な発想である。つまり、その企業や起業家は学生の高等教育に資金を提供し、その後、学生の人生ないしはたとえば15年といったように前もって決められた期間を通じて、学生の所得の一定割合を受けとるのである。契約はしばしばきめ細かく、学生は収入が一定額を下回ればいっさいの支払いを免除される。こうした投資を提供する会社には、たとえばドイツのキャリア・コンセプト社、米国のマイ・リッチ・アンクル社やディレクト・キャピタル・ヒューマン社が含まれる(12)。

これらは、現在利用できるようになった、長期的将来に対する請求を伴う複雑な契約の数にすぎない。こうした考え方の多くが有用で人々を助ける可能性は否定すべくもない。同時に、たいていの人はそうした契約の含意を理解していないという事実に無頓着であってはならない。時々私たちは信用危機を経験するが、その理由はまさに、一部の人が十分な含意を理解せずに契約を結んだからであり、あるいはそうした契約の集合が全体として整合的でないからである。[13] もっとも斬新で極端に長期の契約の場合、おそらくその含意のすべては誰にも分からず、将来の紛争、訴訟、判決を通じて進化するのであろう。しかし、含意の一つは明らかである。私たち現世代の人間は、明日の産物に対する権利要求をどんどん肥大化させている。これは人類史上かつて見られたことのない水準で起きているが、驚くにはあたらない。いまや私たちは長期契約のしくみを手にし、その履行はかつてないほど確実になっている。ほとんどの一般人は、貧しい国のみならず米国、日本、欧州においてさえ、アイデアに対する財産権の様式をほとんど知らない。よって、現在世界中で約６００万の特許が有効であると知ると衝撃を受ける。つまり、およそ６００万のアイデアが「所有」されているのである。これらのアイデアの一つを利用したければ、それを所有する人に支払いをすることが厳しく想定されている。中国で、J・K・ローリングではなく中国人のゴーストライターによって書かれたハリー・ポッターの本が続々と登場し、ポッター・ブームで儲けようとしたことは、この混乱をよく示している。こうした贋作のいくつか、たとえば『ハリー・ポッターと中華帝国』を出した出版社は、おそらく著作権法違反を認識していたのであろう。しかし、これらの出版社の一部が他者の知的財産の侵害を自覚すらしていないことは、『ハリー・ポッターと中国磁器人形』を出版した中国盲文出版社の編集者ワン・リリーのような人たちの言葉から明らかである。彼女はそうした本の出版決定を説明して述べた。「ハリー・ポッターは非常に人気がありましたので、中国で広く認められている知名度の成果を享受したかったのです」。[14] ２００７年1月9日のカルカッタでの講義で、スティグリッツは、彼の著書の中国語海賊版の出版社が彼に「新版」への前書きを書くよう依頼した経緯に言及した。明らかに、知的財産という考え方は、少数のグローバルなエリートによって開発されたもので、たいていの人の理解は浅い。したがって、こうした事柄に精通した少数者が他の人々の混乱に乗じるのは簡単で、それゆえ「新世界」への初期の入植者たちは、土地売却という概念に対する先住民の無理解につけ込んだのである。

こうしたことが同時に意味するのは、明日が到来して、人々が日々の雑用をこなし、工場や農場で働き、財やサービスを生産するようになっても、生産された財とサービスの全体（つまり、明日のGNP）のうち大きな（そしてしだいに増大する）割合が、以前の世代によって要求されるようになるということである。人々は紙切れを利用して株式、特許、著作権といった長期契約を書き記し、生産物に対する権利を要求する。その裏返しとして、将来を見据えた契約を結ばなかったり、相続財産を持たずに生まれたりしたために過去からのこうした権利主張を持たない人々にとって、権利主張の可能な生産物の割合は比較的小さなものになる。たとえば、労働者の所得の源泉となるパイは小さくなり、賃金支払の合計額は減少することさえありうる。というのも、生産物の大部分が、技術とアイデアの財産権を持つ人たちだけでなく、前世代の人々の権利主張の対象となるからである。よって、いま植民地化されているのは、将来の生産物に対する権利主張である。そして、この過程の影響を受ける側の人たちは、昔の植民地化の話とは違って、地理的に集中しているわけではない。こうした労働者や他の大多数の人々は、この過程によって貧しくなるわけであるが、彼らが目を覚ましたときには、何世紀にもわたって土地をしだいに失っていった植民地と同じように、もう手後れであろう。このように、今日起こっているのは未来の植民地化なのである。この過程を通じて確実に損をし続ける人たちは、それに気づいていない。ちょうど、先住アメリカ人が自分たちの土地の植民地化を十分に認識しないまま、それが既成事実と化してしまったように。

私の予想では、未来の植民地化というこの過程は、労働者階級の境遇を着実に悪化させるだろう。労働者に分配できる各時期の生産物の割合が縮小するにつれて、賃金は相対的に低下し、雇用率は下落する。グローバル経済には予想外のショック（自然のものや個人的行為の集合的影響）がすでに十分存在し、この潮流はすぐには目に見えないだろう。しかし、おそらくはそれが長期的潮流となりそうである。この過程の初期の兆しはすでに現れている。先進工業国や一部の発展途上国における雇用なき成長に対する聞き慣れた不平は、増大する不平等とともに、この過程の症状である。貧しい国々にとって、この転機はしばらく先のことであるかもしれない。というのも、雇用や賃金総額が全体として縮小しているにもかかわらず、貧しい国の労働者は、政府の賢明な政策決定が多少でもあれば、彼らの比較的低い賃金を利用して職をなんとか維持することができるからである。よって、この潮流は、先進工業国の労働者階級が締め付けを感じることで始まり、他国の人々に及ぶ。彼らは政策手段を通じてこれに抵抗するであろうし、これは回りまわってグローバルな衝突や緊張をもたらすかもしれない。すでにこのことは、貧しい国が先進工業国の仕事を盗んでいるという、頻繁な不平に聞くことができる。企業が発展途上国に仕事を外注して利潤を増やそうとするたびに、この動きは、ある労働者が別の労働者を負かすものとされる。こうしたことは、私たちが環境を搾取し、世界の自然資源を減損させる傾向によってさらに悪化する。

しかしながら、これを労働者対労働者の問題と見る必要はない。外注のようなそれぞれの行為は利潤を増加させる。よって、これを資本対労働の問題と見ることも同じく可能である。[15] 操業の一部を発展途上国に移すことで利潤を増やす企業は、原理的には、先進工業国の労働者に対して利潤の一部を支払い、彼らの失職を補償できる。それでもなお、賃金総額の割合が縮小するにつれて、私たちはこれを見過ごしがちになり、雇用を見つける貧しい労働者を指差して非難するのである。

どうすれば、経済的・政治的な負の副作用を伴う未来の植民地化という過程を引き止めることができるだろうか。ここで政策提言に移ろう。私たちに可能な一つの小さなステップは、労働者階級と貧困層一般に利潤への部分的請求権を与えることである。そうすれば、職が失われたり、賃金が削減されたり、物価上昇に追いつかなかったりして、労働者が損をし、利潤が増えるたびに、労働者は損失の一部を利潤に対する部分的請求権から取り戻せる。私はこれを小さなステップと呼ぶが、この一見小さな政策体制の変更にさえ多くの落とし穴があり、実現のためには綿密な思考と政治的画策が必要となるだろう。[16] それでもなお、より貧しい階級による反乱や経済の転覆の脅威は、富裕層にそうした抜本的な政策を受け入れやすくする。貧困層の側のそうした行為は理解できると私は考える。

私が提案していることをもう少し詳しく説明しよう。要するに、私が唱えているのは、ある一定の所得水準を下回るすべての人間が「総」利潤の一定割合に対する請求権を持つべきだということである。したがって、標準的福祉システムのように労働者に定額所得保障だけを提供する代わりに、そうした最低保障を利潤への請求権と組み合わせる必要がある。よって、かりに長期的に利潤の割合が上昇して賃金総額が下落するとしても、労働者の所得は必ずしも下落せず、当然、賃金収入の低下と同じほど下落することはない。さらに、起業家がより洗練されて生産システムからますます大きな利潤を絞りとるようになっても、貧困層や労働者階級への「漏出」に甘んじなければならない。これへの当然の対応は、利潤と明示されることのない金をとっておくことで、たとえば架空の仕事をこなす最高経営責任者や大株主たちへの給与である。これもまたシステムに歪みをもたらすだろう。しかし、相続税の場合、個人の創意工夫には限度がある。政策が慎重に考え抜かれ、最高経営責任者たちがシステムを出し抜くために発見する新たな方法に対処するために時々調整されるのであれば、その便益は歪みの費用を上回るはずである。

再び私たちは国家間の利潤という問題に直面する。こうした政策が国境の内側にとどまるとしても、依然として望ましいであろうが、貧しい国に生まれる人たちが背負わされる不公平はほとんど解消されないまま残る。こうして私たちが再び立ち帰る問題は、経済のグローバル化が政治のグローバル化を超える速度で進んできたことであり、その結果、グローバルな統治の構造を整える必要性である。

絶望、そして希望へ

前節で論じたような、「比較的」小さく、したがってより実現しやすい変革を実施しようとする際には、より徹底した改革への希望を持ち続けることが大切である。すなわち、世界から貧困を根絶し（これは今日の世界経済の膨大な富を考えれば、すでに技術的に実現可能なことである）、理解を超えるほど蔓延している今日の不平等を、より許容できる水準に引き下げる改革である。[17] そのような世界は、自由市場経済の想定どおり効率的に機能するだけでなく、公平でもあり、今の時代を非常に悩ます政治的混乱・不安を招く理由が減るのみならず、人々が不満を抱く余地も小さくなるだろう。そのような世界における平和は、一般大衆の洗脳に頼る必要はなく、人々は、貧困と欠乏が正当化されたものであり、彼らの状況は不変の経済法則によって運命づけられたものであると信じなくてもいいのである。

世界の大半が依存ないしは目指しているような形態の資本主義は著しく不公平なシステムである、というのが本書の中心的メッセージである。多数の書籍やジャーナリズム調の表現が普及させた信念によると、私たちはこのシステムの完成に向けて努力するだけでよく、そうすればすべてがうまくいくというが、それは神話であり、この不当なシステムの存続によって得をする人たちの利益にかなうように、時には故意に、時には図らずも、でっちあげられたものである。同種の神話がインドでは歴史上、長い期間にわたって広められ、実際に信じられてきた。それは、カースト制度こそ物事のあるべき姿であり、「不可触民」や他の恵まれない集団の苦難や困窮は、彼らの罪深い前世に対する正当な処罰として、神の計画の一部をなすというものであった。同種の信念が米国の奴隷制と私刑（リンチ殺人）の時代に助長され、黒人を公の場で辱めて拷問にかけたのは、劣った生命に対する正しい扱い方であるとされた。同種の信念により、人々は、現在の分配がともかくも適切なものであるため、「富の再分配」は間違っていると考えている。彼らは、現在の分配自体が、部分的には、名家に代々用心深く伝えられる相続を通じて富が蓄積された結果であるとともに、掌握、ロビー活動、善意からの恩恵の交換の帰結であることを忘れているのである。

これらの信念はきわめて説得力に富んでいたため、道徳的に歪みのあるシステムの負担を背負っている人々でさえ、システムの公平性を疑わなかった。実際、こういった社会的なしくみが存続する基礎には、人々に気前よく提供される分け前の公平性に対する幅広い支持があった。回顧したり遠くから眺めたりするときわめて不公平に見える実践も（私刑、アパルトヘイト、策略と武力による先住民の土地の奪取、特定の人種集団を標的にする懲罰・報復行為）、それらを抱える社会に住んでいると違って見える。私たちはどういうわけか、そんな実践で得をする人たちがそうしているのは正しい、と信じ込まされるのである。なかにはもちろんこうした不正に異議を唱える人もいたが、概して虐げられた人たちは、長い期間を経て、あっさり黙諾したのである。そうなったのは、虐げられた人たちが自分は現在の境遇にふさわしいのだと信じてしまう心理的ニーズが原因に違いない。というのも、そうしなければ、我慢すべき激怒と憤慨は度を越えて自己破壊的になるからである。

現代に戻ろう。何らかの形であらゆる先進工業国に広まり、他の国々が目指している自由市場システムの原型を考える。このシステムでは、共有の権利により人間が集合的に所有するものが縮小しつつあり、世界の資源はますます切り刻んで分割され、分割されたそれぞれの断片は財産として個人に所有される。通常、こうした財産の山と遠い将来にわたる収入の流れに対する権利を所有するようになるのは、人口のうちのほんの小さな割合であり、こうした権利にはそれらを思い通りに（通常は子孫に）遺す権利が伴う。つまり、このシステムでは、隔離地区や貧民街に相続財産をまったく持たずに生まれる人々がいる一方で、巨万の富を相続し、生まれるとほぼ同時に最高の教育を提供される人たちがいる。そのようなものとして、これら二つの階級の人々の間には競争がまったくないのである。前者には「成功する」可能性がほとんどなく、他方、後者は成功「しない」方が困難である。貧しく生まれついた人たちは最初から希望をくじかれているうえ、相続財産なく生まれる将来世代に利用可能な共有資源の縮小という事実により、彼らの状況ははるかに悲惨なものになっている。これは、個人がそうした資源に対して私的かつ排他的な権利を確立し、自分の子供に相続させるという容赦ない力のためである。

私たちが、敗者を含めて、このシステムを疑わないのは、私たちがその一部だからである。しかし、システムから距離を置いてよく考えてみると、いとも容易に気づくのは、私たちの住む世界が、非常に重要な意味で、歴史を通じて想像しうるもっともカースト的で排他的な社会に驚くほど近いということである。そのうえ、人口のごく一部が資源を過剰に使い、その結果、現代世界の他の人々から奪取するとともに、将来世代が環境面で枯渇した世界に生まれることを確実にしている。一部の人々は、ある地域に生まれたというそれだけの理由で望みがないのである。貧しく生まれついた人々が現代の資本主義社会で多くの不利益を被るのは、「再生族」がカーストに基づく社会で有利になるようなものである。(18) こうした不公平の存続と拡大が許されるならば、やがて時が来て、富裕層が貧困層を出し抜くことはかまわないと社会が考えるのとまったく同様に、貧困層は富裕層を打ち負かしてもかまわないと決心することになるかもしれない。

貧困層を現状に押しとどめておくことは、アリス・ウォーカーが辛辣に書くように、「小作農業におけるライバルを無知のままにしておきたい地元の人種差別主義者が」黒人の子供のための学校を「完全に」焼き払ったり、「投票という『民主的』権利を行使しようとしたという理由で、私の両親のような小作人を」立ち退かせたりすることに相当するであろう。(19) 世界的に大きなスラムの一つ（ナイロビのキベラやムンバイのダラヴィ）を考えよう。こうしたスラムの出身で（まともな衣服もなく、医療も受けられず、子供が成長して物乞いになるのを目にするような）絶望的な貧困のうちに生きる若者が、ゲートで囲われた都市の居住地域にやって来て、富裕層の豪華絢爛で浪費的な生活を目にし、強奪や革命によってこの不公平に終止符を打ちたいという衝動に駆られるとしたら、外部の観察者はそれを不可解と思うだろうか。

この気持ちを理解する外部の観察者は、それでも、そんなことは長期的に無駄になる可能性が高いという理由から、この若者が突然の行動を起こさないように説得する理由がある。そうした行動は人々の間に恐怖感を植え付け、投資とイノベーションの低下につながり、事態をさらに悪化させかねない。他方、反乱が広まる恐れがあると、金と権力のある人々は世界全体の富の分配を改善する政策を考え出すように迫られる可能性がある。本書が強く呼びかけるのは、反乱と暴動の圧力が高まるのを待つ代わりに、富裕層から貧困層へより多くを移転する抜本的な政策変更へ向けて努力することである。私たちは、出し抜いたり打ち負かしたりすることのない社会を目指すべきである。一部の人が他人を出し抜く際の創意工夫を考慮すると、単刀直入な政策措置が必要になるかもしれない。たとえば、一個人が蓄積できる富の額や一個人が稼いで保持できる所得の額に上限を設けて（これは社会の一人当たりの富や所得の何倍かにすることができる）、これらの限度を超える金額は国家に徴収され、一般の人々の間で再分配されるようにするのである。これが社会全体に便益をもたらす正当な活動に従事している人たちの誘因さえそぐことに疑いの余地はない。しかし、上限を十分に高く設定することにより、費用を最小限に抑えることが可能であり、この最小限の費用は、搾取を通じて富の蓄積に従事する者たちを阻止するために私たちが支払うべき代償であるのかもしれない。

かりに現在のシステムは（小さな改善を要するかもしれないが）望みうる最高のものであるという不変の法則があるとすれば、全面的な見直しへの衝動は無駄なものであると宣告すべきであろう。しかし、ここで本書における他の議論が重要になる。すなわち、今日広く見られるよりもはるかに優れた社会システムが原理的には可能だというものである。「原理的には」というのは、この主張をいくらか抑制する限定詞である。それでも、利己的な個人の利害と誘因両立的な結果のみが持続可能であるという、一般に認められた教義に退陣を迫るという意味で、それは重要な主張である。

本書の大部分で主張したのは、私たち人間が、身勝手な気質を抑制し、手当たり次第に好機をつかもうとする容赦のない行動を止める能力と方法を持っている、ということである。この気質は常にはけ口を与えられるわけではない。社会はきわめて利己的な均衡にとらわれてしまう可能性がある。人生には、私たち各人が自らの厚生を高めるために可能な何千もの事柄があるが、社会規範、文化、誠実さ、生物学的・社会的な固有性のため、そうした行為の多くを考えることさえない。多くの国では、壁で囲われていない自宅の芝生に貴重な物を置いておいても、誰も触れようとはしない。常にそうだったわけではない。これらの国は、私たちが十分には理解できない過程を通じて、こうした規範をうまく発達させたのである。今日ほとんどの文化では、欲しいものや簡単に手にできそうなものを取得するためにさっと殴ったり蹴ったりして物理的暴力に訴えることはない。数千年前に、このように技術的に可能な戦略をとらないことは考えられなかったであろう。日本では、真夜中の道路に車が一台もなく、警察官が一人も見えないときでも、歩行者は道を横切る前に適切な信号を待つのが普通である。インドでは、真昼間で交通が激しく、制服を着た警察官がいても、そうするのは普通ではない。

いったん規範が確立されれば、それに背くのは個人の利益にならないため、個人が実際に行なっていることは「合理的」である、と議論することはできる。しかし、先に指摘したように、これは何を合理的と呼ぶかに関する純粋に意味論的問題である。重要なことは、今日の社会では個人的に合理的な行動と両立しないように見える行動が、文化や規範の異なる別の社会では両立するかもしれないという点である。

よって、より善き社会（たとえば、人々が自由に利用できる共有資源から必要以上のものを取らないことを当てにできる社会、どんな場合でも全員が同額の所得を手にするにもかかわらず人々が懸命に働く社会）は、教科書の意味で個人的に誘因両立的ではないとしても、実現可能であるかもしれない。それ以外のふるまいは著しい社会的軽蔑や自己嫌悪に直面するため誰もそうしない、というような規範を持てるようになるのである。そして長期的に、そうした規範は私たちのまぎれもない一部となり、結果的に、たいした理由がなくとも、むしろそれが本能的な反応であるために、規範に従うようになる。

したがって、何の落ち度もなく貧困と欠乏状態に取り残されてきた人々（貧困層の圧倒的多数）が、一部の専門家、政治家、現状維持を唱える人たちを問いただすのは当然である。後者は、貧困層の貧しさは彼らの生産性の尺度であり、世界がより高い「平均」所得を達成するための誘因を生み出すのに欠かせないと主張する。結果的にこれは、何世代にもわたる搾取と相続権の利用を通じて世界の資源と富の大部分に対する支配を確立してきた人たちが、最終的には獲得したものを手放さざるをえなくなるという希望をもたらす。やがて、私たち皆が平等な市民として権利を主張することが可能で、将来世代が生まれるとそこは不毛の地であったというようなことのない世界を私たちは手にすることができるであろう。

訳者あとがき

本書はKaushik Basu, *Beyond the Invisible Hand: Groundwork for a New Economics* (Princeton University Press 2011) の全訳である。著者カウシック・バスーはインドのコルカタ（カルカッタ）出身で米国コーネル大学教授。開発経済学、社会的選択の理論、政治経済学、ゲーム理論を中心に、幅広い分野で卓越した学問的業績を挙げている。２０１６年現在、世界銀行の上級副総裁およびチーフ・エコノミストで、それ以前にはインド政府のチーフ・エコノミック・アドバイザーを務めた。

本書の各章の内容については著者自身が「日本語版への序文」で簡潔に要約しているので、そちらを参照されたい。本書は、市場の「見えざる手」に委ねることでは解決されないさまざまな経済的・社会的・政治的問題に光を当てて、主流派経済学の分析手法を利用しながらも、その暗黙の仮定を問い直し、「中心的見解」に再検討を迫る。著者は（マルクスの言葉を引用しながら）、本書は世界の解釈を目指すものであって、変革を目指すものではないと述べているが、最終章では、より善き世界を目指すための長期的な目標として、グローバルな次元で貧困を削減し、著しい不公平を是正するために、いささか「ラディカル」なアイデアを披露している。

２０１５年の夏に米国のワシントンＤＣで初めてバスー教授にお会いした際には、アルフレッド・マーシャルのいう「冷静な頭脳と温かい心」を体現するような教授のお人柄にふれることができた。きわめて多忙なポストにありながら、訳者の質問に丁寧に答えてくださり、日本語版への序文の執筆を快諾してくださったことに心より感謝したい。

本書の翻訳企画を紹介していただいたのは、『正義のゲーム理論的基礎』（ケン・ビンモア著、ＮＴＴ出版）に引き続き、鈴村興太郎教授であった。大学院時代からの学恩に深謝するとともに、序文の執筆を引き受けてくださったことに厚くお礼申し上げたい。一橋大学経済研究所の規範経済学研究センターで行なわれる研究会のメンバーの方々、大村真樹子、斉藤尚、高木智史、高見典和、玉手慎太郎の各氏は草稿の段階で非常に有益なコメントをくださった。訳者の急な依頼に快く応じてくれた彼らに感謝したい。また、原文の理解を確認するうえで、ウィリアム・バーンズ、リチャード・グリーン、ゲイリー・ウェストンの各氏に協力を仰ぎ、主にインド系の姓名の発音についてはソーミック・ポール氏に助言を頂いた。ただし、翻訳の最終的な責任はもちろん訳者にある。

最後に、前訳書に続いて企画の立ち上げ段階からお世話になったＮＴＴ出版の永田透氏、後にチームに加わって強力な牽引役となっていただいた山田兼太郎氏は、草稿を念入りにチェックし、的確なコメントをくださった。また、刊行にいたる最終段階ではバスー教授の来日予定に合わせて日程を見事に調整しながら、訳者を励まし続けてくださった。記して感謝の意を表したい。

２０１６年６月

栗林寛幸

叢書『制度を考える』創刊の辞

20世紀の終わりに中東欧の共産主義政治経済体制が崩壊するにおよんで，久しく続いた資本主義市場経済との優劣論争には実質上幕が下ろされた．とはいえ，このことが直ちに市場制度による摩擦のない世界統合を意味するものではないということが明らかにされるのに時間はかからなかった．市場経済は，政治的，社会的，歴史的，認知的などの諸要因との複雑な相互作用を通じて発展するものであり，またその成果の社会に対する含みの評価も多様であり得よう．また現時点を中半に挿む1世紀間に，世界人口が3倍にも増加するという展望は，エネルギーや地球環境に重い負荷をかけ，世界経済の持続的な成長可能性や国際政治経済体制の安定性にたいする大きなチャレンジとなりつつある．

こうした状況の下で，人間社会のあり方を規定する制度についての関心がここ十数年程の間に大いに高まってきたことは不思議ではない．その関心は，経済学，政治学，法学，社会学，文化人類学，歴史学，地理学，認知科学，哲学など広い分野に及び，また学問的知見も徐々に蓄積されつつある．しかし，それぞれの分野での研究成果が互いに影響し合うという状況にはほど遠く，また制度とは何か，というような基本的な概念に関してさえ，まだ合意が成り立っていないというのが現状である．しかし，制度とは何か，とは単なるスコラスティックな論争ではなく，現実の世界に大きな影響を持ちうる問題なのである．

本叢書は，そういう状況を鑑みて，制度に関する進化しつつある学問的な知見を広く社会に伝えるという意図をもって企画された．とはいえ，その収録にあたっては，独創性・創成性，狭い分野境界を越えた潜在的影響力と洞察，鋭敏な分析方法や思考方式，歴史や制度比較にかんする新鮮な記述とその意味の読みとりなど，何らかの点において類書にない特色を持った書物を内外に広く求めて，選択していきたい．それらの書物が広く読まれることによって，日本における制度研究の視野と超学際的なコミュニケーションが拡がり，ひいては進化する学問的成果が，社会におけるよりよい制度の探索と共鳴することを期待したい．

叢書主宰　青木昌彦

協力者　池尾和人　池上英子　岡崎哲二

河野勝　瀧澤弘和　松井彰彦　山岸俊男

著者紹介
カウシック・バスー（Kaushik Basu）
世界銀行上級副総裁・主席経済学者、コーネル大学教授。1952年インド・コルカタ生まれ。アマルティア・センの指導の下、LSEで博士号を取得。社会的選択の理論、開発経済学、ゲーム理論を専攻。著書に *Analytical Development Economics*（MIT press, 1997）、*Prelude to Political Economy*（Oxford University Press, 2000）、*An Economist in the Real World*（MIT Press, 2015）など。

訳者紹介
栗林寛幸（くりばやし・ひろゆき）
一橋大学経済研究所研究員。1971年生まれ。東京大学教養学部教養学科国際関係論卒業、英国ケンブリッジ大学大学院修士課程修了（経済学）。訳書にビンモア『正義のゲーム理論的基礎』（NTT出版、2015年）、バックハウス＆ベイトマン『資本主義の革命家ケインズ』（作品社、2014年）がある。

＊叢書《制度を考える》
見えざる手をこえて――新しい経済学のために
2016年8月 4日　初版第1刷発行
2017年5月26日　初版第2刷発行

著　者　　カウシック・バスー
訳　者　　栗林寛幸

発行者　　長谷部敏治
発行所　　NTT出版株式会社
〒141-8654　東京都品川区上大崎3-1-1　JR東急目黒ビル
営業担当　TEL 03(5434)1010　FAX 03(5434)1008
編集担当　TEL 03(5434)1001
http://www.nttpub.co.jp

印刷・製本　株式会社 光邦

ISBN 978-4-7571-2306-9 c3030

人名索引

事項索引

こ

さ

し

参考文献

Agarwal, Bina. 1997. "'Bargaining' and Gender Relations: Within and Beyond the Household." *Feminist Economics* 3.

Akerlof, George. 1976. "The Economics of Caste and the Rat Race and Other Woeful Tales." *Quarterly Journal of Economics* 90.

Akerlof, George, and Rachel Kranton. 2000. "Economics and Identity." *Quarterly Journal of Economics* 105.

Aldashev, Gani, Imaane Chaara, Jean-Philippe Platteau, and Zaki Wahhaj. 2008. "Using Law to Change Custom." Mimeo, University of Namur, Belgium.

Alkire, Sabina. 2002. *Valuing Freedoms: Sen's Capability Approach and Poverty Reduction*. Oxford: Oxford University Press.

Ambady, Nalini, Margaret Shih, Amy Kim, and Todd Pittinsky. 2001. "Stereotype Susceptibility in Children: Effects of Identity Activation on Quantitative Performance." *Psychological Science* 12.

Anand, Sudhir, and Paul Segal. 2008. "What Do We Know about Global Income Inequality?" *Journal of Economic Literature* 46.

Anderson, Siwan. 2007. "Some Economic Implications of Caste." Mimeo, University of British Columbia.

Andreoni, James, and Larry Samuelson. 2006. "Building Rational Cooperation." *Journal of Economic Theory* 127.

Aoki, Masahiko. 2001. *Toward a Comparative Institutional Analysis*. Cambridge, MA: MIT Press.〔瀧澤弘和，谷口和弘訳『比較制度分析に向けて』NTT 出版，2003 年〕

Appadurai, Arjun. 2004. "The Capacity to Aspire: Culture and the Terms of Recognition." In *Culture and Public Action*, ed. Vijayendra Rao and Michael Walton. Stanford, CA: Stanford University Press.

Appiah, Kwame Anthony. 2008. "Sen's Identities." In *Arguments for a Better World: Essays in Honor of Amartya Sen*, eds. Kaushik Basu and Ravi Kanbur. Oxford: Oxford University Press.

Aquinas, Thomas. [1265-74] 1911. *Summa Theologica*. Allen, TX: Christian Classics.〔高田三郎 他訳『神学大全』（全 45 巻），創文社，1960-2012〕

Arntzenius, Frank, Adam Elga, and John Hawthorne. 2004. "Bayesianism, Infinite Decisions, and Binding." *Mind* 113.

Arrow, Kenneth. 1951. *Social Choice and Individual Values*. New York: Wiley.〔長名寛明訳『社会的選択と個人的評価　第三版』勁草書房，2013 年〕

1972. "Some Mathematical Models of Race Discrimination in the Labor Market." In *Racial and Discrimination in Economic Life*, ed. Anthony H. Pascal. Lexington, MA: D. C. Heath and Co.

1994. "Methodological Individualism and Social Knowledge." *American Economic Review* 84.

2001. "A Note on Freedom and Flexibility." In *Choice, Welfare, and Development*, eds. Kaushik Basu, Prasanta Pattanaik, and Kotaro Suzumura. Oxford: Oxford University Press.

Arrow, Kenneth, and Frank Hahn. 1971. *General Competitive Equilibrium*. San Francisco: Holden Day.〔福岡正夫，川又邦雄訳『一般均衡分析』岩波書店，1976 年〕

Asheim, Geir, and Bertil Tungodden. 2004. "Resolving Distributional Conflicts between Generations." *Economic Theory* 24.

Atkinson, Anthony. 1995. "Capabilities, Exclusion, and the Supply of Goods." In *Choice, Welfare, and Development*, eds. Kaushik Basu, Prasanta Pattanaik, and Kotaro Suzumura, Oxford: Oxford University Press.

2005. "Is Rising Inequality Inevitable? A Critique of the Transatlantic Consensus." In *Wider Perspectives on Global Development*, eds. Giovanni Andrea Cornia, Matti Pohjola, and Anthony Shorrocks. Basingstoke, UK: Palgrave Macmillan.

Baird, Douglas, Robert Gertner, and Randal Picker. 1995. *Game Theory and the Law*. Cambridge, MA: Harvard University Press.

Bakshi, Soham, and Pinaki Bose. 2007. "Harassment, Coercion, and the Inefficiency of Voluntary Contracts." Mimeo, Memphis University.

Baland, Jean-Marie, and Cedric Duprez. 2009. "Are Labels Effective against Child Labour?" *Journal of Public Economics*, 93.

Baliga, Sandeep, and Tomas Sjostrom. 2004. "Arms Races and Negotiations." *Review of Economic Studies* 71.

Banerjee, Abhijit. 1992. "A Simple Model of Herd Behavior." *Quarterly Journal of Economics* 107.

2005. "'New Development Economics' and the Challenge to Theory." *Economic and Political Weekly* 40 (October 1).

Banerjee, Abhijit, and Kaivan Munshi. 2004. "How Efficiently Is Capital Allocated? Evidence from the Knitted Garment Industry in Tirupur." *Review of Economic Studies* 71.

Banerjee, Abhijit, and Thomas Piketty. 2005. "Top Indian Incomes, 1956-2000." *World Bank Economic Review* 19.

Banerjee, Kuntal, and Tapan Mitra. 2007. "On the Impatience Implications of Paretian Social Welfare Functions." *Journal of Mathematical Economics* 43.

Banner, Stuart. 2005. *How the Indians Lost Their Land: Law and Power on the Frontier*. Cambridge, MA: Harvard University Press.

Bardhan, Pranab. 1997. "Method in the Madness? A Political-Economy Analysis of

Ethnic Conflicts in Less Developed Countries." *World Development* 25.

2005. "Theory or Empirics in Development Economics." *Economic and Political Weekly* 40 (October 1).

Barrett, Chris. 1999. "On Pluralistic Ethics and the Economics of Compassion." *Bulletin of the Association of Christian Economists* 33 (Spring).

Basu, Alaka. 1992. *Culture, the Status of Women, and Demographic Behavior*. Oxford: Clarendon Press.

Basu, Arnab, Nancy Chau, and Ulrike Grote. 2006. "Guaranteed Manufactured without Child Labor: The Economics of Consumer Boycotts, Social Labeling, and Trade Sanctions." *Review of Development Economics* 10.

Basu, Karna. 2009. "Time-Inconsistency in Informal Credit Markets: A Welfare Analysis." Mimeo, University of Chicago.

Basu, Kaushik. 1983. "On Why We Do Not Try to Walk Off without Paying after a Taxi Ride." *Economic and Political Weekly* 18 (November).

1986. "One Kind of Power." *Oxford Economic Papers* 38.

1987. "Monopoly, Quality Uncertainty, and 'Status Goods.'" *International Journal of Industrial Organization* 5.

1989. "A Theory of Association: Social Status, Prices, and Markets." *Oxford Economic Papers* 41.

1993. *Lectures in Industrial Organization Theory*. Oxford: Blackwell Publishers.

1994a. "Group Rationality, Utilitarianism, and Escher's Waterfall." *Games and Economic Behavior* 7.

1994b. "The Traveler's Dilemma: Paradoxes of Rationality in Game Theory." *American Economic Review, Papers and Proceedings* 71.

1995. "Civil Institutions and Evolution: Concepts, Critique, and Models." *Journal of Development Economics* 46.

2000. *Prelude to Political Economy: A Study of the Social and Political Foundations of Economics*. Oxford: Oxford University Press.

2002. "The Retreat of Global Democracy." Indicators: *The Journal of Social Health* 1.

2003a. "The Economics and Law of Sexual Harassment in the Workplace." *Journal of Economic Perspectives* 17.

2003b. "Globalization and the Politics of International Finance: The Stiglitz Verdict." *Journal of Economic Literature* 41.

2005a. "The New Empirical Development Economics: Remarks on Its Philosophical Foundations." *Economic and Political Weekly* 40 (October 1).

2005b. "Racial Conflict and the Malignancy of Identity." *Journal of Economic Inequality* 3.

2006a. "Gender and Say: A Model of Household Decision-Making with Endogenous Balance of Power." *Economic Journal* 116.

2006b. "Globalization, Poverty, and Inequality: What Is the Relationship? What Can Be Done?" *World Development* 34.

2006c. "Methodological Individualism." In *The New Palgrave Dictionary of Economics*, eds. Steven N. Durlauf and Lawrence E. Blume. Basingstoke, UK: Palgrave Macmillan.

2007a. "Coercion, Conflict, and the Limits of the Market." *Social Choice and Welfare* 29.

2007b. "Human Rights as Instruments of Emancipation and Economic Development." In *Economic Rights: Conceptual, Measurement, and Policy Issues*, eds. Shareen Hertel and Lanse Minkler. Cambridge: Cambridge University Press.

2007c. "Participatory Equity, Identity, and Productivity: Policy Implications for Promoting Development." Mimeo, Cornell University.

2007d. *The Retreat of Democracy and Other Itinerant Essays on Economics, Globalization, and India*. New Delhi: Permanent Black and London: Anthem Press.

2010a. "A Marketing Scheme (or Making Money Off Innocent People: A User's Manual." *Economics Letters*.

2010b. "The Moral Basis of Prosperity and Oppression: Altruism, Other-Regarding Behavior, and Identity." *Economics and Philosophy*.

Basu, Kaushik, Sudipto Bhattacharya, and Ajit Mishra. 1992. "Notes on Bribery and the Control of Corruption," *Journal of Public Economics* 48.

Basu, Kaushik, and Amanda Felkey. 2008. "A Theory of Efficiency Wage with Multiple Unemployment Equilibria: How a Higher Minimum Wage Law Can Curb Unemployment." *Oxford Economic Papers* 61.

Basu, Kaushik, Gary Fields, and Shub Debgupta. 2008. "Labor Retrenchment Laws and Their Effect on Wages and Employment: A Theoretical Investigation." In *Development anti Change*, eds. Bhaskar Dutta, Tridip Ray, and E. Somanathan. London: World Scientific Publishers.

Basu, Kaushik, Eric Jones, and Ekkehart Schlicht. 1987. "The Growth and Decay of Custom: The Role of the New Institutional Economics in Economic History." *Explorations in Economic History* 24.

Basu, Kaushik, and Tapan Mitra. 2003. "Aggregating Infinite Utility Streams with Intergenerational Equity." *Econometrica* 71.

2007. "Utilitarianism and Infinite Utility Streams: A New Welfare Criterion and Its Axiomatic Characterization." *Journal of Economic Theory* 133.

Basu, Kaushik, and Pham Hoang Van. 1998. "The Economics of Child Labor." *American Economic Review* 88.

Basu, Kaushik, and Jorgen Weibull. 2003. "Punctuality: A Cultural Trait as Equilibrium." In *Economics for an Imperfect World: Essays in Honor of Joseph Stiglitz*, eds. Richard Amott, Bruce Greenwald, Ravi Kanbur, and Barry Nalebuff. Cambridge, MA: MIT Press.

Basu, Kaushik, and Homa Zarghamee. 2008. "Is Product Boycott a Good Idea for Controlling Child Labor? A Theoretical Investigation." *Journal of Development Economics* 88.

Battigalli, Pierpaolo, and Martin Dufwenberg. 2005. "Dynamic Psychological Games." Mimeo, Bocconi University and the University of Arizona.

Becchetti, Leonardo and Furio Rosati. 2007. "Global Social Preferences and the Demand for Socially Responsible Products: Empirical Evidence from a Pilot Study on Fair Trade Consumers." *World Economy* 30.

Becker, Gary. 1968. "Crime and Punishment: An Economic Approach." *Journal of Political Economy* 76.

Beitz, Chuck. 2000. "Rawls's Law of Peoples." *Ethics* 110.

Benabou, Roland, and Jean Tirole. 2006. "Incentives and Prosocial Behavior." *American Economic Review* 96.

Bencivenga, Valerie, Elisabeth Huybens, and Bruce Smith. 2001. "Dollarization and the Integration of International Capital Markets." *Journal of Money, Credit, and Banking* 33.

Benjamin, Dan, James Choi, and A. Joshua Strickland. 2010. "Social Identity and Preferences." *American Economic Review* 100.

Ben-Ner, Avner, and Louis Putterman. 2009. "Trust, Communication, and Contracts: An Experiment." *Journal of Economic Behavior and Organization* 70.

Benoit, Jean-Pierre, and Vijay Krishna. 1987. "Dynamic Duopoly: Prices and Quantities." *Review of Economic Studies* 54.

Bergson, Abraham. 1938. "A Reformulation of Certain Aspects of Welfare Economics." *Quarterly Journal of Economics* 52.

Berkowitz, Daniel, Katherina Pistor, and Jean-Francois Richard. 2003. "Economic Development, Legality, and the Transplant Effect." *European Economic Review* 47.

Bernard, Jessie. 1954. "The Theory of Games of Strategy as a Modern Sociology of Conflict." *American Sociological Review* 59.

Bertrand, Marianne, and Sendhil Mullainathan. 2004. "Are Emily and Greg More Employable Than Lakisha and Jamal?" *American Economic Review* 94.

Besley, Tim, and Steve Coate. 1992. "Understanding Welfare Stigma: Taxpayer Resentment and Statistical Discrimination." *Journal of Public Economics* 48.

Besley, Tim, and Maitreesh Ghatak. 2008. "Status Incentives." *American Economic Review* 98.

Béteille, André. 2006. *Ideology & Social Science*. New Delhi: Penguin Books.

Bevan, Edwyn. 1950. *Later Greek Religion*. Boston: Beacon Press.

Bhagwati, Jagdish. 1977. *Brain Drain and Income Taxation*. Oxford: Pergamon Press.

2004. *Defence of Globalization*. Oxford: Oxford University Press.

Bhargava, Rajeev. 1993. *Individualism in the Social Sciences: Forms and Limits of Methodology*. Oxford: Oxford University Press.

Bikhchandani, Sushil, David Hirschleifer, and No Welch. 1992. "A Theory of Fads, Fashion, Custom, and Cultural Change as Informational Cascades." *Journal of Political Economy* 100.

Binmore, Ken. 1994. *Game Theory and the Social Contract:* Volume 1*: Playing Fair*. Cambridge, MA: MIT Press.

1995. "The Game of Life: Comment." *Journal of Institutional and Theoretical Economics* 151.

2005. *Natural Justice*. Oxford: Oxford University Press.〔栗林寛幸訳『正義のゲーム理論的基礎』(叢書「制度を考える」), ＮＴＴ出版, 2015 年〕

Birdsall, Nancy, David Ross, and Richard Sabot. 1995. "Inequality and Growth Reconsidered: Lessons from East Asia." *World Bank Economic Review* 9.

Blume, Lawrence. 2002. "Stigma and Social Control." Working paper, economics series no. 119, Institute for Advanced Studies, Vienna.

Bohnet, Iris, and Robert Cooter. 2001. "Expressive Law: Framing or Equilibrium Selection?" Mimeo, University of California at Berkeley.

Bourguignon, Francois, and Christian Morrisson. 2002. "Inequality among World Citizens: 1820-1992." *American Economic Review* 92.

Bowles, Sam. 2004. *Microeconomics: Behavior, Institutions, and Evolution*. Princeton, NJ: Princeton University Press.〔塩沢由典, 磯谷明徳, 植村博恭訳『制度と進化のミクロ経済学』(叢書「制度を考える」), ＮＴＴ出版, 2013 年〕

Bowles, Sam, and Herb Gintis. 2005. "Can Self-interest Explain Cooperation?" *Evolutionary and Institutional Economics Review* 2.

Bowles, Sam, and Rajeev Sethi. 2006. "Persistent Group Inequality." Mimeo, Santa Fe Institute.

Brandolini, Andrea. 2007. "Inequality Patterns in Western-Type Democracies: Cross Country Differences and Times Changes." Mimeo, Bank of Italy, Rome.

Bruner, Jerome and Mary Potter. 1964. "Interference in Visual Recognition." *Science* 144 (April 24).

Bruni, Luigino, and Robert Sugden. 2007. "The Road Not Taken: How Psychology Was Removed from Economics and How It Might Be Brought Back." *Economic Journal* 117.

Buchanan, Allen, and Robert Keohane. 2006. "The Legitimacy of Global Governance Institutions." Mimeo, Duke University.

Buroway, Michael. 1979. *Manufacturing Consent: Changes in Labor Processes Under Monopoly Capitalism*. Chicago: Chicago University Press.

Burt, Ronald S. 1993. "The Social Structure of Competition." In *Explorations in Economic Sociology*, ed. Richard Swedberg. New York: Russell Sage Foundation.

Calasso, Roberto. 2005. *K*. Trans. from Italian by Geoffrey Brock. New York: Alfred Knopf.

Cantillon, Richard. [1755] 1964. *Essai Sur la Nature du Commerce en General* [Essay on

the Nature of Trade in General]. Repr., New York: Augustus Kelley.〔津田内匠訳『商業試論』名古屋大学出版会，1992 年〕

Capra, Monica, Jacob Goeree, Rosario Gomez, and Charles Holt. 1999. “Anomalous Behavior in a Traveler's Dilemma?” *American Economic Review* 89.

Carbonara, Emanuela, Francesco Parisi, and Georg von Wangenheim. 2008. “'Lawmakers as Norm Entrepreneurs.” *Review of Law and Economics* 14, available at http://www.bepress.com/r1e/vol4/iss3/art5.

Chang, Ha-Joon. 2002a. “Breaking the Mould: An Institutional Political Economy Alternative to the Neo-Liberal Theory of the Market and the State.” *Cambridge Journal of Economics* 26.

2002b. *Kicking Away the Ladder: Development Strategy in Historical Perspective*. London: Anthem Press.〔横川信治監訳，張馨元，横川太郎訳『はしごを外せ——蹴落とされる発展途上国』，日本評論社，2009〕

Chang, Howard. 2000. “A Liberal Theory of Social Welfare: Fairness, Utility, and the Pareto Principle.” *Yale Law Journal* 110.

Chatterjee, Partha. 2002. *A Princely Imposter? A Strange and Universal History of the Kumar of Bhawal*. Princeton, NJ: Princeton University Press.

Chattopadhyay, Raghabendra, and Esther Duflo. 2004. “Women as Policy Makers: Evidence from a Randomized Policy Experiment in India.” *Econometrica* 72.

Chau, Nancy, and Ravi Kanbur. 2003. “Footloose Industries, Asymmetric Information, and Wage Bargaining.” Mimeo, Cornell University.

Choi, Stephen, and Mitu Gulati. 2005. “Contract as Statute.” *Michigan Law Review* 104.

Chomsky, Noam. 1991. *Media Control: The Spectacular Achievements of Propaganda*. New York: Seven Stories Press.〔鈴木主税訳『メディア・コントロール』集英社，2003 年〕

2000. *Rogue States: The Role of Force in World Affairs*. New Delhi: India Research Press.〔塚田幸三訳『「ならず者国家」と新たな戦争——米同時多発テロの深層を照らす』荒竹出版，2002 年に一部所収〕

Cipriano, Marco, Paola Giuliano, and Olivier Jeanne. 2007. “The Transmission of Values from Parents to Children: Experimental Evidence from a Sample of African American and Hispanic Families.” Mimeo, George Washington University.

Clingingsmith, David. 2009. “Language and Industrialization in Mid-20th Century India.” Mimeo, Case Western Reserve University.

Clodfelter, Michael. 1995. *Vietnam in Military Statistics: A History of the Indochina Wars, 1772-1991*. Jefferson, NC: McFarland.

Coase, Ronald. 1991. “The Institutional Structure of Production.” Nobel Prize lecture, Stockholm. Available at http://nobelprize.org/nobel_prizes/economics/laureates/1991/coase-lecture.html.

Coate, Stephen, and Glenn Loury. 1993. “Will Affirmative Action Policies Eliminate Negative Stereotypes?” *American Economic Review* 83.

Cohen, Gerald. 1986. "Self-Ownership, World-Ownership, and Equality." In *Justice and Equality Here and Now*, ed. Frank Lucash. Ithaca, NY: Cornell University Press.
1987. "Are Disadvantaged Workers Who Take Hazardous Jobs Forced to Take Hazardous Jobs?" In *Moral Rights in the Workplace*, ed. Gertrude Ezorsky. Albany: State University of New York Press.
Coleman, James, and Mitu Gulati. 2006. "A Response to Professor Sander: Is It Really All about the Grades?" *North Carolina Law Review* 84.
Conlin, Michael, Michael Lynn, and Ted O'Donoghue. 2003. "The Norm of Restaurant Tipping." *Journal of Economic Behavior and Organization* 52.
Cooper, Richard. 1984. "A Monetary System for the Future." *Foreign Affairs* 63 (Fall).
Cooter, Robert. 1998. "Expressive Law and Economics." *Journal of Legal Studies* 27.
Cooter, Robert, and Melvin Eisenberg. 2001. "Fairness, Character, and Efficiency in Firms." *University of Pennsylvania Law Review* 149.
Cornia, Giovanni, with Sampsa Kiiski. 2001. "Trends in Income Distribution in the Post-World War II Period: Evidence and Interpretation." UNU-WIDER, Helsinki, discussion paper 2001/89.
Dagdeviren, Hiilya, Rolph van der Hoeven, and John Weeks. 2004. "Redistribution Does Matter: Growth and Redistribution for Poverty Reduction." In *Growth, Inequality, and Poverty: Prospects for Propoor Economic Development*, eds. Anthony Shorrocks and Rolph van der Hoeven. Oxford: Oxford University Press.
Dahrendorf, Ralf. 1959. *Class and Class Conflict in Industrial Society*. Stanford, CA: Stanford University Press.〔富永健一訳『産業社会における階級および階級闘争』ダイヤモンド社，1964 年〕
Darity, William, Patrick Mason, and James Stewart. 2006. "The Economics of Identity: The Origin and Persistence of Racial Identity Norms." *Journal of Economic Behavior and Organization* 60.
Dasgupta, Partha. 1990. "Trust as a Commodity." In *Trust: The Making and Breaking of Cooperative Relations*, ed. Diego Gambetta. Oxford: Blackwell.
Dasgupta, Partha, and Sanjeev Goyal. 2009. "Narrow Identities." Mimeo, University of Cambridge.
Davis, John. 2003. *The Theory of the Individual in Economics: Identity and Value*. London: Routledge.
Davis, Ronald. 2005. "Abstinence from Child Labor and Profit-Seeking." *Journal of Development Economics* 76.
Davis, Wade. 1997. *One River: Explorations and Discoveries in the Amazon Rain Forest*. New York: Touchstone.
Deininger, Klaus, and Lynn Squire. 1998. "New Ways of Looking at Old Issues: Inequality and Growth." *Journal of Development Economics* 57.
Desai, Kiran. 2006. *The Inheritance of Loss*. London: Penguin Books.〔谷崎由依『喪失の響き』早川書房，2008 年〕

Desai, Sonalde, and Devaki Jain. 1994. "Maternal Employment and Family Dynamics: The Social Context of Women's Work in Rural South India." *Population and Development Review* 20.

Deshpande, Ashwini. 1999. "Loan Pushing and Triadic Relations." *Southern Economic Journal* 65.

2000. "Does Caste Still Define Disparity? A Look at Inequality in Kerala, India." *American Economic Review* 90.

Diamant, Kathi. 2003. *Kafka's Last Love: The Mystery of Dora Diamant*. New York: Basic Books.

Dideon, Joan. 2005. *The Year of Magical Thinking*. New York: Alfred Knopf. 〔池田年穂訳『悲しみにある者』慶應義塾大学出版会，2011 年〕

Dinopoulos, Elias, and Laixun Zhao. 2007. "Child Labor and Globalization." *Journal of Labor Economics* 25.

Dixit, Avinash. 2004. *Lawlessness and Economics: Alternative Modes of Governance*. Princeton, NJ: Princeton University Press.

2009. "Governance Institutions and Economic Activity." *American Economic Review* 99.

Dougherty, Peter. 2002. *Who's Afraid of Adam Smith? How the Market Got Its Soul*. New York: Wiley.

Dreze, Jean. 2000. "Militarism, Development, and Democracy." *Economic and Political Weekly* 37 (April 1).

Dufwenberg, Martin, and Georg Kirchsteiger. 2004. "A Theory of Sequential Reciprocity." *Games and Economic Behavior* 47.

Durlauf, Steven. 2001. "The Memberships Theory of Poverty: The Role of Group Affiliations in Determining Socioeconomic Outcomes." In *Understanding Poverty in America*, eds. Sheldon H. Danziger and Robert H. Haveman. Cambridge, MA: Harvard University Press.

2006. "Groups, Social Influences, and Inequality." In *Poverty Traps*, eds. Samuel Bowles, Steven Durlauf, and Karla Hoff. Princeton, NJ: Princeton University Press.

Dutta, Bhaskar. 2008. "Remarks on the Ranking of Infinite Utility Streams." In *Arguments for a Better World: Essays in Honor of Amartya Sen*, eds. Kaushik Basu and Ravi Kanbur. Oxford: Oxford University Press.

Dworkin, Ronald. 1986. *Law's Empire*. Cambridge, MA: Harvard University Press. 〔小林公訳『法の帝国』未來社，1995 年〕

Eberstadt, Fernanda. 2007. "The Unexpected Fantasist." *New York Times Magazine*, August 26.

Eckel, Catherine, and Rick Wilson. 2002. "Conditional Trust: Sex, Race, and Facial Expressions in a Trust Game." Mimeo, Virginia Tech.

Einstein, Albert. 1949. "Why Socialism?" *Monthly Review* 1 (May).

Eisenberg, Melvin. 1999. "Corporate Law and Social Norms." *Columbia Law Review* 99.

Ellerman, David. 1995. *Property and Contract in Economics*. Cambridge, MA: Blackwell Publishers.

Ellickson, Robert. 1991. *Order without Law: How Neighbors Settle Disputes*. Cambridge, MA: Harvard University Press.

Ellingsen, Tore, and Magnus Johannesson. 2008. "Pride and Prejudice: The Human Side of Incentive Theory." *American Economic Review* 98.

Ellison, Glenn. 2005. "A Model of Add-on Pricing." *Quarterly Journal of Economics* 120.

Elster, Jon. 1982. "Marxism, Functionalism, and Game Theory." *Theory and Society* 11.

1989. *The Cement of Society*. Cambridge, MA: Cambridge University Press.

Emerson, Patrick and Andre Portela Souza. 2003. "Is There a Child Labor Trap? Intergenerational Persistence of Child Labor in Brazil." *Economic Development and Cultural Change* 51.

Engerman, Stanley. 1973. "Some Considerations relating to Property Rights in Man." *Journal of Economic History* 33.

Ensminger, Jean. 2000. "Experimental Economics in the Bush: How Institutions Matter." In *Institutions and Organizations*, ed. Claude Menard. London: Edward Elgar.

Esteban, Joan, and Debraj Ray. 2009. "A Model of Ethnic Conflict." Mimeo, New York University.

Evensky, Jerry. 2005a. *Adam Smith's Moral Philosophy: A Historical and Contemporary Perspective on Markets, Laws, Ethics, and Culture*. Cambridge: Cambridge University Press.

2005b. "'Chicago Smith' and 'Kirkaldy Smith."' *History of Political Economy* 37.

Fafchamps, Marcel. 1992. "Solidarity Networks in Pre-Industrial Societies." *Economic Development and Cultural Change* 41.

2000. "Ethnicity and Credit in African Manufacturing." *Journal of Development Economics* 61.

Falk, Armin, Ernst Fehr, and Christian Zehnder. 2006. "Fairness Perceptions and Reservation Wages: The Behavioral Effects of Minimum Wage Laws." *Quarterly Journal of Economics* 121.

Farina, Francesco, Niall O'Higgins, and Patrizia Sbriglia. 2008. "Eliciting Motives for Trust and Reciprocity by Attitudinal and Behavioral Measures." LABSI working paper no. 21, University of Siena.

Fehr, Ernst, and Simon Gachter. 2000. "Fairness and Retaliation: The Economics of Reciprocity." *Journal of Economic Perspectives* 14.

Fershtman, Chaim, and Uri Gneezy. 2001. "Discrimination in a Segmented Society: An Experimental Approach." *Quarterly Journal of Economics* 116.

Field, Erica, and Patrick Nolen. 2005. "Race and Performance in Post-Apartheid South Africa." Mimeo, Cornell University.

Fish, Stanley. 1994. *There Is No Such Thing as Free Speech, and It's a Good Thing, Too*. New York: Oxford University Press.

Fishburn, Peter. 1970. “Intransitive Indifference in Preference Theory: A Survey.” *Operations Research* 18.

Fisman, Ray, and Edward Miguel. 2007. “Corruption, Norms, and Legal Enforcement: Evidence from U.N. Diplomatic Parking Tickets.” *Journal of Political Economy* 115.

Fiss, Owen. 1994. *The Irony of Free Speech*. Cambridge, MA: Harvard University Press.

Foley, Duncan. 2006. *Adam's Fallacy: A Guide to Economic Theology*. Cambridge, MA: Harvard University Press.〔亀崎澄夫，佐藤滋正，中川栄治訳『アダム・スミスの誤謬——経済神学への手引き』ナカニシヤ出版，2011 年〕

Foster, James. 2010. “Freedom, Opportunity and Wellbeing.” In *Handbook of Social Choice and Welfare*, eds. Kenneth Arrow, Amartya Sen, and Kotaro Suzumura. Amsterdam: Elsevier.〔鈴村興太郎ほか監訳『社会的選択と厚生経済学ハンドブック』丸善出版，2006 年〕

Francois, Patrick. 1998. “Gender Discrimination without Gender Difference: Theory and Policy Responses.” *Journal of Public Economics* 68.

2002. *Social Capital and Economic Development*. New York: Routledge.

Frank, Joseph. 1986. *Dostoyevsky: The Stir of Liberation, 1860-1865*. Princeton, NJ: Princeton University Press.

Frank, Robert. 1985. *Choosing the Right Pond: Human Behavior and the Quest for Status*. New York: Oxford University Press.

Frank, Robert, Tom Gilovich, and Dennis T. Regan. 1993. “Does Studying Economics Inhibit Cooperation?” *Journal of Economic Perspectives* 7.

Freeman, Richard, Douglas Kruse, and Joseph Blasi. 2004. “Worker Responses to Shirking under Shared Capitalism.” National Bureau of Economic Research working paper no. W14227. Cambridge, MA: National Bureau of Economic Research.

French, Howard. 2007. “Fake Potter Books Flood China.” *Times of India* (New Delhi), August 2 (from New York Times News Service).

Friedman, Milton. 1953. “The Methodology of Positive Economics.” In *Essays in Positive Economics*, ed. Milton Friedman. Chicago: Chicago University Press.〔佐藤隆三，長谷川啓之訳『実証的経済学の方法と展開』富士書房，1977 年〕

1962. Capitalism and Freedom. Chicago: University of Chicago Press.〔村井章子訳『資本主義と自由』日経 BP 社，2008 年〕

Fryer, Roland, and Matt Jackson. 2008. “A Categorical Model of Cognition and Biased Decision-Making.” *B. E. Journal of Theoretical Economics* 8.

Fukui, Yoshitaka. 2005. “What Distinguishes Accounting Harassment from Sexual One?” Mimeo, Aoyama Gakuin University, Tokyo.

Fukuyama, Francis. 1996. *Trust: The Social Virtues and the Creation of Prosperity*. New York: Free Press.〔加藤寛訳『「信」無くば立たず』三笠書房，1996 年〕

Gabaix, Xavier, and David Laibson. 2006. “Shrouded Attributes, Consumer Myopia, and

Information Suppression in Competitive Markets." *Quarterly Journal of Economics* 121.

Gaertner, Wulf. 2008. "Individual Rights versus Economic Growth." *Journal of Human Development* 9.

Gaertner, Wulf, Prasanta Pattanaik, and Kotaro Suzumura. 1992. "Individual Rights Revisited." *Economica* 59.

Galbraith, James K. 2002. "A Perfect Crime: Inequality in the Age of Globalization." *Daedalus* 131.

Gallie, Walter. 1955. "Essentially Contested Concepts." *Proceedings of the Aristotelian Society* 56.

Gambetta, Diego, ed. 1990. *Trust: The Making and Breaking of Cooperative Relations*. Oxford: Blackwell.

Gans, Herbert. 1972. "The Positive Functions of Poverty." *American Journal of Sociology* 78.

Garoupa, Nuno. 1999. "Dishonesty and Libel Law: The Economics of the 'Chilling' Effect." *Journal of Institutional and Theoretical Economics* 155.

Genicot, Garance' 2002. "Bonded Labor and Serfdom: A Paradox of Voluntary Choice." *Journal of Development Economics* 67.

Gigerenzer, Gerd. 2007. *Gut Feelings: The Intelligence of the Unconscious*. New York: Viking Press. 〔小松淳子訳『なぜ直感のほうが上手くいくのか？――「無意識の知性」が決めている』インターシフト，2010年〕

Gintis, Herb. 2007. "Bayesian Rationality and Social Norms." Mimeo, Santa Fe Institute.

2008. *Game Theory for Behavioral Scientists*. Princeton, NJ: Princeton University Press.

Glaeser, Edward, David Laibson, Jose Scheinkman, and Christine Souter. 2000. "Measuring Trust." *Quarterly Journal of Economics* 115.

Glueck, Grace. 2003a. "Relentless Seeker of the Authentic Jew: An Exhibition of a Photographer's Odyssey in Capturing Myriad Identities." *New York Times*, October 8, El.

2003b. "Seeking Out Jewish Faces Wherever They Might Be." *New York Times*, October 17, E38.

Goffman, Erving. 1959. *The Presentation of Self in Everyday Life*. New York: Double Day. 〔石黒毅訳『行為と演技――日常生活における自己呈示』誠信書房，1974年〕

Granovetter, Mark. 1985. "Economic Action and Social Structure: The Problem of Embeddedness." *American Journal of Sociology* 91.

Granovetter, Mark, and R. Soong. 1983. "Threshold Models of Diffusion and Collective Behavior." *Journal of Mathematical Sociology* 9.

Gray, John. 2009. "The Appearance of Moderation: The Economics of Choosing Individual Identity." Mimeo, Cornell University.

Greif, Avner. 1998. "Self-Enforcing Political Systems and Economic Growth: Late

Medieval Genoa." In *Analytic Narratives*, eds. Robert Bates, Avner Greif, Margaret. Levi, Jean-Laurent Rosenthal, and Barry R. Weingast. Princeton, NJ: Princeton University Press.

Grossmann, Harald, and Jochen Michaelis. 2007. "Trade Sanctions and the Incidence of Child Labor." *Review of Development Economics* 11.

Guha, Ashok, and Brishti Guha. 2010. "Basu's Paradox or the Possibility of Honesty." Mimeo, Department of Economics, Singapore Management University.

Gussow, Mel. 1994. *Conversations with Harold Pinter*. New York: Grove Press.

Hahn, Frank. 1985. "In Praise of Economic Theory." In *Money, Growth, and Stability* by Frank Hahn. Oxford: Blackwell Publishers.

Halpern, Joseph, and Rafael Pass. 2009. "Iterated Regret Minimization: A More Realistic Solution Concept." *Proceedings of the 21st International Joint Conference on Artificial Intelligence*. Pasadena, CA: IJCAI.

Hardin, Russell. 1989. "Why a Constitution?" In *The Federalist Papers and the New Institutionalism*, ed. Bernard Grofinan and Donald Wittinan. New York: Agathon Press.

Harrington, Joseph. 1999. "Rigidity of Social Systems." *Journal of Political Economy* 107.

Hatlebakk, Magnus. 2002. "A New and Robust Subgame Perfect Equilibrium in a Model of Triadic Power Relations." *Journal of Development Economics* 68.

Havel, Václav. 1986. "The Power of the Powerless." In *Living in Truth*, ed. Jan Vadislay. London: Faber and Faber.

Hayashi, Andrew. 2008. "Review of Economic Rights." *Law and Politics Rook Review* 18.

Heinrich, Joseph, Robert Boyd, Sam Bowles, Colin Camerer, Ernst Fehr, and Herb Gintis, eds. 2004. *Foundations of Human Sociality: Economic and Ethnographic Evidence from Fifteen Small-scale Societies*. Oxford: Oxford University Press.

Hockett, Robert. 2007a. "The Impossibility of a Prescriptive Paretian." Mimeo, Cornell University.

2007b. "What Kinds of Stock Ownership Plans Should There Be? Of ESOPs, Other SOPs, and 'Ownership Societies,'" *Cornell Law Review* 92.

2009. "Justice in Time." *George Washington Law Review* 77.

Hoff, Karla, Mayuresh Kshetramade, and Ernst Fehr. 2007. "Norm Enforcement under Social Discrimination: An Experimental Investigation in Village India." Mimeo: World Bank, Washington, DC.

Hoff, Karla, and Priyanka Pandey. 2005. "Persistent Effects of Discrimination and the Role of Social Identity." Mimeo, World Bank, Washington, DC.

2006. "Discrimination, Social Identity, and Durable Inequalities." *American Economic Review* 96.

Hoff, Karla, and Joseph Stiglitz. 2008. "Exiting the Lawless State." *Economic Journal* 118.

Hoffman, Elizabeth, and Matthew Spitzer. 1982. "The Coase Theorem: Some Experimental Tests." *Journal of Law and Economics* 25.

Horst, Ulrich, Alan Kirman, and Miriam Teschl. 2006. "Changing Identity: The Emergence of Social Groups." Groupement de Recherche en Economie Quantitative working paper no. 2006-51.

Hume, David. [1739] 1969. *A Treatise of Human Nature*. Repr., London: Penguin.〔木曾好能他訳『人間本性論』(全3巻), 法政大学出版局, 2011-2012年〕

[1758] 1987. "Of the First Principles of Government." In *Essays: Moral, Political, and Literary*. Repr., Indianapolis: Liberty Fund.〔田中敏弘訳『道徳・政治・文学論集』名古屋大学出版会, 2011年〕

Hunt, Tristram. 2009. *Marx's General: The Revolutionary Life of Friedrich Engels*. New York: Metropolitan Books.〔東郷えりか訳『エンゲルス——マルクスに将軍と呼ばれた男』筑摩書房, 2016年〕

Huntington, Samuel. 1993. "The Clash of Civilizations." *Foreign Affairs* 72.〔鈴木主税訳『文明の衝突』集英社, 1998年〕

Hurwicz, Leo. 1960. "Optimality and Informational Efficiency in Resource Allocation Processes." In *Mathematical Methods in the Social Sciences*, eds. Kenneth J. Arrow, Samuel Karlin, and Patrick Suppes. Stanford, CA: Stanford University Press.

Iversen, Vegaard. 2004. "On Notions of Agency, Individual Heterogeneity, and the Existence, Size, and Composition of a Bonded Child." In *Globalization, Culture, and the Limits of the Market: Essays in Economics and Philosophy*, eds. Prasanta Pattanaik and Stephen Cullenberg. New York: Oxford University Press.

Iversen, Vegard, and P. S. Raghavendra. 2006. "What the Signboard Hides: Food, Caste, and Employability in Small South Indian Eating Places." *Contributions to Indian Sociology* 40.

Jencks, Christopher. 1994. *The Homeless*. Cambridge, MA: Harvard University Press.〔大和弘毅訳『ホームレス』図書出版社, 1995年〕

Kafka, Franz. 1970. "The Problem of Our Laws" In *The Great Wall of China: Stories and Reflections*. New York: Schocken Books.〔池内紀訳「掟の問題」『掟の問題ほか』所収, 白水社, 2001年〕

1998. *The Trial*. New York: Schocken Books.〔池内紀訳『審判』白水社, 2001年〕

Kanbur, Ravi. 2004. "On Obnoxious Markets." In *Globalization, Culture, and the Limits of the Market: Essays in Economics and Philosophy*, eds. Prasanta Pattanaik and Stephen Cullenberg. New York: Oxford University Press.

2005. "Goldilocks Development Economics: Not Too Theoretical, Not Too Empirical, But Watch Out for the Bears." *Economic and Political Weekly* 40 (October 1).

Kandori, Michihiro, George Mailath, and Rafael Rob. 1993. "Learning, Mutation, and Long-run Equilibria in Games." *Econometrica* 61.

Kaplow, Louis, and Steven Shavell. 2002. *Fairness versus Welfare*. Cambridge, MA: Harvard University Press.

Karni, Edi, Tim Salmon, and Barry Sopher. 2007. "Individual Sense of Fairness: An

Experimental Study." Mimeo, Johns Hopkins University.

Katzenstein, Peter. 2004. "Commentary: Globalization and State Power in World Politics." In *The Evolution of Political Knowledge: Democracy, Autonomy, and Conflict in Comparative and International Politics*, eds. Edward Mansfield and Richard Sisson. Columbus: Ohio State University Press.

Khan, M. Ali. 2002. "On Trust as a Commodity and on the Grammar of Trust." *Journal of Banking and Finance* 26.

Klasen, Stefan. 2004. "In Search of the Holy Grail: How to Achieve ProPoor Growth?" Mimeo, University of Munich.

Knack, Stephen, and Philip Keefer. 1997. "Does Social Capital Have an Economy Payoff? A Cross-country Investigation." *Quarterly Journal of Economics* 112.

Koestler, Arthur. 1972. *The Roots of Coincidence*. London: Hutchinson. 〔村上陽一郎訳『偶然の本質』蒼樹書房，1974 年〕

Koblut, Anne. 2005. "He Says Yes to Legalized Torture." *New York Times*, December 11, sec. 4, 1, 4.

Korobkin, Russell. 2003. "Bounded Rationality, Standard Form Contracts, and Unconscionability." *University of Chicago Law Review* 70.

Kranton, Rachel, and Anand Swamy. 1999. "The Hazards of Piecemeal Reform: British Civil Courts and the Credit Market in Colonial India." *Journal of Development Economics* 58.

Krasner, Stephen. 2004. "Globalization, Power, and Authority." In *The Evolution of Political Knowledge: Democracy, Autonomy, and Conflict in Comparative and International Politics*, eds. Edward Mansfield and Richard Sisson. Columbus: Ohio State University Press.

Kremer, Michael, Kartik Muralidharan, Nazmul Chaudhury, Jeffrey Hammer, and F Halsey Rogers. 2005. "Teacher Absence in India: A Snapshot." *Journal of European Economic Association* 3.

Kreps, David, and Jose Scheinkman. 1983. "Quantity Precommitment and Bertrand Competition Yield Cournot Outcomes." *Bell Journal of Economics* 14.

Ku, Hyejin, and Asaf Zussman, 2009. "Lingua Franca: The Role of English in International Trade." Mimeo, Florida State University.

Kuran, Timur. 1988. "Ethnic Norms and Their Transformation through Reputational Cascades." *Journal of Legal Studies* 27.

Laertius, Diogenes. 1925. *Lives of Eminent Philosophers*, Volume II, trans. Robert D. Hic. Cambridge, MA: Harvard University Press. (The original Greek text is usually dated to the third century AD.)

Landa, Janet Tai. 1995. *Trust, Ethnicity, and Identity: Beyond the New Institutional Economics of Ethnic Trading Networks, Contract Law, and Gift Exchange*. Ann Arbor: University of Michigan Press.

Leibenstein, Harvey. 1950. "Bandwagon, Snob, and Veblen Effects in the Theory of

Consumers." *Quarterly Journal of Economics* 64.
Leibl, Maureen, and Tirthankar Roy. 2003. "Handmade in India: Preliminary Analysis of Crafts Producers and Crafts Production." *Economic and Political Weekly* 38 (December 27).
Levine, Robert V., Laurie J. West, and Harry T. Reis. 1980. "Perceptions of Time and Punctuality in the United States and Brazil." *Journal of Personality and Social Psychology* 38.
Li, James, David Dunning, and Roy Malpass. 1998. "Cross-Racial Identification among European Americans: Basketball Fandom and the Contact Hypothesis." Mimeo, University of Texas.
Licht, Amir. 2007. "Social Norms and the Law: Why People Obey the Law." Mimeo, Radzyner Law School, Herzliva.
Lilienfeld-Toal, Ulf von, and Dilip Mookherjee. 2008. "The Political Economy of Debt Bondage." Mimeo, Boston University.
Lin, Ann Chih, and David Harris. 2008. "Why Is American Poverty Still Colored in the 21st Century?" In *The Colors of Poverty: Why Racial and Ethnic Disparities Persist*, ed. Ann Chih Lin and David Harris. New York: Russell Sage Foundation.
Lin, Justin Yifu. 2009. *Economic Development and Transition: Thought, Strategy, and Viability*. Cambridge: Cambridge University Press.
Lindbeck, Assar, Stefan Nyberg, and Jorgen Weibull. 1999. "Social Norms and Economic Incentives in the Welfare State." *Quarterly Journal of Economics* 114.
Lindqvist, Erik, and Robert Östling. 2007. "Identity and Redistribution." Mimeo, Stockholm School of Economics.
Lopez-Calva, Luis-Felipe. 2003. "Social Norms, Coordination, and Policy Issues in the Fight against Child Labor." In *International Labor Standards*, ed. Kaushik Basu, Henrik Horn, Lisa Roman, and Judith Shapiro. Oxford: Blackwell Publishing.
Lopucki, Lynn, and Walter Weyrauch. 2000. "A Theory of Legal Strategy." *Duke Law Journal* 49.
Loury, Glenn. 2002. *The Anatomy of Racial Inequality*. Cambridge, MA: Harvard University Press.
Luhman, Niklas. 1979. *Trust and Power*. Chichester, UK: Wiley. 〔長岡克行訳『権力』勁草書房，1986 年〕
Lundberg, Shelly, Robert Pollak, and Terence Wales. 1997. "Do Husbands and Wives Pool Their Resources? Evidence from the United Kingdom Child Benefit." *Journal of Human Resources* 32.
Luttmer, Erzo. 2001. "Group Loyalty and the Taste for Redistribution." *Journal of Political Economy* 109.
Mackie, Gerry. 1996. "Ending Footbinding and Infibulation: A Convention Account." *American Sociological Review* 61.
Macpherson, Crawford. 1973. *Democratic Theory: Essays in Retrieval*. Oxford:

Clarendon Press.
Madison, Angus. 2001. *The World Economy: A Millennial Perspective*. Paris: Organization for Economic Cooperation and Development.〔金森久雄監訳，政治経済研究所訳『経済統計で見る世界経済 2000 年史』柏書房，2004 年〕
Mailath, George, Stephen Morris, and Andrew Postlewaite. 2001. "Laws and Authority." Mimeo, University of Pennsylvania.
Majumdar, Tapas. 1958. *The Measurement of Utility*. London: Macmillan.
Mansuri, Ghazala, and Vijayendra Rao. 2004. "Community Based (and Driven) Development: A Critical Review." *World Bank Research Observer* 19.
Marshall, Alfred. 1890. *Principles of Economics*. London: Macmillan.
Marx, Karl. [1875] 1959. *Critique of the Gotha Programme*. Repr., Moscow: Foreign Languages Publishing House.〔細見和之訳，村岡晋一訳「ゴータ綱領批判」『マルクスコレクション 6』所収 , 筑摩書房，2005 年〕
Maskin, Eric, and Thomas Sjostrom. 2002. "Implementation Theory." In *Handbook of Social Choice Theory and Welfare*, eds. Kenneth Arrow, Amartya Sen, and Kotaro Suzumura. Amsterdam: Elsevier.〔鈴村興太郎ほか監訳『社会的選択と厚生経済学ハンドブック』丸善出版，2006 年〕
McAdams, Richard. 2000. "A Focal Point Theory of Expressive Law." *Virginia Law Review* 86.
Medema, Steven. 2009. *The Hesitant Hand: Taming Self-interest in the History of Ideas*. Princeton, NJ: Princeton University Press.
Meissner, Christian, and John Brigham. 2001. "Thirty Years of Investigating the Own-Race Bias in Memory for Faces: A Meta-Analytic Review." *Psychology, Public Policy, and Law* 7.
Melchior, Arne. 2001. "Global Income Inequality: Beliefs, Facts, and Unresolved Issues." *World Economics* 2.
Melchior, Arne, Kjetil Telle, and Henrik Wiig. 2000. *Globalization and Inequality World Income Distribution and Living Standards*, 1960-1998. Oslo: Royal Norwegian Ministry of Foreign Affairs, Studies on Foreign Policy Issues, no. 6b.
Menger, Carl. [1883] 1986. *Investigations into the Method of the Social Sciences with Special Reference to Economics*. Repr., New York: New York University Press.〔福井孝治，吉田曻三訳『経済学の方法』日本経済評論社，2004 年〕
Mercuro, Nicholas, and Steven Medema. 1997. *Economics and the Law: From Posner to Post-Modernism*. Princeton, NJ: Princeton University Press.
Messer, Kent, Homa Zarghamee, Harry Kaiser, and William Schulze. 2007. "New Hope for the Voluntary Contributions Mechanism." *Journal of Public Economics* 99.
Miguel, Edward, and Gerard Roland. 2005. "The Long Run Impact of Vietnam Bombing." Mimeo, University of California at Berkeley.
Milanovich, Branko. 2002. "True World Income Distribution, 1988 and 1993: First Calculation Based on Household Surveys Alone." *Economic Journal* 112.

Mill, John Stuart. [1848] 1970. *Principles of Political Economy*. Repr., Harmondsworth, UK: Penguin.〔末永茂喜訳『経済学原理』（全 5 巻）岩波書店，1959-1963 年〕
[1859] 1971. *On Liberty*. Repr., London: Dent and Sons.〔斉藤悦則訳『自由論』光文社，2012 年〕
Miller, Richard. 1998. "Cosmopolitan Respect and Patriotic Concerns." *Philosophy and Public Affairs* 27.
Minkler, Lanse. 2004. "Shirking and Motivations in Firms: Survey Evidence on Worker Attitudes." *International Journal of Industrial Organization* 22.
Minkler, Lanse, and Thomas Miceli. 2004. "Lying, Integrity, and Cooperation." *Review of Social Economy* 57.
Mishra, Ajit. 2002. "Hierarchies, Incentives, and Collusion in a Model of Enforcement." *Journal of Economic Behavior and Organization* 47.
Mookherjee, Dilip. 2005. "Is There Too Little Theory in Development Economics Today?" *Economic and Political Weekly* 40 (October 1).
Myerson, Roger. 1983. "Mechanism Design by an Informed Principal." *Econometrica* 51.
2004. "Justice, Institutions, and Multiple Equilibria." *Chicago Journal of International Law* 5.
2008. "The Autocrat's Credibility Problem and Foundations of the Constitutional State." *American Political Science Review* 102.
Nagel, Thomas. 2005. "The Problem of Global Justice." *Philosophy and Public Affairs* 33.
Naqvi, Nadeem, and Frederick Wemhoner. 1995. "Power, Coercion, and the Games That Landlords Play." *Journal of Development Economics* 47.
Naschold, Felix. 2004. "Growth, Redistribution, and Poverty Reduction: LDCs Are Falling Behind." In *Growth, Inequality, and Poverty: Prospects for Pro-Poor Economic Development*, eds. Anthony Shorrocks and Rolph van der Hoeven. Oxford: Oxford University Press.
Neeman, Zvika. 1999. "The Freedom to Contract and the Free-Rider Problem." *Journal of Law, Economics, and Organization* 15.
Nozick, Robert. 1969. "Coercion." In *Philosophy, Science, and Method: Essays in Honor of Ernest Nagel*, eds. Sidney Morgenbesser, Patrick Suppes, and Morton White. New York: St. Martin's Press.
1974. *Anarchy, Utopia, and State*. Oxford: Blackwell Publishers.〔嶋津格訳『アナーキー・国家・ユートピア ――国家の正当性とその限界』木鐸社，1992 年〕
Nussbaum, Martha. 2008. "Toward a Globally Sensitive Patriotism." Daedalus 137 (Summer).
Nussbaum, Martha, and Joshua Cohen. 1996. *For Love of Country*. Boston: Beacon Press.〔辰巳伸知，能川元一訳『国を愛するということ――愛国主義の限界をめぐる論争』人文書院，2000 年〕
O'Brien, Dennis. 1975. *The Classical Economists*. Oxford: Clarendon Press.
O'Donoghue, Ted, and Mathew Rabin. 2001. "Choice and Procrastination." *Quarterly*

Journal of Economics 116.

O'Flaherty, Brendan. 1996. *Making Room: The Economics of Homelessness*. Cambridge, MA: Harvard University Press.

Ostrom, Elinor. 1990, *Governing the Commons: The Evolution of Institutions for Collective Action*. New York: Cambridge University Press.

Otsuka, Michael. 1998. "Self-Ownership and Equality: A Lockean Reconciliation." *Philosophy and Public Affairs* 27.

Pagano, Ugo. 2007. "Bounded Rationality, Institutionalism, and the Diversity of Economic Institutions." In *Is Economics an Evolutionary Science? The Legacy of Thorstein Veblen*, ed. Francisco Louga and Mark Perlman. Cheltenham, UK: Edward Elgar.

Parfit, Derek. 1984. *Reasons and Persons*. Oxford: Clarendon Press.〔森村進訳『理由と人格――非人格性の倫理へ』勁草書房，1998 年〕

Pattanaik, Prasanta. 1970. "On Social Choice with Quasi-Transitive Individual Preferences." *Journal of Economic Theory* 2.

Pattanaik, Prasanta, and Yongsheng Xu. 1990. "On Ranking Opportunity Sets in Terms of Freedom of Choice." *Researches Economiques de Louvain* 56.

Perez, Wilson. 2007. "Divide and Conquer: Distorted Communication in Networks, Power, and Wealth Distribution." Mimeo, Banco Central del Ecuador.

Phelps, Edmund. 1972. "The Statistical Theory of Racism and Sexism." *American Economic Review* 62.

Platteau, Jean-Philippe. 1994. "Behind the Market Stage Where Real Societies Exist, II: The Role of Moral Norms." *Journal of Development Studies* 30.

2000. *Institutions, Social Norms, and Economic Development*. Amsterdam: Harwood Academic Publishers.

Pogge, Thomas. 2002. *World Poverty and Human Rights: Cosmopolitan Responsibilities and Reforms*. Cambridge, UK: Polity Press.〔立岩真也監訳，池田浩章他訳『なぜ遠くの貧しい人への義務があるのか――世界的貧困と人権』生活書院，2010 年〕

2005. "Recognized and Violated International Law: The Human Rights of the Global Poor." *Leiden Journal of International Law* 18.

Polanyi, Karl. [1944] 1957. *The Great Transformation: The Political and Economic Origins of Our Time*. Boston: Beacon Paperback.〔野口建彦，栖原学訳『大転換――市場社会の形成と崩壊』東洋経済新報社，2009 年〕

Popescu, Oxana. 2005. "Taking a Gamble on Human Capital." *International Herald Tribune*, June 18-19, 16.

Posner, Eric. 2000. "Law and Social Norms: The Case of Tax Compliance." *Virginia Law Review* 86.

Pritchett, Lant. 1997. "Divergence, Big Time." *Journal of Economic Perspectives* 11.

PROBE. 1999. *Public Report on Basic Education in India*. New Delhi: Oxford University Press.

Rabin, Matt, and Joel Shrag. 1999. "First Impressions Matter: A Model of Confirmatory Bias." *Quarterly Journal of Economics* 114.

Rae, John. 1895. *The Life of Adam Smith*. London: Macmillan.〔大内兵衛，大内節子訳『アダム・スミス伝』岩波書店，1972 年〕

Ravallion, Martin, and Shaohua Chen. 2007. "Absolute Poverty Measures for the Developing World, 1981-2004." Policy Research working paper no. 4211, World Bank, Washington, DC.

Rawls, John. 1971. *A Theory of Justice*. Cambridge, MA: Harvard University Press.〔川本隆史，福間聡，神島裕子訳『正義論』紀伊國屋書店，2010 年〕

1999. *The Law of Peoples*. Cambridge, MA: Harvard University Press.〔中山竜一訳『万民の法』岩波書店，2006 年〕

Raynauld, Andre, and Jean-Pierre Vidal. 1998. *Labor Standards and International Competitiveness*. Northhampton, MA: Edward Elgar.

Raz, Joseph. 1980. *The Concept of a Legal System*. Oxford: Clarendon Press.

Reddy, Sanjay, and Camelia Minoiu. 2007. "Has World Poverty Really Fallen?" *Review of Income and Wealth* 53.

Reddy, Sanjay, and Thomas Pogge. 2008. "How Not to Count the Poor." In *Debates in the Measurement of Poverty*, ed. Sudhir Anand, Paul Segal, and Joseph E. Stiglitz. Oxford: Oxford University Press.

Risse, Matthias. 2005. "How Does the Global Order Harm the Poor?" *Philosophy and Public Affairs* 33.

Robertson, Lindsay. 2005. *Conquest by Law: How the Discovery of America Dispossed Indigenous Peoples of Their Lands*. Oxford: Oxford University Press.

Robinson, Joan. 1979. *Collected Economic Papers, Volume 5*. Oxford: Blackwell Publishers.

Robson, Arthur. 1990. "Efficiency in Evolutionary Games: Darwin, Nash, and the Secret Handshake." *Journal of Theoretical Biology* 144.

Rodrik, Dani. 2008. "The New Development Economics: We Shall Experiment but How Shall We Learn." Mimeo, Harvard University.

Roemer, John. 1981. *Analytical Foundations of Marxian Economic Theory*. Cambridge: Cambridge University Press.

1994. *A Future for Socialism*. Cambridge, MA: Harvard University Press.〔伊藤誠訳『これからの社会主義――市場社会主義の可能性』青木書店，1997 年〕

Rosenthal, Robert. 1981. "Games of Perfect Information, Predatory Pricing, and the Chain Store Paradox. *Journal of Economic Theory* 25.

Ross, Lee, and Andrew Ward. 1996. "Naive Realism in Everyday Life: Implications for Social Conflict and Misunderstanding." In *Values and Knowledge*, ed. Edward S. Reed, Elliot Turiel, and Terrance Brown. Hillsdale, NJ: Erlbaum.

Rothschild, Emma. 2001. *Economic Sentiments: Adam Smith, Conclorcet, and the Enlightenment*. Cambridge MA: Harvard University Press.

Rubinstein, Ariel. 1998. *Modeling Bounded Rationality*. Cambridge, MA: MIT Press.〔兼田敏之，徳永健一訳『限定合理性のモデリング』共立出版，2008 年〕

2006a. "Dilemmas of an Economic Theorist." *Econometrica* 74.

2006b. "A Skeptic's Comment on the Study of Economics." *Economic Journal* 116.

2008. "Comments on 'Behavioral Economics.'" Mimeo, Tel Aviv University.

Rush, Norman. 1991. *Mating*. New York: Alfred Knopf.

Sacconi, Lorenzo. 2000. *The Social Contract of the Firm: Economics, Ethics, and Organisation*. Heidelberg: Springer.

Sachs, Jeffrey. 2005. *The End of Poverty: Economic Possibilities for our Time*. New York: Penguin.〔鈴木主税，野中邦子訳『貧困の終焉―― 2025 年までに世界を変える』早川書房，2006 年〕

Salles, Maurice. 1999. "Fuzzy Utility." In *Handbook of Utility Theory*, ed. Salvador Barbera, P. J. Hammond, and Christian Seidl. Dordrecht: Kluwer.

Samuelson, Paul. 1947. *Foundations of Economic Analysis*. Cambridge, MA: Harvard University Press.〔佐藤隆三訳『経済分析の基礎』勁草書房，1986 年〕

Sander, Richard. 2006. "The Racial Paradox of the Corporate Law Firm." *North Carolina Law Review* 84.

Satz, Debra. 2003. "Child Labor: A Normative Perspective." *World Bank Economic Review* 17.

2004. "Noxious Markets: Why Should Some Things Not Be for Sale?" In *Globalization, Culture, and the Limits of the Market: Essays in Economics and Philosophy*, eds. Prasanta Pattanaik and Stephen Cullenberg. New York: Oxford University Press.

Saxenian, AnnaLee. 2000. "The Origins and Dynamics of Production Networks in Silicon Valley." In *Entrepreneurship: The Social Science View*, ed. Richard Swedberg. Oxford: Oxford University Press.

Schelling, Thomas. 1960. *The Strategy of Conflict*. Cambridge, MA: Harvard University Press.〔河野勝監訳『紛争の戦略――ゲーム理論のエッセンス』勁草書房，2008 年〕

1985. "Enforcing Rules on Oneself." *Journal of Law, Economics, and Organization* 1.

Schlicht, Ekkehart. 1998. On *Custom in the Economy*. Oxford: Clarendon Press.

Schott, Jeffrey, and Jayashree Watal. 2000. "Decision Making in the WTO." In *The WTO after Seattle*, ed. Jeffrey Schott. Washington, DC: Institute for International Economics.

Schumpeter, Joseph. 1909. "On the Concept of Social Value." *Quarterly Journal of Economics* 23.

Seabright, Paul. 2004a. "Blood and Bribes: Ethical Restraints to Trade." In *Globalization, Culture, and the Limits of the Market: Essays in Economics and Philosophy*, eds. Prasanta Pattanaik and Stephen Cullenberg. New York: Oxford University Press.

2004b. *The Company of Strangers: A Natural History of Economic Life*. Princeton, NJ: Princeton University Press.〔山形浩生，森本正史共訳『殺人ザルはいかにして経済に目覚めたか？―― ヒトの進化からみた経済学』，みすず書房，2014 年〕

Selten, Reinhart. 1978. “The Chain Store Paradox.” *Theory and Decision* 9.

Sen, Amartya. 1967. “Isolation, Assurance, and the Social Rate of Discount.” *Quarterly Journal of Economics* 81.

1970. *Collective Choice and Social Welfare*. San Francisco: Holden Day.〔志田基与師監訳『集合的選択と社会的厚生』勁草書房，2000 年〕

1997. *On Economic Inequality*. Oxford: Clarendon Books.〔鈴村興太郎，須賀晃一訳『不平等の経済学――ジェームズ・フォスター，アマルティア・センによる補論「四半世紀後の『不平等の経済学』」を含む拡大版』東洋経済新報社, 2000 年〕

1999. *Development as Freedom*. New York: Alfred Knopf.〔石塚雅彦訳『自由と経済開発』日本経済新聞社，2002 年〕

2006. *Identity and Violence*. New York: Alfred Knopf.〔東郷えりか訳『アイデンティティと暴力――運命は幻想である』勁草書房，2011 年〕

Sen, Amartya, and Prasanta Pattanaik. 1969. “Necessary and Sufficient Conditions for Rational Choice under Majority Decision.” *Journal of Economic Theory* 1.

Sen, Arunava. 2007. “The Theory of Mechanism Design: An Overview.” *Economic and Political Weekly* 42 (December 8).

Sheard, Michael, David Astrachan, and Michael Davis. 1975. “Effect of Noise on Shock-Elicited Aggression in Rats.” *Nature* 257.

Shell, Karl. 1971. “Notes on the Economics of Infinity.” *Journal of Political Economy* 79.

Siddique, Zahra. 2008. “Caste-Based Discrimination: Evidence and Policy.” Mimeo, Northwestern University.

Simmel, Georg. 1950, *The Sociology of Georg Simmel*. ed. Kurt H. Wolff. New York: Free Press.

Singh, Jaivir. 2009. “Labour Laws and Special Economic Zones in India.” *Pragati: The Indian National Interest Review* 29, available at http://pragati.nationalinterest.in/2009/08/labour-law-and-special-economic-zones-in-india/.

Singh, Nirvikar. 2003. “The Impact of International Labor Standards: A Survey of Economic Theory.” In *International Labor Standards*, eds. Kaushik Basu, Henrik Horn, Lisa Roman, and Judith Shapiro. Oxford: Blackwell Publishers.

Smead, Rory. 2008. “The Evolution of Cooperation in the Centipede Game with Finite Populations.” *Philosophy of Science* 75.

Smith, Adam. 1759. *The Theory of Moral Sentiments*. London: A. Millar.〔村井章子，北川知子訳『道徳感情論』日経 BP 社，2014 年〕

[1776] 1937. *An Inquiry into the Nature and Causes of the Wealth of Nations*. Repr., New York: Random House, Inc.〔山岡洋一訳『国富論――国の豊かさの本質と原因についての研究』（上・下），日本経済新聞社，2007 年〕

Solow, Robert. 1995. “Mass Unemployment as a Social Problem.” In *Choice, Welfare, and*

Development: A Festschrift in Honor of Amartya K. Sen, ed. Kaushik Basu, Prasanta Pattanaik, and Kotaro Suzumura. Oxford: Oxford University Press.

2006. "How to Understand the Economy." *New York Review of Books* 53 (November 16).

2009. "Imposed Environmental Standards and International Trade." In *Arguments for a Better World: Essays in Honor of Amartya Sen*, eds. Kaushik Basu and Ravi Kanbur. Oxford: Oxford University Press.

Spence, A. Michael. 1974. *Market Signaling: Information Transfer in Hiring and Related Screening Processes*. Cambridge, MA: Harvard University Press.

Sporer, Siegfried. 2001. "Recognizing Faces of Other Ethnic Groups: An Integration of Theories." *Psychology, Public Policy, and Law* 7.

Srinivas, M. N. 1955. "The Social System of a Mysore Village." In *Village India: Studies in the Little Community*, ed. McKim Marriott. Chicago: University of Chicago Press.

Steele, Claude, and Joshua Aronson. 1995. "Stereotype Threat and the Intellectual Test Performance of African Americans." *Journal of Personality and Social Psychology* 69.

Steiner, Hillel. 1994. *An Essay on Rights*. Oxford: Blackwell Publishers.

Stern, Nicholas. 2006. *The Economics of Climate Change: The Stern Review*. Cambridge: Cambridge University Press.

Stewart, Rory. 2006. *The Prince of the Marshes and Other Occupational Hazards of a Year in Iraq*. New York: Harcourt.

Stiglitz, Joseph. 1974. "Theories of Discrimination and Economic Policy." In *Patterns of Racial Discrimination*, ed. George M. von Furstenberg. Lexington, MA: D. C. Heath and Co.

2002. *Globalization and Its Discontents*. New York: Alfred Knopf.〔鈴木主税訳『世界を不幸にしたグローバリズムの正体』徳間書店，2002 年〕

2006. *Making Globalization Work*. New York: W. W. Norton.〔楡井浩一訳『世界に格差をバラ撒いたグローバリズムを正す』徳間書店，2006 年〕

Subramanian, S. 2006. "Introduction: The Measurement of Inequality and Poverty." In *Measurement of inequality and Poverty by S. Subramanian*. New Delhi: Oxford University Press.

2007. "Social Groups and Economic Poverty: A Problem in Measurement." in *Inequality, Poverty, and Well-being*, ed. Mark McGillivray. Basingstoke, UK: Palgrave Macmillan.

Sugden, Robert. 1989. "Spontaneous Order." *Journal of Economic Perspectives* 3.

2000. "Team Preference." *Economics and Philosophy* 16.

Sunstein, Cass. 1996. "On the Expressive Function of the Law." *University of Pennsylvania Law Review* 144.

1997. *Free Markets and Social Justice*. Oxford: Oxford University Press.〔有松晃，

紙谷雅子，柳澤和夫訳『自由市場と社会正義』食料・農業政策研究センター，2002 年〕
Suzumura, Kotaro. 1983. *Rational Choice, Collective Decisions, and Social Welfare*. Cambridge, UK: Cambridge University Press.
Swedberg, Richard. 2001. "Sociology and Game Theory: Contemporary and Historical Perspectives." *Theory and Society* 30.
2003. *Principles of Economic Sociology*. Princeton, NJ: Princeton University Press.
2005. *Interest*. New York: Open University Press.
Swidler, Ann. 1986. "Culture in Action: Symbols and Strategies." *American Sociological Review* 51.
Tajfel, Henri. 1974. "Social Identity and Intergroup Behavior." *Social Science Information* 13.
Taylor, Charles. 1994. "The Politics of Recognition." In *Multiculturalism*, ed. Amy Gutmann. Princeton, NJ: Princeton University Press.〔佐々木毅，辻康夫，向山恭一訳『マルチカルチュラリズム』岩波書店，2007 年所収〕
Thaler, Richard. 1992. *The Winner's Curse: Paradoxes and Anomalies of Economic Life*. Princeton, NJ: Princeton University Press.〔篠原勝訳『セイラー教授の行動経済学入門』ダイヤモンド社，2007 年〕
Trachtman, Joel. 2006. "Welcome to Cosmopolis, World of Boundless Opportunity." Mimeo, Tufts University.
Trebilcock, Michael. 1993. *The Limits of Freedom of Contract*. Cambridge, MA: Harvard University Press.
Troyer, Lisa, and C. Wesley Younts. 1997. "Whose Expectations Matter? The Relative Power of First- and Second-Order Expectations in Determining Social Influence." *American Journal of Sociology* 103.
Turner, John C. 1999. "Some Current Issues in Research on Social Identity and Self-Categorization Theories. In *Social Identity*, eds. Naomi Ellemers, Russell Spears, and Bertjan Doosje. Oxford: Blackwell Publishers.
Tversky, Amos, and Daniel Kahneman. 1971. "Belief in the Law of Small Numbers." *Psychological Bulletin* 2.
Vallentyne, Peter. 2000. "Introduction: Left-Libertarianism-A Primer." In *Left-Libertarianism and Its Critics: The Contemporary Debate*, eds. Peter Vallentyne and Hillel Steiner. New York: Palgrave.
Varian, Hal. 1975. "Distributive Justice, Welfare Economics, and the Theory of Fairness." *Philosophy and Public Affairs* 4,
Varshney, Ashutosh. 2002. *Ethnic Conflict and Civic Life: Hindus and Muslims in India*. New Haven, CT: Yale University Press.
Veblen, Thorstein. 1899. *The Theory of the Leisure Class*. London: Macmillan.〔高哲男訳『有閑階級の理論　増補新訂版』講談社，2015 年〕
Villanger, Espen. 2004. "Company Influence on Foreign Aid Disbursement: Is

Conditionality Credible with Donors Having Mixed Motives?" *Southern Economic Journal* 70.

2005. "Company Interests and Foreign Aid Policy: Playing Donors Out against Each Other." *European Economic Review* 49.

Viner, Jacob. 1927. "Adam Smith and Laissez Faire." *Journal of Political Economy* 35.

Voorneveld, Mark. 2009. "The Possibility of Impossible Stairways: Tail Events and Countable Player Sets." *Games and Economic Behavior* 68.

Wade, Roert. 2004. "Is Globalization Reducing Poverty and Inequality?" *World Development* 32.

Warneryd, Karl. 1990. *Economic Conventions: Essays in Institutional Evolution*. Stockholm: Stockholm School of Economics.

Watkins, John. 1952. "The Principle of Methodological Individualism." *British Journal for the Philosophy of Science* 3.

Weber, Max. [1922] 1968. *Economy and Society*. Vol. 1. Repr., New York: Bedminster Press.〔世良晃志郎他訳『経済と社会』(7巻)創文社, 1960-1976年〕

Weibull, Jorgen. 1995. *Evolutionary Game Theory*. Cambridge, MA: MIT Press.〔大和瀬達二監訳『進化ゲームの理論』オフィスカノウチ, 1998年〕

2004. "Testing Game Theory." In *Advances in Understanding Strategic Behaviour: Game Theory, Experiments and Bounded Rationality*, ed. Steffen Huck. New York: Palgrove.

Weise, Kristian. 2007. "Corporate Tax Warning." OECD Observer 261 (May).

Weitzman, Martin. 1984. *The Share Economy: Conquering Stagflation*. Cambridge, MA: Harvard University Press.〔林敏彦訳『シェア・エコノミー——スタグフレーションを克服する』岩波書店, 1985年〕

Wertheimer, Alan. 1996. *Exploitation*. Princeton, NJ: Princeton University Press.

Williamson, Jeffrey. 2002. "Winners and Losers over Two Centuries of Globalization." WIDER annual lecture 6, WIDER, Helsinki.

Wilson, William Julius. 1987. *The Truly Disadvantaged: The Inner City, the Underclass, and Public Policy*. Chicago: University of Chicago Press.〔平川茂, 牛草英晴訳『アメリカのアンダークラス——本当に不利な立場に置かれた人々』明石書店, 1999年〕

Wolf, Martin. 2008. "Sustaining Growth Is the 21st Century's Big Challenge." *Financial Times*, June 11.

World Bank. 2001. *World Development Report 2000-1*. New York: Oxford University Press.

2005. *World Development Indicators 2005*. Washington, DC: World Bank.

2007. *World Development Indicators 2007*. Washington, DC: World Bank.

2008. *World Development Indicators 2007*. Washington, DC: World Bank.

Wright, Erik Olin. 1996. "Political Power, Democracy, and Coupon Socialism." In *Equal Shares: Making Market Socialism Work*, ed. Erik Olin Wright. London: Verso.

Young, Allyn. 1928. "Increasing Returns and Economic Progress." *Economic Journal* 38.
Young, Peyton. 1998. *Individual Strategy and Social Structure: An Evolutionary Theory of Institutions*. Princeton, NJ: Princeton University Press.
Zambrano, Eduardo. 2004. "Counterfactual Reasoning and Common Knowledge of Rationality in Normal Form Games." *Topics in Theoretical Economics* 4.
Zelizer, Viviana. 2005. *The Purchase of intimacy*. Princeton, NJ; Princeton University Press.
Ziesemer, Thomas. 1997. "From Loan Pushing to Credit Rationing: A Brief Note on Interest Shocks in a Model by Basu." *Journal of Institutional and Theoretical Economics* 153.
Zimmerman, David. 1981. "Coercive Wage Offers." *Philosophy and Public Affairs* 10.
Zinn, Howard. 2003. *A People's History of the United States, 1492-Present*. New York: HarperCollins.〔富田虎男，平野孝，油井大三郎訳『民衆のアメリカ史―― 1492 年から現代まで』明石書店，2005 年〕

原　注

はしがき

(1) Sister Wendy Beckett, *Sister Wendy's Odyssey: A Journey of Artistic Discovery* (New York: Stewart, Tabori, and Chang, 1998) , 22.

第１章　異議を讃えて

(1) これは世界の他の地域でも珍しいことではなかった。キラン・デサイの小説『喪失の響き』における植民地インドの法廷の記述はかなり現実的である。「彼は陳述をヒンディ語で聴取したが、速記官はウルドゥ語で記録し、判事の翻訳により英語で別に記録された。ただし、判事自身のヒンディ語とウルドゥ語の能力はわずかであった。まったく文字を読めない証人が『私はこれをすべて読み、事実と認めます』という言葉の末尾に指示どおり拇印を押したのである」(Desai 2006, 62)。

(2) これはマドリードの宮廷に対するクリストファー・コロンブスの報告でもいくぶん確認される。「(インディアンは) 非常にうぶで、惜しみなく所有物を手放す。……彼らが持っているものを何か所望すると、けっして拒まない」。そして彼は報告の締めくくりに、「国王たち」に対して「金を必要なだけ、奴隷を求めに応じて」持ち帰ることを確約したのである (Zinn 2003, 3 から引用)。

(3) これが不平等を測る唯一の方法ではないという警告を差し挟んでおこう。とりわけ、「中間層」(極端に貧しくも豊かでもない人々) の所得分配の動向に無関心ではない測定方法が存在する。私のここでの主張は、こうした他の種類の不平等についてではない。より包括的な不平等の議論は 8 章で行なわれる。

(4) The Economist, October 11-17, 2003, 13.

(5) それどころか、私たちが信じるのはそれ以上である。長期にわたってリーマン・ブラザーズのトップであったリチャード・フアルドは、会社が破産しつつある 2007 年に 4500 万ドルを稼いだ。コラムニストのニコラス・クリストフがザ・ウィーク誌で述べたように、「これは時間当たり約 17000 ドルを支払って企業を潰させているようなものである」(October 19, 2008, 80)。

(6) 巧みな設計により、ネズミ講が正規の経済取引のように偽装され、価格を価値から乖離させ、後に極貧の痕跡を残すしくみを私は示した (Basu 2010a)。

(7) これは、過去と未来のすべての背後に誰かの力があることを意味する宗教的決定論とは異なる。また、決定論の規範的意味合いは誤解されやすい。私はこの点を Basu 2000 で少し詳しく論じた。

(8) この理由から、1776 年はしばしば現代経済学誕生の年とされるが、興味深いことに、自由な市場が諸個人の多様な利益の調整を促進できるというこの考え方は、スミスが 1749 年に行なった講義にすでに存在した。ただ、それは今日では部分的にしか残っていない (Rae 1895)。

(9) さらに、現代の人間社会では、見知らぬ人々の間の調整が市場を超えたところで行なわれると主張することも可能で、これには生物学的、進化論的なルーツがあるという論者もいるだろう。(Seabright 2004b)

(10) スミス自身は神の存在を認めなかったわけではないことを明確にしておくべきであろう。たとえば彼は『道徳感情論』で、自然に行き渡る調和のとれた秩序は神に導かれているという見解を明らかにしている(Smith 1759)。しかしながら、神への言及は『国富論』執筆の頃までにほとんど消えてしまっていた。

(11) この考え方は危うくジプシー(ロマ民族)の集団によって失われかけた。スミスは3歳のとき彼らに誘拐されたのである。ただし数日後に彼は救い出された。この経験がスミスの発達に対して、さらにそれを通じて世界の資本主義の発展に対して、どのような影響を与えたかを憶測するのは社会心理学者たちに任せよう。

(12) ジェイコブ・ヴァイナーは、自由放任のしくみに関するスミスの理論を記述した後、非常に雄弁に述べている。「以上はお馴染みである。しかしながら、あまり馴染みでないのは、経済秩序の自然な調和という教義に対する例外をスミスが広範に認めていることである」(Viner 1927,212)。スミス自身はこれらの例外を一度もまとめなかったが、かりにまとめていたら驚くほど包括的なリストになる。

(13) この発言には修正が必要で、近年この事実を認めるスミス研究の文献が増えている(Rothschild 2001, Dougherty 2002, Foley 2006)。実際、スミスを評価するうえで、『国富論』を超えて以前(1759年)の『道徳感情論』まで考慮すると、スミスが経済学はもっと大きな道徳、政治、社会学という領域に埋め込まれていると見ていたことが明らかになる。こうした多様なスミス像(とりわけ、「経済人」を描いて形式化を強く求めたスミス、そして人間がより大きな領域に埋め込まれていることを認識したスミス)および、その結果さまざまな思想の流派がスミスを我が物と主張していることがEvensky 2005a, 2005bで詳しく議論されている。

(14) 奴隷制、強制労働、および保証つき労働については以下を参照せよ。Engerman 1973, Ellerman 1995, Genicot 2002, Bardhan 2005, Bakshi and Bose 2007, Lilienfeld-Toal and Mookherjee 2008.

(15) ここで話題にしている二つの理解は、テクネー(techne)およびエピステーメー(episteme)という古代の考え方に類似しているが、同時にそれらとは区別される。ソクラテスと同時代人のクセノフォンは、傭兵として戦争に従事するのに忙しくないとき、歴史、政治哲学、そして馬の良さについて筆をふるった。ソクラテスを論じるなかで、彼は工芸やたとえばハープの演奏といった特殊技能に関係するような知識を意味するテクネーと、他方、私たちが普通考える知識に近いエピステーメーとを区別した。ただし、彼はこの区別にたいした価値があるとは考えなかった。これを強調するようになったのは、後のアリストテレスである。ここで論じている二つの理解は、実際にはエピステーメーのさらなる分類であるが、私の「直観的知識」はテクネーの基礎となるような知識であると見なせるかもしれない。人間の知性の研究においてさえ、直観的な知性の役割を認める必要がある。この点をめぐる興味深い探求については、Gigerenzer 2007を参照せよ。

(16) 過剰な学習が能力を奪うという考え方を表す美しい表現「訓練された無能」は通常ソースティン・ヴェブレンによるとされる。

(17) ロナルド・コースは、この理想化された作り物の世界を「黒板経済学」と複数の場で呼んだ（たとえばCoase 1991）。

第2章　見えざる手とは何か

(1) あるいは、2009年の王立経済学会のニュースレターで、多少の詩的許容（破格）とともにスブラマニアンがクレリヒュー（人物四行詩）にしている。

ヴィルフレド・フェデリコ・パレートにとっては
シチリアからソウェトにいたるまで真実である
xが社会的に最適であるのは
私とその他の人にとって最適な場合である。

(2) 読者は劇作家サイモン・グレイのようであってほしい。ハロルド・ピンターはかつてクリケットの伝説的選手レン・ハットンを讃える以下の見事な頌歌を書いた。「私は黄金時代のレン・ハットンを見た。何度も。何度も」。彼はこれを友人のサイモン・グレイに送り、後に電話をして受け取ったか確かめようとした。グレイの返答は「受け取ったが、まだ読み終わってない」というものであった（Gussow 1994, 13）。

(3) 見えざる手の命題がスミスから近年にいたるまでにたどった軌跡、とりわけ自由市場と国家介入をめぐる論争でそれが果たした役割の学術的説明についてはMedema 2009を参照せよ。

(4) ピタゴラスの生涯と業績について私たちが知っていることのほとんどは歴史的な推測であることに注意する必要がある。ピタゴラスの定理を証明したのがピタゴラスであるかさえ定かではない。

(5) 典型的には、個人の「連続体」が存在するという仮定である。つまり、数直線上に実数が存在するように、経済に多数の個人が存在するのである。

(6) とりわけ異時点間の設定においては、パレート原理の「必要ではあるが十分ではない」という見方さえ困難に陥り、分析的および倫理的な根深い問題を数多く提起する（このテーマに関する広範な解説についてはHockett 2009を参照）。

第3章　正統派の限界

(1) これは、財の同じ最終的分配が暴力なしで達成される場合の方がパレート優位だからである。もちろん、実現可能性の問題を提起して議論を複雑にすることは可能である。実際に暴力を使用しなければ誰かの財産をもぎとることができないのであれば、暴力がパレート最適となる可能性はある。家計の意思決定に関する私の研究のいくつかの側面に疑問を投げかけ、暴力の問題に気づかせてくれたジョージ・アカロフに感謝する。

(2) 「より大きな自由」とは何を意味するのかという問題は、技術的にも哲学的にも論争事項だらけである。たとえばPattanaik and Xu 1990; Sen 1999; Arrow 2001; Foster 2010を参照せよ。幸運にも、私の当面の目的にとって、議論の余地あるこの主題を回避してさしつかえない。

(3) たとえば、多くの贈り物は部族社会のみならず産業社会においてさえ、交換の問題である。ポール・シーブライトが指摘するように、この観点からすると、贈り物は

通常の商取引と同じくらい打算的である（Seabright 2004a）。
(4) とはいえ、予期せぬ影響が生じ、競争のため過剰広告を余儀なくされて会社が実際に損をする可能性は否定しない。たとえば、たばこ会社が法律によりテレビ広告を禁じられたとき、利益は増加したという証拠がある。
(5) この言葉はカルカッタの子供たちが使うもので、ゲームの最中にしぶしぶ参加させなければならない小さな子のことを指す。elé belé は実際のプレーヤーではなく、むしろプレーの動きを真似して実際に参加しているかのように思い込める子のことである。私のカルカッタでの幼少時に、子煩悩な母親が子供を私と友人たちに押しつけた際、elé belé と耳打ちし合う冷酷な技術は非常に便利であった。あらゆるＮＧＯや草の根の活動家たちは、政府や国際組織から民主的意思決定に参加するよう招待されてはりきって応じるときには、elé belé とならないよう警戒した方がよい(Basu 2007d)。似たような過程の分析を行なったマイケル・ブロウェイは、資本主義が生き残りと成長を遂げるため、選択の余地をほとんど持たない労働者に対していかに選択の幻想をもたらすかを説明している（Buroway 1979）。性差別の多くがこの形をとり、女性は力（権利・権限）を与えられていると信じ込んでしまうのである。
(6) 大衆メディアの戦略的統制に対する辛辣な批判については Chomsky 1991 を参照せよ。
(7) Alfred Marshall 1890, 94 も参照せよ。マーシャルはたとえば次のように指摘する。「絵や本を多く所有すればするほど、それらに対する嗜好は強くなる傾向がある。……清潔の美徳と泥酔の悪徳は同様に自己増殖していくものである」。
(8) ヴェブレン流の前提を使って、人間の完全な合理性は実のところ「論理的に」問題があるかもしれないということを示す試みがパガノに見られる（Pagano 2007）。議論の基礎は無限後退の構築にあり、そこではあらゆる意思決定問題の解決がその前段階の意思決定問題の解決を必要とする。
(9) Pattanaik 1970; Fishburn 1970; Suzumura 1983 を参照せよ。
(10) 人間の選好は個人が実際に消費する財とサービスだけに依存するのではなく、消費ベクトルが選択肢として選ばれるもととなる集合にも依存すると仮定する議論の仕方もある。ただしここではそれを取りあげない。すでにこの点については豊富な文献が存在するからである（Sen 1999; Alkire 2002 を見よ）。
(11) これは、単純に不確実性や期待効用の利用を認めることで捉えられる以上に深い意味合いを持っている。定義の不明確さを捉える一つの方法は、人間の選好あるいは効用関数が技術的な意味で「ファジー」であると仮定することである。このアプローチは一時期、流行し（文献については Salles 1999 を参照)、自由裁量の余地がいくらか与えられるのはたしかだが、もはや明らかなように、根本的な変化は何ももたらさない。
(12) 彼の疎外感の兆候の一つは 、多くの教授が研究室のドアに貼る「オフィス・アワー」のカードに見られた。 それは学生が議論のために立ち寄ることを奨励する各週の時間帯を指定するものである。ある年、ヴェブレンのカードには「月曜 10 時～ 10 時 05 分」と書かれていた。
(13)「群集心理」は文献で広く指摘されている。これが作用するのは、個人が他の人々

の選択から情報を得ようとし、あるいは、特定の集団に所属することで行動や選好を共有するため直接的に効用を得るからである。Leibenstein 1950; Basu 1989; Banerjee 1992; Bikhchandani, Hirschleifer, and Welch 1992.

(14) たとえばLeibebstein 1950; Basu 1987; Young 1998; Warneryd 1990; Basu, Bhattacharya, and Mishra 1992; Kandori, Mailath, and Rob 1993, Platteau 1994, 2000; Solow 1995; Schlicht 1998; Harrington 1999; Aoki 2001; Blume 2002; Colin, Lynn, and O'Donoghue 2003; Emerson and Souza 2003; Lopez-Calva 2003; Karni, Salmon, and Sopher 2007; Fisman and Miguel 2007; Smead 2008. 多くの実験研究を含む行動経済学の新しい文献も影響を及ぼしている。これについては第 6 章で議論する。

(15) 発展要因の包括的研究において、ジャスティン・イーフー・リン（林毅夫）はこれを「文化仮説」と呼んでいる（Lin 2009)。しかし、私の見方では、文化や社会制度には順応性があり、強化したり弱体化させたりすることができる。

(16) こうした線に沿う分析、つまり「上を目指す能力」を持たないというだけの理由で「成功」しない人々がいることの興味深く珍しい分析についてはAppadurai 2004を参照せよ。

(17) お金を受け取った後に財を届ける時期が来ても実際にはそうしないというとき、たんに本能的にそうしない第三の社会をここで考えているわけではない。そんな社会はおそらく存在しない。かりにそうした状況では必ずお金を失うということが事前に分かっている場合には 、小さな取引をして前払いをする人など皆無であろう。

(18) 事実、逆の現象に直面することもある。告白すると、私は隣人のボブとジェーンが間違えて私の庭（ニューヨーク州イサカ）の一部の芝刈りをしてくれるように、実際よりも少し手前で 私の敷地が終わると信じさせようとしたことがある。

(19) かつて「私たちはなぜタクシーを乗り逃げしないのか 」と題するエッセーを書いたのは、同じ気持ちからであった（Basu 1983)。この疑問に対する独創的な答えについてはMyerson 2004を参照せよ。同じテーマをめぐる興味深い最近の論文（Guha and Guha 2010）は、現実を反映し、救いがたく正直な個人の存在を考慮している。彼らは深く考えもせず、支払うべき料金を支払う。ただし、人口の大半は（経済学の教科書における個人の想定どおり）ご都合主義的で、その場その場で自己利益となることをするが。

(20) この段落での観察は、社会の進化、特にその興亡を理解するうえで興味深く、新しい研究の可能性を示唆する。約束を破らず、監視下でなくとも 一生懸命に働く、といったいくつかの規範は、社会的に見て効率的で経済発展を助けるために、そうした規範があることは役に立つ。これらの規範をどうにか持つようになった社会を考えよう。この社会はおそらく繁栄し、経済的に発展する。しかしもちろん、このような社会の個人は、規範を共有せず、この社会の「規範の狭間」を巧みに利用できる変異体 に対して脆弱である。これらの変異体 は、たとえば、他人が約束を守る傾向に便乗して、自らは約束を破って金銭的な利益を得ることができる。時が経つにつれて 、彼らは既存の社会の規範を破壊し、その崩壊の原因となる。よく発達した社会が他の集団の「侵略」や単なる到来に直面して簡単に降参してしまう例は歴史上に見られたが、背景にはそうした理由があるに違いない。社会が比較的孤立しているときにその社会の発達と経済的繁栄を可能にする規範が、新たな民族や文化

の流入 があると一変して弱みの源泉になりうるのである。本書ではこの分析が含意する動学 については何も取り扱わないが、異なる文化が融合する際の「化学」については第6章でいくらか検討する。

(21) 社会規範は常にこうした形をとるわけではない。私は3種類の規範を区別する(Basu 2000)。個人的合理性の仮定に反しないため経済学で人気がある規範は均衡選択規範と呼ばれる。私がここで議論しているのは、合理性限定規範と呼ぶものである。

(22) こうした文章は当時、背教的著作と見なされて、著者は広く非難され、アクィナスの場合も例外ではなかった。

(23) ここにはマキャベリ流の警告があり、真実のためにはこれを直視しなければならない。「盗みをはたらいてはならない」という規範は、あらゆる社会的交流で用いられる場合には発展と親和的であるが、かりにもっと微妙な規範を形成することが 可能で、「仲間内」の集団の場合と「よそ者」との交流の場合で規範を使い分けることができるならば、前者との付き合いには盗みを行なわない規範を採用し、後者とはそうしない方が、仲間内の社会の発展にとって、はるかによいかもしれない。すでに見たように、北米の入植者たちはそうした規範を利用し、入植者の間と、対原住民とでは異なる基準を置いた。旧帝国主義の列強は、植民地に赴くと、身内の場合と植民地の人々と交流する場合とで異なる行動規範を頻繁に使い分けたのである。したがって、人々の集団の経済的進歩という観点で最善の規範は、「身内の人々から盗みをはたらいてはならない」である。これはアイデンティティという重要で複雑な問題につながる。これは第6章で取りあげる。

(24) ここでは Lindbeck, Nyberg, and Weibull 1999 の着想を使っている。Besley and Coate 1992; Lopez-Calva 2003 も参照せよ。

(25) PROBE 1999 も参照せよ

(26) これが常に正しいやり方であると言いたいわけではない。規範のなかには非常に深く根付いているものがあり、それらを変えようとするよりは、むしろ報酬と処罰の適切な誘因を作り出して行動を変えるだけにした方が安上がりかもしれない。

(27) Hurwicz 1960; Myerson 1983; Maskin and Sjostrom 2002 を見よ。最近の文献のサーベイは Sen 2007 を参照せよ。

(28) フィナンシャル・タイムズ紙上でティム・ハーフォードに「経済的」助言を求める手紙は、誘因の問題にかかわるものの割合が格段に高い 。たとえば、同紙 2008 年 6 月 21 日付 'Fair's Fair' や同 7 月 5 日付 'Storytime Split' を見よ。ハーフォードの回答のほとんどは、誘因両立性の考慮とともに常識を利用するもので、これは私が以下で行なう議論を支持することになる。また誘因両立性のモデルをさらに推し進めて、「珍しい」財や誘因の役割を認めるものもある。たとえば、肩書きや賞による誘因のように、物質的利益ではなく名誉だけからなるものである。これはそうした財の創造をめぐる興味深い問題を提起する(Besley and Ghatak 2008、さらに Basu 1989; Ellingsen and Johannesson 2008 を参照)。

(29) 生まれつきの向社会的行動や選好、そして尊厳の必要性を考慮することにより誘因理論がいかに豊かになるかという興味深い分析については Ellingsen and Johannesson 2008 を参照せよ。

(30) 理想的には、すべての人間を拘束する社会規範と、それらを促進し動機づける合理性を結びつけることが望まれるだろう。これは易しい仕事ではない（Gintis 2007 を見よ）。

(31) また、さまざまな形で労働者たちの間に非公式な相互監視が生じることにより、個人が仕事を怠けるのを抑制しているという証拠もある。

(32) 新たな研究は、言語がいかに発展に不可欠の決定要因となるかに光を当てており興味深い（たとえば、Ku and Zussman 2009; Clingingsmith 2009 を見よ）。

(33) 本節の残りは Basu 2006c を利用・拡張している。

(34) 集合的利益のために行動する本能は生まれつきのものであっても、人がいかなる特定の集合体にアイデンティティを求めるかはしばしば社会的に構成される。個人の国籍や宗教のアイデンティティがほぼ確実に社会的構成物である一方、自分の子孫や肉親に感じるアイデンティティはおそらく生物学的なものである。人々が自国や同じ宗教を信じる人たちのためにしばしば命を捧げようとする事実を見ると、社会的に構成された絆が必ずしも生物学的に先天的なものよりも弱いわけではないことが分かる。

(35) 実証研究がこれに限られるべきかという点はちょっとした論争の的になってきた（Banerjee 2005; Bardhan 2005; Kanbur 2005; Mookherjee 2005; Rodrik 2008）が、私自身の研究ではこの焦点の一歩先を行なった（Basu 2005a）。本節の残りはこの以前の研究に基づいている。

(36) 確率の哲学的基礎は、哲学者や統計学者のみならず経済学者（もっとも有名なのはジョン・メイナード・ケインズ）をも混乱させてきた歴史がある。実際、おそらくケインズは若い頃に確率論に接したからこそ、（Mookherjee 2005 が議論するような）経験的方法に対してきわめて否定的な見解をとるようになったのである。

(37)「我ら懐疑主義者は実践において世界のあり方に従うが、それについていかなる意見も持ち合わせていない」（Bevan 1950, 52）。興味深いことに、これは行動主義への批判につながる。ただし、行動主義 は安易な標的であろう。というのも、眠っている数学者と考えている数学者の違いを見分けることができないという（ラッセルのものとされる）観察に（間違いなく少々風刺を込めて）要約されているからである。

(38) 私が経験的手法の限界を議論するからといって、経済のしくみを理解するための選択の道具として理論にお墨付きを与えるわけではない。理論はある種の演繹における複雑さを整理する助けとなるが、それを大きく超えることはできないであろう（Basu 2000 の付録を参照）。理論の文脈での懐疑主義をめぐる、説得力に富む卓越した評論については Rubinstein 2006a, 2006b を参照せよ。

(39) 人間は実際に存在する以上のパターンを読みとる傾向があるという事実は、心理学の実験で示されている（Tversky and Kahneman 1971）。エイモス・トヴェルスキーとダニエル・カーネマンは、人の心が自然を読み誤り、自然に元来、備わっている以上の規則性を見出す傾向について、他にもいくつかの興味深い発見を報告している。ただし、人間 のこうした傾向は、進化上の生存価を持つかもしれないと主張することは可能である。

(40) 何世紀にもわたって人類は知識の基礎としてアリストテレスの科学に信を置いてい

た。今でこそ分かっているが、それは詩や思考の刺激といった他の形態での知的魅力はあっても、科学ではなかった。アーサー・ケストラーに言わせると、アリストテレスの科学はむしろ「純粋なゴミ」であった（Koestler 1972）。

第4章　法にもとづく経済

(1)　カフカは1924年に亡くなり、『審判』は1925年に出版された。最初の英訳は1937年に出ている。カフカは1920年に『審判』の未完の草稿をブロートに渡していた。彼は自分の肺が両方とも結核に侵されていると知り、療養所に行こうとしていたからである。

(2)　カフカとサラマーゴのもう一つの類似点は、読者を寄せつけない原因となっている可能性のある、容赦ない段落の長さである。そのため、印象的な散文体であるという理由を超えて、彼らの本は息を入れる間がない。

(3)　大きな課題という点で、明らかにこれは新制度派経済学（NIE）と多くを共有している。もちろん、NIEの目標は立派であると私は考えるが、その分析には決定的な弱点がいくつかあると思う。それらの一部はBasu, Jones, and Schlicht 1987で論じている。本章で採用する分析のスタイルはNIEとは明らかに異なる。

(4)　法と経済学の基礎の哲学的説明についてはDworkin 1986の第8章を参照せよ。現在の法と経済学の方法論的基礎を提供してきたさまざまな流派を明快に整理したサーベイとしてMercuro and Medema 1997を参照せよ。

(5)　ここではこのゲームが「囚人の」ジレンマと呼ばれる理由は説明しない。当初の寓話に興味のある読者は、初期のゲーム理論の教科書をあたれば説明があるだろう。

(6)　ここで議論している種類のゲームは、ケン・ビンモアの「生のゲーム」という概念に近い（Binmore 1994, 2005）。そのゲームでは、プレーヤーは利用可能なあらゆる選択肢を与えられる。何らかの魔法の言葉をつぶやいたり文章を紙に書き出したりすることでゲームに影響が及ぶことはない。

(7)　法の役割をめぐる同様な見方についてはBasu 2000やMailath, Morris, and Postlewaite 2001も参照せよ。少し異なる文脈ではあるが、焦点を使って法を解釈するものにMcAdams 2000; Carbonara, Parisi, and Wangenheim 2008がある。法システムの一員として働く人たちの戦略的行動の認識はLopucki and Weyraunch 2000で詳細に探求されている。第3章で論じた種類の社会規範と法の関係についてはEisenberg 1999を参照せよ。Sugden 1989も参考になる。

(8)　カフカもまた法のこうした形而上学的な性質を明確に理解していた。彼は本書の別の箇所で論じる小説でこの点を示唆し、またエッセー「掟の問題」では明示的に一度ならず法の非具体性に言及している（Kafka 1970）。「ひょっとすると、私たちが解明しようとしているこれらの法はまったく存在しないのかもしれない」。

(9)　これは同時に、Mailath, Morris, and Postlewaite 2001の優美な理論モデルの基礎にある主張でもある。焦点を利用して政治権力のより一般的な考え方を理解する試みがMyerson 2008で展開されている。このモデルはヒューム流の国家観に基づいている。政治システムが最終的にはナッシュの意味で自己拘束的な結果に基づいて安定しなければならないという事実は、アヴナー・グライフの歴史研究（たとえばGreif 1998）にとっても中心的である。

(10) インドでタクシーに乗っていて私がいつも感動するのは、窓の外を停止標識がヒューヒューと飛び去ってゆくのを目にすることである。
(11) ゲーム理論家の間でも、ゲームで実際に起こることの記述としてナッシュ均衡が最善の理論であるかについては意見が分かれる。ここで使われる言葉は、ナッシュ均衡が記述理論として最善であるという信念を示唆するが、必ずしもそうとは限らない。本章でナッシュ均衡への言及があるとき、読者は常にそれを自分の好みの均衡概念に置き換えることができる 。
(12) これと関連して、レイチェル・クラントンとアナン・スウェイミーは、債務の返済を強制執行する法律が植民地インドにもたらされたことで事態が改善されるどころか悪化した点に刺激的な分析を加えている（Kranton and Swamy 1999）。Berkowitz, Pistor, and Richard 2003; Aldashev, Chaara, Platteau, and Wahhaj 2008; Hoff and Stiglitz 2008 も参照せよ。国家の形成に際してはゲーム理論的状況における複数均衡の問題に取り組まなければならないという見解については Hardin 1989 を見よ。
(13) これは、たとえそうした法律がなくとも、法律による管理の多くは非形式的な手段を通じて社会に再現できるという、より大きな主張の一部をなす。Ostrom 1990; Ellickson 1991; Dixit 2004; Mansuri and Rao 2004 を参照せよ。
(14) 表現の自由とメディアに関する洞察に満ちた異端の立場について、Chomsky 1991; Fish 1994; Fiss 1994 を参照せよ。
(15) 関連する現代の例について、Iversen and Raghavendra 2006 を見よ。
(16) 報道界の企業化がインドでますます進んでいることを考えると、かつてインドが持っていた強みがまもなく失われるかもしれない。
(17) マッカーシーによる赤狩りの期間に法律が用いられなかったと示唆しているわけではない。時には 1947 年のタフト・ハートレー法（とりわけ労働組合の指導者が共産主義への信念を表明することを禁止する条項）への言及があった。1940 年のスミス法は、当初ナチスの同調者たちを狙ったものであったが、左翼イデオロギーを持つ者たちへと矛先を変えて使われた。それでも、おそらくは公平に言って、法律が果たした役割は小さかったし、さらに重要なのは、同じ法律が存在したまま、米国はマッカーシーによる粛清と嫌がらせを経験せずともあの時期をやり過ごせただろうということである。同じ法律が異なる社会的結果と両立するのである。
(18) いくつかの事例を用いた説明について、Basu 2000; Mailath, Morris, and Postlewaite 2001 を参照せよ。
(19) 他の条件下（つまり音量AおよびCで音楽をかける場合）のプレーヤーたちのふるまいをもう少し記述すれば、いま描いた行動が、はるかに要求の高い均衡概念（部分ゲーム完全均衡）の一部となることを証明できる。
(20) ゲームにおけるさまざまな種類のルールの区別はビンモアが論じている（Binmore 1995）。自らに課される制約は社会規範の内面化によってもたらされることもあり、それは個人の「性格」に影響を及ぼす可能性がある（Cooter and Eisenberg 2001）。このテーマについては法と経済学で多くのことが書かれている。たとえば Sunstein 1996; Cooter 1998; McAdams 2000; Posner 2000 を参照せよ。
(21) Sunstein 1996; Cooter 1998; McAdams 2000; Carbonara, Parisi, and Wangenheim 2008 を参照せよ。アミール・リヒトの興味深い主張によると、法の支配それ自体が

一部の社会では社会規範である（Licht 2007）。それは、人々に伝統や慣習による支配よりも法の支配を好ませるような、ある種のメタ規範であるのかもしれない。

第５章　市場と差別

(1)　南アフリカの子供（黒人、白人、有色人種）を対象にエリカ・フィールドとパトリック・ノレンが実施した一連の同様な実験では、似たような結果が特に男子について得られた（Field and Nolen 2005）。もちろん、人種はカーストと違って目に見えるものである。よって、人種の公表はカーストの公表ほど思いがけないものではない。つまり、フィールドとノレンが行なっているのは、人種への言及がまったくない状況と、人種に関する質問票の利用によって雰囲気が「変わった」状況の考察である。最近の実験結果によると、アイデンティティや、とりわけそのプライミング（先行暗示）が、リスクや時間選好に対する個人の態度にも影響を及ぼしうることが示されている（Benjamin, Choi, and Strickland 2010）。

(2)　ちょっとした謎として残るのは、なぜこれが生物学上の親ではない保護者と暮らしている子供には起こらないのかである。両親どうしが話をするかと問われて、両親と一緒に暮らしていない子供が答えを間違えた〔ため調査結果に違いが生じた〕可能性はある。

(3)　興味深いことに、ゴーンダースは常にエリート集団と見なされていたわけではない。20世紀の初期には、彼らは「後進カースト」として扱われていた。しかし、長年にわたってアイデンティティに基づく努力を重ねた結果、彼らの地位は向上してきた。長い間、彼らは貸金業を営むカースト集団による苛酷な搾取の対象であったが、自らを苦しめた者たちから学び、彼らの多くは現在、貸金業者である。

(4)　カーストの特徴と個人の生産性の相互作用に関する最近の素晴らしい研究についてはAnderson 2007を参照せよ。この研究において、高位カースト集団は、取引から大きな利益を得ることができる場合でも、後進カーストとの取引を拒絶する。これは、同じ後進カースト集団の生産性が、たまたま周囲に存在する他のカースト集団の性質に依存して変化する可能性があることを意味する。

(5)　これはあまりにも自明な質問だと思われるかもしれないが、憂慮すべきことに、数人の生徒は答えが「イエス」であると考えた。

(6)　これは正解を答えた子供が皆無であった唯一の質問である。（IQの質問に正解というものがあるとして）正解は1234である。

(7)　サンデッシュというのは、カルカッタの人なら誰でも知っており、糖尿病になるリスクを厭わないほど愛好する、牛乳ベースのおいしい砂糖菓子である。

第６章　集団の化学

(1)　個人が社会的な利害関心を持つと認めること自体は、方法論的個人主義と矛盾しない。しかし、集団的感情ははかない（つかの間の感情で、集団が異なれば異なり、自分が属する集団の性格に依存する）ものであることをいったん認めると、この広い意味での個人的利益という概念は方法論的個人主義と実際に齟齬をきたす。完全に記述された存在としての個人から出発して集合体の行動へと積み上げていくことができないのである。個人の特徴を記述するためには、集合体と集団の性質につい

て何らかの知識が必要となる。

(2) たとえば Luhman 1979; Hoffman and Spitzer 1982; Dasgupta 1990; Gambetta 1990; Fukuyama 1996; Knack and Keefer 1997; Barrett 1999; Khan 2002; Bowles and Gintis 2005; Ben-Ner and Putterman 2009; Gintis 2007, 2008 を参照せよ。

(3) Bardhan 1997; Akerlof and Kranton 2000; Deshpande 2000; Durlauf 2001, 2006; Fershtman and Gneezy 2001; Loury 2002; Darity, Mason, and Stewart 2006; Bowles and Sethi 2006; Sen 2006; Horst, Kirman, and Teschl 2006; Perez 2007; Subramanian 2007; Lindqvist and Östling 2007; Appiah 2008; Dasgupta and Goyal 2009; Esteban and Ray 2009; Gray 2009 を参照せよ。

(4) 初期の哲学的論争の一部を論じたものに、Goffman 1959; Tajfel 1974; Chatterjee 2002 がある。Béteille 2006; Lin and Harris 2008 も参照せよ。

(5) どの社会的範疇が重要となるかを説明する理論は今のところ存在しない。これを真に理解するためには、少なくとも私たちが範疇化を行なう認知的能力と必要性に目を向けなければならない。この点に関する興味深い予備調査として、Fryer and Jackson 2008 を参照せよ。

(6) 同様な道徳的立場が Martha Nussbaum and Joshua Cohen 1996 所収のいくつかのエッセー、特にヌスバウムの巻頭エッセーで採用されている。そこでは詩人ラビンドラナート・タゴールがナショナリズムへの反論を行なった驚くべき講義のいくつかが引用されている。

(7) たとえば Sporer 2001; Meissner and Brigham 2001 を参照せよ。

(8) これはあまりよい例ではないかもしれない。なぜなら、フツ族とツチ族の区別は、生物学的あるいは歴史的な形跡をほとんど持たず、人為的に作られた相違だからである。

(9) 他者指向型の行動を人間の先天的特徴と認める行動経済学の文献は最近増えている。見本として以下を参照せよ。Fehr and Gachter 2000; O'Donoghue and Rabin 2001; Dufwenberg and Kirchsteiger 2004; Hoff and Pandey 2005; Karna Basu 2009; Falk, Fehr, and Zehnder 2006; Benabou and Tirole 2006; Andreoni and Samuelson 2006; Hoff, Kshetramade, and Fehr 2007; Bruni and Sugden 2007; Messer, Zarghamee, Kaiser, and Schulze 2007; Rubinstein 2008。限られた計算力とフレーミングへの敏感さに基礎を置く人間の実際の行動と、合理的選択の経済学との間に形式的な折り合いをつけようとする初期の研究が Rubinstein 1998 である。

(10) いずれにしても、これら二つを経験的、実験的に分離するのは難しい (Farina, O'Higgins, and Sbriglia 2008 を見よ)。私には、人間が他者への関心を「生まれつき」多少は備えているという仮定の方が、直観的にはより説得力があると思われる。

(11) 分析はさらに複雑になるかもしれない。なぜなら、パレート原理は状況しだいでは自己矛盾を生じる可能性があるからである。つまり、次章で示すように、この原理を繰り返し利用すると、自らの否定につながるかもしれないという意味である。しかし、ここではそれは生じないようなので、ひとまず複雑さを無視できる。

(12) 現在、製品ボイコットに関する文献は少し存在し (Davis 2005; Becchetti and Rosati 2007; Arnab Basu, Chau, and Grote 2006; Grossmann and Michaelis 2007; Baland and Duprez 2009; Basu and Zarghamee 2008)、この問題にどう答えるかは、

この点をめぐる厚生の評価にとって非常に大きな含意を持つ。

(13) Polanyi [1944]1957; Granovetter 1985; Elster 1989; Ensminger 2000; Platteau 2000; Basu 2000; Francois 2002; Swedberg 2003 を参照せよ。

(14) 最後通牒ゲームについては Heinrich et al. 2004; Bowles 2004 を参照せよ。旅人のゲームについては Basu 2000; Capra et al.1999; Zambrano 2004; Rubinstein 2006a; Halpern and Pass 2009 を参照せよ。

(15) 囚人のジレンマが真のジレンマでないことは言及しておいてよいだろう。というのも、一方のプレーヤーにとっての最善の選択が相手プレーヤーの行為に依存しないからである。

(16) したがって、数値や記号に違いはあるが、これが第4章で記述した囚人のジレンマと同じゲームであることは明らかなはずである。

(17) 人々は純粋に利己的な動機に従う以上のことを互いにするということは、さまざまな分野で広く見られる。労働者は概して純粋に直接的な自己利益の観点で説明できる以上の働きをする (Fehr and Gachter 2000; Minkler 2004)。介護提供者は職務で要求される以上の介護をしばしば提供する (Zelizer 2005)。そのため、共有地の問題は伝統的な経済学で扱われているほどムチャなものではないと言えるかもしれない。

(18) これははるかに大きな問題に関係する。すなわち、ゲームにおける利得の解釈の問題である。もちろん、各プレーヤーが手にする数字を書き出すことはできるが、それがプレーヤーにとって何を意味するかを表現する簡単な方法はない。プレーヤーは、公平性や利他主義などを考慮してその数字を心理的に「訂正する」かもしれないのである。驚くことではないが、この問題は社会学的なゲームにおいてより深刻であり、この問題をいち早く議論したものの一つが Bernard 1954 である。Swedberg 2001 も参照せよ。ウェイブルは、実験ゲームの結果の解釈という問題を分析する際に、同じ状況に直面している (Weibull 2004)。

(19) この主題に全面的に焦点を当てた論文で、私たちは2種類の他者指向型行動を区別する。たとえば、人が自分の子供のために犠牲を払うとき、おそらくこの行動は個人の利己心の延長である。というのも、子供の厚生はしばしば内面化されているからである。しかし、何らかの社会的慈善団体に寄付をしたり、知らない人を助けたりする場合、それはたぶん個人的な犠牲を含んでいる。そうするのは、自己満足のためではなく、そうする「べき」だと信じるからである。行動主義的に二つの例は同じに見えるかもしれないが、これらは異なる内的過程に促されており、したがって結果を規範的に比べる場合には評価が異なるのである。本書で私が考慮しているのは、後者の他者指向型行動である。

(20) Weibull 2004; Battigalli and Dufwenberg 2005 を参照せよ。センは、経済学者がたずねる標準的な質問「あなたの利益にならないのなら、なぜあなたはそれをあえて行なったのですか」を議論し、続けて述べている。「この賢者の懐疑主義は、マハトマ・ガンディー、マーティン・ルーサー・キング・ジュニア、マザー・テレサ、ネルソン・マンデラを大ばか者にし、その他の私たちを小ばかにしている」(Sen 2006, 21)。

(21) これ以降、利得に言及するときは実質利得を意味する。そして、個人の直接的な福

利（表6に示されている数値）を指し示したい場合、ドル（お金）あるいは効用と述べる。

(22) 文献は多いが、信頼や誠実さの正式な定義は依然として捉えどころがない。考え方の本質は、信頼というものが、自らを悪用や搾取にさらしかねない一連の行為の選択を含み、同時に、相手がこれにつけ込まないだろうと予想することにある。

(23) 個人にとってのその価値は、もちろん、社会の他の人々がどのくらい誠実であるかに依存する。

(24) これが不可解で難しい主題であることは、Cipriano, Giuliano, and Jeanne 2007 で十分に示されている。この主題についての世間の知恵の一つは、これらの価値が世代を超えて受け継がれていくということである。ここで引用した、注意深く設計された実験は、アフリカ系アメリカ人とヒスパニック系の家族を含み、この信念をほぼ覆すものである。

(25) ここで人口の大きさが効いてくる。人口が非常に大きいので、自分自身のタイプを知ったからといって、自分がプレーすることになる見知らぬプレーヤーのタイプの確率の計算が影響を受けることはない。反対に、人口が小さく、たとえば二人で、かつ人口の半分がタイプAで半分がタイプBであることを知っていたとしたら、自らのタイプを知った途端に、相手のタイプを推測できるであろう。

(26) 協力が完全に崩れ去る条件の概要を定式化して説明するためには、ナッシュとトマス・ベイズの研究を組み合わせる均衡概念を利用しなくてはならない。私は別の場でこれを議論したが（Basu 2010b）、ここでは立ち入らない。

(27) この両義性は愛国心にそのまま適用される。というのも、愛国心の一つの属性は、国籍の共有で定義される自らの集団をひいきにする差別だからである（Nussbaum 2008）。

(28) ここで採用されているものとは異なるが、他の集団に対抗する可能性という観点で集団を特徴づけることのできるアプローチが、ロバート・サグデンによって開発されている（Sugden 2000）。そこでは、集団自体にもともと選好が備わっていると考えられている。

(29) Glaeser et al. 2000; Luttmer 2001; Eckel and Wilson 2002 を参照せよ。小さな集団がいかに結束の強い信頼と相互扶助の単位を形成するかに関して、人類学的研究がいくつか存在する。ある研究は、シンガポールと西マレーシアでゴム貿易に携わる華僑の仲買人が、ほとんどきまって福建省系の華僑であり、彼らが互いを信用して頼りにする内部集団を形成する過程を見事に描き出している（Landa 1995）。

(30) 私は中古車の宣伝が最近のデリーでどんなものかを確かめてみた。たいへん驚いたことに、南インドの所有者への言及が見当たらず、私は（主流派経済学が予測するように）南インド人が時を経て北インド人のようになったのか、あるいは、「政治的正しさ」が遅ればせながらインドに広まりつつあるのか、疑問に思っている。

(31) Tajfel 1974; Turner 1999; Akerlof and Kranton 2000; Basu 2005b; Sen 2006; Dasgupta and Goyal 2009 を参照せよ。

(32) 残念ながら、抑圧されている階級の間に亀裂を生じさせる方法はこれだけではない。一般的な生活水準を低下させることにより、個人間の対立をあおることができるという証拠が存在する。これは生物学的存在としての私たちに生まれつき備わってい

ることかもしれず、ネズミを用いた実験でも示されている。見事な実験を行なったマイケル・シアード、デイヴィド・アストラチャン、マイケル・デイヴィスは、閉じ込められたネズミに中程度の電気ショックを与えると、互いに攻撃し始めることを示した（Sheard, Astrachan, and Davis 1975）。

（33）これは新聞やウェブサイトで広く報道された。たとえば、http://www.gather.com/viewArticle.jsp?articleId=281474977294564

（34）そのうえ、集団を転覆しようとする下位集団の試みは、その下位集団の転覆を狙う、さらに下位の集団によって阻まれる可能性がある。

（35）スミスへの帰属について脱線すると、本書ですでに論じたように、現代の社会科学者たちは見えざる手のことをスミスの『国富論』の中心的なメッセージと見なすが、それは実際にはこの著書の驚くほど小さな部分を占めるにすぎない。

（36）向社会的選好を内面化する重要性と、そうした選好を教え込む必要性は、アヴィナッシュ・ディクシットによって強調され、モデル化された（Dixit 2009）。

（37）経済学における腐敗制御のモデルは、市民が腐敗する可能性のみならず、「監視人の腐敗可能性」も当然のように仮定する（Mishra 2002, 166; Basu, Bhattacharya, and Mishra 1992; Garoupa 1999 も参照）。

（38）ただし、以下のようなことも考えられる。実験や試験のような状況では、人々は自分に期待されていると思う回答を与え、したがって、これらの結果は経済学者の学問的訓練を反映しているだけなのかもしれない。実際には、経済学者の行動も、おそらく他の人たちと異なるところはないであろう。

（39）集団の集合的行為が個人の選好や規範に従う行動にもたらすフィードバックは、経済学における重要な探求のテーマとなっており、方法論的個人主義の限界を示すものである（Leibenstein 1950; Basu 1987; Lindbeck, Nyberg, and Weibull 1999）。

（40）より詳しい分析については Basu 2005b を参照せよ。異なる民族集団間の衝突は Esteban and Ray 2009 によってもモデル化され研究対象となっている。

（41）明示的に 表示される利得は、（実生活はおろか）実験的環境においてさえ、プレーヤーたちが認識する実際の利得ではないかもしれないという一般的な点はこれまでに論じられてきた（たとえば、Weibull 2004; Andreoni and Samuelson 2006 を参照）。この認識は、学習に関する伝統的な研究を台無しにする可能性がある。というのも、プレーヤーの利得のうち目に見える部分のみが観察者に見えるようなゲームでは、何が「成功」であるのかを定義するのが困難だからである。

（42）ラッシュ・リンボーの名前がすぐに思い浮かぶ〔過激な発言で有名な米国のラジオトークショー司会者〕。新聞のコラムニストであるデボラ・マティスが鋭く述べている（*Ithaca Journal,* October 17, 2003, 10A）ように、リンボーが有名になったのは、「総称的で漠然とした、いっさいを容赦しない方針のためであり、彼はそれを『彼に似ていないあらゆる人』に規則的に適用した」のである（『』による強調は著者）。

（43）この分析を通じて区別する必要があるのは、人がその人自身について抱く信念とより高次の信念である。後者は、人が相手プレーヤーの信念について抱く信念や、相手プレーヤーがその人について抱く信念などである。社会学にはこうした区別の役割を強調する伝統がある（Troyer and Younts 1997）。

（44）一般的な分析については Basu2005b を参照せよ。ここで述べた連鎖反応の論理は

Baliga and Sjostrom 2004 の異なる文脈においても生じる。

(45) 厳密に言えば、二人のうち一人が存在するだけで十分である。

(46) このことをきちんと確認するため、タイプ２のプレーヤーは、相手プレーヤーがＡをプレーする確率は q であると信じているとしよう。すると、基本ゲームの利得を用いれば、タイプ２のプレーヤーがＡをプレーするときの期待利得は $2q+9$（$1-q$）であることが分かる。代わりにこのプレーヤーがＣをプレーすれば、期待利得は（1/2）$q+$（9 1/2）（$1-q$）である。よって、このプレーヤーがＡをプレーするのは、$1/4 \leq q$ のとき、そしてそのときのみである。タイプ３の相手プレーヤーは確実にＡをプレーすることがすでに分かっており、相手プレーヤーがタイプ３である確率は 1/3 であるから、$1/3 \leq q$ でなければならない。$1/4 < 1/3$ であるから、タイプ２のプレーヤーがＡをプレーすることは確実である。これで証明が完了する。

(47) このモデルは Kuran 1988 および Varshney 2002 の分析に驚くほど似ている。

(48) 潜入が完璧とはいえないこともある。ある時期、ＫＧＢの存在は米国に深く浸透していたため、かりにＫＧＢのスパイの 疑いのある人がいたら、米国民はただちにＣＩＡの本部に電話するようにと忠告された。しかし、深夜のトークショーの司会者が警告したように、「本人が電話に出ても、驚いてはいけない」のである。

第７章　契約、強制、介入

(1) このことの重要性は Landa 1995 や Fukuyama 1996 で明らかにされており、前章で詳しく論じた。

(2) 経済学者は通常この原理を経済の進歩と効率性のための重要な道具として評価するが、その他に、この原理を遵守することの哲学的正当化を考えることができる。たとえば、契約を約束と同一視し、約束を破るのは不道徳であると先験的に主張するのである。こうした別の 正当化理由については Kaplow and Shavell 2002 の第４章を参照せよ。

(3) これは Basu 2003a で取りあげた問題の一つである。

(4) 以下で議論される標準フォーム、および野良犬契約（組合不参加契約）、または、ひな型契約や附合契約はかなり論争の的となってきた。アラン・ヴェルトハイマーはこれを 1960 年のヘニングセン事件判決（Henningsen v. Bloomfield Motors 1960）の文脈で論じている（Wertheimer 1996）。Korobkin 2003; Choi and Gulati 2005 も参照せよ。

(5) 後に彼はより洗練された方針をとるようになり（Mill[1859]1971）、自発的な奴隷契約を除外した。長期の児童労働契約に関する興味深い分析が Iversen 2004 に見られる。

(6) より多くの例については Kanbur 2004; Satz 2004; Fukui 2005 を参照せよ。さらなる分析については Gaertner 2008; Singh 2009 を見よ。

(7) 私はあらゆる非厚生主義的な道徳原理の利用を否定したいわけではない。ただ、パレート原理に背くために非厚生主義的な原理を利用すべきではないと主張しているのである。パレートの意味で比較不可能な二つの状態から選択するために非厚生主義的な基準を用いることはできる（Basu 2003a）。よって、このアプローチは、厚生主義を中心に据えるものの、個人的権利と両立可能である。また、パレート原理

を「辞書的に」優先して、その後にのみ、可能な非厚生主義的基準を用いることで、私たちは論理矛盾の可能性を避けることができる（Kaplow and Shavell 2002）。普遍的厚生主義の不可能性の解釈についてはHockett 2007aを見よ。

(8) たとえばセンは、個人的自由を（たとえ最小限の形であれ）維持しようとすれば、パレート原理を放棄せざるをえないことを証明している（Sen 1970）。この問題に関するさらなる議論についてはGaertner, Pattanaik, and Suzumura 1992を参照せよ。持続可能性やすべての将来世代の福利に影響を及ぼす意思決定の問題にパレート原理を課そうとすると、特殊な問題が生じる（たとえば、Basu and Mitra 2003, 2007; Asheim and Tungodden 2004; Banerjee and Mitra 2007; Dutta 2008; Hockett 2009を見よ）。

(9) ある結果がパレート最適であるのは、その状態からいかなる変化を実現させるとしても、少なくとも一人の状況が悪化する場合である。

(10) かりに拷問者が拷問からはまったく固有の快楽を感じず、拷問される人から金銭やその他の利益を引き出すためだけに行なっているのであれば、パレート最適性原理でさえ拷問を正当化しないだろう。その理由は、第3章でも言及したように、拷問が行なわれる社会は、拷問によって得られるのと同じ譲歩が拷問なしで得られるような 社会にパレートの意味で支配されるからである（家庭内暴力の文脈におけるこの議論について、Basu 2006aを参照）。

(11) 自由市場の重要性を認めるものの、公平性と正義の要請によってそれを制約するという明快なエッセーについて、Sunstein 1997を見よ。

(12) 強制の説得力ある定義は、たいてい経済学の外側に位置する既存の巨大な文献にも見当たらない（たとえば、Nozick 1969, 1974; Macpherson 1973; Zimmerman 1981; Cohen 1987; Trebilcock 1993）。

(13) 別の見方によると、私たちには財産権の「正しい」割当について事前の感覚があり、強制はこうした財産権の、力による（したがって違法な）変更を意味するという。財産権の割当が規範的な行為であるかぎりにおいて、この解釈は上で述べたものと本質的に同じである。しかし、財産権というもの が、ここではあらゆる可能な行為に対する権利の割当を意味するならば、以下で論じる曖昧さが残る可能性がある。

(14) Akerlof 1976; Ziesemer 1997; Deshpande 1999; Basu 2000; Naqvi and Wemhoner 1995; Hatlebakk 2002; Villanger 2004, 2005を参照せよ。

(15) なぜこれが信憑性を持つのかの証明はBasu 2000; Hatlebakk 2002を参照せよ。

(16) ノージック（Nozick 1974 とりわけ p. 263）によると、各主体が「自分の権利の範囲内で」行動しているならば、強制は起こりえない。ところが、私がいま示したことは、たとえ人々が「自分の権利の範囲内で」選択を行なうようにするため、自らの選択を他の誰かの行為に条件づける（「その労働者をボイコットするなら、あなたと取引しよう」というような）場合でも、冷静に分析すれば当然、強制と見なされるべきことが行なわれうるということである。

(17) Neeman 1999; Fukui 2005; Gaertner 2008 も参照せよ。図らずも、同じ着想がGenicot 2002で使われている。ゲーム理論の文脈における、予期せぬ逆転の結果がVoorneveld 2009で論じられている。

(18) グローバル化の文脈への応用についてはDinopoulos and Zhao 2007を参照せよ。こ

れに類する問題は環境基準の管理においても発生する。Solow 2009 を見よ。

(19) 一般均衡理論では実際この種の例に出くわす。各個人の選択は他者に何の影響も及ぼさないが、そうした選択の集合全体は目に見える効果をもたらす可能性がある。しかし、こうした例が定式化されるのは通常、非可算集合の個人を伴う経済である。私がこれから示すのは、これが可算の（人口を数えることのできる）社会で起こる可能性である。本節の後の方では、選好の推移性の仮定を緩和してかまわなければ、有限の社会でも似たような結果が得られることを示す。私にとっては、非推移的選好を伴う有限社会の方が、各個人が推移的選好を持つ不可算・無限の社会よりも現実的である。より詳細な取り扱いは Basu 2007a で行なわれている。

(20) ここで描いたゲームがまぎれもなく類推させるのは、エッシャーの有名な絵画『滝』であり、そこでは低い方へ向かう着実な水の流れが、結果的にはより高い場所に行き着く。似たような逆説とそれらをどう解消するかをめぐる深い洞察については、Arntzenius, Elga, and Hawthorne 2004 を参照せよ。しかしながら、いま引用した研究の例はすべて無限の選択を含み、したがって私が次節で示すものとは異なる。すなわち、似たような逆説は有限の意思決定の文脈においても発生するのである。

(21) この仮定の哲学的基礎、とりわけ方法論的個人主義との関係をめぐる興味深い議論については Bhargava 1993; Arrow 1994 を参照せよ。無限を用いて「大数」をモデル化することへの哲学的 反論が哲学者デイヴィド・ルイスにより私に指摘された（1990 年 1 月 15 日の著者との私信）。

(22) これを明示するため、第 3 章で導入した推移性の定義を繰り返そう。ある個人の選好が推移的であるのは、それが準推移的であり、加えて、その個人が x と y について無差別で、y と z について無差別ならば、必ず x と z についても無差別となる場合である。

(23) これを指摘する文献が多少存在する。たとえば Majumdar 1958; Fishburn 1970 を参照せよ。

(24) たとえば Sen and Pattanaik 1969; Pattanaik 1970; Fishburn 1970 を見よ。

(25) 第一の場合にそうなるのは、個人 1 が（1,0,0）を（0,0,0）よりも選好し、一個人の行為は外部性を持たないため、他の人々はこれら二つの選択肢の間で無差別だからである。

(26) それは同時に、シェリングが強調した重要な個人的意思決定の問題を浮き彫りにする（Schelling 1985）。彼は、人が「自らのためのルール」を必要とする状況が存在すると主張した。次のようなルールを考えることができる。私は 2 杯以上飲むべきではない。または、サメがうようよいる海に 10 ヤード以上歩いて入ってはならない。シェリングの主張は定式化されなかったが、それは、あとほんの少しは常に望ましいものの、その n 倍は必ずしもそうではないような 状況が存在するというものであった。一見したところこれは逆説的な主張である。しかし、私の分析はこの主張の定式化の候補と見ることができる。

(27) Kornblut 2005 を見よ。

(28) これらの考え方の概略は Basu 2000, 2007b で提案・展開された。Hayashi 2008 も参照せよ。選好の道徳的評価への支持（「好ましくない」選好という考え方）は、同様な文脈で Chang 2000 によって主張された。

(29) すなわち、読者に注意を喚起するならば、私たちは誰かの人種差別的な選好を否認する形でこうした選好を道徳的に否認するわけではない。この点はかなり明らかである。

(30) 標準的な市場裁定の議論がこの結論にいたる。しかし、よく見受けられるのは、最小限の権利ともっとも危険な条件のもとで働いている労働者が、同時にもっとも貧しいという現実である。よって、「賃金格差の平等化」理論は、さらなる実証的・理論的研究を進める価値があるだろう。

(31) 厚生主義のさらに厳しい批判については Hockett 2007a を参照せよ。

(32) いったん競争市場を離れて戦略的環境に移ると、ある均衡が実際に別の均衡をパレート支配することが可能である。そうした経済では個人が自然にパレート支配的な結果を選ぶだろうと仮定する誘惑に駆られるかもしれない。しかしよく考えれば、実験が示すことでもあるが、多数のプレーヤーを伴うゲームでは、劣位の均衡から抜け出せないのは非常によくあることである（Bohnet and Cooter 2001 を参照）。その場合、法的介入（たとえば劣位の行為に対する課税や禁止）はただちに正当化される。

(33) 私は児童労働を法律で禁止する可能性を考えるにあたり、厚生主義・帰結主義の枠組みにとどまりたいが、厚生主義を乗り越える深遠かつ興味深い議論を Satz 2003 に見ることができる。

(34) 強調しておかなければならないが、これが常に起こると主張しているわけではない。いくつかの理由により、たとえば、禁止に反応して大人の賃金が十分に上昇しない可能性や、物価が上昇して影響の一部を相殺するために、児童労働の法的禁止は現実として子供の状態を悪化させる可能性がある。

(35) 米国最高裁は「ロックナー対ニューヨーク州事件」(1905 年) の判決でこの見解を採用した。

(36) 互いにパレート支配し合うことのない複数均衡が存在する場合、介入を正当化する別の理由は、正義と公正に基づき、文脈に応じてある均衡から別の均衡へ移るためのルールを作ることである。社会は、晴れの日には結果としてプレーヤー１がもっとも得をし、雨の日にはプレーヤー２がもっとも得をすべきであると決めてかまわないのである。正義とは、この議論によれば、さまざまな均衡から選択を行なう方法である（Myerson 2004)。

第８章　貧困、不平等、グローバル化

(1) ビル・ゲイツはハーヴァード大学を 中退した。シェルドン・アデルソンは結局ニューヨーク市立大学を卒業していない。李嘉誠は 15 歳で学業を断念させられた。アマンシオ・オルテガは正式な教育を受けていない。イングヴァル・カンプラードに関するウェブサイトの教育の項目によると、「マッチ、魚、ペンの行商をした」とあり、これは「高等教育は受けていない」ことの婉曲表現であろう。ラクシュミー・ミッタルは、カルカッタの商学の学位を持ち、いくぶん過剰な教育を受けたことで際立っている。

(2) 雑誌「フォーブス」を参照。http://www.forbes.com/lists/2007/10/07billionaires_The-Worlds-Billionaires_Rank.html

(3) 人口 100 万人を超える国を対象とすれば、このリストは完全である。したがって、リヒテンシュタインのような、一部の非常に小さな国々は省かれている。

(4) 本章の本節および次節以降は Basu 2006c を利用するが、ここでは数式モデルの表現が異なる。

(5) すべての人にとっての「潜在的」便益では、称賛する理由にならないと私には思われる。現実として、潜在的便益が実現されることを予想するのであれば、もちろん称賛すべきであるが、称賛の理由は潜在的利益ではなく、「実際の」パレート改善が予想される事実にある。他方、潜在性の実現を予想しないのであれば、「潜在的」な利益があったからといってなぜ喜ぶべきかは明らかでない。

(6) これに関しては多くの論争があった。たとえば、Birdsall, Ross, and Sabot 1995; Deininger and Squire 1998; Atkinson 2005; Melchior 2001; Milanovich 2002; Wade 2004; Brandolini 2007 を参照せよ。

(7) たとえば、Melchior 2001; Cornia with Kiiski 2001; Milanovich 2002; Bourguignon and Morrison 2002; Galbraith 2002; Naschold 2004; Sachs 2005; Anand and Segal 2008 を参照せよ。グローバルな不平等をめぐるこれらの論争の一部は、グローバルな貧困の議論に映し出されている。たとえば、Ravallion and Chen 2007; Reddy and Minoiu 2007; Reddy and Pogge 2008 を参照せよ。

(8) ジニ係数はある人口の不平等度を測る洗練された指標である。それは 1 と 0 の間の値をとり、1 がもっとも不平等な社会で一人がすべてを独占し、0 はもっとも平等な社会ですべての人の所得が同額である。しかし、これに加えて、ジニ係数は人口の所得分布全体を考慮するため、最富裕層と最貧困層の格差を見るような単純な指標の場合とは異なり、両極端だけに注目するわけではない。ジニ係数への入門は Sen 1997 を見よ。

(9) 非熟練労働者の失業も増加する可能性がある。これを理論的に説明するためには、以下のことを認めなくてはならない。人を一人雇用するたびに、雇用者側にもいくらかの費用（監督、他の従業員との係争の緩和、仕事道具の破損など）が発生し、したがって、労働者の生産性がある最低水準を超えないかぎり、たとえ賃金ゼロであってもその人を雇う価値はない。

(10) アトキンソンのモデル（Atkinson 1995）を単純に適用すればこれを説明できるだろう。

(11) 最近の研究は、グジャラートの農村の職人たちの間で私が見たことをインド全体のレベルで確認すると思われる。インドが 1990 年代に市場を開放したことは、手工芸品部門に害を与えるどころか、恩恵を与えてきたように見える。1990 年代を通じて、インドの製品輸出全体に占める手工芸品輸出の割合は 2 パーセントから 5 パーセントへと上昇した（Leibl and Roy 2003）。

(12)「人間を殺してはならない」というのは根本的な価値判断であると主張できる。とはいえ、末期症状のせいで激しい痛みに苦しむ友人を見てこの根本的価値判断を見直すことは筋が通っているかもしれず、「末期症状で苦しむ人を救済するための場合を除き、人を殺してはならない」と言いなおすであろう。センは、私たちが根本的価値判断であると考えるものの見直しを迫られる可能性は常にあると主張した（Sen 1970）。

(13) こうした大きな考え方は、いまも昔も多くの人に表明されてきた。2001 年 10 月にニューヨークで開かれた会議について述べるなかで、ピーター・ドハーティは「著名なケインズ経済学者」のコメントに言及している（Dougherty 2002, 189）。それは、「200 年に及ぶ現代経済学の企て全体の背後にある目的を捉えたものであった。彼は生まれ育ったインディアナ州ゲイリーの街の人々の窮状について語った。産業が空洞化した小さなその街は、ほこりまみれの労働者の街となっていたのである。こう述べるにあたって、この偉大な経済学者は、アダム・スミスがはるか以前に強調していた感情に共鳴していた。スミスの一般大衆に対する情熱は 、国の富を刺激する要因は何かという問題に、彼を取り憑かれたように没頭させたのである」。

(14)「必要な」という語を括弧に入れているのは、これ自体が変化する可能性を強調するためである。社会組織が変化し、規範や選好が変化するにつれて、貧困の最小化に必要な不平等自体が変化するかもしれない。長期的に政策を実施するうえで、このパラメーターを変える試みは可能である。貧困の緩和と不平等の制御という双子の目的をめぐる最近の議論については、Dagdeviren, van der Hoeven, and Weeks 2004 を参照せよ。

(15) この結論にいたる背景となる一般的仮定は、富裕層の（課税前）所得 $Y(t)$ が、税率 t のときに、以下の性質を持つことである。すでに仮定したように、3 割以下のすべての t に対して $Y(t)=1000$ であり、3 割を超えるすべての t に対しては $Y(t)=1900-3000t$ である。簡単に確かめられるように、この設定のもとで $t=1/2$ であれば、個人は 400 ドルの（課税前）所得を稼ぐことになる。

(16) Sen 1997 を参照せよ。

(17) グローバル化を原因とする国民国家の政策空間の縮小は、論争の余地なき命題ではない。たとえば Krasner 2004 を参照せよ。スティーヴン・クラスナーがグローバル化を外生的な力と見なすべきではないと強調しているのは正しい。それ自体、国家間の相互作用の産物である。それでも、これは本章および次章における私の主張と衝突するわけではなく、この過程が続くにつれて、個々の国家の自律的空間は侵食されるのである。ピーター・カッツェンスタインが指摘するように、国家自体は（一部は国内の、また一部は超国家的な）包括的構造のなかに位置している（Katzenstein 2004)。私が主張しているのは、そうした超国家的な力が時とともにより圧倒的なものになりつつあるということである。

(18) 本章ですでに言及した参考文献の多くがこのテーマに取り組んでいる。

(19) もちろん、その法律がもたらそうとする世界がすでに潜在的な自己拘束的均衡であるという条件がつく。これは第 4 章で展開され た焦点としての法という考え方である。

(20) これが導かれる背景には以下の認識がある。 一般に発展途上国の労働者と先進工業国の労働者の衝突として描かれているものは、より正確にはグローバルな資本対労働の問題として理解されるべきである（Basu 2007d, chapter 11; Chau and Kanbur 2003)。

第 9 章　グローバル化と民主主義の後退

(1) 選挙では、投票者の過半数が候補者 x を候補者 y よりも選好するならば、x の方が

y よりも好ましいと言うのが妥当であろう。この原理はしばしば民主主義の要諦と見なされている。キャロルが発見したのは、この広く尊重されているルールに問題があるということであった。このルールに従うと、候補者 x が y よりも好ましく、y が z よりも好ましく、z が x よりも好ましいと言える状況にいたるかもしれないのである。ここから自然に生じる疑問は、この問題を抱えない妥当な投票ルールが他に存在するかである。アローはこの疑問に答えようとし、その過程で、社会科学におけるもっとも独創的な定理の一つに到達した。いわゆるアローの不可能性定理であり、この疑問に否定で答えるものである。民主的選挙の基本的性質を満たす投票システムというものは、「論理的に」不可能である。

(2) Deborah Solomon, New York Times Magazine, March, 28, 2004, 15.

(3) 以下の大半は Basu 2002 を利用している。

(4) チョムスキーは、「ならず者国家」を「自らは国際規範に縛られないと見なす国家」と定義し、続いて彼独自のやり方で次のように指摘する。「論理的に言って、もっとも力のある国家は、内側から抑制されないかぎり、（この）範疇に入る傾向があり、この予想は歴史が証明している」（Chomsky 2000, 1）。

(5) 同じ論点をより良いタイミングで分析したものとして Cooper 1984 を見よ。

(6) ドル化の分析については Bencivenga, Huybens, and Smith 2001 を参照せよ。

(7) 中央銀行の自律性は大きく複雑な論点である。中央銀行が自律的であるべきだということは自明の公理ではない。少なくとも民主的な国では政府が市民によって選ばれるため、中央銀行を政府から自律的なものにすると、国の意思決定の重要な部分が市民の手の届かないものになる。これと比較考量しなければならないのは、政府に追従する中央銀行が、しばしば結果的に政府の無責任な財政ばら撒きを賄うことになるという事実である。

(8) Rawls 1990; Nagel 2005 を見よ。

(9) バーバラ・クロセットの報告。ニューヨーク・タイムズ紙。2000 年 1 月 21 日 A1。

(10) 興味深いことに、私が 2002 年に初めてこのアイデアを書いたとき、それは幻想のように聞こえたが、もはやそうではない。そうした変化を要求する知識人たちの声がいっせいに高まり、より重要なことに、中国の力の目に見える成長（チェンマイ・イニシアティブを見よ）のおかげで、いまでは、これから３、４年以内にも世界銀行とＩＭＦにおける投票権のさらなる再配分が行なわれそうである。それは、現在のところ米国と欧州諸国に属するシェアの一部と引き換えに、発展途上国の発言力を増大させることになる。こうした変化が私たちの公平感や正義感に端を発し、論争と議論を通じて実現されるとしたら、新興国の力の増大に対するしぶしぶながらの対応として実現するよりも好ましいだろう。後者には、今日の不公平が別の様式の不公平に再構築されるだけに終わるという危険がある。

(11) 引用は Basu 2002 からである。

第 10 章　何をなすべきか？

(1) ただし、この落胆は本章の章題の原典を踏まえている。ニコライ・チェルヌイシェフスキーの古典的作品も、小説であって、行動を呼びかけたものではない。たしかに、それは結果的に数人の革命家を鼓舞し、ツァーの転覆に貢献した可能性がある。

興味深いことに、チェルヌイシェフスキーが『何をなすべきか』を書いたのは、評論活動が原因で刑期を務める刑務所のなかであった。評論の方は実際に行動を呼びかけるものであったが、ほとんど影響力を持たなかった。囚人として、彼は自分の書いた物が監獄の検閲を通過するようにしなければならなかった。それから雑誌「同時代人」の検閲官に渡され、再び無害なフィクションとして通ったのである。さらに皮肉なことに、雑誌の編集者が手稿をうっかりタクシーに置き忘れ、ツァーの警察はそれを見つけ出すために骨を折る羽目になった。さすがに、この本の出版が「アレクサンドル二世治下でもっとも華々しい官僚的へまの一例」(Frank 1986, 285) と言われただけのことはある。

(2) カフカが『城』を書き始めたのは1922年初頭、シュピンドラーミューレという雪の積もる山村で、Kが城にたどり着こうとする羽目になった場所にそっくりであった。彼は同じ時期にあたる1922年1月16日の日記にこっそり書いている。「眠れず、起きていることもできず、人生、いや、より正確に言うと、人生の行く末に耐えることができない」(Diamant 2003, 151)。カフカはこの小説を書き終えずに死んだ。実際、原稿は、小説自体の筋書きに符合するように、文の途中で終わっている。

(3) グローバル化に対する一般の人々の怒りは、現代市場経済の他の病弊に対する、お門違いではあれ当然の不満を反映しているという事実、そしてグローバル化それ自体は多くのものをもたらすという事実は、著名な経済学者にも指摘されている (Sen 1999; Stiglitz 2002, 2006)。

(4) 重要なただし書きがここには必要である。かりに不変の自然法則が存在し、人々のうちx人が貧しく、y人が豊かで、xとyは変更不可能で固定されているとしたら、いま貧しい人々は、「自ら」が富裕層となり、いま豊かな人々が貧困層になるような世界を望み、必要であれば武力を用いてそのような世界を実現させたいと考えるのはおよそ理解しうる。しかし、外部の観察者にとってみれば、こうした世界の一方を他方よりも推奨する理由はない。私の表現は抽象的であるが、これはかなりの現実的重要性を持つ問題と関係がある。マーティン・ウルフが最近のコラムで述べたように、中国やインドといった人口の大きな国が台頭するにつれて、世界がそれほど多くの人々の高い生活水準を支えきれるのかという問題を避けて通れなくなる。かりに答えが否である場合には、同じく不可避となることがある。中国とインドが先進国になれるとしても、両国の国内における不平等が同時に上昇することが避けられない。これは政治的安定性をめぐる由々しき問題を引き起こす (Wolf 2008, 9)。

(5) 彼はこれをフェルナンダ・エベルスタッドのインタビューで述べている (Eberstadt 2007, 22)。

(6) エンゲルスは最近、トリストラム・ハントによる伝記の対象となっている (Hunt 2009)。

(7) これが激論であったという事実は、世代間公平性をしごく当然のように強調したスターン報告が直面した執拗な抵抗からも明らかである (Stern 2006)。

(8) 「当初の均衡がかき乱されると、変わりうるものすべてが変化することになる」(Solow 2009, 415) という単純な事実はしばしば見過ごされ、善意に基づく多くの介入が難航する原因となってきた。ソローが提示する見事な議論によると、国際環境基準を求める大きな声は、そうした二次的な反響を正確に予期しないかぎり、ま

さに援助しようとする人々の一部に被害を及ぼす羽目になる（Solow 2009）。

(9) ローマーが提案したシステムでは、各個人が国の公企業に対する一時的な財産権を手にし、死亡時にこうした権利を国家に引き戻すことになっており、この性質が一部組み込まれることになるだろう（Roemer 1994）。

(10) もっとも著名なのはロールズの貢献（Rawls 1999）、あるいは第二期ロールズと呼べるものであり、『正義論』の第一期ロールズ（Rawls 1971）から区別される。後者は国家間の問題は取り扱わず、代わりに一つの閉鎖経済という仮定があった。この主題に対する他の重要な貢献については Miller 1998; Beitz 2000; Nagel 2005; Pogge 2005; Risse 2005; Buchanan and Keohane 2006; Trachtman 2006 を参照せよ。

(11) 国家間の移転というアイデアは夢想ではない。それは過去にも議論され、しくみの全貌を解明する努力が費やされてきた。そのよい例が、ジャグディシュ・バグワティのアイデアによる、頭脳流出に苦しむ国々に補償を行なうグローバルな税と移転の計画である（Bhagwati 1977）。これは詳細に議論された。さらに、汚染の制御と気候変動の分野では、汚染源の国が他の国に移転補償を行なう計画が実行に移されつつある。

(12) これは Popescu 2005 で論じられている。

(13) 米国住宅ローン市場のサブプライム危機はこの一例である。銀行その他の金融機関は抵当権つき住宅ローンを個人に売却したが、一部の個人は返済できそうになかった。こうした住宅ローンは、危険なものと安全なものを集めて一括されてから投資銀行に売却され、その後、そうしたローンの一部は再び組み替えられて持ち株会社に売られた。ある一線を越えると、取引される「商品」は非常に複雑な契約の束になっていたため、その価値は事実上、計算不可能であった。

(14) French 2007 から引用。

(15) Chau and Kanbur 2003; Basu 2007d の 11 章を参照せよ。

(16) いくらか異なる文脈で、1970 年代のスタグフレーションに刺激されたマーティン・ウェイツマンは関連する提言を行なった（Weitzman 1984）。他にも、社会の総利潤の一部をその社会のすべての個人、特に貧困層、そして場合によってはより恵まれない他国の貧困層と分かち合うためのシステムを提唱してきた人々がいる。たとえば Roemer 1994; Pogge 2002; Hockett 2007b を参照せよ。ローマーの立論はソヴィエト連邦の崩壊に触発されており、所得分配を改善する他の方法を模索する試みである。この種のシステムは、経済的な平等の拡大に貢献できるだけでなく、持たざる人々の社会的関与を増大させることにより民主主義の機能を強化する潜在的可能性を持つ（Wright 1996）。

(17)「技術的に」という言葉が含みを持つことは承知している。しかし、私たちが直面すべき事実は、現在の総所得を直接、再分配しようとすれば、総所得が激減し、貧困は根絶されないということである。

(18)「再生族」（Twice born）は成人または再生の儀式のことを指し、上位カースト集団のメンバーは成人に達する際にこれを経験することになっている。

(19) Alice Walker, The Root, http://www.theroot.com/id/45469/output/print